ちくま

JN318840

ガロワ正伝

革命家にして数学者

佐々木 力

筑摩書房

本書をコピー、スキャニング等の方法により無許諾で複製することは、法令に規定された場合を除いて禁止されています。請負業者等の第三者によるデジタル化は一切認められていませんので、ご注意ください。

Chikara Sasaki
La véritable histoire de Galois: révolutionnaire et mathématicien
Tokyo, Chikuma Shobo, 2011

佐佐木力
伽羅瓦正伝——革命家和数学家

目　次

カバー図版
左：ドラクロワ「バリケードの自由の女神」(La Liberté aux barricades) の銅版画
中央：15歳ころのエヴァリスト・ガロワ
右：シュヴァリエ宛1832年5月29日付書簡 (Ms 2108, f. 11a © Bibliothèque de l'Institut de France)

ガロワ正伝

革命家にして数学者

神の愛でし人は夭折す.

Νέος δ' ἀπόλλυθ' ὅντιν' ἂν φιλῇ θεός.

—Hypsaeus: I. Stobaeus, *Florilegium*, Vol. IV, ed. A. Meineke (1857), CXX, 13 (p. 103) & *Anthologii Libri duo posteriores*, ed. O. Hense (1958), Cap. LII pars altera, 33 (p. 1082); ヒュプサイオス（ストバイオス『詞華集』IV 52^b 33).

神々の愛でし人は夭折す.

ὃν οἱ θεοὶ φιλοῦσιν, ἀποθνῄσκει νέος.

—Menander, *Dis Exapaton*, Fragm. 4, ed. W. G. Arnott (1979) (p. 168); メナンドロス『二度の騙し』断片 4；

Quem di diligunt adulescens moritur.

—Plautus, *Bacchides*, ed. P. Nixon (1921), IV 7; プラウトゥス『バッキス姉妹』第四幕第七場.

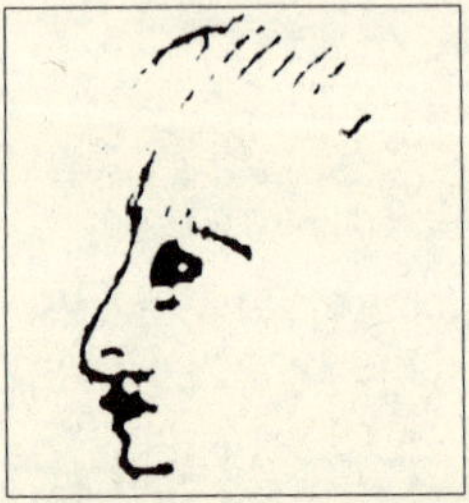

エヴァリスト・ガロワの自画粗描

緒言　天才数学者と伝記作家たち

インフェルト『神々の愛でし人』(1948) 初版表紙

「思想史においてエヴァリスト・ガロワの生涯ほど感動的なエピソードはない――このフランスの若者は，1828年ころ流星のように出現し，熱気に満ちた数年を極度に集中した思索に捧げ，1832年に決闘で被った傷によって20歳で死んだ.」（ジョージ・サートン「エヴァリスト・ガロワ」. 本書中で言及される文献は，邦訳のあるものは邦訳名とともに，巻末の書誌において同定できる. 本書においては，原則として，“Galois”は原音に近い「ガロワ」と記すものとする.）

今日の数学徒にとって，代数方程式に関するガロワの理論ほど感銘を呼び起こす数学理論はそれほど多くないはずである. この理論は，通常，大学の数学科の第三学年で講義される. そして，ガロワの夭折の生涯ほど痛ましく思われる史話は稀有である. 前者の数学理論は，数学専攻の学徒並びに数学好きのアマチュア研究者以外には近づきえないであろうが，後者の伝記は，多くの読者を惹きつけずにはおかないだろう. それで，サートンの前記のような感懐が漏らされるわけなのである.

本書は，近代数学理論の最初の試みとして理解されるガロワの数学理論を，その創始者ガロワの生涯をたどることによってとらえ直そうとする試みである．そのような歴史的探究によって，彼が参加した1830年の7月革命もまた，世界史における近代の刻印が押された事件としてとらえられるであろう．さらにまた彼の決闘死の秘密にも最大限肉薄するであろう．

インフェルトによる1948年のガロワ伝

ところで，ガロワの伝記というと，もっともよくひもとかれるのは，レオポルト・インフェルトの『神々の愛でし人——エヴァリスト・ガロワの話《ストーリー》』(1948)であろう．その書は，わが国では，市井三郎という戦後英国に留学した経験をもつ気骨ある哲学者によって日本語に翻訳され，その邦訳書は1950年に刊行されて今日でも読み継がれている．

市井が邦訳したガロワ伝の序文は，次のように始まっている．「それはフランスの降伏直後，アメリカのとある小さい，が，しかし有名な大学町でのことであった．」第二次世界大戦が1939年秋のヒトラーによるポーランド侵攻によって始まり，フランスの首都パリがナチス・ドイツの軍門に下るのは，40年6月のことである．そして，42年秋，フランス全土はドイツ軍の占領するところとなる．

ポーランドのユダヤ人理論物理学者インフェルトが，ガロワ伝執筆に志すのは，彼がカナダのトロント大学教授在任中のことであった．したがって，前記の引用文が言及している時期は，1942年末から数年のことであろう．当時，アメリカ東海岸に近い小都市プリンストンの高等学術研究所に研究拠点を置いていたアルベルト・アインシュタインと共同研究を推進していた彼は，しばしばプリンストンをも訪問していた．前出引用文の「小さい有名な大学町」とは，ほぼまちがいなく，プリンストンのことであろう．ところで，先に引用した文章の後には，ドイツに敗北したフランスへの思いが如実に語られている．「不死鳥のごとく，フランスはその灰燼より再び蘇《よみがえ》るであろう」といったたぐいの希望的予見にほかならない．そして，インフェルトのアメリカの友人たちは，彼によるガロワの伝記執筆のための文献稀少による障碍などを耳にすると，ますますその著作の企図を鼓舞し，ある者はこう言うのであった．「そいつあ好都合だ，脚註を食って生きているような教授連は，君が間違ったことを書いてもおわかりにならないさ．心ゆくばかり，出まかせが書けるというもんだ.」

インフェルトは，しかしながら，プリンストンの図書館，すなわち，プリンストン大学ファイアストーン・ライブラリーなど，そして，自らの所属するトロント大学の図書館で関連書を可能なかぎり渉猟しただけではなく，米国中部のケンタッキー州ルーイヴィル在住の富豪ウィリアム・マーシャル・ビリットというガロワ資料収集家をも訪問し，史料探究の遺漏なきを期した．

このビリットなる富豪宅訪問について，インフェルトはのちに『私はなぜカナダをあとにしたのか？』と題する回想録で詳細を語っている．この回想録は，1960 年代半ばポーランド語で書かれ，そして，68 年の彼の没後，妻ヘレンによって英語訳され，私の科学史の盟友にしてアインシュタインの研究者ルーイス・パイエンソンによって編集され，1978 年に出版された．私は，この書を，1988 年秋に訪れたカナダのモントリオールで，その親友によって供与され，ひもといたのだった．

その回想録によれば，インフェルトがガロワの生涯について聞かされたのは，故国ポーランドのクラクフの学生時代であった．老教授によって語られたガロワに関する史話は年若いインフェルトにとってきわめて感動的であった．その後，インフェルトは，プリンストンのアインシュタインと共同研究を進める最中《さなか》に，ベルの著名な『数学をつくった人々』(1937) を手に入れ，その中の「天才と愚行」という標題のついたガロワ小伝をも読んで，「期待をふくらませた.」そのうち，アメリカの出版社から科学者伝のような著作執筆を勧められた．たとえば，ポーランド人科学者のコペルニクスについての本といったような．が，インフェルトはコペルニクスにはほとんど興味をもてなかった．悲劇的要素がなかったからであった．それで，代わりに提案したのがガロワの伝記なのであった．

こうしてインフェルトのガロワ史料探索が始まり，ルーイヴィルのビリット・コレクションにまで行き着いた．この保守派の大富豪はインフェルトをおおいに助けてくれ，調査の帰りには，当時は珍しかった航空便のニューヨーク行きの席まで予約してくれた．インフェルトのガロワ伝は，したがって，それなりの良心的著作なのであり，後述の最初の堅実な本格的なガロワの伝記と言うべきポール・デュピュイの『エヴァリスト・ガロワの生涯』(1896) を参照しただけではなく，自らの創作部分に関してはかなり詳細な「追記」を書いて明確な註記を付すことを怠らなかった．

このような手順を経て戦後のアメリカで 1948 年に公刊された著書は，インフェルトによると，その地では，それほど関心を呼び起こさなかった．しかし，資本主義国では，例外的に日本で成功を収め，版を重ねた．前述の市井三郎訳にほかならない．そのほか，ポーランドと旧ソ連邦では比較的多くの読者を勝ちえた．

インフェルトの盟友物理学者アインシュタインは，そのガロワ伝にきわめて好意的だった．献本に感謝して，アインシュタインはプリンストンの高等学術研究所数学部門の用箋を使って，トロント大学数学科のインフェルト宛に 1948 年 2 月 24 日付で儀礼的ではないドイツ語の礼状を次のように書いた（図 i.1）．

親愛なるインフェルト様：

ガロワについてのあなたの本に私は夢中になりました．それは，心理的傑作であり，納得のゆく歴史画像であり，そして尋常ならざる誠実な（aufrecht）性格をもった人間的で精神的な偉大さへの愛です．

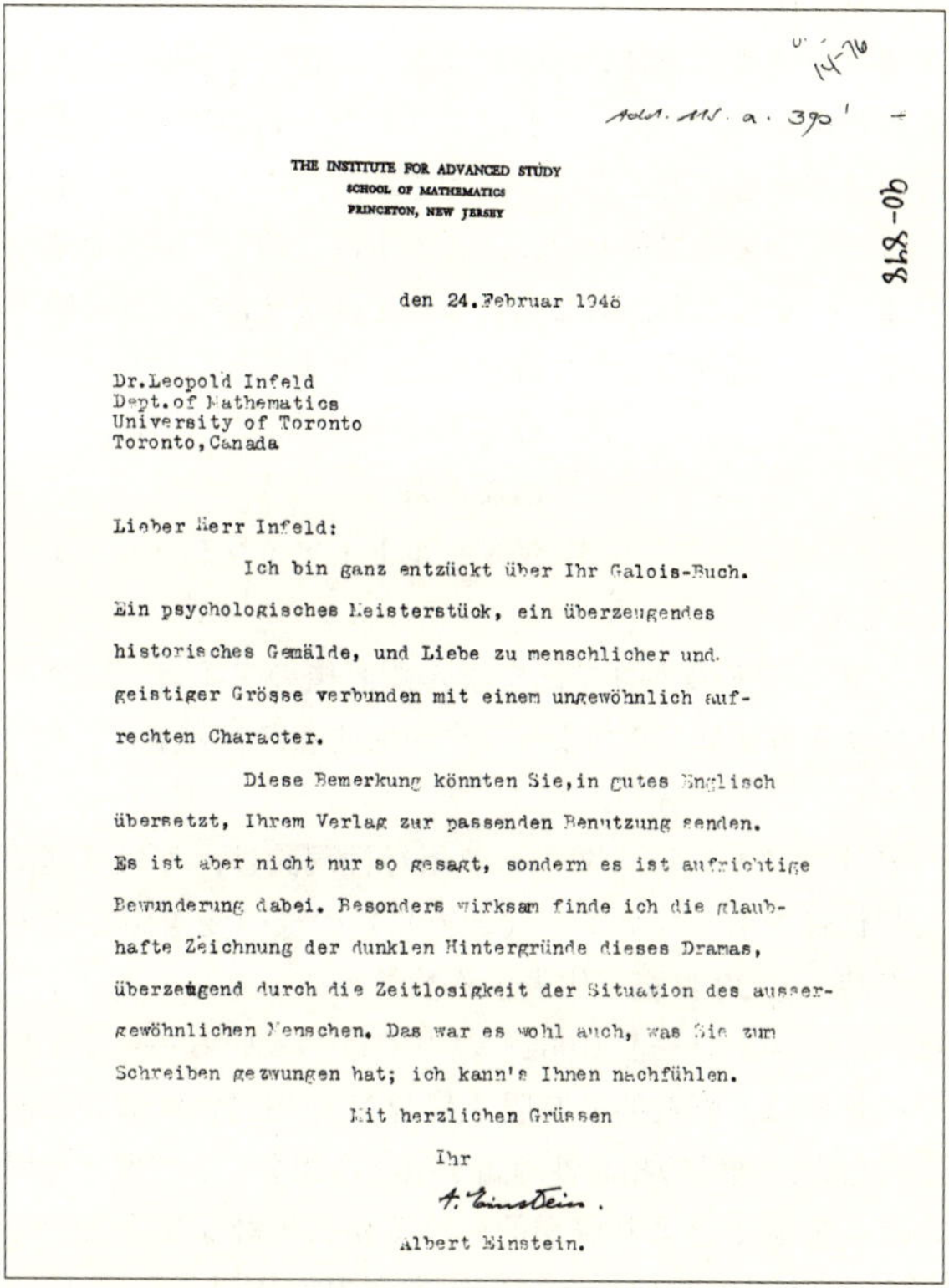

THE INSTITUTE FOR ADVANCED STUDY
SCHOOL OF MATHEMATICS
PRINCETON, NEW JERSEY

den 24. Februar 1948

Dr. Leopold Infeld
Dept. of Mathematics
University of Toronto
Toronto, Canada

Lieber Herr Infeld:

Ich bin ganz entzückt über Ihr Galois-Buch. Ein psychologisches Meisterstück, ein überzeugendes historisches Gemälde, und Liebe zu menschlicher und geistiger Grösse verbunden mit einem ungewöhnlich aufrechten Character.

Diese Bemerkung könnten Sie, in gutes Englisch übersetzt, Ihrem Verlag zur passenden Benützung senden. Es ist aber nicht nur so gesagt, sondern es ist aufrichtige Bewunderung dabei. Besonders wirksam finde ich die glaubhafte Zeichnung der dunklen Hintergründe dieses Dramas, überzeugend durch die Zeitlosigkeit der Situation des aussergewöhnlichen Menschen. Das war es wohl auch, was Sie zum Schreiben gezwungen hat; ich kann's Ihnen nachfühlen.

Mit herzlichen Grüssen

Ihr

A. Einstein.

Albert Einstein.

図 i.1　献本に感謝するアインシュタインのインフェルト宛書信
（プリンストンの高等学術研究所から，1948 年 2 月 24 日付）
© Albert Einstein Archives in Jerusalem

この註記を立派な英語に翻訳して，どんな目的のためにも出版社に送ってかまいません．しかし，私はそのためにだけこれを書いたのではなく，正直な賛嘆の気持ちのためなのです．とりわけ並外れた人間の状況が時代を超えていることによって説明される，このドラマの暗い背景を効果的に描くのに，この本は成功していると思います．それこそ，あなたにこれを書かせたにちがいありません．私はあなたに共感を覚えます．

敬具
あなたの
アルベルト・アインシュタイン

インフェルトのガロワ伝を読んだ直後のアインシュタインによる書状は，このように全面的共感に満ち溢れたものだった．

実は，アインシュタインの相対性理論は，ガロワ理論と類似性をもっている．代数方程式の根の変換群をΣとした時，と20世紀を代表する数学者ヘルマン・ヴァイルは『シンメトリー』(1952) の中で述べている——「ガロワの理論は，離散的で有限な集合Σの相対性理論にほかならない．通常の相対性理論が扱う空間ないし空間‐時間の点の無限集合より概念的にはるかに単純な集合なのである.」その意味については，本文中で解説される（第7章)．ヴァイルは群論についての秀逸な著作を書いただけではなく，一般相対性理論についての数学的専門家であったことに留意されたい.

ヴァイルは，ガロワの遺著についても，こう書いている.「ガロワのアイディアは，数十年の間，7つの封印をした不可解な本であったが，その後，ますます数学全体に深刻な影響を及ぼすようになった．それは，彼が21歳の時，愚かな決闘で死んだその前夜，友人に宛てた手紙の中で書き記されていた．この書簡は，そのアイディアの新しさと深淵さの点から判断すれば，たぶん，人類の文献全体の中でも，もっとも重要な書き物であろう.」ガロワが亡くなったのは満年齢で20歳7カ月の時で，医学的な死は決闘の翌日であった点は訂正を要するが，さすがヴァイルの評言である．引用文中の「7つの封印」とは，新約聖書の「ヨハネの黙示録」に見える語句で，幻視者ヨハネが見た幻の中に出てくる封印のことである.

インフェルトのガロワについての史話は，アメリカでは1978年に再版された．ガロワの故国フランスでも，そのフランス語版が，1957年と78年に出版された．その標題には，「小説」(roman) という語が伴っていた．ドイツ語訳が1948年，ポーランド語訳が1951年と54年，チェコ語版が1952年と続いた．いかにガロワの生涯が，インフェルトの筆致によって，大戦後の，民主主義的＝社会主義的な思想風土の中で普及していったのかが理解されるであろう.

ちなみに，インフェルトはカナダを1950年に追われるように去り，ポーランドのワルシャワ大学に落ち着くこととなった．しかし，ソ連邦の理論物理学者レフ・ランダウ同様，彼は，ポーランドのスターリン主義的体制にもなじまず，終始抵抗した．しかし社会主義思想には同情を失うことはなかった．1955年には新生中国を訪問し，講演をし，周恩来とも会見した．インフェルト自身のことばをもってすれば，「私はマルクス主義者を自認する者であるが，マルクス主義はドグマティックな公式に閉じこめられうるものだとは思わない．」

インフェルトは，世界中で若者たちが既成秩序に叛乱した1968年の年初の1月15日に亡くなった．

堅実な研究伝統――デュピュイからロスマンを経てタトンまで

以上の紹介から，ガロワについての史話は，主としてインフェルト流の理解の仕方で世界中に伝播していったことが分かるであろう．インフェルトが依存したガロワ史料の中で，もっとも堅実な裏づけをもった著作は，先にも触れたように，ガロワが放校された母校のエコル・ノルマルの歴史学教授であったデュピュイがその学校の1896年の年報に掲載した『エヴァリスト・ガロワの生涯』であった(図i.2).

もっとも，それ以前，ガロワの数学著作集が，1846年，フランスのリベラル派の数学者リウヴィルの手によって編集されて彼の数学雑誌に掲載され，それは，1897年にフランス数学会会長にして科学アカデミー会員エーミール・

図 i.2　ガロワ伝の最初の著者　ポール・デュピュイ（1856-1948）

ピカールが綴った序論とともに『エヴァリスト・ガロワ数学著作集』という標題の単行書として新たに世に出された.

1870 年には，エコル・ポリテクニクの数学教授カミーユ・ジョルダンが，ガロワの理論を全面的に解読して成った浩瀚な『置換と代数方程式に関する論考』を出版し，ガロワの数学的洞察の正しさと重要性は不動のものと理解されるようになっていた.

こうして，フランス革命とともに 1795 年に産声をあげたエコル・ノルマルが，創立百年経って，皮肉にも，自らがかつて放校したガロワを正統な嫡子として認知し，二度の高いハードルの試験をもって入学を拒絶したエコル・ポリテクニクの教授がガロワの数学的天才を全面的に評価し，さらに，その提出論考をたびたび却下した科学アカデミーは，ガロワが発見した数学理論の独創性を認めざるをえなかったわけなのであった．

歴史学の常として，研究調査は先行学説を不断に修訂してゆく．前述のデュピュイの労作の部分的過誤は，ベルトランの1909年の書評的論考「P・デュピュイによるエヴァリスト・ガロワの生涯」によって訂正を示唆された．たとえば，そこでは，エコル・ポリテクニクでガロワの二度目の試験官となった人物についての記述が訂正された．

そして，インフェルトの伝記公刊後の1956年，フランスの詩人アンドレ・ダルマスは，『エヴァリスト・ガロワ——革命家にして数学者』という著作を世に問い，科学界の既成権威に挑戦したガロワの未刊論考を紹介し，少年ガロワの急進的共和主義者としての側面と天才数学者としての側面が密接不可分に結合していたことを示した．

次の決定的一歩は，1962年に初めての包括的全集というべき『エヴァリスト・ガロワの数学的著作と論考』がロベール・ブルニュとジャン＝ピエール・アズラによって編纂され，公刊されることによって記された．それは，ガロワが短い20年余の生涯に残したあらゆる断簡を集成してなった文字どおりの待望久しい批判版全集であった．

その後もガロワの事蹟に関する意義深い発見は幾度かなされた．たとえば，C・A・インファントッシは，1968年，ガロワの断簡を克明に精査し，ガロワの決闘の原因になった女性の名前を割り出すことに成功した．また，戦後フランスを代表する数学史家のルネ・タトンは，ガロワの同時代の数学者，たとえば，コーシーとガロワの関係に新しい光を投じた．

ガロワ没後150周年を迎えた1982年10月には生誕地ブール・ラ・レーヌで記念式典がもたれ，そして，フランスの公教育数学教師協会（APMEP）が『エヴァリスト・ガロワの現在』というすぐれた論集を編んで出版した．

同年，アメリカの物理学者で，アマチュア数学史家のトニー・ロスマンは，「天才と伝記作家たち——エヴァリスト・ガロワのフィクション化」と題する刺激的標題の論文を公表した．その小篇は，インフェルトのガロワ伝以降世に問われたガロワの事蹟についての虚構化を先鋭に批判し，新しいガロワ像の提示を呼びかける契機となった．ところが，不幸にして，ロスマンのこの論考も重要な過誤から自由ではなかった．ガロワが決闘した相手を取り違えていたのである．その誤謬は，ロスマンがダルマスの著作などを参照していなかったことに起因していた．この過誤は，タトンによって指摘され，ロスマンは，前掲論考が，自らの1989年刊の論集に収録される際に，その誤りを訂正した．

今日の堅実で包括的なガロワ学の状況は，ルネ・タトンの1993年の論考「エヴァリスト・ガロワと彼の伝記作家たち——歴史学から伝説まで」によって描き出されている．この秀逸なエッセイは，ガロワ生前の刊行物についての概説から始まって，ロスマンの批判的試論まで，自らの豊富なガロワ研究体験を介して，ガロワのあるべき評伝の姿を叙述しえている．ちなみに，ギリスピー編『科学伝記事典』(*DSB*) のガロワについての項目 (1972) の著者は，このタトンであった．

タトンは，しかしながら，ガロワに関する自らの包括的モノグラフを世に問うことなく，2004 年夏に亡くなった．が，彼の秀逸な研究遺産は，フランス内外の数学史家によって継承されている．コーシーの数学的伝記をもってわが国にも知られているブルーノ・ベロストは，フランス革命後の数学教育史，とくにエコル・ポリテクニクの果たした役割，に強烈な歴史的光を投じ，また，2007 年 12 月に『エヴァリスト・ガロワと群論――命運と彫琢のし直し』なる 750 ページの大作論文によって博士号を取得した若き女性数学史家のキャロリン・エアハルトは，今日のガロワ学の最前線に位置し，ガロワの新しい人間像と彼の数学を新たな歴史的展望のもとに描き直している．彼らは，19 世紀フランスの数学教育史の専門家である．エアハルト博士は，現在，エコル・ノルマル・シュペリエールの歴史に関心を寄せている．

さらにガロワと周辺の人々に関する事蹟が調査し直され，ジャン＝ポール・オフレーの 2004 年 1 月刊の大冊『エヴァリスト』は小説《ロマン》とはいいながら，ガロワの生涯にまつわる最前線の情報を提供している．この書の記述は，典拠を示しておらず，また，いくつかの過誤を残したままであるとはいえ，この本を参照することなく，もはやガロワについて語ってはならない，と言っても過言ではないであろう．

本書の狙い

　このように書いている私も，フランスの数学史家仲間の周辺にあり，タトンの影響を受けた学徒である．インフェルトのプリンストンの友人が揶揄した「脚註を食って生きているような教授連」たる数学史家の端くれであるが，本書がめざそうとするガロワ伝は，インフェルトによるものとはちがって——とはいえインフェルトの学問的精神を私は畏敬することをやめていない——，堅実な歴史学的研究伝統に立脚してのことである．

　わが国においてもガロワの事蹟について記述した数学史家の伝統は充実したものである．彌永昌吉，山下純一，平野葉一らの秀逸なる著作がただちに思い出される．彼らが開拓した伝統なくして，本書の企図もありえない．

　そもそも，近代の歴史家は，「もともとあったとおり」に史実を記述しようとするランケ的理念の継承者である．そして，ウィトゲンシュタインが言い遺したように，「語りえぬものについては，沈黙せねばならない．」(『論理哲学論考』）私は，拙著『数学史』におけるガロワの事蹟については，「事実は小説よりも奇なり」を原則として記述した．本書においても，その原則は踏襲される．「創作的ロマン」ではなく，歴史学的批判に十分耐えうる史実の記述——それが，本書の歴史記述法《ヒストリオグラフィー》のモットーである．

ガロワも熱心に参加した1830年の7月革命に関する標準的歴史書というと，ジャン＝ルイ・ボリーの『7月革命』(1972) が真っ先にあげられるであろうが，その書が冒頭に掲げたフランソワ・ピエール・ギヨーム・ギゾーの銘句が謳《うた》うように──「小説《ロマン》を読むんですって？　歴史を読みなさい.」ギゾーとは，7月革命後の体制の中で活躍した保守政治家で，その前は，歴史家として著名であった．福澤諭吉の『文明論之概略』(1875) の重要な参考文献となった『ヨーロッパ文明史』(1828) の著者としても知られる．

本書の標題を，それゆえ，『ガロワ正伝──革命家にして数学者』とする．「正伝」とは，創作的要素を最大限排除した歴史的事実に基づいた伝記を意味する．もっとも，史実とはいっても，意味づけは必要であり，その限りで，一定の解釈を排除しはしないし，できもしない．いずれにせよ，「創作的ロマン」を超える数学史的真実の提示を目標とするのである．「正伝」というと，人は魯迅の創作「阿Q正伝」(1922) を想起するかもしれない．もとより私はそのことを十分意識している．魯迅こと周樹人は，仙台医学専門学校，すなわち，東北大学医学部の前身で西洋医学を学んだ．したがって，仙台で群論を中心とする数学を修業した私の先輩にあたるわけである．この大先輩の作風には大きな共感がある．そういった意味でも，「正伝」とするのである．

白土三平には，劇画の傑作『カムイ伝』なる大作があり，その伝記から漏れた逸話として『カムイ外伝』も存在する．夭折のガロワには「外伝」はほとんど不可能であろう．本書は「正伝」として，真っ正面からガロワの実像に迫ってみたいのである．

ガロワ少年は，数学者であり，また，革命家でもあった．ラディカルな共和主義の支持者であり，その大義のために1830年以降の数年を闘った．そして，遺言的書信を宛てた無二の親友オーギュスト・シュヴァリエは，サン＝シモン派の広義の社会主義者であった．ガロワの生きた時代は，ちょうど共和主義思想が社会主義思想に変容してゆく過渡期にあたる．ガロワが創造した数学理論が，その後の数学史にとって画期的であったように，彼の革命思想も現代へと通ずる要素をもつ．

ガロワは，まさしく「革命家にして数学者」であった．その結合こそは，アインシュタインを感動させ，ガロワ少年を「尋常ならざる誠実な性格」をもった人物として印象づけずにはおかなかったのだった．ガロワは政治活動のゆえに母校のエコル・ノルマルから退校処分にあい，そして，若い女性との些細なトラブルに巻き込まれて決闘死しなければならなかった．それらの事件に対処する際にもガロワは，たぐい稀な誠実さをもって事に当たったことが示されるであろう．政治的に革命的で，尋常ならざる数学的才能に恵まれ，さらには正直一途な青春の日々を生きた人間像を私は堅実な史料に基づいて提示するであろう．そのような人間の諸要素が一体化され，密接に結合された非凡な姿を，私は生誕200年を期して「正伝」として描いてみようとするわけなのである．

第1章　『赤と黒』の世界への生誕

——ブール・ラ・レーヌでの幼少時代

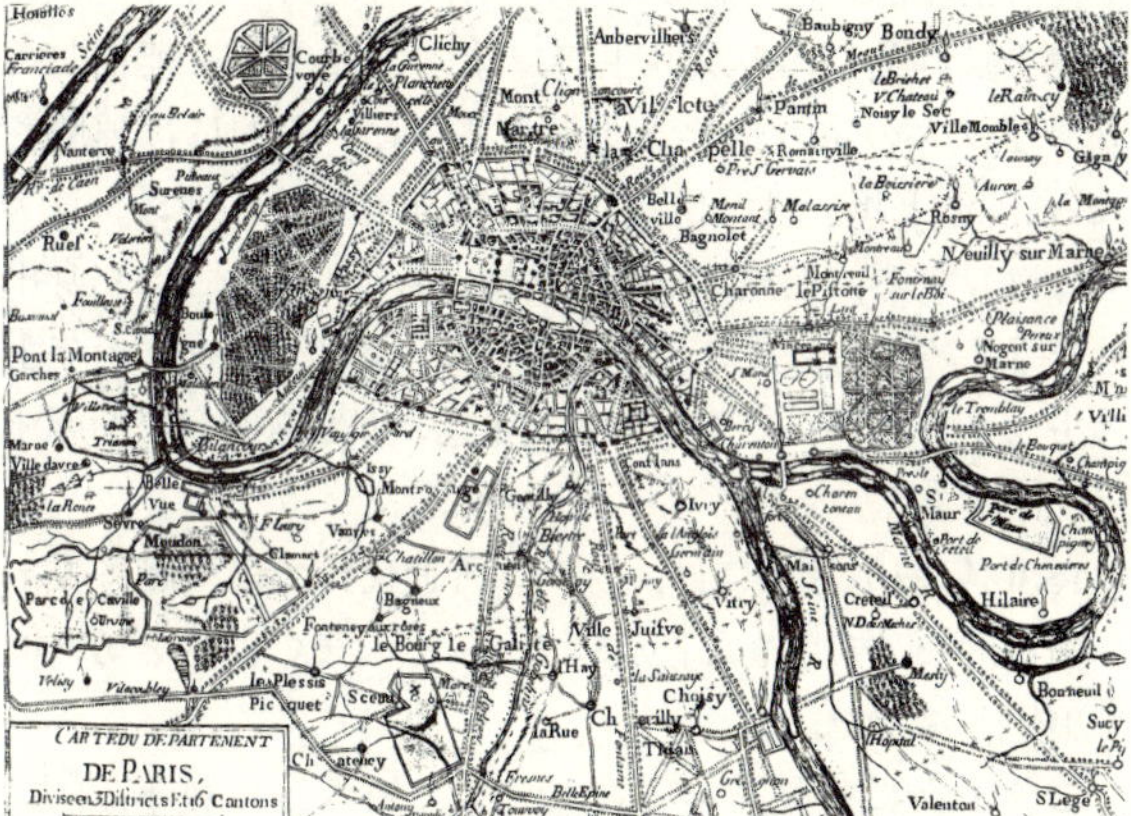

フランス革命期のパリ周辺地図.
Bourg-la-Reine は南部に Bourg le Galité として記載されている

1　ブール・ラ・レーヌの土地柄とガロワの家系

ブール・ラ・レーヌでの誕生

『赤と黒』というと，ただちに，スタンダールの 1830 年刊の創作が想起される．この名作の標題中の「赤」とは王政を批判的にみる共和主義，「黒」とは王政と連携したカトリックの宗教世界を象徴する色と一般的には理解される.『赤と黒』は，僧籍にある若き美貌の青年ジュリアン・ソレルが，上位の階級の女性たちにとりいって立身出世をもくろみ，しまいには，かつて恋愛関係にあった年上の夫人をピストルで撃ち，殺人未遂の罪で断頭台で刑死する物語である．

1830 年の 7 月末には，フランス近代社会の生誕にとって画期的な「7 月革命」が起こり，その後の世界を切り開く狼煙《のろし》となった．

この革命に熱情をもって参加し，引き続く数年，「赤」の政治的大義のために奮戦すると同時に，数学理論の革命に献身する青年がいた．わがエヴァリスト・ガロワにほかならない．

エヴァリスト・ガロワは，1811年10月25日（26日とする説もある）午前1時，パリの南郊外の町（村とも市ともとれるが，本書では，一貫して「町」とする）ブール・ラ・レーヌに生を享けた．父らがそのように，26日午後，町の役所に届け出ている．この町は，パリ市の南城壁ポルト・ドルレアンから約4キロメートル，市中央部のシテ島に在るノートルダム大聖堂から約8キロメートルの距離にあり，現在では，シャルル・ドゴール空港から走る高速郊外地下鉄RERも通る．私の数学史研究の無二の盟友にして，アラビア数学史の第一人者ロシュディー・ラーシェド教授が住まいする所なので，私にとって通い慣れた土地である．ラーシェド教授によると，フランス革命前後には，著名な知識人にして数学者コンドルセーがこの町に住み，今は，学者や外交官などが多く在住する中産階級の町であるという．

ブール・ラ・レーヌの歴史は，パリが中世都市として大きく飛躍した12世紀ころからたどられる．レーヌは，フランス語で「王妃」ないし「女王」の意味で，高貴な女性の名にちなむ．具体的に誰であるかは諸説ある．もっとも有力なのは，「肥満王」の異名をもつルイ六世の王妃アデライドに因るという説である．ブールとは，城砦に囲まれた市街を指す．したがって，敢えて日本語にすれば，「王妃町」となろう．

フランス革命時の1792年9月5日には，革命の理念によって，「ブール・ド・レガリテ」（Bourg de l'Égalité 平等町）と改称された．法令に署名したのはダントンであった．本章扉に印刷してあるのは革命時のパリ周辺の地図であるが，「ブール・ラ・レーヌ」は，「ブール・ル・ガリテ」(Bourg le Galité) となっている．この表記では，ほとんどまったく意味をなさない．地元の歴史家（アンドレ・ジョリ）も，この奇妙さを認めている．エヴァリストが生誕したころの人口は約600人であり，1974年の人口は約2万人であった．

鉄道のブール・ラ・レーヌ駅から東方へ直進するとすぐ町庁舎があるが，その前面の壁には，1814年から15年間，そこの町長であったニコラ・ガブリエル・ガロワを記念する刻印がなされている（図1.1）．わがエヴァリストの父に当たる人にほかならない．この記念の刻印は，別に，数学者エヴァリストを顕彰してのことではない．長く

図1.1 ブール・ラ・レーヌの町長を15年間務めたガロワ氏への町民の感謝の辞

町長職の地位にあって人望を集めたニコラ・ガブリエルが，地元のカトリック僧によって誹謗中傷され，自死に追い込まれたことを悼んでのことである．その父は，温厚にして高潔な人士として町民の支持を獲得したことをもって知られた．いわば，ソフトな「赤」の父は，「黒」の陰謀に仆《たお》れたわけなのである．1829年7月のことであった．

1811年当時のヨーロッパ世界は，数学好きの砲兵将校上がりのフランス皇帝ナポレオン・ボナパルトの支配下にあった．この皇帝が1806年にプロイセンのイェーナ－アウエルシュタットの戦いで戦勝した時のエピソードはよく知られている．凱旋した皇帝をイェーナの哲学者ヘーゲルが帽子をとって迎えたのである．ヘーゲルはその時，『精神の現象学』を執筆していた．ナポレオンの絶頂期は，まさにこの時であった．

その後，スペインに侵攻するや，ナポレオンの軍事的命運に翳《かげ》りが見え始める．侵入したフランス軍によって銃殺される悲劇のスペイン人を描いたゴヤの絵画「1808年5月3日，プリンシペ・ピオの丘での銃殺」（プラド美術館蔵）はあまりにも有名である．「スペインはゴヤが驚くほど鮮明に描いたような，戦争の最悪の恐怖すべてが演じられる舞台となってしまった」（ポール・ジョンソン『ナポレオン』2002）．ナポレオン自身が，スペインに赴いたのは1808年末のことであった．

エヴァリストが生まれた翌年の1812年に，ナポレオンはロシア攻略をはかる．秋から冬を迎える時節になると，彼は，ロシア皇帝アレクサンドル一世の軍隊というよりも，モスクワの「冬将軍」によって撃退され，パリに逃げ帰ることになる．その戦争についての史話は，トルストイの『戦争と平和』によって克明に描かれている．

「ブール・ド・レガリテ」という「革命」にちなむ町名を元のブール・ラ・レーヌに戻すという皇帝による勅令は，ナポレオンがモスクワに侵攻中の1812年10月7日に出されている．

1813年には，新生プロイセンを中軸とする連合軍が「諸国民の戦争」でナポレオンを敗北させ，この皇帝の凋落を決定づけることとなった．

エヴァリストの家系と初等教育

エヴァリストが誕生したのは，鉄道の駅から左に曲がったルクレール将軍大通り《アヴェニユ》54番地にある建物においてであった（図1.2）．そこは，祖父が寄宿学校を営んでいた所で，彼の次男の父ニコラ・ガブリエルがその学校を後継

図1.2　ガロワ生誕の家跡に付けられた記念標

した．長男のテオドル・ミシェルはナポレオンの近衛将校であった．母は，近所の同様の中産階級のトマ・フランソワ・ドマントの娘で，アデライド・マリーといった．アデライドは，町名の由来とされていた王妃名から採られたものであろう．あるいは，ブルボン王家の女子たちにはこの名が多いので，この習慣に倣ったのかもしれない．エヴァリストの父母となる二人は，1808年2月24日に結婚した．ニコラ・ガブリエルは当時33歳で，アデライド・マリーはちょうど20歳であった．近所の美少女を見初めていた花婿が，花嫁が20歳になるのを待って結婚したという感じであろうか．それとも，近所の家族同士の約束が早くからあったのかもしれない．

ドマント家は代々，法曹関係の職業に就き，トマ・フランソワ・ドマントは，パリ大学法学部教授の資格をもっていた．ガロワ家，ドマント家は，両家とも，当時の人文主義的風潮を代表した文人エリートの家系であった．デュピュイによれば，ニコラ・ガブリエルは，18世紀の「哲学《フィロゾフィー》」的思潮に染まった人物であった．その真意は，宗教的というよりは，啓蒙主義思想を重視していたということである．

結婚した年の暮れの12月20日には，早速，娘が誕生し，ナタリー・テオドルと名づけられた．エヴァリストが生まれたのは，それから約3年後のことであった．エヴァリストという名は，ギリシャ語の副詞「エウ」(εὖ「よく」を意味する) と「よい」という意味の形容詞の最上級「アリストス」(ἄριστος) を組み合わせて造られたもので,「とてつもなく優秀な男子」の意味を担う. 両親のギリシャ語好きと, 長男の未来に込められた期待の大きさが感じられる. あるいは, エヴァリストの誕生日 (あるいは誕生届出日) がローマ教皇であった聖エウァリストゥス (在位 97-105) の祝日 10月26日であったため, この名になったという説もある. 弟のアルフレッドは, 14年12月17日に生まれた. エヴァリストとは, 3歳と少し年が違うことになる. 3人姉弟であるが, 知的で温かい家庭であったことが容易に想像される.

両家とも, 人文主義的伝統を重視し, 西洋古典語, すなわち, ギリシャ語とラテン語を身に付けていた. この教育的環境は, 父ニコラ・ガブリエルだけではなく, 母アデライド・マリーにも深く浸透しており, そのことはエヴァリストにも強く影響した. というのも, 彼が1823年に生誕地を離れるまでの年少時の語学を中心とする三科《トリヴイウム》の教育は, 主として家庭で母によって行なわれたからである. 少年エヴァリストには, 当然, 父の影響が及んだであろうが, 父とともに母の薫陶の力が大きかったことが指摘される.

母アデライド・マリーは, 父同様, 敬虔なカトリックのキリスト教徒であったが, その宗教的影響よりは, 異教的な古代ローマの作家キケローやセネカの著作の放つ思想——しばしばストイシズムと呼ばれる——が及ぼす力が強かったと考えられる. 名誉を重んじ, 不正をにくみ, かといって寛大さを失わないといった彼女の気質は，当然，子息にも伝えられずにはいなかった．まちがいなく，気丈夫で，夫が早くに亡くなっても，また，長男を失っても，当然の打撃は被ったであろうが，凜《りん》とした強い心を失うことはなかった．彼女は，長命で，1872年まで生を保った．死を迎えたのは84歳の時であった．

エヴァリスト少年は，1823年秋にパリの寄宿学校に入学するまで，母の人文主義的な家庭教育を授かった．特別，算数の教育を受けたという記録はない．ランスにある学校に入学するための奨学資金を得て，その2年前には生誕の町を離れることもできたのであったが，母は息子を敢えて手放すことはなかった．そして，息子も，その愛情に応えて，古典的形式の寸劇や詩を創作しては，ガロワ，ドマント両家の人々を感心させずにはおかなかったという．母語のフランス語だけではなく，ラテン語・ギリシャ語を抜かりなく身に付けてパリに登ったと言っていいだろう．

2 フランスとヨーロッパの時代背景

ナポレオン時代から復古王政の時代へ

エヴァリストが生誕したのは，前記のとおり，ナポレオン帝政が翳りをみせていた時期のことであったが，周知のように，皇帝ナポレオンの政治体制は1814年春に瓦解する．ナポレオンは，その後，イタリア領のエルバ島に配流される．ほとんど同時期に，フランス革命の急進化とともに，ギロチンにかけられ殺害されたルイ十六世の弟のルイ十八世は，ブルボン王家の白旗をなびかせながらパリに入城し，共和政・帝政時代に廃位されていた王権を復権させた．1814年6月にルイ十八世はフランス国民に向かって「憲章《シャルト》」を下賜した．それは，王権の絶対的権威を謳うと同時に，国民の法の前での平等，並びに出版の自由など革命によって国民が獲得した権利を容認するものであった．翌年の1月21日（ルイ十六世の処刑の日）には，革命の犠牲となったルイ十六世と王妃マリー・アントワネットの遺骸を掘り出し，サン・ドニ聖堂に埋葬し直す贖罪《しょくざい》のミサも執り行なわれた．「革命の過ち」を復古政府自身が認める行為にほかならなかった．

ところが，ナポレオンへの監視は厳重ではなく，彼は1815年2月末にはエルバ島を脱出し，フランスに成功裏に再度入国してしまう．フランスに入ると，ナポレオンは共和主義革命歌「ラ・マルセイエーズ」を軍楽隊に演奏させたという．こうして，皇帝ナポレオンの復位はなったわけであるが，彼は，英国の将軍ウェリントン率いる対仏連合軍とベルギーのワーテルローで6月18日に一戦交えることとなった．戦争の初戦はどちらが有利ともいえない状況であったが，結局，雌雄は決し，フランス側の敗北となった．こうしてナポレオンの百日天下は終焉を迎えた．彼を母国から遠く離れた大西洋の英領の孤島セント・ヘレナに幽閉する決定がウィーン会議でなされた．7月になると，ルイ十八世が再びパリに帰還し，第二王政復古がなされることとなった．この復古王政のもとでは，共和主義革命とナポレオン軍事政体によって王政と運命をともにした上級貴族層の復讐が猖獗《しょうけつ》をきわめた．

王政復古期には，カトリック修道会の中でも，戦闘的で，学問的実力も相当程度もったイエズス会がルイ十五世時代の禁圧の時期から復権し，権勢をふるうようになった．ブルボン王家を象徴するのが「白旗」であったとすれば，宗教的ドグマティズムを象徴したのは，イエズス会の「黒」の僧服であった．

ルイ十八世の政治は，復古王政であるとはいえ，ナポレオン帝政の遺産をかなりの程度保持する形態から，「ユルトラ・ロワイヤリスト」(極端王党派) と呼ばれた「王よりも王党派的」とされる過激な神政論的反革命派が覇権を握る体制までの間を揺れ動く様相を呈した．一般に肥満をもって知られたこの王は，大食には関心をもったものの，政治に熱心だったとはとうてい言えず，側近の政治家の意向によって，政治の風向きを変えた．

復古王政の時代は，大きく二つの時期に区分できるものとされる．1815 年には，ユルトラ派の白色テロルが席巻し，共和主義者やボナパルト派が粛清され，追放の憂き目にあったが，16 年以降は，より穏健な立憲王党派支配期が確立され，20 年まで続いた．その後，30 年までのほぼ 10 年間は，立憲王党派右派とユルトラ派の連合反動体制がフランス王国を支配した．

極端王党派の支配時の1820年代初頭には，自由主義派やボナパルト派の官吏は罷免され，狂信的なカトリック聖職者が強権をふるった．パリ市の大学街のカルティエ・ラタン（quartier latin；フランス語ではなく，学問上のヨーロッパ共通語であるラテン語が話された地区なので，この名がある）近くのパンテオンからは，18世紀啓蒙思想の雄ヴォルテールとルソーの遺骸が撤去された．革命の根拠となった思想を唱道したからであろう．そのような反動期のさなかの24年9月，ルイ十八世は死去，そのあとは，弟のアルトワ伯が王に即位し，シャルル十世を名のった．この新王自身が極端王党派の有力指導者であった．

ガロワ少年の，とりわけ，パリに登る1823年以降の思想環境を知るには，こういったルイ十八世統治下の末期と，シャルル十世の治世の性格に通じていなければならない．それは，1789年7月14日のバスティーユ監獄襲撃とともに開始されたフランス革命が，旧体制《アンシャン・レジーム》を全面否定する急進主義的局面から，その反対に，旧体制的精神を全面的に復権させようとする動向を見せた時期であった．革命の共和主義的「赤」の理念は凋落し，カトリックのドグマと，それに支えられた復古王権の「白」と「黒」が全面開花した時代であった．重要なのは，この時期を象徴する「白」と「黒」との連合が，ガロワがパリで学んだ時代総体を支配し，彼が自らの闘争する情熱を掻きたてた思想であったことである．

シャルル十世の「白」と「黒」の時代

ガロワが学んだ高等中学校《リセ》の同窓の先輩に19世紀フランスの文豪ヴィクトル・ユゴーがいる．ユゴーの最高傑作『レ・ミゼラブル』(1862) はガロワが生きた時代を活写した小説《ロマン》であるが，その第4部の第1編は「歴史の数ページ」に割かれている．そこでの叙述は，ユゴーが非凡な歴史的洞察力をもっていたことを示している．

ユゴーは，フランス革命の展開と，それから150年ほど前の英国革命のそれとを比較している．英国革命は，1649年，チャールズ一世の生命を奪うまでに急進化した．続いて，その革命を政治的-軍事的に率いたクロムウェルの独裁体制が出現し，彼が亡くなると，その後継には息子があたる．世襲政治になってしまったわけである．そこで，1660年に王政復古が起こり，ステュアート王朝のもっとも正統的な後継者チャールズ二世（チャールズ一世の長男）が王位を襲う．チャールズ二世が亡くなると，子どもがいなかったことから，後継には彼の弟（チャールズ一世の次男）がなり，ジェイムズ二世として王位に就任することとなった．ところが，この王は，カトリックの熱烈な信者であり，政治手腕も専制的であった．そこで，有名な1688-89年の名誉革命が起こり，オランダからプロテスタントのメアリーとその夫でオランダの名望家オラニエ家のウィレムが連れ出され，英国国教会のもとでの英国王権を継承させ，ウィレムは，ウィリアム三世となった．この革命は，宗教の相異なる王者を交代させただけではなく，議会が，王権を強く制限するという政治体制の出現をも生み出すことになった．英国近代政治の基本的形は，こうして，1688 年の名誉革命が安定した段階で初めて姿を見せたこととなる．

ユゴーによれば，シャルル十世から王権を剥奪した 1830 年の革命は，「すでに 1688 年に英国において適用された理論」を実行させた事件であった．

現代英国の保守派の歴史家ポール・ジョンソンは，その 1991 年の著書『近代の誕生』において，1815 年から 30 年までの 15 年間の世界史を包括的に描写し，この時代においてこそ，近代という時代が生誕の時を迎えたのだ，と説いた．

17 世紀中葉の英国における清教徒《ピューリタン》革命から名誉革命までの時期も，それから，18 世紀末から 19 世紀の 20 年代までのフランスのほぼ 40 年間も，同様に左右にジグザグに振動しながら次第に政体の形を収斂させてゆき，相対的に安定した比較的民主主義的な近代的政治原則が定着していった時代として理解される．フランスの近代は，1830 年の 7 月革命とともに緒に就くのである．その年は，1789 年の大革命によって開始された振子の揺れが，減衰振動の末に，安定期を迎え始める時点であった．と同時に，フランス国家が，長く続いた中世を終焉せしめ，近代という新しい時代を開始した画期的時という刻印をもっているのである．

ならば，歴史が漸進的にのみ発展し，また，進歩は，革命によってではなく，せいぜい改良によってだけなされるとみたエドマンド・バークの『フランス革命の省察』(1790) の歴史観を支持するジョンソンはまちがっている．革命は，ジグザグの弁証法的——すなわち，決まった定型的形式にはとらわれない柔軟でダイナミックな——変動を経ながら，歴史をたしかに前進させずにはおかないのである．

ニュートンが生きた「天才の時代」との類比

しかしながら，「19 世紀は，天才児にとって恵まれた時代だった」と書いたジョンソンは正しかった——彼にとっての「天才」は音楽家についてであり，ガロワについては一語も語っていないとはいえ．

ところで，『科学と近代世界』(1925) を世に問うた数学者にして哲学者ホワイトヘッドにとって，近代科学が誕生した 17 世紀は「天才の世紀」にほかならなかった．まさしく，17 世紀と同じく，19 世紀前半期もまた，「天才の世紀」であったということができるであろう．ガロワとともに，同じく夭折したノルウェーのアーベルを生み，そして，彼らの前に生まれた 19 世紀最大の数学者ガウスが，数学を未曾有の段階にまで引き上げた．

こうした比較を試みてみると，ガロワの短い生涯は，どこか英国近世数学の雄アイザック・ニュートンの生涯に似ていることに気づかされる．

ニュートンは，ピューリタン革命の最中の 1642 年のクリスマスの日に生誕し，王政復古がなった1660年代にケンブリッジ大学に学んだ．そして，その大学の教授時代に，ジェイムズ二世のドグマティックなカトリック反動政治に対決した．穏健な，しかし，信念ある広教主義的プロテスタンティズムの支持者であったニュートンが政治的に動いたのは，1688年からの名誉革命のこの時期だけであった言われる．ちょうど，『自然哲学の数学的諸原理《プリンキピア》』を1687年夏に公刊した直後の時期であった．革命的少年ガロワにとっての1830年は，成熟した数学者ニュートンにとっての1688年であった．

もっとも，85年に近い生を享受しえ英国の学問世界に権勢をふるったニュートンと，20歳余の生命しか与えられなかったガロワとは，まず生きた時間が相異するし，そして，数学の「少年期」というべき時代に数学総体を一新したニュートンと，数学がすでに成熟していた時代に独創的数学理論を創ったガロワとはまるで異なる．けれども，ニュートンが知的アクメーを迎えた時代に英国数学は近代へと離陸し，ガロワが生きた時代に西欧数学は本格的な近代を迎えた——近代西欧数学史の中の位相は相異するものの，両者は，王政復古がまさに終焉を迎える時を生き，そして，数学の様相を一変させた点で共通点をもっていると見ることができるわけである．

次章以降は，ガロワ少年の革命的な政治的叛逆と，数学的創造の軌跡とを絡みあわせながら，20歳7カ月でこの世を終えなければならなかった若者の革命家としての生と，数学者としての生き様とを，歴史的コンテクストを仔細に織り交ぜながら，描いてみることにしたい．

ガロワの生きた時代には，鉄道は未だ敷設されていなかった．ブール・ラ・レーヌからパリへは，乗合馬車で旅するのが普通であった．17世紀をパリで生きたブレーズ・パスカルが提案していた乗り物にほかならない．乗合馬車は，通常は6人乗りで，パリまでは約90分かかった．1日，9便ほどは走っていたらしい．エヴァリストも，馬車でパリに登ったであろう．ことに母は，愛息の旅立ちにちょっぴり寂しさを感じたかもしれない．

それで，歴史の主要舞台は，ブール・ラ・レーヌから，もっと北のフランスの首都パリに移ることとなる．入学を認められたのは，かつてイエズス会が経営した，エリート寄宿学校であり，いわば「黒」の世界の知的拠点の余韻を残していた名門校であった．

《コラム》 今日のブール・ラ・レーヌ

ブール・ラ・レーヌを訪問するには，エル・ウー・エル（RER），すなわち，高速郊外地下鉄を利用する．パリ中央部から約20〜30分ほどで到着する．交通の要地でもある．パリからこの町を通ってソーまでの鉄道が開設されたのは，ガロワの没後の1846年のことであったという.

鉄道の駅で下車したら，駅舎から東方に直進し，北側にある観光案内所を訪問するとよい．英語も通じ，親切に応対してくれる．そのすじ向かいにあるのが町の庁舎である．入口の右側にエヴァリストの父ニコラ・ガブリエル・ガロワを顕彰した刻印がある（p.32，図1.1）．その刻印は，「15年間ブール・ラ・レーヌの町長であり，1829年に亡くなった，ガロワ氏の追憶のために，感謝の念をもった住民たち」と読める．

駅舎から北北東のほうに向かうと，エヴァリストが誕生したルクレール将軍大通り《アヴェニュ》54番地が位置する．ガロワ家が住まいしていた建物は1964年に取り壊されてしまったが，新しい建物の上には，「天才数学者エヴァリスト・ガロワ（1811-1832）の生誕の家がここに建っていた」の刻印がある（p.34，図1.2）．

ルクレール将軍大通りを南南西のほうに向かうと，ガロワ大通り《アヴェニュ》が東西に走っている．それは，町長であったニコラ・ガブリエル・ガロワにちなむものである．

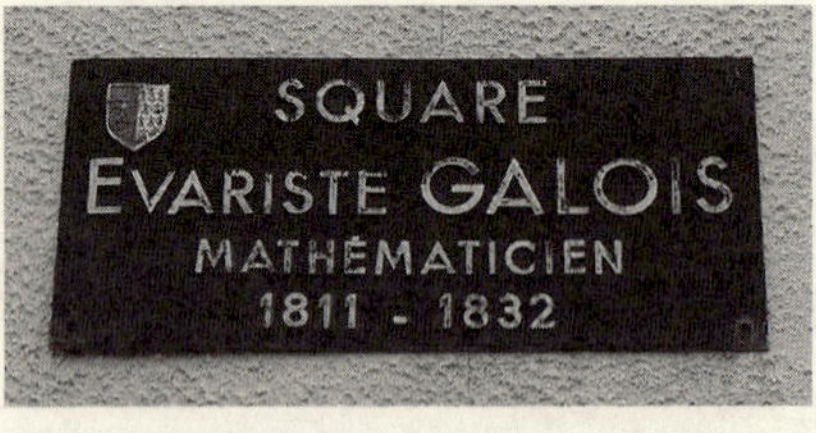

図1.3　エヴァリスト・ガロワ広場

が，その大通りをかなり東に進むと，大通りから南側に「数学者エヴァリスト・ガロワ（1811-1832）広場」という名前のついた一角がある（図 1.3）．これが，わがエヴァリスト・ガロワを顕彰しての広場である．

町の北部の町営墓地には，数学者エヴァリスト・ガロワを顕彰する小さな記念塔（図 1.4）が立っているが，それはガロワの遺骨を収めた墓というわけではない．

図 1.4　ブール・ラ・レーヌ町営墓地にあるガロワ記念塔

1982年，没後150年を記念して建設された塔である．遺骨は，パリ南部のモンパルナス墓地に埋葬されたが，墓はないし，埋葬地も不明である．この墓地には，リウヴィルやポワンカレの墓がある．記念塔の下部は，1829年7月2日に自死したニコラ・ガブリエル・ガロワの墓標となっている．この墓地は，本来父ガロワが葬られた所だったのであろう．

第2章　パリのエリート高等中学校に学ぶ

エヴァリスト・ガロワの15歳ころの肖像画
(デュピュイによって発見された)

1　コレージュ・ルイ・ル・グラン

イエズス会のコレージュ・ルイ・ル・グランの歴史

エヴァリスト少年がパリに登ったのは1823年10月，11歳の時で，まもなく12歳になろうとする時であった．入学を許可されたのは，リセ・ルイ・ル・グランであった．

そもそもフランスの教育システムの中で卓越しているのは，現代にいたるまで，リセと呼ばれる高等中学校であると言われる．フランス語で「リセ」(lycée) というが，もともとはギリシャ語のリュケイオンに淵源し，アリストテレスが師のプラトンのアカデーメイアに対抗して開いた学校を意味した．したがって，本来は固有名詞であるが，高等中学校一般を意味するリセとしては，リセ・ド・パリというガロワの入学するリセ・ルイ・ル・グランの前身校に対して1803年秋，使われたのが最初の使用例である．

フランスの中等教育が秀逸になったのは，16世紀の対抗宗教改革期の1540年に創設されたローマ・カトリック教会傘下の修道会としてイエズス会が，ヨーロッパの各地にすぐれたコレギウムを設置し始めたことによる．たとえば，デカルトが教育を受けたコレージュ・ド・ラ・フレーシュは，ブルボン王家の鼻祖であるアンリ四世の庇護のもとに1603年に創立された学校であった．一般にフランスの学校は数学教育にすぐれているのであるが，デカルトもラ・フレーシュで専任の数学教師の教育を受けた．デカルトは，その学校で8年半学んだ（拙著『デカルトの数学思想』2003）．彼自身，この学校のことをヨーロッパの名だたる名門校と呼んでいる．どうして優秀かというと，一流の学者が教壇に立つからなのである．

1564年2月，パリにもイエズス会のコレージュが開校された．コレージュ・ド・クレルモンといった．17世紀末のルイ十四世の治世に，このコレージュはコレージュ・ルイ・ル・グラン（ルイ大王コレージュ）と名称を変更した．ルイ十四世＝大王にちなんでのことであった．

イエズス会がローマ・カトリック教会で隆盛を極めたのは，ルネサンスから啓蒙主義の時代までであった．ウィリアム・バンガートの『イエズス会の歴史』（1986）は，「1570年から1760年の間にカトリック世界は，ひとつの大きなイエズス会の学校となったと言ってよいかもしれない」と書いている．意図的な誇張表現ではあるものの，ひとつの真実をうがっている．ところが，啓蒙の時代に，他のライヴァル修道会との対立もあり，イエズス会は「追放，弾圧」の憂き目にあった．この修道会がフランスにおいて復活をみたのは，1814年のことであった．

先に言及したリセ・ド・パリは，コレージュ・ルイ・ル・グランの後継校にほかならない．ナポレオン帝政期には，リセ・アンペリアルと，再び名前を変えた．ガロワが入学した時期は復古王政期のルイ十八世の時代で，この学校はリセ・ルイ・ル・グランと呼ばれた．シャルル十世の時代には，コレージュ・ロワイヤル・ルイ・ル・グランと名称を変更した．すなわち，王立コレージュ・ルイ・ル・グランであるが，いかにも極端王党派的名称と言わなければならない．しかし，イエズス会が復活を果たしても，かつてのような中等教育への大きな影響力を及ぼすことはできなかった．いずれにせよ，学校がカルティエ・ラタンの中央部にあるという地の利もあり，フランスきっての名門校と言っていいであろう．現代フランスでも，後継校は同様の名声を誇っている．

ガロワ在校中のコレージュ・ルイ・ル・グラン

1814年に王政復古がなると，長く禁圧されていたイエズス会が息を吹き返し始めるが，その影響はルイ・ル・グラン校にも及ぶかに思われた．が，かつての勢いを現実に取り戻すことはもはやできなかった．生徒の親たちはイエズス会復権を必ずしも悦ばず，宗教的-政治的に保守的な学校当局と生徒たちの間には緊張感とそれから引き起こされる軋轢《あつれき》が存在したようである．校長と生徒たちの間のいさかいは常態化し，校長はよく入れ替わり，23年までに，2人の校長が更迭された．

ともかく，ガロワが入学した時分のルイ・ル・グラン校はイエズス会傘下の学校ではもはやなかった．当時の校長はベルトーといい，毎年1月，フランク族のカロリング王朝を隆盛に導いたシャルルマーニュの功績を称えるための聖シャルルマーニュ祭を祝う習慣があった．それで，1824年1月27日火曜日，校長は食卓に特別優秀な生徒十数人を招き，ともに王のために祝杯を上げようとした．ところが，生徒たちは反抗的態度を見せたために，校長は全員を放校処分にしてしまった．このような事件は，ガロワ在校中のルイ・ル・グラン校一般の精神的雰囲気を伝えてくれるかもしれない．

ルイ・ル・グラン校は，生徒たちが学校の規則に全面的に管理されるという寄宿学校で，年少の生徒たちは息詰まる思いがしたであろう．学校というよりも，むしろ外見からして刑務所のように見えたらしい．戒律が厳格で，規律違反の生徒は懲戒室に入れられた．ルイ・ル・グラン校はそのことで有名で，12もの懲戒室があったという．

ただし，寄宿生だけではなく自宅から通学する生徒も認められていたようである．ガロワ少年のような寄宿生は，午前5時半には起床し，7時半に朝食をとり，その後，正午まで授業に出た．午後の授業のあと，寄宿生は，午後7時半に夕食をとり，午後9時には寝所に入るという日課であった．

電灯もない時代で，授業は，昼でも薄暗い部屋で行なわれた．暗くなると，光源としてはせいぜい蠟燭《ろうそく》が使われるだけであった．

通常，生徒は第六学年に入学し，最後に第一学年をもって卒業した．学年を表わす数の順序が日本とは逆になっていることに注意されたい．最初の３年は「文法クラス」，次の３年は「人文クラス」，と呼ばれ，そのうち最後の第一学年は「修辞クラス」という名称であった．「修辞クラス」という名称は，もっぱら修辞学を学ぶクラス，という意味ではなく，修辞学を中心に学ぶからであるという（エアハルト博士による）．ガロワ少年は「文法クラス」の最終学年の第四学年から課業を始めることを認められた．彼は家庭で母から，ラテン語，ギリシャ語，フランス語をみっちりと仕込まれていたので，文法クラスのハードルは高いものとは言えなかったであろう．実際，ラテン語やギリシャ語で優秀な成績を収め，幾度も受賞している．

1824年９月16日，復古王政のブルボン家の王であったルイ十八世が亡くなった．あとを継いだのは弟のシャルル十世であった．シャルルは，文字どおり，ウルトラな王党派であった．

その直後ガロワは第三学年に進級した．そこでは算術の授業があった．ガロワ少年にとってはルイ・ル・グラン校での最初の数学の授業であった．しかし，とりたてて言及すべきことは起きなかった．

2　数学学習への没入

ガロワ少年のコレージュでの数学学習

ガロワは，1825年秋には，第二学年に進級した．ガロワの第二学年での数学教師はシャルル・ルイ・コンスタン・カミュという，前年に赴任してきた28歳の青年であった．カミュによってガロワらが読むように勧められた数学のテキストはルジャンドルの『幾何学原論』とラクロワの『代数学原論』であった．『幾何学原論』は，革命政府の指示によって1794年に初版が公刊されてから版を重ね，また，ヨーロッパ諸語にも訳されて，きわめて多くの読者を獲得していた．ユークリッド『原論』に範をとってはいるものの，古びてしまったと考えられていた第5巻の比例論などは近代化を図り，読みやすい形態に書き換えられていた．ガロワらは，朝の8時から9時まで毎日カミュ教諭の授業を受けた．ガロワはたちまち『幾何学原論』の読書の虜になったと言われる．論証幾何学の卓越した教科書を熱心にひもといた経験は，ガロワにとって幸先よい数学への旅立ちであった．

ともかく，ガロワがまともな数学の授業を受けたのは，第二学年の25年秋からであった．彼が，まさしく名前通りの「エヴァリスト」，すなわち，「とてつもなく優秀な男子」ぶりを発揮するのは，この年からなのである．

ラクロワの『代数学原論』は1799年に初版が出版された代数学の代表的教科書と知られた．ラクロワは，ラグランジュを師とし，それほど独創的とはいえないもののすぐれた教科書を多く書いて名声を得ていた．ガロワがこの教科書によって大きな影響を受けたという伝承は残されていないが，いずれにせよ，彼は代数学という学問に入門した．

ところが，第二学年末のガロワ少年の成績は以前ほどではなくなった．耳疾という健康上の理由があったとされる．それで校長は，ガロワの父にエヴァリスト少年の未熟を理由に留年を勧めた．だが，父はにわかには賛同せず，進級を主張した．それで，26 年秋からの第一学期は修辞クラスに進んだ．修辞クラスとは，人文クラスの最終学年のクラスで，修辞学を中心にして，フランス語で多様な思想を表現する能力の養成を中心にカリキュラムがつくられていた．ところが，校長の先の所見どおりに，ガロワ少年は学業に身が入らず，27 年初めからの第二学期からは第二学年に降級となった．

ところが，人生万事塞翁が馬！ 二度目の第二学年の授業は新規ではなかったために，ガロワにとってはそれほど困難は感じず，時間的余裕もあったために，準備数学（ないし初等数学）クラスに登録し，履修することとなった．ガロワの準備数学クラスでの教師はイポリット・ジャン・ヴェロンといい，ルイ・ル・グラン校出身で，エコル・ノルマルで学び，1827 年当時 20 代半ばであった．彼は通称ヴェルニエ先生と呼ばれた．それほど秀逸な教師というわけではなかったようであるが，しかし凡庸でもなく，ともかくガロワ少年は彼によって本格的な数学の洗礼を受けた．ガロワが後世に名を遺す方程式論のフロンティアへの入口を開けたのもヴェルニエ先生であったであろう．ルイ・ル・グラン校古文書館には，生徒の評価録（日本での「通信簿」）が残されているが，ヴェルニエ先生による27年の学期末のガロワの成績評価は，「熱心で好成績」であった．

ガロワは，級友として優秀な生徒をもった．彼の数学のライヴァルでもあったレオン・ルイ・クレティアン・ラランヌはのちに，ガロワと違って，エコル・ポリテクニクに入り，科学アカデミー会員になった．ガロワは，この少年と数学関係の校内の賞に関して，よく張り合った．もうひとりのピエール・ポール・フロジェルグは親しい級友であり，のちにガロワの追悼文をものした．

次の1827年秋からの学年は，初めから修辞学と数学に捧げた．ここでも担当はヴェルニエ先生であった．数学に関しては二度目であったが，準備数学クラスの授業を受けた．が，ガロワは数学研究の前線をかいま見る段階にまで進むこととなった．ほぼまちがいなく，ガロワをラグランジュやコーシーの代数学世界に導き入れたのは，ヴェルニエ先生であった．コーシーの著作に関しては，数学の専門雑誌に掲載された論文をも紹介したであろう．

しかし，この段階から，ガロワの学習姿勢には大きな問題が生ずるようになった．ガロワが五次代数方程式の解法を発見したと思ったのは，16歳の時というから，この学年でのことであろう．一般的所見として，「数学への熱狂が彼を支配している」と書かれるようになり，また，数学のヴェルニエ先生は，「聡明，進歩は著しい，十分には方法づけられていない」と評価した．最後の所見は，学習は学校が要求するようには包括的ではなく，特定の数学の分野に没入してゆく学習傾向を指摘したものと考えられる．

エコル・ポリテクニクの最初の受験と落第

ガロワは自らの数学の実力に自信をもったのか，1828年夏，エコル・ポリテクニクの入学試験を受けた．エコル・ポリテクニク（通常，理工科学校と訳される）とは，フランス革命が進行するにつれて，産業・軍事的必要に迫られて共和国政府によって創設をみた学校のひとつで，前身校は1794年秋に創立された．数学の入学試験に重点を置き，フランスの数学少年の憧れの的となっていた．

アンシャン・レジーム下のフランス社会のエリート層は，ノブルス・デペ（武家貴族，直訳的には「剣の貴族」）並びにノブルス・ド・ローブ（法服貴族）から構成されていたのであるが，エコル・ポリテクニクの創立とともに，近代的な知的実力による「ノブルス・デタ」（国家貴族）が出現するようになった．この術語は，著名な社会学者のピエール・ブルデューが1989年の著書『国家貴族』において用いたものである．エコル・ポリテクニクと並び称されるもうひとつの大学校《グランド・ゼコル》エコル・ノルマルは，1795年に教員養成機関として発足をみたのであるが，当初はあまりうまくゆかなかった．

いずれにせよ，ガロワはエコル・ポリテクニクの受験を初めて試みたものの，28年10月8日に発表された合格者名簿に彼の名前はなかった．数学の真の力が未だついていなかったことに加えて，彼の数学への関心が包括的なものとはいえず，特定分野に偏っていたからであろう．ガロワ少年の最初の大きなつまずきであった．

リシャール先生の薫陶

1828年秋になると，ガロワは特別数学クラスに入った．エコル・ポリテクニクなどの大学校《グランド・ゼコル》に進学するためのクラスであった．直前の受験に失敗したために，二度目に備えるためであったろう．

ほとんど例外なく，少年や少女が数学の学習に熱心に取り組むようになるのは，中等教育レヴェルですぐれた数学教師と出会うことによっている．その点は，数学という人間をかなり超越したような学問もじつに人間的な学問であることに変わりはないのである．まちがいなく，ガロワの数学への入れ込みも，取り組んだ当時の数学のおもしろさに加えて，卓越した数学教師の影響によるところ大きかった．

ここでも人生万事塞翁が馬！　ガロワは特別数学クラスで新しい数学教師に就くことになった．ルイ・ポール・エーミール・リシャールは1795年3月31日生まれで当時33歳であり，たんなる教師ではなく，数学の最前線の事情にも一定程度通じた人物であった．ともかく当時の数学研究の最前線でガロワを鍛えたのは，まさしくこの秀逸な数学教師にほかならなかった．幾何学，とくに解析幾何学と微分幾何学に関心を寄せ，ガロワの没後のことであろうが，パリ大学ソルボンヌ校で幾何学の碩学として知られたミシェル・シャールの講義を聴いたりした．ただし，「リシャールは，同僚たちの事例があるにもかかわらず，けっして出版しようとは望まなかった.」自らの数学への熱情は，すべて生徒のために捧げたのであった．彼は生涯結婚しなかった．1849年3月11日に亡くなったが，特別に彼の追悼のための記事が数学雑誌に掲載された．

このリシャール先生の薫陶で，あるいは，前年の数学担当のヴェルニエ先生のもとですでに，ガロワはラグランジュの『全次数数値方程式の解法』(初版1798) ほかの著作に導かれた．ラグランジュは，18世紀の「数学者の王者」とも称えられたレーオンハルト・オイラーの比類なき後継者であり，とりわけ代数方程式論では，18世紀でもっとも重要な論著『方程式の代数的解法に関する省察』(1770-71) は，ガロワをたんなる数学少年から第一線の数学研究者の境域に誘《いざな》ったことであろう．あるいは，ガロワはこの著作の重要な考察について，他の数学者から間接的に学んだかもしれない．たとえばルイ・ポワンソーはルイ・ル・グラン校のガロワの先輩でもあり，また，ラグランジュの1813年の死去にあたって科学アカデミーの後任の会員にもなっているので，彼から学んだ蓋然性が高い．

ガロワは，さらに，オイラーの『無限解析入門』全2巻（1748）のフランス語訳（1796-97），それからガウスの傑作『数論研究』（1801）のフランス語訳（1807）にも親しむようになったものと見なされる．コレージュの生徒としては尋常ならざる数学への入れ込みようと言うことができるであろう．

リシャール先生がその後に魅惑せしめたルイ・ル・グラン校出身の数学者というと，高等代数学の教科書の著者として知られるセレーやエルミートらがいた．

1829年の初めになると，ガロワは最初のオリジナルな論文「循環連分数についての一定理の論証」を執筆するまでになる．著者の肩書きと姓名は，「ルイ・ル・グラン校生徒　エヴァリスト・ガロワ」と記された．ジェルゴンヌが創刊した『数学年報』に4月1日付で掲載された．リシャール教諭の鼓舞によってであろう．

リシャール教諭は，ガロワ少年の数学学習の著しい進歩に快い気持ちがしたことであろう．この学年のガロワへのリシャールの評価は，次のようであった．「この生徒は数学の高等な部分だけしか学習しない．」

リシャールの所見どおり，ガロワは物理学や，自分が関心をもたない数学の学習は怠るようになった．そのことについては徹底しており，その学科の教師が，当惑し，怒るほどであった．物理学や化学の評価として，「彼は通常の理科にはもう取り組まない．なおざりにしている．」そしてまた，「放心状態」ないし「強い放心状態」であり，「学習ゼロ」であった．ともかく，特定の数学の分野には熱中するが，外は軽視どころではない特異な学習姿勢が際だっていた．

1829年夏までに，ガロワは，ラグランジュの方程式論関係の著作，それにガウスの『数論研究』，コーシーの置換論をも読み，そのうえで，自らの方程式論の骨格的部分を科学アカデミーに提出しさえするようになった．それらの数学史的解説は，まとめて第5章で試みることとする．

3 度重なる不運

父ニコラ・ガブリエルの自殺

1829年の年が明けた時，ガロワ家の幸先はよかった．2月5日，姉のナタリー・テオドルが，20歳にして結婚した．相手は，パリ在住の36歳の青年であった．

ところが，好事魔多し！ 夏，エヴァリストが，ルイ・ル・グラン校を卒《お》えようとするころ，敬愛する父ニコラ・ガブリエルが，学校にほど近いアパートで，自死を遂げてしまう．7月2日のことであった．ガス自殺であったという．ブール・ラ・レーヌの主任司祭に新たに任命されたばかりの若い僧が，町長に敵意をもち，町の助役と連携して策謀を試みた．下劣で卑猥な詩を町長の作として町民に流したりもしたらしい．家族もが中傷の対象になった．

このような時には，いかなる策謀であれ，ものともせず毅然と立ち向かう人と，そうではなく，いたく傷ついて落ち込む人と，通常，対応は二つに分かれる．ガロワの父は後者であった．

ガロワは長男として，父の遺体が入った柩をブール・ラ・レーヌまで運ぶ役を担う一員となった．町長を畏敬していた町民たちは，途中で柩を迎え，2キロメートルほども徒歩で運んだ．教会にさしかかると町民たちは，死の引き金となった主任司祭の姿を見かけた．彼は罵られ，石を投げられ，額にけがをした．町民たちは，この司祭の策謀を黙って見過ごすわけにはゆかなかったわけである．現在，町役所に飾られているプレートの贈り主である「感謝の念をもった住民たち」も同類の町民であったであろう．父の遺体は，息子たちが見守る中，墓穴を降りていった．町の墓場には，父ガロワへの「レクイエム」(鎮魂) の墓標が建てられ，私も以前墓地を訪問した時に見たことがある．

葬儀のあと，遺児たちの後見人について話し合いがなされ，父ニコラ・ガブリエル・ガロワの兄テオドル・ミシェルに決まった．

エコル・ポリテクニク受験の二度目の失敗

8月3日，父の死からわずかに1カ月後，ガロワは憧れのエコル・ポリテクニクの二度目の受験に挑戦することとなった．彼は級友のラランヌと一緒に受験に臨んだ．リシャール先生も，この度は試験が上首尾であろうことを請け合うほどであった．ガロワの最初の本格的伝記作者デュピュイによれば，試験官は，ルフェビュル・ド・フルシーか，ビネーかであった．そのうえで，この伝記作家は，20年後の人々の怒りの言辞を引用している．「すぐれた知性をもった一受験生が，劣った知性をもった試験官によって落とされてしまった．《ここで私は彼らによって理解されないがゆえに除《の》け者なわけなのである．》(Barbarus hic ego sum quia non intelligor illis.)」引用されているラテン語文は，もともとはリシャール教諭の追悼文中のガロワについての事蹟紹介で引かれたものである．抜群にできる生徒が無知な人々によって落第させられた，ということであろう．ともかく，結局，ガロワは不合格となり，包括的な優等生のラランヌは合格した．デュピュイによって，さらに，ガロワは問題の低劣さに激怒し，試験官に黒板消しを投げ，それで不合格となったという伝承が紹介されている．

デュピュイ『エヴァリスト・ガロワの生涯』が公刊された時に，その書評を書いた数学者ベルトランが訂正を求めたのは，この個所についてであった．書評子は，まず試験官が「ビネー」であるわけはなく，ディネーであったとした．それから，ディネーがガロワに口述試験で問うたのは，対数についてであったとした．

オフレーの『エヴァリスト』は，この問題について新情報を提供している．すなわち，当時，試験官はブルドン，ディネー，ルフェビュル・ド・フルシー，レイノーの4名から選出されることになっていたとし，また，試験官は，数学だけに限らず，文学やその他の知識についても問題を出した．これでは，ガロワの偏った学習傾向からみて，合格は困難だったかもしれない．それに，父の自死に遭遇したガロワは，精神的にそうとうダメージを受けていたにちがいない．したがって，ガロワの不合格を単純に試験官のせいと決めつけるわけにはゆかない．ただし，彼の意に染まない口述試験がなされたことはまちがいないだろう．はるかのち，チューリヒ工科大学を受験したアインシュタインについて起こったように，科目の出来・不出来の差に，学長が特別介入して救済の手段を講ずるかしなければ合格はおぼつかなかった可能性がある．

黒板消しを投げた，という伝説が真実であったかどうかは，判然としない．しかし，いずれにせよ，ガロワが試験の公正性にいたく不満を懐いたことは，彼が後年そう書いているから，まちがいはない．試験官が，ガロワの回答に笑いをもって応じたことは確かであろう．それ以上に確かなのは，18 歳のガロワ少年がこの受験失敗によってひどく打撃を受けてしまったことであった．

エコル・ポリテクニクの受験は規則によって二度が限度と定められていた．その学校の入学断念を余儀なくされたガロワは，リシャール先生の示唆によって，格下のエコル・プレパラトワールの受験に挑むこととなった．今度は，どうやら合格の域にまで到達することができた．しかし，その学校も，ガロワにとっては，もうひとつの修羅場であった．

第3章　エコル・プレパラトワールへの入学とエコル・ノルマルからの放校

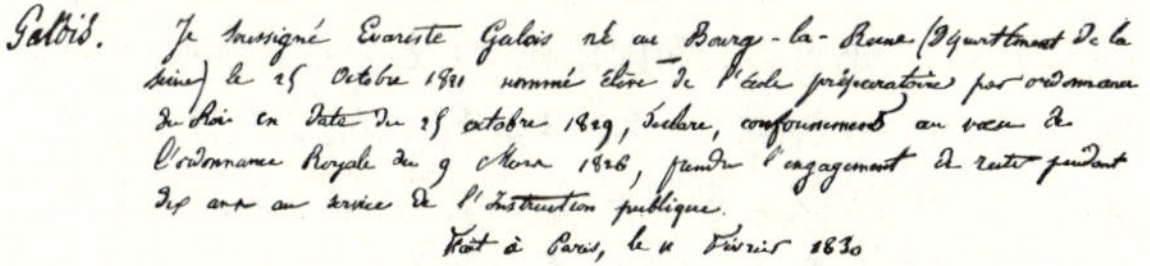
Galois.　Je soussigné Evariste Galois né au Bourg-la-Reine (Département de la Seine) le 25 Octobre 1811 nommé élève de l'école préparatoire par ordonnance du Roi en date du 25 octobre 1829, déclare, conformément au voeu de l'ordonnance Royale du 9 Mars 1826, prendre l'engagement de rester pendant dix ans au service de l'Instruction publique.

Fait à Paris, le 20 Février 1830

E Galois

エコル・プレパラトワール入学に義務づけられる
ガロワによる十年間公教育に携わる誓約書
（1830年2月20日付）

1 エコル・プレパラトワールの入学試験

エコル・ノルマルの略史

フランス革命とともに1795年に創立された「国家貴族《ノブルス・デタ》」のための学校のひとつエコル・ノルマルは，エコル・ポリテクニクほどには，順調な成長を遂げ，高い世評を得ることができなかった．人はよく，エコル・ノルマルが今日の威信ある高等教育機関エコル・ノルマル・シュペリエール（高等師範学校）の前身であると考える．けれども，それは精確には誤解である．そこで，エコル・ノルマルの略史をたどり直してみることにしよう．

エコル・ノルマルは，革命後，しかも，ルイ十六世の首が刎《は》ねられたあとの共和国体制のもとで設立された．「ノルマル」という名は，フランス全土に規範《ノルマル》的教育を授ける意図から出ている．創立直後には，ラプラス，ラグランジュ，モンジュといった錚々《そうそう》たる数学者たちが教壇に立った．しかし，超一流の教授陣の講義は学生たちには難解すぎ，また，学生たちが先行きに不安を覚え，とくに地方出身学生は帰郷を願ったため，10年ほどで閉校になってしまった．

その後，ナポレオン帝政時代の1810年に新規まき直しの形で，エコル・ノルマルは改めて開校された．しかし，復古王政下の22年9月初旬，それも，自由主義すぎるという理由で，閉校に追い込まれてしまった．26年9月初旬，新しくエコル・プレパラトワールの名称で再出発したが，ルイ・ル・グラン校の延長上にしかないような学校であった．実際，教員も建物もルイ・ル・グラン校に付随していた．学生は文科と理科に二分され，標準の修業年限は2年間とされた．促成の教員養成学校としての再建であった．エコル・プレパラトワールとは，(教員を）養成し，準備するための学校の意味である．

1830年7月に起こった革命の直後の8月6日の法令で，エコル・プレパラトワールの名称は，かつてのエコル・ノルマルに復した．が，修業年数は，かつての2年から3年へと延長された．

この学校が，エコル・ノルマル・シュペリエールに改称するのは，1845年暮れに初等・中等教員養成のための学校が設立されたことによる．その施設と区別し，「高等」を際だたせるために，エコル・ノルマル・シュペリエールとなったのだった．さらに，著名な生物学者＝医学者ルイ・パストゥールの努力によって，フランスの科学研究教育の中心になるのは19世紀後半のことである．そして，この学校の今日の威信と名声は，この時からのことであった．

ともかく，ガロワが入学した時代のエコル・プレパラトワールは，たしかに，ある種の「国家貴族」のための学校ではあったとしても，主としてリセ教員養成のための，それほどのエリート校とはいえない教育機関なのであった．

ガロワの入試成績

エコル・プレパラトワールへの入学試験において，ガロワがかなりの好成績で合格していただろうことはこれまでも知られていた．ところが，フランス数学教育史のキャロリン・エアハルトが国立古文書館に保存されていた試験答案の束を検討して，「1829年エコル・プレパラトワール受験生としてのエヴァリスト・ガロワ」なる論考を2008年に世に問い，ガロワの数学の実力がどれほどのものであったかに鮮明な光を投ずることとなった．それによると，一言で言えば，ガロワ少年の数学の成績は断然トップであった．

エコル・プレパラトワールの入学試験は，29年8月下旬に行なわれた．理科学生のための試験課目は5つで，フランス語作文，哲学，ラテン語読解，数学，物理学からなっていた．24名の受験生から，最終的に，6名が合格となった．ガロワは，そのうち，第2位であった．数学と物理学を除けば，ガロワの哲学の成績は文理共通で92人中第45位，フランス語は94人中第70位，ラテン語は93人中第21位であった．

数学の試験に限れば，ガロワは第1位であった．数学と物理学の単純総計では第8位で，まずまずの成績であった．両者を総合しての最終結果は，数学と物理学の双方でバランスのとれた成績を獲得した少年ポレーが第1位で，ガロワは第2位になった．全体として，数学に重みを置いた評価だったことが見てとれる．

数学の試験の内容と，ガロワの答案も印刷公表されている．第1問は，任意次数の数値方程式の根の正根の上限値，負根の下限値を求める方法を問い，第2問は，与えられた二次曲線の，中心，径，軸を求め，曲線の描き方を問うといった問題であった．当時の標準的な数学教科書に見られる問題で，すでに最前線にいた研究者であったガロワの実力にとって，わけもなかったものと推測される．

ガロワの学校校長からの報告は，次のようであった．「生徒ガロワは物理学に弱いが，数学の成績は良好で，尊重されるべきである．しばしばアイディアにおいて明解ではないところがあるが，聡明で，きわめて注目すべき精神の域に達している．」数学を重視した配点がガロワの評価をおおいに高めたというところであろう．

しかし，ガロワがエコル・プレパラトワールに正式に入学が認められるには，さらなる関門をくぐり抜けなければならなかった．文科のバカロレア（高等教育入学資格試験）と，理科のバカロレアとである．前者は12月8日とその1週間後に行なわれ，後者はその後の12月29日に行なわれた．ガロワは両方に合格した．さらに，翌年2月20日，学校卒業後，10年間国家教育義務を果たすと誓願し，署名して，入学手続きは万事終了し，「理科」部門に正式に入学を認められた．このような入学手順の厳格さから，当時，いかに「国家貴族」のための大学校《グランド・ゼコル》が強い国家統制下に置かれていたかが分かるであろう．

ガロワはエコル・プレパラトワールの試験を実質的に終えた直後の1829年8月31日，母の兄弟のアントワーヌ・ドマントに向けて書簡をしたためている．それは，自らの行く末に確信がもてないことを告白する内容であった．エコル・ポリテクニクではなく，格下のエコル・プレパラトワールに入学が内定したことで気落ちしていたのであろう．

2　エコル・プレパラトワールでの数学修業

第一学年目の講義と研究

エコル・プレパラトワールでの講義は主として大学理学部で行なわれた．まず，微分積分学の講義はルフェビュル・ド・フルシーが担当し，老教授のラクロワがそれを補った．ゲイ＝リュサックの弟子のプイエーによる物理学，ビオーによる天文学，それに植物学の講義もあった．エコル・プレパラトワール固有の授業としては，ルロワによる数学，ペクレーによる物理学の演習があった．

第二学年目には，数学関係の授業としては，理学部での微分積分学関係の週に2つの講義，それに加えて，週に2つの授業が最初の2学期になされた．微分積分学に関する演習的授業であったであろう．

しかし，ガロワが重点を置いたのは，自らの創造的数学研究であった．1829 年早春に連分数関係の論文を書き，専門の数学雑誌に掲載されたことについてはすでに言及した．その論文は，彌永昌吉によって紹介されている．5 月には，最初の方程式論の論文を書き上げ，科学アカデミーに送付した．その命運については後述する．

連分数の論文が掲載されたジェルゴンヌの『数学年報』の 1830-31 年の巻には，「解析のいくつかの点についてのノート」という小論が載った．著者の肩書きは，エコル・ノルマル学生となっている．

スイスの数学者ストゥルムが主宰していたフェリュサックの数学雑誌の 30 年 4 月の号には，「方程式の代数的解法についての論考の分析」という小論が掲載された．ガウスの『数論研究』の影響が強い論文である．楕円関数についても言及している．同じ雑誌の 6 月号には，ルジャンドルの影響が嗅ぎとれる「数値方程式の解法についてのノート」が掲載されている．この小論については，イタリアの数学史家マッシモ・ガルッツィが考察している．同号には，「数論について」が掲載された．やはり，ガウスの強い影響のもとで書かれている．

30 年 7 月 22 日，ガロワは微分積分学の学年末試験を受けている．試験官は，ルロワ，ルフェビュル・ド・フルシー，それにコーシーであった．試験の評点は，10 点満点の 8 点で，名前の挙がっている 9 名中第 4 位（第 3 位の学生と同点）であった．8月9日には物理学の試験があった．8名中第3位であった．両方とも，際だってはいないが，良好な成績と言っていいであろう．

学校の第一学年末の成績はまずまずであった．「とりわけ数学において優秀な知性をもってはいるが，そのアイディアを人に伝える仕方において明晰さを欠く．とくに物理学で学習はとても不規則．性格は気むずかしく，素行は不安定.」教師としての能力に関する観察力は非凡なものだと言えはしないであろうか？　独創的数学者として見てはいないことに注意されたい．

科学アカデミーに提出された方程式論についての1829-30年の二論考

ガロワといえば，その代数方程式論をもって知られるが，その分野についての彼の最初の論考は，ルイ・ル・グラン校在学中に書かれ，科学アカデミーに送付された．論文「代数学的研究」は，1829年5月25日に科学アカデミーで討議され，コーシーが査読にあたることが決定された．上記論文を補填する「素数次数の代数方程式についての研究」は6月1日の会議でやはりコーシーとポワンソーが読むことに決まった．実質的に二つとも，コーシーの手に委ねられたと言ってよい．「反動的王党派」のコーシーが紛失したとされたいわく付きの論考にほかならない．われわれは後者を独立論考と見なさず，二つを一論考として議論を進めることにする．

これらの論考の行方については，ルネ・タトンが1971年に，コーシーとガロワの学問的関係について秀逸なエッセイを書き，今日これが通説になっている．

その概略は以下のようである．

まちがいなく，コーシーは自らに課された任務を誠実に果たそうとした．そのことは，1830年1月18日の日付をもつコーシーの科学アカデミー院長宛書簡が明確に示している．その内容は，コーシーはガロワの著作についての査読の公式報告を当日なすはずであったが，その任務の遂行は，体調がおもわしくなくできなくなったので，後日を期したいというものであった．

もうひとつ，重要な文書は，サン゠シモン派の新聞『ル・グローブ』（地球）の1831年6月15日号に掲載された記事で，それは，ガロワの方程式論の論考について，次のように書いていた．「この論考は，数学グランプリ（大賞）に参加すべきものであった．それは，ラグランジュが解決することができなかったいくつかの難点を克服したもので，価値あるものであった．コーシーは，著者に最大限の称賛を惜しまなかった――だが，なんのためにだろう．その論考は行方が分からなくなってしまった．大賞は，その青年ではなく授与されてしまった.」

コーシーがガロワの論文を高く評価する理由は十分にある．というのも，コーシーは，1815年，エコル・ポリテクニクの雑誌に，置換論についての論文を二篇出版し，それらをガロワは熱心に読んだであろうからである．

このような文献上の証拠に基づいて，ガロワは1830年初頭，コーシーの示唆によって論文の書き直しをやった，とタトンは考えた．ところが，コーシーは，30年前半，数理物理学研究に没頭する一方で，大賞の選考にはかかわれなかった．書き直された二度目の論考は，2月には科学アカデミー宛送付され，科学アカデミーの終身書記のフーリエが査読するはずであったが，彼は不幸にして，5月16日亡くなってしまった．没後，遺された書類からガロワの論文は見いだされなかった．大賞は，前年に死亡したアーベルと，それからヤコービに授けられることとなった．いずれも楕円関数論に対する貢献が認められてのことであって，ルジャンドルの推挙が功を奏したものと見なされる．

こうして，失望したガロワは，7月革命後の31年1月16日に方程式論関係の第三番目の論考を科学アカデミーに提出した．査読にあたったのは保守派のシメオン＝ドニ・ポワソンであり，ガロワは彼には理解されなかった．これが今日われわれに知られている「第一論文」にほかならない．その内容については，第5章で検討する．

タトンが主張したいのは，要するに，1830年7月革命後にコーシーがたどった軌跡（王党派の彼は，シャルル十世とともに国外亡命した）と，ガロワの革命的共和主義派に急速に傾いてゆく方向を，それ以前の時期に投影してみてはならないということであろう．この所見は正当である．タトンはさらに，コーシーはガロワの論文書き直しを鼓舞したとも言いたかったようであるが，そこまで言うことができるかどうかについては不確定的であり，文献的証拠はそれほど強固ではない（エアハルト博士も同意見であった）.

ガロワは，29 年暮れまでに，ラグランジュの方程式論を基礎に独自の出発をなし，コーシーの置換論をもわがものにし，さらに雑誌に載ったアーベルの不幸な若死を報知する記事から，アーベルの五次以上の代数方程式の一般的不可解性の論文にも目を通して，独創的な方程式論を構築したものと考えられる．コーシーがガロワの論文を迫害の意図で無視したという議論は受け容れることはできない．タトンのように，コーシーが現実にガロワの理論を高く評価し，論文の改訂を鼓舞していたと断定することはできないかもしれないが，その反対の，コーシーによるガロワの迫害というシナリオはもっと非現実的である.

オーギュスト・シュヴァリエとの出会い

1829 年秋にガロワはエコル・プレパラトワールに入学を認められつつあったわけであるが，この学校を舞台に，彼は，無二の親友に出会うという僥倖をもつことができた．ギヨーム・オーギュスト・シュヴァリエという学生が1 学年上にいたのであった.

「私がガロワを知ってからもうすぐ 3 年になる．私たちの関係は，エコル・ノルマルで始まった．そこに，彼は私よりは 1 年遅く入学してきたのであった.」『ルヴュ・アンシクロペディック』（百科評論）の 1832 年 7-9 月号に掲載されたオーギュスト・シュヴァリエによる「弔辞　エヴァリスト・ガロワ」と題された死者略伝の書き出し部分にほかならない．2人が出会ったのは，29年秋で，その時，ガロワは18歳，1809年生まれのシュヴァリエは20歳であった．

オーギュスト・シュヴァリエは，エコル・ポリテクニクを卒業した兄ミシェルをもち，兄弟はユダヤ人の家系の出で，サン＝シモン主義者であった．ミシェルは，先述のサン＝シモン主義者の雑誌『ル・グローブ』の編集者を1831年1月から，32年4月まで務め，大きな影響力をふるった．その雑誌の予約部数は500部であったが，無料で配布された部数も多く，ガロワも愛読者だったものと推測される．

サン＝シモン主義は，特異な形態の社会主義思想とも定義されるが，現代の研究者はこの規定には必ずしも賛同しない．が，マルクスの盟友エンゲルスや，フランスの卓越した社会学者デュルケムは広義での社会主義者と見なした．デュルケムによる1895-96年のボルドー大学での社会主義史に関する講義によれば，サン＝シモンの歴史哲学はコンドルセーのものを継承した．数学者のモンジュとラグランジュは，サン＝シモンの主要な食客であった．サン＝シモンの基本的主張は，直接的に富を生産しうる「産業者」が社会の主人公になるべきであるということであり，貴族層にとっては耳の痛い考えであった．19世紀初頭のフランスでは一世を風靡した思想であった．工場主と労働者を一緒に「産業者」という名前の新しい貴族層ととらえ，科学者・技術者を中心とする知識人は，科学と人間福祉を結合した新しい宗教の司祭であるべきだと考えた．その教義は，晩年の1823-24年刊の『産業者の教理問答』と，教祖サン＝シモンの死の年の25年の『新キリスト教』から，うかがい知ることができる．

『産業者の教理問答』の言明「国民が本質的に産業的であるのに，その政府は封建的である，という奇妙な現象」（第1分冊）を痛撃し，「産業的能力と科学的能力の協同ができるだけ早急に承認されることを望む」（第2分冊）姿勢からサン＝シモン主義の大枠はつかむことができるであろう．エコル・ポリテクニクを卒業した実証主義哲学者のオーギュスト・コントは，サン＝シモンの門下であった．さらに，『新キリスト教』は，聖パウロの「ローマ人への手紙」のことばからヒントを得て書いている――「新しいキリスト教においては，いっさいの道徳が，すべての人間はたがいに兄弟としてふるまうべしというあの原理から直接的に導き出されるであろう」，と．

ガロワが，サン＝シモン主義にシンパシーを寄せたことはたしかである．だが，その思想の支持者には結局ならなかった．サン＝シモン主義は，政治的には協調主義的であり，穏健であり，そして，かなり宗教的要素を保持したままだったので，そのような基調には同調しえなかったからであろう．オーギュスト・シュヴァリエの前記弔辞によれば，「ガロワはその熱烈な共和主義によって知られた．」思想的・戦術的にガロワは，より先鋭で，ラディカルであった．もっとも，このような政治的態度が明確になるのは，1830年の7月革命以後のことだったのであるが．

3　エコル・ノルマルからの放校

校長による退校処分

復古王政を転覆させた7月革命については次章で詳細に解説することにするが，ガロワの学校生活については先廻りして，ここで記述しておくこととする．

ガロワは1830年の7月革命後，明確に急進化した．革命直後の8月6日，数日後に新王に就任する予定のルイ＝フィリップは，先述のように，エコル・プレパラトワールの改革に乗りだし，その学校を旧名のエコル・ノルマルに復する勅令を公布した．エコル・ポリテクニクよりは，はるかに威信は落ちるとはいえ，エコル・ノルマルは将来，フランス社会のエリート養成所であるリセの教育の中軸を担う教師を養成する機関とされた．その意味では，「国家貴族」の片鱗をとどめていたと言うことができるであろう．ガロワは，そのような教師として10年以上は奉職する旨の誓約書をしたため，正式の入学許可を得ていたのであった．

急進化したガロワは，12月になって，先鋭な学校批判，とりわけ校長のギニョー批判を『ガゼット・デ・ゼコル』（学校新聞）において試みるようになった．その新聞《ガゼット》は，大学校《グランド・ゼコル》の教師と学生，とりわけ後者のものであった．それらの文書は，ダルマスの『エヴァリスト・ガロワ』に集録され，公表されている．

1830年当時のエコル・ノルマル校長は，西洋古典学者として知られたジョゼフ＝ダニエル・ギニョーであった．彼は1835年まで，その地位にあった．彼の後ろ楯として著名な哲学者のヴィクトル・クーザンがいた．彼らは，立憲君主派の保守派の正理論派《ドクトリネール》として知られていた．『ガゼット・デ・ゼコル』は，12月5日号に，エコル・ノルマル当局，とくに校長をいわゆる「出世主義」の廉《かど》で批判を展開する記事を掲載し，その後には，「エコル・ノルマルの一学生」という匿名の記事もが添えられていた．後者によれば，校長は，7月28日の朝，学校生たちが革命の戦闘に加わることを望んだにもかかわらず，「学校の秩序」を維持するという名目のもとで，警察を動員して禁じようとした．ところが，翌日の29日には，三色の徽章をつけた帽子をかぶった．すなわち，この書簡の筆者は，校長のオポチュニストぶりを批難しているのである．

それのみならず，8月になって，学校がエコル・ノルマルに復するとの命令がくだると，学生たちの制服制定の要求をも拒否し，さらに，修業年限を3年間とする布告に賛成した．要するに，校長は学生の利益に反した措置をとった，と強く主張したわけである．

早速，校長は，学生たちを呼び出し，誰がこの書簡を書いたのか問い質した．最初の4名は，ノンと答えた．しかし，ガロワとおぼしき5人目の学生は，「校長，私はこの質問に答えることができるとは思いません．なぜなら，そうすれば，われわれの学友のひとりを密告することになってしまうからです.」ところが，校長は，12月9日，「学生ガロワをエコル・ノルマルから除籍し，母のもとに送り返す」処置をとってしまった．この放校処分の認可を文部大臣に求める書信をもしたためた．

事情聴取などの正当な通常の手順はまったく経ていない，いわゆる「推定有罪」による放校処分であった．しかし，ギニョーの大臣宛書信で語られているように，熱心な共和主義者のガロワを「好ましからざる人物」(persona non grata) として狙いを定め，そのような処分の対象にこの少年をなし，放校しようとしたのは明々白々であった．

校友たちの対応とガロワの反応

エコル・ノルマルの他の学生たちは，どのような対応をとったのであろうか？『ガゼット・デ・ゼコル』の12月12日号は，12月10日付の学生たちの署名入り声明を掲載した．それによると，ギニョーは，「彼の公職の全期間を通じて，また学校のもっとも危機的な局面において，われわれの利益を守った，勇敢で，また確固とした措置に対して，進んでわれわれの感謝の意を表したいと思う.」当局のガロワへの処分の不当性をまったく認めない，阿諛追従《あゆついしょう》の態度であった．

けれども，『ル・コンスティテュショネル』（立憲）という新聞の同日号は，「エコル・ノルマルのもっとも優秀な学生のひとりを犠牲者とした権力の濫用について，文部大臣の注意を喚起しなければならないと考える」という記事を掲載した．良心的ジャーナリズムの声と言うことができるであろう．

それでは，ガロワ自身は，どのような反応をみせたのであろうか？　彼は，『ガゼット・デ・ゼコル』の12月30日号に「エコル・ノルマルの校友たちへ」という記事を投稿し，そこで，たんなる「疑惑」に基づいての処断はまったく不当である旨を訴え，こう書いた．「校友諸君，もう一歩前進したまえ．僕は，貴君らに僕のためには何も頼まない．しかし，貴君らの名誉のために，そして貴君たちの良心に従って，声をあげてくれたまえ．貴君らは，書簡の筆者が貴君らに押しつけたように思われた責任を拒否した．今，貴君たちの沈黙が強者の理由を支持すればするほど忌まわしくなってゆく，ひとつの主張を拒否したまえ．僕は大臣の決定までは，貴君らの校友である．そして生涯をとおして，貴君らの忠実な友人であり続けるであろう．」

ガロワの誠実な声が聞き取れる文章であると思う．我が身かわいさとは異なる，泣き言を言わない，筋の通った毅然たる正義の声であると思う．これらの文書を紹介したダルマスは，「このような信じられないほど愚劣な行為を前にして，唖然とするばかりである」と述懐しているが，研究教育機関の「推定有罪」の原則は，東西を問わず，そして今昔を問わず，現在も続いている．ガロワについての処断を愚劣だとわれわれが判断するのは，時間が経ち，ガロワの才能と人間性の偉大さが明々白々になったがゆえであろう．そうでない同時代の事件に関しては，人は権力者の「正義の味方」ぶりと，機構の「名誉」の維持の賛同者に容易になるものなのである．

年が明けた1831年1月4日，公教育省勅任評議会は，ギニョーの処分をなんら正当な手順なく追認してしまった．評議会は当時一世を風靡していた哲学者クーザンが中心になって構成されており，数学者のポワソンもそのメンバーであった．辞令はいう，「エコル・ノルマルに関連する事件を委託されている評議員の報告に基づき，評議会は，以下の議決をなした．評議会は，学生エヴァリスト・ガロワの臨時的放校と，その理由についてのエコル・ノルマル校長の報告を検討し，以下の法令を下すものである．学生ガロワは，ただちに，エコル・ノルマルを去ること，彼の将来については追って決定されるであろう．」

ガロワの「将来」についても言及されているが，決定はおざなりな官僚的なもので，この19歳の青年の未来などに対する配慮はまったくなされなかった．まぎれもない不当退校処分であった．「大学校《グランド・ゼコル》」の多くの学生は有給であったから，ガロワは「国家貴族」の身分を剥奪され，路頭に迷うこととなった．

第4章　7月革命

——急進的共和主義者としての活動の軌跡

ドラクロワによる「自由の女神」の粗描
(ルーヴル美術館蔵)

1 「栄光の三日間」――7月27・28・29日

王政復古体制の崩壊

1830年の7月革命は，1789年の大革命，1848年の2月革命ほどには普通重要視されない．「ブルジョワジーの革命」とか，「英国風の革命」とか，「過渡的革命」とかいう形容語句をもって，軽視される．だが，この理解は誤りである．

「1830年のこの世紀は，1829年のかの世紀とほんの3日をもって隔てられる.」こう書いたのはジュール・ジャナンという人物らしいが，この一文は，H・A・C・コリンガムの包括的著書『7月王政』(1988) の中に引用されている．それほども，7月革命の「栄光の三日間」と言われる7月27日から29日までの3日間のできごとは重要であった．

革命は，それを引き起こした活動家なり革命家の力によって起こると思われるかもしれない．必ずしもそうではない．むしろ，体制を維持している権力の側の失政，それも大失政によるところ大きい．7月革命の場合には，復古王政を担っていたシャルル十世とポリニャック内閣が 7 月 25 日に出した愚劣な「勅令」による．その勅令は，出版の自由の停止，反政府側が勝利しながら未召集のままだった新議会の解散，議員定数の大幅削減，9 月初旬の新選挙法に基づく選挙の実施など，を内容とするものであった．この勅令は，翌 26 日月曜日の官報で報知されたのであるが，その内容に新聞各紙は猛反対の論陣を張った．とくに号外まで出し，反発の世論を形成しにかかったのは，『ル・ナシヨナル』(国民的) という新聞であった．

このような動きは突然起こったわけではない．『ル・ナシヨナル』は，銀行家ラフィットが出資して，1830 年 1 月 3 日に創刊された新聞であった．その新聞は創刊当初から，英国の名誉革命を称揚し，「君臨すれども統治せず」の立憲君主制の原則支持を謳っていた．それのみならず，シャルル十世の時代のカトリック反動政治を排撃し，自由主義的なブルボン王家の傍系にあたるオルレアン公ルイ＝フィリップを王に迎える考えをも打ち出していた．

ところが，シャルル十世の軍隊は，7 月初め，アフリカのアルジェリアを占領し，フランス・ナショナリズムの意気を高めようと考えた．それで，強引な「7 月勅令」の公布となったわけなのであった．

「栄光の三日間」

1830 年当時，パリは 80 万人ほどが在住する都市であり (別の統計によれば，100 万人ほど)，3000 万余の総人口のフランスにあって，圧倒的な中枢部であるだけではなく，情報のもっとも重要な発信源でもあった．

「7月勅令」が出された翌日は，7月26日月曜日で，パリの民衆にとっては，「聖月曜日」，すなわち「仲間の日」（jour des camarades）にあたっていた．言い換えると，家族と過ごす日曜日の次の月曜日は，仕事仲間たちと呑んで討論する休日相当の日であった．1830年夏の暑いこの日も，民衆にとっては，王権の暴虐について情報が飛び交う日となったものと考えられる．

7月27日火曜日になると，前日に「7月勅令」の反動的内容を知った『ル・ナシヨナル』をはじめとする反政府系各紙は，勅令を無視して発行体制を維持し続け，ジャーナリストの怒りは，パリの民衆にまで拡大してゆくこととなった．この日に始まる3日間にパリで勃発した革命は，ボリー『7月革命』（1972）が詳細に叙述するところであるが，この書によれば，「1830年の革命は，疑いなく，なによりもまずジャーナリストの叛乱なのである.」「ジャーナリストの革命」は，その後，急速にパリの民衆のもとに降りていった．その叛乱は，たちまちのうちにパリ市民総体にまで波及し，いたるところでバリケード戦が展開されるようになった．この日の午後には最初の死者も出た．

パリ東部のバスティーユ広場は，1789年7月14日の大革命の折には，政治犯が多く収監されている監獄があった所であるが，1830年7月革命もここから勃発したとされる．今日，ここには7月革命の記念柱が建てられてい

図 4.1　バスティーユ広場にある 7 月革命記念塔

る（図 4.1）．基壇の地下納骨堂には，革命の犠牲者の遺骨が収納されているという．

翌 28 日は朝から戦闘が始まった．エコル・プレパラトワールの学年末試験のさなかのガロワが参加したかったのは，この日の戦いであった．この日の朝，パリの外にいた国王のもとに報告が届いた——「もはや暴動ではありません．革命です．」国王はもはやパリに帰還することができなかった．19 世紀初頭に早くも民主主義の到来の不可避性と，また民主制に伴う衆愚政治的側面にも慧眼をもっていたアレクシス・ド・トクヴィルは回想録『フランス 2 月革命の日々』の中で，7 月革命の高揚期を振り返り，「1830 年の時には，パリ全体を煮えたぎった大鍋にたとえ

図4.2 ドラクロワ「7月28日，民衆を導く自由の女神」(1830)

た.」その頂点が，28日なのであった.

ウジェーヌ・ドラクロワの三色旗を掲げ，胸をはだけた女性を描いた有名なルーヴル美術館蔵の絵は，正式には「7月28日，民衆を導く自由の女神」(図4.2) という．この絵は，フランス大革命を描いたのではなく，1830年の「栄光の三日間」のもっとも劇的なシーンを象徴的に表現したものなのである．ドラクロワは，同種の絵を，1821-30年にわたって戦われたギリシャ独立戦争のさなかの26年にも描いている(「ミソロンギの廃墟に立つギリシャ」ボルドー美術館蔵)．「民衆を導く自由の女神」の絵は，今日，「共和主義のイコン」と見なされている．民主主義の象徴となっていると言ってもいいだろう．ガロワが実体験した7月革命は，近代政治思想にとって，それほども重要な意義をもっているわけである．

私は同時代の革命的叛乱として，1968年の「パリ5月革命」について直接の参加者から聞いたことがあるが，それを上廻る規模であったであろう．

叛乱の拡大に，革命的共和主義者は当然，色めき立ったが，混乱を収拾し，新政権を確立すべしと白羽の矢が立ったのは，オルレアン公ルイ＝フィリップであった．混乱を目撃した人物によれば，「7月29日正午の5分前，ブルボン王家の宗家は支配するのを止めた．」結局，シャルル十世は政権を放棄し，国王の家族は，英国亡命を余儀なくされた．

ルイ＝フィリップは8月9日，フランス国王としてではなく，「フランス人の王」ルイ＝フィリップ一世として即位した．

ドラクロワの絵は1831年の展覧会で人気を博し，それをルイ＝フィリップ王は購入した．しかし，次第に自らの革命的起源を忘却するうちに，その絵は倉庫に送り込まれたという．

ルイ＝フィリップとはいかなる人物か？

7月革命によって成立したオルレアン王朝は，ごく一般的に，伝統的王朝から民主主義的政体への過渡的形態としてとらえられる．

どうしてルイ＝フィリップは新王に選出されたのであろ

うか？ それは，簡単にいえば，国王の血筋の中で，もっとも共和主義に親近感を覚えていた人物だったからであった．フランス大革命にも一定程度熱心に参加し，急進派のジャコバン派を支持したこともある．また，国王に就任してからも，群衆と一緒に共和主義的国歌「ラ・マルセイエーズ」を歌い，保守政治家のギゾーにたしなめられるほどであったという．

ユゴーは，『レ・ミゼラブル』の中で，この国王をかなり高く評価している．7月王政の成立に関する第4部においては，「ルイ＝フィリップ」という見出しをわざわざ掲げた項目を割き，この国王の人物描写を試みている．それによれば，ルイ＝フィリップは，人物は善良で，非凡な才能をもった君主であった．ヨーロッパの主要諸語を話すことができ，また，深夜になると死刑を宣告された重罪犯の裁判記録に目を通して，特赦に値しないかどうか真剣に検討しさえした．しかし，ユゴーによれば，このような人物であっても，王権を行使する立場にいたこと自体に問題があった．「ここで絶対民主主義の名で彼を裁くことはできないだろう．絶対の目から見れば，第一に人間の権利，次に民衆の権利という，この二つの権利を除けば，すべて不当に得たものである．しかし，そうした留保つきで今すぐにも言えることだが，要するに，どんな見方をしても，ルイ＝フィリップは，個人として，人間的善良さの見地からみて，古い歴史の古くからのことばを借りれば，王位についた君主のうちでは最良の者のひとり，ということができるであろう.」

こうルイ＝フィリップを称賛し，ユゴーは，さらに彼の問題性を浮かび上がらせる.「では，彼を不利にするものは何か？　王位である.」

7月革命とともに，シャルル十世が英国へと逃亡し，16世紀末，プロテスタントの王子アンリ・ド・ナヴァールがカトリックに「転向」し，アンリ四世としてフランス国王に即位することから始まるブルボン王朝宗家の歴史総体に終焉が刻印された．アンリ四世のように善良であったルイ＝フィリップ一世も，次に勃発した1848年の2月革命によって国王の座から追い払われ，フランス君主政治全体の最後の王となってしまった．19世紀半ばには「王位」そのものが彼にとっては災いとなってしまったのであった．

『フランス2月革命の日々』の中のトクヴィルによるルイ＝フィリップの採点はもっと辛い．トクヴィルの人物描写も洞察に満ちている.「王の唯一の徳たる勇気．彼は極端に丁重なところがあったが，それは相手かまわずであり，重厚さに欠けるものだった．それは君主にふさわしいものというより，商人にふさわしいものだ．文学にも芸術にもまったく目を向けたことがなく，熱愛するのは産業であった.」

権力の座にある者はおそらく，すべからくそうであるように，ルイ＝フィリップ一世も保守化を免れることはなかった．出稼石工の共和主義者マルタン・ナドは，『ある出稼石工の回想』の中で書いている.「良識で形成されたフランスの天分というものは，ルイ＝フィリップとその大臣たちが1830年の革命に与えた，あの忌まわしい打撃のひとつに，ごまかされるというようなことはなかったのだ．人々は，彼らの中庸《ジュスト・ミリユー》の政治はルイ＝フィリップの王政を強固にするために，国民を眠りこませてしまうことをめざす以外のものではないということを，はっきりと見抜いていた.」

2 「人民の友の会」への加入

「人民の友の会」とは何か？

7月革命の「栄光の三日間」の直後，パリの民衆はそれぞれの政治的見解を表明し，そして，そのことによってさまざまな党派色を鮮明にしていった．そのような党派の中で，もっともラディカルに，共和主義的，すなわち王制を端的に否定する政治的色彩を出したのは，「人民の友の会」(Société des Amis du Peuple) を名のるグループであった．その指導者は，医師・生物学者として知られたフランソワ＝ヴァンサン・ラスパイユであり，そして，ゴドフロワ・エレノール・ルイ・カヴェニャックもそれを支えた．さらに，のちに急進主義的蜂起を唱えたルイ＝オーギュスト・ブランキも同じグループにいた．政治思想の基調は多様であったものと考えられるが，主要基調はジャコバン主義とサン＝シモン主義であり，パリ市街での急進的演説によって，とくに若者の支持を集めようとはかった．

「人民の友の会」は，1830 年 10 月に公表されたマニフェストによれば，「栄光の三日間」の直後の 7 月 30 日には産声をあげたものと思われ，9 月初めには，パリ市の壁に，労働者の苦難の状況を告発し，「ブルジョワ貴族のエゴイズム」を糾弾する告知を掲示した．社会主義的傾向をもった戦闘的共和主義団体というべき組織であった．大革命末期に企てられた「平等の陰謀」で著名な革命家バブーフの流れを汲むブオナロッティもが周辺部で活発に活動したであろう．

ジャン＝クロード・カロンの小論「人民の友の会」(1982) によれば，会結成直後は会員数 120 人ほどであり，急速に支持者を 300 人ほどに拡大せしめたであろうという．機関紙『ラ・レヴォリュシヨン』(革命) を発刊し，8 月末には，集会で 1200 から 1500 人を結集させる力をもったらしい．保守派の内務大臣ギゾーは，「人民の友」が政治的無秩序と経済的停滞に責任を負う，と糾弾したほどであった．この所見は，客観的背景を無視してしまっている．前年から，フランスは，農業の不作に見舞われ，同時に，経済もスランプに陥っていた．そもそも背景的要素が人民の急進化をもたらしたのである．

「人民の友の会」の活動は，パリに限定されることなく，絹織物の産業労働者を多く抱えるリヨンに波及しただけではなく，オランダから独立しようとしていたベルギーの人々を鼓舞した．また，ロシア帝政の圧政下で苦しむポーランド人の支持をも集めた.

1831年3月から翌年1月まで会の会長であったラスパイユは,学者としては,生物が細胞から構成されていることを唱えたことで有名であるが,1826年後半,パリ滞在中のノルウェー人数学者ニールス・ヘンリック・アーベルと会っている.アーベルは,A・ストゥブハウグによる彼の包括的伝記が示しているように,数年の西欧諸国留学の旅の最終目的地としてパリに26年7月10日から12月29日まで滞在した.その後,ノルウェーに帰ったあと,貧困のうちに,29年4月6日に肺結核のために死去した.26歳8カ月を一期とする夭死であった.ラスパイユは国会議員になるや,科学アカデミーが,すでに裕福な年輩の会員を優遇し,才能ある若者を軽んじているとして論難した際,アーベルの事例を持ち出したという.

ラスパイユは,「人民の友の会」が街頭での急進的運動を展開するにとどまることなく,労働者など下層階級向けの教育(歌唱,文法,作文,算術,歴史,衛生など)を行なうべしと喧伝したことでも知られる.

しかし,「人民の友の会」は,多い時でも4000人から5000人のメンバー数を超えることはなかったものと見なされる.そのうち,多様な思想傾向をもった会は,分散傾向を示し始めるにいたった.「社会主義」ということば自体がフランスで公式に使われ出されるのは,1833-34年,すなわちガロワの没後すぐのことであった.「人民の友」グループのメンバーも,この時点までには,「人権の会」

(Société des Droits de l'Homme) に再編されていったものと見なされる.

ガロワの「人民の友の会」加入

「栄光の三日間」が一応の終熄を見せると, ガロワは, 夏休みの休暇で帰郷し, 率直で鮮明な政治的発言で家族を驚かせたというから, 7月革命のもっとも左派的な支持者になっていたものと考えられる. その先鋭さには, もちろん, 年少のころの啓蒙主義的教育, さらには, 前年夏, 父を死に追いやった保守主義的な宗教勢力への憤怒の思いがあったであろう. 彼は, 9月中には「人民の友」グループと接触をとったようである. そして, 確実にその会の正式メンバーになった. 反対者が多くなければ, 盟友たちの推薦によって, メンバーになれる仕組みであった. そのメンバーの多くは, 学生であった.

ガロワはラスパイユら「人民の友」グループの演説に熱心に傾けたであろう. そのようなガロワに, 新しい名称で再出発したエコル・ノルマルの当局が注目しないわけはない. 年末12月の, 不当きわまる放校処分の伏線は, まさしく共和主義的な「人民の友」グループの一員としての学校内外での活動であった. このようなコンテクストにおいてこそ,「推定有罪」の放校処分が校長によって提議され, そして, 翌年年初の勅任評議会の処分追認がなされたのであった.

科学教育批判

エコル・ノルマルの放校処分が正式に決定される前の1831年1月2日，『ガゼット・デ・ゼコル』紙は，ガロワの編集者宛書簡の体裁の小論説を掲載した．それは「科学教育について——教師，著作，試験官」という標題をもち，たんに「E・G」のイニシャルの著者名を伴っているだけであるものの，ガロワの執筆になることは疑いない．

「科学教育について」の小論は，とくに，高等中学校における数学教育の実態を，自らの経験に基づきながら批判しているが，その批判の内実は現代の数学教育にも当て嵌まるのではなかろうか？

ガロワはまず，科学においては，政治的ないし宗教的意見はほとんど無関係であるにもかかわらず，当時の政体に媚びへつらう凡庸な者が，高いポストを占めている現実を指摘する．そして，高等中学校における数学に優秀な生徒は，たいていエコル・ポリテクニクを志願するのだが，正規の授業では不十分で，普通，ひとりか，ふたりの復習教師（家庭教師）について学ぶほかない．教育の内実は，数学の主要部分を逸れて，無駄な考察を要求する些細な事柄にかかずらわっている始末である．他方，「代数の非常に単純だが，非常に光彩を放っている定理を省略している.」

こういった数学教育の害悪は，どこに起因しているのであろうか？　ガロワによれば，エコル・ポリテクニクの入学試験官と，試験準備のためとして彼らの必要以上に分厚い著作を出版している出版人に責任がある．試験官は，

図 4.3 1830 年革命に蹶起するエコル・ポリテクニク学生

「作為的」な方法でしか試験をやらない．受験生は，その結果，学課の中身の理解よりは，試験合格のために心を消耗させてしまうようになる．学問は成長しているものの，受験体制にかかわるこのような科学教育者の偏愛や偏執によって大きく歪曲されるにいたっている．

このような受験体制をくぐり抜け勝利者になったエコル・ポリテクニクの学生がいったいどうなるかというと，「栄光の三日間」においてはバリケード戦を果敢に闘ったものの，その年末には，パリの武装した「200 名の数学徒」として，秩序回復という名目で街路を走り廻るにいたっている（図 4.3）．

最後のエコル・ポリテクニクの在校生に対する皮肉混じりの論難については，若干の註釈が必要であろう．

ルイ＝フィリップの政府は，シャルル十世の反革命的大臣たちの裁判を12月に準備した．が，結局，無期懲役刑止まりの判決をくだしただけであった．下部民衆は不満であった．7月革命は，ある統計によれば，211名もの生命を奪い，1327名の負傷者を出した．しかし，民衆は，刑罰は軽すぎると考えた．政府はパリ市民の沈静のために，国民防衛軍とエコル・ポリテクニク学生を動員した．「国民防衛軍」(Garde Nationale) については，さらに註釈を要する．それは正規軍とは異なり，市民から徴用された国民防衛隊であった．税金の多さがものをいったというが，政府の思惑と政情によってその組織の内実は，大きく変動を見せた．あとで見るように，ガロワ自身もその砲兵隊メンバーになった．

国民防衛軍もエコル・ポリテクニク学生も，7月革命時には，革命的戦闘の中核部隊にあって住民の信頼を勝ちえていた．その信頼を勝ちえたユニフォームを，政府は，年末の騒擾の沈静化のために利用しようとはかった．ところが，政情が安定し出すと，政府は，革命高揚期から国民防衛軍の先頭に立ってきたラファイエット将軍を罷免し，その軍の再編策を打ち出すにいたった．というよりは，解散の方向性を出した．それに伴って，国民防衛軍砲兵のうち，19名を逮捕した．共和主義者の体制内勢力温存を怖れたためであった．

ガロワの「科学教育について」の提言の末尾は，エコル・ポリテクニクの学生たちの，以上で解説したようなオポチュニズムを批判したものであった．ガロワは続編を予告しているが，それは書かれずじまいとなった．1月4日に，正式に退校処分の辞令がくだったからであった．

ガロワの校外での高等代数学講義

ガロワはエコル・ノルマルの学生の身分を喪失し，ただの「復習教師」の肩書きを余儀なくされる青年となった．この時期，ガロワは，カルティエ・ラタンでアジテーションをしたという報告もある．

ところが，『ガゼット・デ・ゼコル』の1月9日号は，次のような記事を掲載した．「1月18日，木曜日，ガロワ氏は，ソルボンヌ通り5番地，カイヨー書店にて，高等代数学の公開講義を始める.」不当放校処分への怒りをガロワは学問を通して表わそうとしたのであろう．内容は，代数方程式論，数論，楕円関数論についてであった．ラスパイユの呼びかけに見られるような民衆教育の必要性に応えようとした可能性もある．

ガロワがたとえ20年余の生であっても何に情熱を傾けていたのかが，このことによっても理解できるであろう．

開講当初は，30名程度の聴講者があった模様であるが，次第にその数も減少していった．学問を純粋に学ぶという目的だけの講義で，しかも復習教師というだけで何の肩書きももたない19歳の若者による，とてつもなく高度な内容であった．聴講者減少も当然の帰結だった．

半年もしないうちに，そういった講義も物理的に不可能になる事態が起こった.

3 二度の逮捕と収監

1831年5月9日「ヴァンダンジュ・ド・ブルゴーニュ」での祝宴

先に1830年末の国民防衛軍砲兵19名逮捕劇に言及したが,彼ら被告の裁判は,翌年4月から始まった.彼らは,国民防衛軍解散命令にもかかわらず,武装解除を拒否し,それで逮捕されたのであった.

裁判では,カヴェニャックらが弁護に立ち,共和主義的大義を訴えた.「人民の友の会」は思想喧伝はするが,軍事的策謀など必要ないとするのが,大要であった.弁護士は,君主制を共和主義政体に転化するために暴力的策謀を試みたなどの容疑の滑稽さを指摘した.最終的に,すべての被告は無罪放免となった.

解放された元被告たちを迎えて,「人民の友の会」は1831年5月9日夕刻,「ヴァンダンジュ・ド・ブルゴーニュ」(ブルゴーニュの葡萄収穫)という名のレストランに集い,祝宴をもよおした.このレストランは,マルタン・ナドの『ある出稼石工の回想』にも出ているので,共和主義者が贔屓《ひいき》にした店だったのであろう.そのレストランには,200人ほどの「人民の友の会」メンバーを中心とする共和主義者が集まった.作家のアレクサンドル・デュマもそういったひとりであった.参加者の政治的性格からいって，当然，公安警察のスパイも潜り込んでいたであろう．それで，乾杯時などの発言は，あらかじめ決められたものに制限された．

食事の最中，一同は，王政の終焉を刻印した1793年の革命，急進主義のモンタニャール党，ロベスピエールのために乾杯した．さらに，1789年の革命と，1830年の革命にも乾杯がなされた．そして，「1831年7月の太陽のために！　それが，1830年の太陽と同じほど熱いものであれ，そして今度は，われわれの目をくらまさないように！」といった声も聞かれた．出席者の興奮は最高潮に達した．

「ルイ＝フィリップに！」

すると，ひとつのテーブルの隅から立ち上がった若者がいた．彼は，片手にワイングラスをもち，もう一方にナイフをもっていた．その青年は，叫んだ——「ルイ＝フィリップに！」テーブルから遠くに座っていた多くの参加者は，その叫びに疑念を呈した．口笛を吹いて異議申し立てする者もいた．1830年末には，反動化する兆しを見せ始め，共和主義の理念から遠く外れようとするオポチュニスト，ルイ＝フィリップのために乾杯の音頭をとるとはいったいどうしたことだ，というわけであった．

しかし，幾人かは，その乾杯がいかなるためになされたのかに気づいた．たとえば，アレクサンドル・デュマらは，その文句の「過激さ」に怖れをなして，窓から庭に逃げ出した．そのうち，その若者の乾杯の語句の真意に気づき，出席者の大多数は，腕をあげて，叫ぶようになった．
「ルイ＝フィリップに！　ルイ＝フィリップに！」

最初にワイングラスを挙げて「ルイ＝フィリップに！」の声を発した青年は，わがガロワその人であった．

その後，祝宴に参加した若者たちは，街に出て，ヴァンドームの記念碑の廻りで踊り，その夜を終えた．

翌日，ガロワは母の住居で逮捕され，サント・ペラジー監獄に投獄された．明確に公安警察はガロワを狙い始めたと見ていいであろう．

ガロワはのちに，オーギュスト・シュヴァリエに，「僕に向かって説教はしてくれるな．酒に酔って僕は冷静さを失ってしまったのだから」と弁解しているが，この弁明は半分は真実だろうが，半分はそうでないであろう．ガロワにはたしかに飲酒の習慣はなかった．だが，彼は祝宴に先だって，わざわざナイフを買い求めていた．「ルイ＝フィリップに！」は，用意された発言であったと見なすことができるのである．

ガロワ拘禁の理由は，「公共の場所および集会においてなされた演説によって，フランスの王の生命と人格に対して，危害を加えるための挑発による違犯」というものであった．

裁判の審議の過程で明らかになったことは，ガロワの乾杯時の全体の発言は，「ルイ=フィリップに！　もし裏切るのなら」，というものであった．近隣に居た者は，後半まで聞き取れたが，そうでなかった者の耳には，「ルイ＝フィリップに！」だけしか聞き取れなかったというものだったらしい．

この発言は，「フランス人の王」を自称したルイ＝フィリップが共和主義に近い路線から逸脱しつつあったわけなので，単純に「ルイ＝フィリップに！」乾杯したものなら，共和主義的理念に対する裏切りの発言と解釈されえた．テーブルの遠くに坐していたものが，最初にそう思いなして口笛をならしたのは，そのためであった．ところが，ガロワが実際に口にしたのは，「ルイ＝フィリップに！　もし裏切るのなら」であり，「フランス人の王」に，たとえ仮定的であったとしても，「裏切らないで欲しい」という一定の期待を表明していたことになる．

6月15日の裁判で，弁護士は，ガロワの発言の後半部分「もし裏切るのなら」という緩和の語句を強調しはしなかった．にもかかわらず，判事と陪審員は，ガロワの率直な発言と若さに打たれ，ガロワには無罪判決がおりた．彼は，被告席からゆっくりと立ち上がり，証拠品として置かれていたナイフを取り上げ，それをポケットにしまって，ひとことも発することなく退廷していったという．

コリンガムの『7月王政』には，一個所だけガロワが登場するが，その個所は，この5月9日夜の宴会での発言のシーンである．

ガロワの「ルイ＝フィリップに！　もし裏切るのなら」という発言は，一般にオポチュニスト＝政治の「商人」，として特徴づけられるルイ＝フィリップの政治的本性にじつに迫っていたと評することができるであろう．

1831年7月14日のデモ行進での逮捕と6カ月の禁錮刑判決

5月9日の事件での公判はガロワを無罪放免に導いたとはいえ，信念をもった急進的共和主義者としての彼は，パリ警視庁の公安部門にしっかりと警戒され，見守られるようになっていた．

7月14日木曜日は，フランス大革命がバスティーユ監獄襲撃とともに勃発した記念日（祝日に指定されていた）であり，そして30年7月革命の日々の一周年が迫っているという夏の日であった．共和主義者たちは，大規模なデモンストレーションを呼びかけた．そのデモンストレーションの隊列は，シャトレー広場に集まったあと，行進し，バスティーユ広場に自由を謳うための植樹をしようとするものであった．国民防衛軍の「愛国者《パトリオット》」（革命的活動家）は，制服を着用すべきとされた．

ルイ＝フィリップの政府は，この行事に先だって，7月11日，共和主義者の指導者たちの逮捕の方針を出した．記念日前日の深夜からは，実際に逮捕の行動に出た．ガロワは自らの住居から逃れていたため逮捕を免れた．

14日当日，ガロワは，国民防衛軍砲兵隊の青の軍服を身にまとい，デモに参加した．参加するだけではなく，約600人の隊列を先頭で率いた．先頭に立っていたもうひとりの青年は，エルネスト・アルマン・デュシャトレーといい，1812 年 5 月 19 日にパリで生まれ，当時古文書学校に通っていた学生共和主義者であった．

政府の近衛兵は，デモ隊がセーヌ河に架かる橋のポン・ヌフ（新橋）にさしかかると，ガロワとデュシャトレーを隊列から切り離し，拘束した．2 人は警察署に連行され，さらにサント・ペラジー刑務所に移された．ガロワについては，デモに伴う違反行為などではなく，明確に政治犯としての逮捕であった．

彼らは，10 月 23 日に，裁判所に連行され，勅令によって解散させられていた国民防衛軍の制服を着用していたこと，そして，ガロワの場合には，銃弾が籠められた騎兵銃《カービン》とナイフを所持していたことが犯罪容疑となった．デュシャトレーは禁錮 3 カ月，ガロワにははるかに重く，禁錮 6 カ月の判決が下った．この重罪判決は，微罪程度と考えていたガロワにとってだいぶこたえたようである．政治的信念が強固な犯罪者には，懲らしめのため，とてつもない重罪が下るのが常なのである．

長い刑務所暮らしは，それを予期していなかったガロワにとって過酷なものであった．獄中では，呑めない酒を無理に呑んだりした．しかしながら，いくつかの重要な著作も書いた．それまで執筆した数学的著作の数学史的位置づけをなした「序文」（次章で詳述）も 1831 年年末に獄中でものされている．

刑務所で面会した姉が後年回顧して書いたところによれ

ば,「彼の目は50歳の年をとっているかのように落ちくぼんでいた.」

満期で刑を終えれば，32年4月29日出所の予定であった．ガロワより数歳年長で2月に出所したジェラール・ド・ネルヴァルが回顧するところによれば，ガロワは刑務所の出口まで送りに来て，刑務所から出たら，会いにゆくと告げて，抱擁したという．ネルヴァルは，後年，ゲーテの『ファウスト』のフランス語訳を作成し，またボードレールの先駆者とも評価される文学者との声価を勝ちえた．だが，精神に異常をきたし，自死して果てた．

1832年3月，ヨーロッパ中をコレラの感染病が流行し，パリにもその危険が迫った．そこで，3月13日（16日説もある)，ガロワは刑務所から出され，「健康の家」に移された．そこでも警察の監視は続いた．

1832年春の時点で，ガロワは，数学青年としてだけではなく，急進的な共和主義活動家としても，かなり著名になっていたものと考えられるのである．

次章では，ガロワの名前を不朽のものとした数学理論の数学史的位置づけを試みることとしよう．

第5章　ガロワの代数方程式論の創成

——「解析の解析」の企図

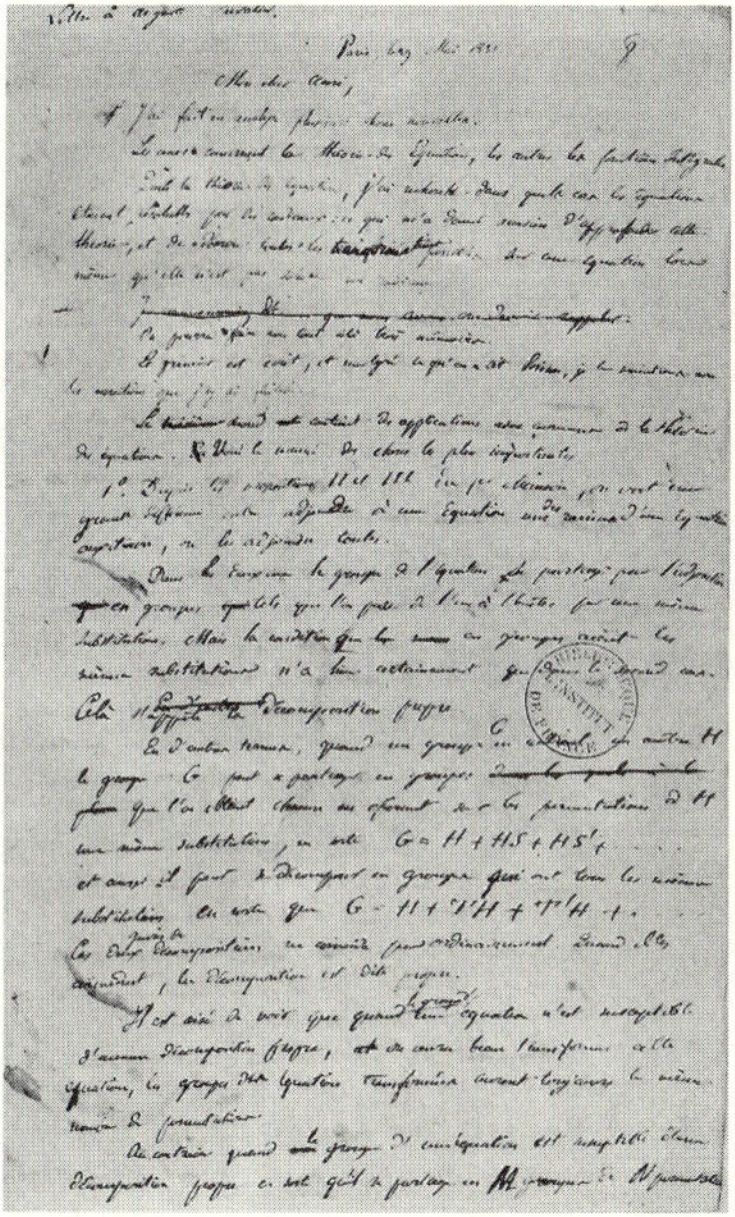

ガロワのシュヴァリエ宛 1832 年 5 月 29 日付書簡の「固有分解」(décomposition propre) を解説した部分. このアイディアが後年，正規部分群の概念となった

1　代数解析の略史

代数解析とは？

ガロワは自らの群論に基づく代数方程式論を「解析の解析」(l'analyse de l'analyse) と呼んだ．この表現は，1831 年末，サント・ペラジー監獄内でものした自ら企図した書物への「序文《プレファース》」の中に出てくる表現であるが，きわめて重要である．決闘前夜に書き遺したシュヴァリエ宛書簡の外のもうひとつの重要著作として記憶にとどめおかれるべき文書であろう．その意味を数学史的に厳密に理解する手順をとおして，ガロワの数学思想の核心部に迫ってみたい．

19 世紀初頭のヨーロッパにあって，「解析」とは，すぐれて「代数解析」(analyse algébrique) を意味した．コーシーによる 1821 年のモノグラフ『解析教程』の副題が，「第 1 部　代数解析」となっていることがその端的な例証である (第 2 部は未刊のままに終わった)．いつからこのような用例が生まれたかというと，フランソワ・ヴィエトの『解析技法序論』(1591) が世に出ることによってである．

その本の副題は,「新代数」であった.

「解析」(analyse) とは古典ギリシャ語に由来し,「代数」(algèbre) はアラビア語起源の語彙である. 両者の結合から「代数解析」の伝統が生まれた. その始まりは, 12 世紀のアラビア数学にあると言ってよいだろうが, 本流と化すのはルネサンス期ヨーロッパにおいてである. ガロワは, ヴィエトから, デカルトを介し, ニュートンとライプニッツで定着した数学の伝統を総合したオイラーとその後継者ラグランジュの思想を新たな地平へと高めた数学思想の持ち主としてとらえられる. そのような数学史的位置づけにとって, もっとも枢要な語句が「解析の解析」なのである.

古代ギリシャの幾何学的解析

ギリシャ語の「解析」(ἀνάλυσις ; analysis) は「解きほぐす」という動詞の名詞形である.「総合」(σύνθεσις ; synthesis) と対になって理解された概念である.「総合」とは,「一緒にまとめる」とか「構成する」を意味する動詞から作られ, 数学では, 前提するものごとから帰結する事柄を一緒にまとめ, 結論を導き出す, 論証ないし作図を意味した. アリストテレスは『ニコマコス倫理学』において, 解析と総合の対概念の理解を師のプラトンに帰している (ただし, 用語そのものは出てこない).

数学文献の中で,「解析」という語彙が解説されたのは, アレクサンドリアのパッポスの『数学集成』第 7 巻「解析のトポス」においてであり，そして，テオン版のユークリッド『原論』第13巻の註釈においても簡明な定義がなされた．パッポスは紀元後4世紀前半，テオンは同後半の数学者と考えられている．その意味は，論証法や作図法，すなわち総合の方式を発見する手順として理解されていた．いずれにしても，幾何学における発見法を意味していた．アルキメデスのようなヘレニズム時代の数学者は，発見法としての幾何学的解析に通じていたものと考えられている．

他方，3世紀のアレクサンドリアのディオファントスによる『数論』は，算術的問題への解法を提供していた．

アラビア数学におけるアル＝ジャブルと代数解析の始まり

現代日本語の「代数」ないし「代数学」は，本来は中国語＝漢語で，西欧語の「アルジェブラ」の訳語として使用され始まった．「アルジェブラ」は，アラビア語の「アル＝ジャブル」がそのまま西欧語に転化したものである．中国語の「代数学」の初出は1859年のことであった．当時，アルジェブラは全面的に「記号代数」になっていた．それで，「代数学」という中国語訳語となったのであった．

「アル＝ジャブル」が数学用語になったのは，西暦9世紀初め，アル＝フワーリズミーという数学者が，『アル＝ジャブルの書』なる著作をアラビア語で書き表わしてからのことである．「アル＝ジャブル」は，「復元する」を意味するアラビア語動詞「ジャバラ」の名詞形で，「復元術」

が本来の語義である．今日でも，「アル＝ジャブル」には，数学の代数的学科と整骨術の双方の意味がある．一時期イスラーム圏にあったスペインやポルトガルでも同様である．どうして代数と整骨術の両者がともにアル＝ジャブルと見なされたかというと，代数方程式の両辺に一定の項を加えてやって解法可能な標準型に「復元」してやる式の変形法と，折れてしまった骨を「復元」してやる技法が，同様に考えられたからである．

アル＝フワーリズミーの『アル＝ジャブルの書』は，二次方程式の解法を包括的に論じ，幾何学的論証を与えただけであった．しかし，その後のアル＝ジャブル技法の規範を与えた点で画期的であった．アル＝フワーリズミーのアラビア語テキストを現代に甦らせたロシュディー・ラーシェドによれば，ユークリッド的な厳密な公理論的・幾何学的論証の伝統とは別の，インド数学の伝統をも統合した，きわめて実践的な計算法の伝統を創造した功績は，この『アル＝ジャブルの書』に帰せられる．ヨーロッパ・ラテン世界で，彼のインド－アラビア数字による計算法は，アルゴリスムスと呼ばれ，現代のアルゴリズムにいたっている（アル＝フワーリズミーの音が変容した姿であるが，そのことを知ったら，彼もびっくりであろう！）．

さらに，11 世紀後半から 12 世紀前半に生きたペルシャ人のオマル・ハイヤームは，三次方程式を系統的に議論し，三次方程式の解を円錐曲線の交点として与えた．この解法はギリシャの方式を継承したものである．ハイヤームは，すぐれた後継者をもった．シャラフ・アッ＝ディーン・アッ＝トゥースィーの『方程式論』は無記号アル＝ジャブルの頂点と見なされる．この系統の数学は，ルネサンス期のヨーロッパでも紹介された．

他方，アラビア数学では，解析と総合の対概念がよく議論の対象になった．とりわけ，10世紀の夭折の数学者イブラーヒーム・イブン・シナーンの幾何学的解析についての先鋭な議論や，次世紀のイブン・アル＝ハイサムによる包括的理論の展開が著名である．

12世紀のアッ＝サマウアルという数学者は，アル＝ジャブルという技法が，算術における解析であることを明確に認識した．どうしてかというと，アル＝ジャブルにおいては，通常の算術とちがって，未知数と既知数をともに含む方程式から未知数を導き出すのであるから，未知のものを既知であると前提して，既知の命題にまでたどり着く手順は，総合とは逆のある種の解析と見なしうるからにほかならない．彼の著書の一章は，「アル＝ジャブルは解析技法の一部であることについて」と題されている．アッ＝サマウアルにおいて，「代数解析」の伝統は緒についたと言うことができる．

イタリア・コシストの遺産

「代数学」という学問名称に親しんだわれわれには不思議に思われるかもしれないが，アル＝フワーリズミーとともに始まったアル＝ジャブル技法は，無記号の方程式を操作してなされる代数，というよりは式の変換法であった．『アル＝ジャブルの書』においては，数字すら，いわゆるインド－アラビア数字で書かれていず，まったくの自然言語代数なのであった．

ところが，未知数にだけは記号が使用され始める．イスラーム・キリスト教両文明圏ともに，12世紀以降のことであった．一次の未知数は，アラビア語では「シャイ」といい，ラテン語で，その語は「レース」と訳された．いずれも「もの」の意味を担う．イタリア語などのロマンス語では，「コサ」と称された．未知数に略記法を用いただけで，19世紀ドイツの数学史家のネッセルマンは，この方式の代数を，「略記代数」と呼んだ．

「略記代数」において，めざましい発見を成し遂げたのは，イタリアの「コシスタ」，英語での「コシスト」たちであった．とりわけ，16世紀のとくに医学者として知られたジローラモ・カルダーノが，彼の弟子フェラーリの助力を得て，1545年に『アルス・マグナ』（大技法）を刊行し，代数の学問的地位向上におおいに貢献した．この書は，巧みな立体図形分割によって，三次方程式の一般的解法を与え，さらにフェラーリによる四次方程式の解法をも提供した．

ハイヤームらは，彼らのアル＝ジャブルが無記号であったこともあり，三次方程式を二つの円錐曲線の交点によって解いていたのであったが，「略記代数」では，根の代数的公式をも，略記号を用いて，与えることに成功した．アラビアから流入したインド-アラビア数字がしごく便利であったこともあり，アルゴリズム的数学はルネサンス期ヨーロッパで，なかんずく商人世界で，隆盛するようになった．

ヴィエトとデカルトの記号代数

「略記代数」が面目を一新し，未知数だけではなく係数にまで記号を充てるようになったのは，1591年刊のフランソワ・ヴィエトの『解析技法序論——新代数』を嚆矢とする．ヴィエトには，数学における発見法，実践性を重要視するペトルス・ラムスの影響が大きかったことが知られている．フランスのプロテスタント思想家ラムスは1560年に『代数』という標題の著書を出版したが，その書物をラムス没後の1586年に再刊したラツァルス・シェーナーというドイツのラムス主義者は，その書に付した自らの註解の中で，「代数はギリシャ人たちによって解析的と呼ばれ，絶対的算術は総合的と呼ばれた」，と書いた．「絶対的」とは，通常のという意味であろう．12世紀イスラーム世界のアッ=サマウアルによって解析技法としてとらえられた代数は，ヨーロッパ世界でも同様の理解に達したわけである．アッ=サマウアルとラムス-シェーナーを繋ぐ結合環は見いだされていない．

ヴィエトは，当時のキリスト教文明圏のイスラーム対抗心もあって，「アル=ジャブル」に起源をもつ語彙を敬遠し，ギリシャ語の「アナリュシス」にちなむ語彙を好んだ．それで，彼の著作では「解析技法」という名称が主タイトルに使用されているわけである．

ヴィエトによって，コシストの略記代数は，記号代数に変容を遂げる．係数を，未知量の対称式で書き表わす定理は，ヴィエトの『方程式の理解と改良について』(1615)の最後の命題において誇らしく語られている．その認識は，ジラールやハリオットによっても継承された．けれども，係数が根の基本対称式で表現可能なことの普及は，ニュートンの『普遍算術』(1707) に拠るところが大きい．ニュートンは，若い時分に，ヴィエトのみならずデカルトの著作を熱心に読んでいた．

ヴィエトの弟子格のゲタルディは，遺著『数学的解析と総合』(1630) の中で，二次方程式の解は，係数からなるある式が負になる時に「不可能」であることを記号的に述べている．解の判別式が実質的に顔を見せた最初の事例と言っていいであろう．

さらに哲学者として著名なデカルトは，1637 年刊の『幾何学』で，ヴィエトのをはるかに簡明に改良した記号代数を開陳した．近世西欧の方程式の未知数に x, y, z などを，既知の係数パラメーターに a, b, c などを充てる便利な記号法は彼とともに始まるのである．

ところが，記号代数の知見は，その後しばらくは，イタリアのコシストの三次・四次方程式の解法を大きく超えては発展しえなかった．おそらく，数学者たちが，アルキメデス的無限小幾何学の記号代数的書き換え，すなわち，無限小代数解析に主たる熱情を注ぎ込んだからであろう．ニュートンやライプニッツらがその立役者であった．

記号を巧みに操るライプニッツの数学を開花させたのは，スイスはバーゼルのヨーハン・ベルヌイであったが，彼の弟子レーオンハルト・オイラーは「代数解析の王者」といわれるほどの数学者となった．ガロワの「代数解析」はその系譜を引いているのである．

2 代数方程式論の先駆者たち

ラグランジュの「方程式解法の形而上学」(1770-71)

イタリアのコシストを超えて，代数方程式論において画期的認識を示したのは，ラグランジュの労作『方程式の代数的解法についての省察』とヴァンデルモンドの長篇論文「方程式の解法についての論考」であった．前者はベルリンの科学アカデミーで1771年に報告され，同アカデミーの論集の1770-71年の号に，後者はパリの科学アカデミーの1771年の論集（当時，実際の出版は数年遅れるのが慣例で，1774年刊．アンシャン・レジーム下でのパリの科学アカデミーの論集は東京大学駒場図書館所蔵）に発表された．

師ヨーハン・ベルヌイの個人教授を受け，この師によってのちに「数学者の王者」と呼ばれたオイラーは，ライプニッツ的微分積分学を系統だて，発展させた功績で知られるが，その数学のスタイルは「代数解析」と規定される（コンドルセーによる弔辞）．そのオイラーの無二の後継者となったのがラグランジュであった．近代西欧の代数方程式論は，ラグランジュ（並びにヴァンデルモンド）を始原とすると言っても過言ではない．

ラグランジュは，『方程式の代数的解法についての省察』の冒頭部分で，こう述べている．「この論考の中で，私は，方程式の代数的解法として現在まで見いだされた種々の方法を検討し，それらを一般的原則に還元して，どうしてそれらの方法が三次や四次の場合には成功したのに，より高次の場合にはうまくゆかなかったのかをアプリオリに明らかにするのを目標とする．」こうして，これまで知られた，三次方程式の解法（第1節），四次方程式の解法（第2節）をごく一般的に考察し，そのうえで，五次以上の方程式の解法を探究しようとする（第3節）．ラグランジュの考察の核心は，係数が根の基本対称式によって構成されることを深く認識したうえで，「分解式」と名づけられる，諸根から生成される補助方程式を導入し，その分解式が，三・四次の場合には簡略になるのに，五次以上の場合には，与えられた方程式の次数を超える高次の式になってしまうということを理解した点にある．ラグランジュは，最後の「先行する省察の結論」（第4節）の第87項において，解きうる方程式の真の原則，すなわち，「三次・四次の方程式の解法の形而上学（métaphysique）」を提示しようとする．この表現は，きわめて印象的である．個々の方程式の現実の解き方を経験的に探究するのではなく，それらを超え出る一般的で超越論的な「形而上学」を展開しようというのである．

ラグランジュは，五次以上の方程式の解法について自らの展望をこう書いている（第109項）．「もし私がまちがっていないなら，以上が，方程式の解法の真の原則であり，導出されるもっとも的確な解析〔分析〕である．見られるように，すべてが一種の組合わせ計算〔代数的式〕に還元され，それによって待望されるべきアプリオリな結果が見いだせるのである．それは，解法が現在まで知られていない五次およびそれを超える次数の方程式への応用をなそうとしてのことであったのであるが，しかし，この応用はとてつもなく多数の研究と組合わせ〔計算〕とを必要としている．われわれが目下この仕事に専心するためには，それの成功は未だになおきわめて疑わしい．しかしながら，別の機会に立ち戻るのを希望することにしよう．われわれは，ここでは，新規で一般的と思われる一理論の基礎を提示したことで満足するものとしよう.」なるほどラグランジュは慎重に断言は避けている．が，この代数解析の巨匠の懐疑的所見は，確実に転回への契機となった．

ヴァンデルモンドの考察もまた，ラグランジュの分解式と類似の補助方程式を介入させるものであったことが判明している．彼の論考は，それほど頻繁に言及されるわけではないが，それも，ラグランジュのほどではないものの，労作である．

ラグランジュの「方程式解法の形而上学」は，ガロワの「解析の解析」にとって巨大な里程標となった．その意味で，それが，代数方程式論の新しい地平を切り開きえたことはまちがいない．第2章で触れたように，ガロワが『方程式の代数的解法についての省察』を直接実際にひもといたかどうかについては判然としない．けれども，ポワンソーの著作などを介して，その概要に通じていたことは確実視されている．

ルフィーニによる不可能性認識

五次以上の代数方程式の四則演算と根号による公式が存在しないことは，イタリア人の医師にして数学者のパオロ・ルフィーニによって確言された．彼はラグランジュの崇拝者であった．ルフィーニの方程式論は，『四次を超える一般方程式の代数的解法が不可能であることが示される方程式の一般理論』(1799) と題された2巻からなる大冊によって展開された．けれども，結論は断言的であったものの，それほど好意をもっては受け容れられなかった．ラグランジュへの寄贈本はたしかに送られたものの，答えは返ってこなかった．ラグランジュは，すでに老境にあり，ナポレオン期の政情混乱のさなかにあり，また，著作が大作で，論証にあいまいさが残っていたので，返答するにためらわれたのであろう．

ルフィーニは，大作公刊後，前作修正の著作を1813年まで出版し続けた．しかし，反響は依然よくはなかった．コーシーは，しかし，ルフィーニの結論は動かないものと見，かなり高く評価した．ルフィーニは1822年5月に亡くなるのであるが，その死に先だつ半年前，コーシーはルフィーニ宛に次のように書き送っている.「方程式の一般的解法についての貴殿の論文は，数学者たちの注意を引く価値があるように思われます．そして，私の判断によれば，その論文は五次以上の一般方程式の解法不可能性を完全に証明しています.」ルフィーニは，この所見に心打たれたに相違ない.

アーベルが，ルフィーニの試みを知ったのは，1826年後半期，パリ滞在中のことであった．彼はすでに解の根号と算術的演算による不可能性についての自らの論考を書き終えていた．彼は「方程式の代数学解法について」という遺稿の中で，こう書いている.「一般方程式の代数的解法の不可能性を私よりも前に探究した最初で，しかも，もし私がまちがっていないなら，唯一人試みたのは数学者ルフィーニである．しかし，彼の論著は，非常に錯綜しており，その推論の正しさを判定するのはとても難しい．私には彼の推論はつねに満足すべきものとは思われない.」他の数学者の評価も，アーベルのと大同小異であったろう.

ガウスの『数論研究』(1801)

アーベルとガロワの両者から尊敬された数学者はガウスであった.

19歳のガウスは，1796年3月30日の朝，ベッドから起きようとする「刹那に正十七角形の作図法を思い付いた.」高木貞治の『近世数学史談』(1933) のあまりにも有名な劈頭部分である．その作図法の公刊は，古今東西の数学書の稀代の名著『数論研究』(1801) の末尾においてであった．その発見によってこそ，ガウスは，かねて関心のあった古典文献学ではなく，数学専攻を決意したのだった．

ガウスの代数方程式論で，ガロワにとって大きな意味をもつ重要な結果は二つあった．ひとつは，複素数を係数とする n 次の代数方程式が必ず n 個の根をもつという命題（代数学の基本定理）の厳密な論証であり，その論文によってガウスは1799年に学位を取得している．ガウスは，その結果だけでは満足できず，幾度も異なった仕方で，その定理の証明を提供している．もっとも，その言明そのものは17世紀のデカルトの時代から提示されていた．しかし，ほとんどの数学者を満足させる厳密さで論証を提供したのは，ガウスが最初であった．

もうひとつの，正十七角形の作図が定規とコンパスで可能なことの証明は，『数論研究』で与えられた．第7章「円の分割を定める方程式について」の第365節「二次方程式を用いて，言い換えると，幾何学的作図を通じて遂行される円の分割」においてであった．ガウスはそこで書いている．「こうしてわれわれは，n を素数とする時，n 個の部分への円の分割を，数 $n-1$ の可能な限り目一杯の因数分解における諸因子の個数と同個数の方程式の解法に帰着させた．それらの方程式の次数は因子の大きさによって定められる．それゆえ，$n-1$ が数2の冪《べき》とするなら――このような現象は n の値 $3, 5, 17, 257, 65537, \cdots$ に対して起こる――，円の分割は二次方程式にのみ帰着される.」すなわち，$x^{17}=1$ という円分方程式の1の外の根は，$x^{16}+x^{15}+\cdots+1=0$ なる十六次の代数方程式を満たさなければならないが，$16=2\cdot 2\cdot 2\cdot 2$ であることから，4つの二次方程式に帰着される．換言すれば，正十七角形は，定規とコンパスで作図可能なのである．

ちなみに，ガウスが生涯公刊したモノグラフは，『数論研究』一冊だけであった．「寡作でも成熟したものを」(pauca sed matura) を自らのモットーとした巨匠の志操がここには現われ出ている．

ガウスが尊敬した数学者は，古代ではアルキメデス，近世ではニュートンだけだったと言われる．その精神で，彼は，オイラー－ラグランジュ的代数解析を厳密な数学に高めようとしたのであった．

コーシーの置換群論（1815）

アーベルとガロワの両者がともに熱心に読んだものとして，「フランスのガウス」とも別称されたコーシーの論考がある．それは，『エコル・ポリテクニク・ジュルナル』の1815年の巻に掲載された「関数が含む変量を可能な仕方で置き換えた時，関数の取りうる値の個数についての論文」という標題をもつ論考，並びに類似の一篇であった．要するに，その論考は，与えられた関数が方程式であるとする時，その根を可能な限り置き換えて得られる値の個数について論じていた．コーシーの置換論とそれのガロワへの影響については，フランスの数学史家アミ・ダアンによって考究されている．

このコーシーの論文は，ラグランジュとヴァンデルモンドの方程式論の遺産を継承し，さらにルフィーニをも踏み台として，いくつかの量の「順列」(permutation) の「置き換え」ないし「置換」(substitution) の「集まり」ないし「群」(groupe) の概念についてごく一般的に議論していた．ここでの「群」はもちろん，のちの数学用語ではなく，日常語として使われている．ガロワにしても事情は同様であったが，「群」の現代的概念は，ガロワがコーシーのを踏襲したものから発酵して定着したものである．

したがって，ガロワの群概念は，コーシーの 1815 年論文の用語を引き継いだものであって，ガロワの独創ではない．

ガロワは 1829 年にアーベルの死亡報知に接する前は，アーベルの不可能性の証明について知らなかったので，ガロワの 1829 年の論考は，ラグランジュの「方程式解法の形而上学」の地平から出発し，ガウスを介し，さらにコーシーの置換群論を跳躍台として書かれたものであったと考えられる．30 年の数学大賞に応募するための論文にはアーベルの数学思想がすでに反映していたものと考えられるが，その論文は散佚したため，実際にどうだったのかについては今となっては知りようがない．

アーベルによる不可能性証明

ノルウェーのルター派の牧師の子アーベルは，ラグランジュ - ガウス的数学の崇拝者であった．コーシーの論文についても知ってはいたものの，その置換群論を跳躍台として一般理論に飛躍するところまでは進まなかった．

アーベルは，ノルウェーの田舎から，憧れの地パリに留学するに際して，『五次の一般方程式の解法が不可能であることが論証される代数方程式についての論文』と題する6ページばかりのフランス語のパンフレットを1824年までに私費で印刷させていた．もっと詳細なフランス語の「四次を超える一般方程式の代数的解法の不可能性の論証」は，ベルリンで知り合ったクレレによってドイツ語に訳され（誤訳を含む），クレレの創刊した『純粋・応用数学雑誌』の1826年の巻に掲載された．

アーベルの証明の要諦は，ラグランジュの思索の延長上に，もし五次方程式の根が代数的に表現可能だと仮定して具体的に書き表わした場合，コーシーの置換の概念を援用して考察すれば，矛盾が帰結する，という帰謬法を用いたものであった．

ここで，ルフィーニやアーベルが証明しようと試みた内容を書き出しておくこととする．n次の代数方程式を次のように表現するものとしよう．

$$a_n x^n + a_{n-1} x^{n-1} + \cdots + a_0 = 0 \quad (a_n \neq 0).$$

そうして，解を，係数パラメーターの加減乗除の四則演算，並びにそれらの根号（冪根ないし累乗根）によって一般的に公式の形で書き表わすことが可能かどうか，という問題が与えられた時に，五次以上にそのような公式は存在しないことをアーベルは証明したのである．もちろん，ガウスの定理によって，解そのものは存在するのであるが，解が以上のような代数的公式では表現できないということがポイントなのである．

よく知られているように，二次方程式 $ax^2+bx+c=0\ (a\neq 0)$ には，

$$x=\frac{-b\pm\sqrt{b^2-4ac}}{2a}$$

と書き表わせる根の公式がある．このようなことは，古代から知られていたと言ってよく，アル＝フワーリズミーによって，自然言語代数の仕方で一般的に論じられた．また，コシストたちによって，略記代数のことばで，「準一般的に」（ハンス・フロイデンタールの概念で，一般性を失わず，数値の具体例で言い表わすことをいう）表現されていた．コシストらが，三次・四次方程式についても解の代数的公式を一般的にもっていたことは既述のとおりである．

ところが，アーベルは弱冠22歳で，この懸案の問題の五次以上の場合に否定的に答えたわけである．この偉業を称えて，五次以上の一般方程式に代数的な解の公式が存在しないという命題は，「ルフィーニ－アーベルの定理」という習わしである．

ルフィーニとアーベルの相異は，後者がラグランジュを

出発点とするだけではなく，ガウスに依拠し，さらにコーシーまでをも部分的には利用しえた点にあった．

ただしアーベルによる代数方程式論は，以上に尽きなかった．死の直前には，「代数的に解法可能な方程式の特定クラスについての論文」を執筆し，それは，クレレ誌の1829年の巻に掲載された．「アーベル方程式」の名称をもつ概念が導入されたのは，この論考においてである．その用語はクロネッカーとジョルダンが夭死したアーベルを顕彰してのことである．

アーベルは，その論考の中で，根 x を関数 θ によって θx に置き換えようとする時，

$$\theta\theta_1 x = \theta_1\theta x$$

のように，関数の作用が相互に交換可能な場合に，方程式の可解性の性質（解法可能性）が得られることに着目したために，今日，演算が可換な群は「アーベル群」と称する習わしである．

ガロワは，アーベルの没後に，彼の数学思想に対する所見を書き残している．その書き付けは，1831年暮れに獄中で書かれたと推定される．それによれば，「われわれの理論のもっとも注目すべき点は，すべての場合にそれが可能かどうかをはっきりと答えられることである」と，自らの創造した理論について誇っている．他方で，「そこで，残された問題を私が解決したのであるが，学問のためにもっとも大きな損失のひとつとなったアーベルの死のた

めに，私がこの結果の発見者になったことは辛いことである．いずれにせよ，私が学士院に代数方程式についての研究を初めて提出した時，私はアーベルの名前も知らなかったし，アーベルの解法が私よりも前に発表されたというようなことはありえなかったことなのである．」

晩年のアーベルが，ガロワの思想に接近しえていたことは確かであろう．ところで，ガロワが挑戦したのは，代数方程式の可解性の問題の必要条件（アーベルが部分的に示しえた）だけではなく，十分条件を解明することであった．彼は，その段階にとどまることなく，もっと一般的な有理方程式に根を添加してできる，のちに「体」の拡大と見なされるになるような事情と，拡大してできる「体」に対応する置換群の構造の相関関係を明らかにした．それこそが，ガロワ理論のみならず，近代数学に革命の刻印を押した巨大な一歩なのであった．そして，この巨大な一歩こそが，「解析の解析」という語句で表現される画期的数学思想なのであった．

3　ガロワ理論の要諦

「7つの封印」をほどこされた1831年1月論文

ガロワはエコル・ノルマルからの退校処分の直後に科学アカデミーに論文「方程式の根号による可解性の条件についての論考」を1831年1月16日付で送った．これで三度目であった．これが今日「第一論文」として言及されるガロワの主著にほかならない．この論文には，翌年5月29日付シュヴァリエ宛の遺言的書簡において若干の註解がほどこされた．

「第一論文」の邦訳は，守屋美賀雄によって1975年に，また彌永昌吉によって2002年に一定の註釈付きで提供されている．さらに，倉田令二朗の『ガロアを読む――第I論文研究』(1987) は，主題的な詳細な数学的註解である．ドイツの数学者イーヴォ・ラードロフの「エヴァリスト・ガロワ――原理と応用」(2002) は「第一論文」読解に捧げられた秀逸な論文であり，今日のガロワ理論テキストはほとんどが，それを必ず参照する．デイヴィッド・A・コックスの『ガロワ理論』(2004) は詳細にしてエレガントなテキストブックで，その「歴史ノート」には著者の数学者としての識見が溢れている．未来の数学徒に推奨できる．

「第一論文」は，しかしながら，ラードロフが註記しているように，読みやすい論考からはほど遠い．投稿年の夏，査読にあたったポワソンはよく理解できなかったのであるが，そのことも無理からぬ難解さであった．ポワソンの評言の妥当さの評価は本章の最後に検討される．その難解さを，ヴァイルが「7つの封印」をほどこされた文書と形容したことについては緒言で見た．

ファン・デル・ヴァールデンは，1985年に『代数学の歴史――アル＝フワーリズミーからエミー・ネーターまで』を世に問う際に，ガロワにも一章を割き，「第一論文」

の数学的解読に努力している．エミー・ネーターの使徒「ネーター・ボーイズ」の代表的青年のひとりであった数学者の手になる解説だけに見事にまとまっている．彼は，「第一論文」を，こう評している．「教科書から，あるいは講義からガロワ理論を学んできているわれわれにとって，ガロワの論文を理解することは，ポワソンにとってほどには難しくない．」

なるほどそうかもしれない．けれども，明解でエレガントではあるものの，デーデキント的体論，その後の抽象代数学の流儀で書かれた現代のアルティン流の教科書を頭の中に入れても，ガロワの原論文は，それほど分明には書かれているとはいえない．ひとつは，ガロワが詳細には論証を与えていないこと，それから，記号法が特異であること，最後に，群概念が，根の置換群に限定されていることなどによる．

いずれにせよ，「第一論文」は，「7つの封印」をもった文書であることに変わりはないのである．しかし，そう言っては身も蓋もないので，骨格的概略だけは解き明かすこととしよう．

代数方程式の構造と根の置換群の対応

ガロワの「第一論文」は，「序説」から始まる．リウヴィルが刊行した1846年版の著作集では省略されているが，重要である．「自らに課されている目的は」——とガロワは書く——「方程式が根号で解きうるための，特徴を決めることである．純粋解析の中で，他と比べて，これほど不分明で，たぶんこれほど孤立したものは存在しないことが言えることをわれわれは示すであろう．この問題の新しさは，新しい語彙，新しい特徴づけを使用することを必要とする.」ガロワは自らの理論の新規性に十分自覚的だったわけである．そうして，その理論がいかなる問題に挑戦しようとしているかについて述べる.「係数が，数であっても文字であっても，任意に与えられたとする時，根が根号で表わせるかどうかを見分けようとするのがわれわれが完全な解決を与えようとしている問題である.」

ガロワは自らの方程式論の「代数解析」における位置づけについて，こう特徴づけている.「この種の問いには，あらゆる計算を上空飛翔する，また，しばしばそれらを無用としてしまうような形而上学的考察の一定の秩序が実際存在するのである.」引用文中の「あらゆる計算を上空飛翔するような形而上学的考察の一定の秩序」(un certain ordre de considérations Métaphysiques qui planent sur tous les calculs) なる表現は，ガロワ理論の数学的特質を理解するためには，きわめて枢要である.「形而上学的考察」ということば遣いは，ラグランジュの『方程式の代数的解法についての省察』を想起させ，この表現はさらに，のちに示す年末に記された「序文」中の「解析の解析」を予想させるものでもある．

こうして本論に入るが，ガロワは，まず「諸原理」として，基礎体に方程式の根を添加することによる有理領域

(四則演算が自由に可能になる領域) の拡大について説明し, さらに, 方程式に対応する根の置き換えからなる「置換群」を定義する (ガロワ自身は,「方程式の群」と呼んでいるが, 後年「ガロワ群」と名づけられることとなる). ガロワ理論の中枢思想は, 根の添加によって次第に拡大してゆく体の列に, 根の置き換えからなる次第に縮小してゆく群の列を対応させて, 求める根の公式が四則演算と根号でできるかどうかの判定規準を, この群の縮小列の特性によって行なおうとするところにある. まったく斬新な数学思想であって, これこそ, ガロワ自身が「解析の解析」と呼んだ考えにほかならなかった.

「命題V」は,「問題」として次のように問いかけて始まっている.「方程式が単純な根号で解けるには, どういう場合であろうか?」「まず次のことに注意しよう」と, ガロワは答える.「方程式を解くためには, その群を順次小さくし, 最後にその群がただひとつの置換だけから成るようにしなければならない. 実際, 方程式が解けたとすれば, その根の関数は——それが, どんな置換によっても不変でない場合ですら——みな知られるからである.」以下, ガロワの数学的敷衍は続く.

ガロワによる拡大体の列と, それに対応する根の置換群の列の対応において, もっとも重要なのは, 置換群の部分群がいかなる性質をもち, それらの縮小列が, いかなる形態をとるかということにほかならない. そうして最後に, 単位元だけからなる群に到達できる時に, 方程式は四則演算と根号によって代数的に解けると考えていいというのである.

アーベルが証明したのは，ともかく，五次以上の一般方程式の代数的解の公式が存在しないということ，さらに，もっと一般的に置換群の演算が交換可能である時には，解が存在するということであった．代数的可解性のある種の必要条件を与えたわけである.

ガロワは，方程式の代数的可解性のための必要十分条件を定式化しようとして，縮小列の部分群がいかなる形をとるのかを探究する．彼は，1831年の「第一論文」でその答えを暗黙裏にはすでにもっていたと見ることが可能かもしれないが，そのことが明らかにされるのは，決闘前夜のシュヴァリエ宛書簡によってである．次にそれを見てみよう.

正規部分群の枢要性

ガロワは，シュヴァリエ宛書簡において，ある群がそれに含まれる（部分）群を媒介して分解される場合に，「固有分解」(décomposition propre) の名称を与えている．それが，部分群が，後年の術語で，「正規」ないし「不変」であるとされる場合なのである.

ガロワ自身のことばを引用する．「ある群 G が他の群 H を含む時，群 G は，H を構成する順列に，ある同一の置換を作用させて得られるいくつかの群に区分けされる．したがって，$G=H+HS+HS'+\cdots$ というふうになる.

また，群 G は，どれもみな同一の諸置換をもついくつかの群に分解されて，$G=H+TH+T'H+\cdots$ というふうにもなる．このような二種類の分解は通常は一致しない．それらが一致する時，この分解は固有と言われるのである.」

第一の左分解（今日の用語では，左剰余類）が，第二の右分解（右剰余類）に一致する場合，すなわち，$G=H+HS+HS'+\cdots=H+TH+T'H+\cdots$ となる時（ここで，ガロワの「+」は現代集合論の「∪」）に，H なる部分群は特別な名称を与えられる．ガロワは，分解に関しては，「固有分解」と呼んだが，部分群には特別名前を与えなかった．今日では，G の任意の元 T に関して，$HT=TH$，すなわち，$H=THT^{-1}$ なる性質をもつ部分群 H を「正規部分群」という．この性質が，個々の元に関してでなくとも，部分群というひとつのまとまりに関して，拡張された交換の法則を満たしていることに注意されたい．

こうしてガロワ理論の主定理は次のように述べられる．方程式の群から入れ子状に生まれる一連の最大正規部分群によって作られる組成因子が，どれも素数になる時，群を「可解群」(solvable group) と言い，対応する方程式は代数的に解ける．逆も成立する．次ページ以下のコラムで示した「ガロワ理論の基本定理」は，ガロワ自身の文書では必ずしもなく，その封印が解かれた後の，今日的表現に言い換えてある．

《コラム》 ガロワ理論の基本定理

有限群 G の部分群 G_i の単位元からだけなる群 I までの組成列を

$$G = G_1 \supset G_2 \supset \cdots \supset G_n = I = \{e\}$$

とし，G_{i+1} は G_i の極大正規部分群とする．この時，剰余類からなる商群 G_i/G_{i+1} が定義され，単純群となり，その位数が素数の時，可解群という．

それぞれの群に対応する体を k_i とする時，基礎体 k の拡大体の次のような列ができる．

$$k = k_1 \subset k_2 \subset \cdots \subset k_n = K$$

k を係数とする代数方程式が四則演算と根号で解けるための必要十分条件は G が可解群であることである．

まず，二次，三次，四次方程式のガロワ群である対称群 S_2, S_3, S_4 は可解群である．それぞれの偶置換からなる交代群を A_2, A_3, A_4 とし，

$$S_2 \supset I, \qquad S_3 \supset A_3 \supset I$$

なる正規部分群からなる組成列を考えると，ふたつの対称群は可解群であることが分かる．

次に，一般四次方程式の根を交換する置換を $\sigma_1 =$

$\{(12),(34)\}$（第1番目と第2番目，第3番目と第4番目の根をそれぞれ交換する置換），$\sigma_2=\{(13),(24)\},\sigma_3=\{(14),(23)\}$とし，

$$V=\{e,\sigma_1,\sigma_2,\sigma_3\},V_i=\{e,\sigma_i\}\ (i=1,2,3)$$

とする．

$$S_4\supset A_4\supset V\supset V_i\supset I$$

なる組成列を考えると，$A_4\supset V$の指数は3であるから，S_4は可解群であることが分かる．それゆえ，一般四次方程式は根号で解ける．

ところが，五次の対称群の組成列

$$S_5\supset A_5\supset I$$

において，A_5は単純群であり，$A_5\supset I$の指数は60であるから，可解群ではない．したがって，解は根号では書き表わすことができない．

ガロワは四次方程式が根の公式をもつことを，実際に，ガロワ群S_4（四次の置換群）の組成因子を書き上げることによって示している．

もっとも簡単な二次方程式についてだけ，例証する．今，与えられた二次方程式を

$$x^2-2=0$$

とする．根の範囲を有理数の領域，すなわち，有理数体とすれば，この方程式は有理数を根としてもたないから，解けない．しかし，一定の無理数の範囲では解ける．$x=\pm\sqrt{2}$ だからである．$\theta_1=\sqrt{2}, \theta_2=-\sqrt{2}$ とし，$\theta_1 \to \theta_1$ & $\theta_2 \to \theta_2$ なる恒等置換を e とし，$\theta_1 \to \theta_2$ & $\theta_2 \to \theta_1$ なる置換を a とすると，方程式の群は，二次の対称群 S_2 となる．組成列は，ごく単純な，

$$S_2=\{e, a\} \supset I=\{e\}$$

となる．S_2 は，位数が2の可解群である．

ところが，一般代数方程式のガロワ群 S_5 は可解群ではない．したがって，代数的には解けない．ガロワは「第一論文」の最後に，命題Ⅷとして次の定理を置いている．「定理　素数次数の規約方程式が根号で解けるためには，根の任意の二つが知られているなら，他の根はそれらから有理的に導かれることが必要十分である．」

ここで「有理的に導かれる」とは，a と b を自然数とする時，$x=1, 2, \cdots, n$，に $ax+b \pmod{n}$ を対応させることをいう（線型置換；a と x はたがいに素）．ガロワは，n が5の場合の線型置換を a と b の組み合わせから20個数えあげて，論文全体を締めくくっている．すなわち，五次方程式が可解である場合には，置換の個数は高々20個でなければならないが，交代群 A_5 の位数は60であ

り，一般の五次代数方程式は可解でないことが導かれるのである．

1831年末の「序文」の理解――「解析の解析」

ガロワの理論にとってもっとも重要なのは「第一論文」であるが，自らの数学思想を解説した文書としては，シュヴァリエ宛書簡が枢要である．しかしながら，私が，その書信にまさるとも劣らない文書と考えるのは，1831年末，サント・ペラジー監獄に収監中にものされた「純粋解析の二つの論文への序文（Préface）」と題された遺稿である．ブルニュ－アズラ編『全集』が，方法論に関する第一部の冒頭に印刷したゆえんであろう．この文書こそ，ガロワの革命家としての側面と数学者としての側面を一体化させて表現したガロワの数学のマニフェストである，と私は考える．

「序文」は，「これは正直一途の書物である」というモンテーニュが『エセー』のエピグラフとして掲げた一文をモットーとしている．ガロワらしいモットーである．

「序文」でガロワは開口一番，当時の学界の権威主義批判を行なっている．「第一に，この著作の第2ページは，吝嗇な君侯の姓名や，称号や，顕職や，讃辞で一杯になってはいないということである．彼らの財布は，香炉が空になると閉じると威嚇するような香の煙に対して開かれるわけなのであるが．さらに，そこには，本文の3倍もある大きな活字の，科学界で高い地位にある人や学問の庇護者への讃辞——けれど，これは20歳でものを書こうとするどんな人間にも不可欠の（私は不可避とも言えるだろう）ものである——も見られない．私は，拙著の中の美点のどんなものも，だれかの助言や鼓舞に負っているともけっして言わない．もしそう言うなら，嘘をつくことになってしまうからである.」学界権威主義に対する先鋭な批判である．ガロワの念頭には，たとえば，自著『天体力学』の献辞に時の最高権力者を選び，しかも，時局によってその被献呈者を差し換えて怪しまなかったラプラスがあったことは確実であろう．あのポワソンの師であった人物である．

このような批判は，ガロワの実体験に基づくものであった．著作の出版が遅れるのは学界の大物のせいであり，そして,「序文」を獄中で書くことを余儀なくさせたのは別の権力筋のせいである.「しかし，アーベルの死について心を懸ける人々の同様の無頓着さが私には分からないことも真実ではあるとはいえ，草稿が学士院会員諸氏の書類箱からどうして頻繁に紛失してしまうのかについては言わねばならない．自分をこの著名な数学者と比較したいとは思わない私には，1830年2月に科学アカデミーに実質的に委託された方程式論に関する私の論文——それは1829年にはその抄録が送られていた——について言っておくだけで十分だろう．それに対していかなる報告も来なかったし，私が草稿を再び見ることも不可能であった.」こういった学界権威の無思慮が引き起こした事件が，自分に献辞などを書く気にさせなかった主要な理由だというのである．ここで，原稿紛失が1829,30年と複数回であることが示唆されていることに注意されたい．

「第二に」と，ガロワは注意する．印刷しようとしている二論文は，短く，またタイトルにまったく不釣り合いだということである．論考が粗描でしかないことに彼は自覚的だったことになる．著者ガロワによれば，「われわれの解析から，立派なユークリッド以来既知の結果に到達することさえ」容易にできるであろう．

「第三に」と，ガロワは続ける．「第一論文は，ある先生の眼には目新しいものではない．1831年に科学アカデミー宛に送付された抜粋は，ポワソン氏の検討に付されたのであるが，彼は会議でまったく分からなかったと発言してしまっている．著者としての自尊心に惑わされている私の眼から見れば，このことは，単純に，ポワソン氏が理解しようと望まなかったか，理解できなかったことを示している．しかし，たしかに，公衆の眼には，私の本になんの意義もないことを示すであろう．」この主張の妥当性については，次節で問題にする．

こういったことから，このような自分が著作を公刊するからには，同情の微笑みか，非難で迎えられるかするであろう．ここで，ガロワは，エコル・ポリテクニクの入学志願者の試験官諸氏の「吹き出し笑い」を想起し，そのようなことにも堪え忍ばなければならない，とも書く．この文面は，ガロワの受験経験に照らし合わせる時，重要である．このようなことも予期するが，敢えて公刊に踏み切ったのだ，とガロワは言いたいのである．

こうして，いよいよ，ガロワは自らの数学思想の特徴づけに踏み出す．

「長い代数計算は，初めは数学の進歩には少しも必要でなかった．きわめて単純な定理が，解析の言語に翻訳される労をとられているだけであった．このきわめて短い言語が，オイラーがこの学問に与えた新しい拡張にとって不可欠になったのは，この大数学者以来のことでしかないのである．オイラー以来，計算が次第に必要になったが，より進んだ科学の対象に応用されるにつれて，次第に難しいものとなった．」19世紀になると，計算の複雑さはとてつもないものとなった．その煩雑さは，限界にまで来ている．代数思想には転換が必要であることをガロワは言いたいのである．

そこで，ガロワの数学思想のマニフェストが宣揚される．「足を束ねて計算の上を跳ぶこと．演算の群をつくり(grouper)，それらの形によってではなく，難しさによって分類すること．そのようなことが，私にとっては，未来の数学者の使命なのである．これが，この著作に着手しようとしている途なのである．」百年は遅れている者たちと自分を混同しないで欲しい．「群をつくり」は意図的な現代化であるが，「群」をそれほど現代化して解釈しなければ，たんなる誤訳ではない．「ここではまったくちがっている．ここでは解析の解析がなされているのである．ここでは今まで行なわれたもっとも高度な計算も，特殊な場

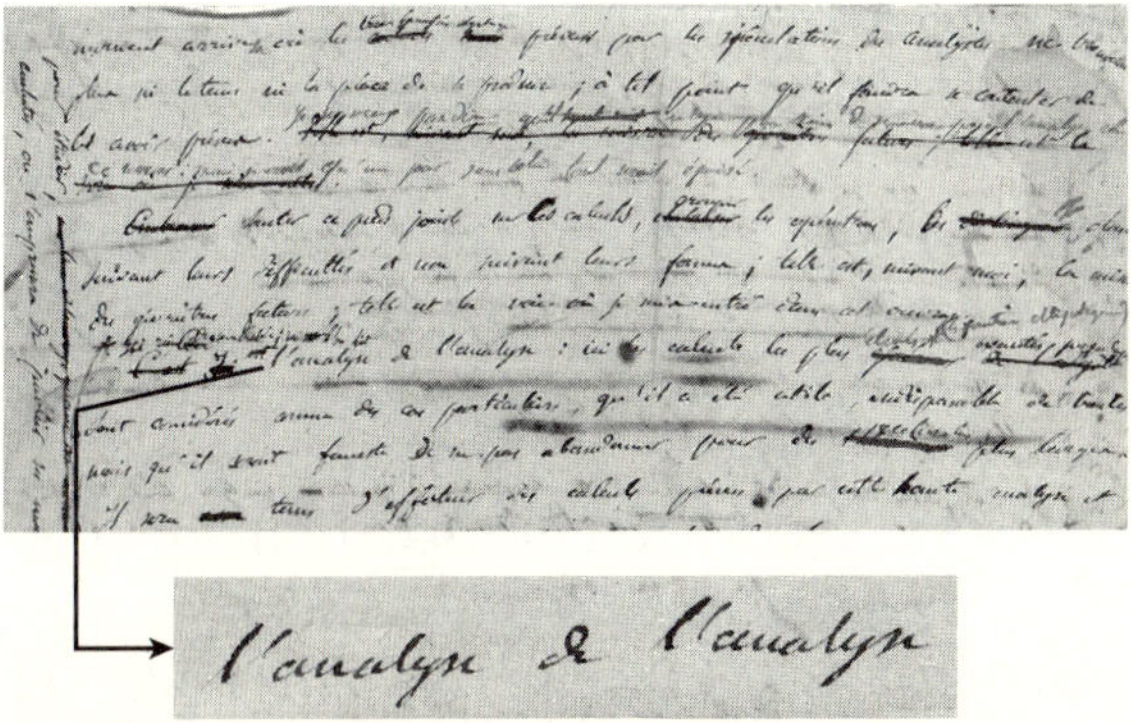

〔上から 5 行目から 9 行目：8 行目に “l'analyse de l'analyse” という語句が見えることに注意.〕

Embrasser Sauter à pieds joints sur ces calculs; embrasser grouper les opérations, les distinger classer / suivant leurs difficultés et non suivant leurs formes; telle est, suivant moi, la mission / des géomètres futurs; telle est la voie où je suis entré dans cet ouvrage. [...]

Ici rien de semblable; ici l'on fait l'analyse de l'analyse: ici les calculs les plus généraux de l'algèbre élevés (les fonctions elliptiques) exécutés jusqu'à présent / sont considérés comme des cas particuliers, [...]

（/は自筆原稿での改行位置，　　　は削除語句を示す.）

図 5　ガロワ草稿「序文」の「解析の解析」が書かれている部分
Ms 2108, f. 73b ©Bibliothèque de l'Institut de France

合として取り扱われているのである.」ガロワ数学思想の要諦である「解析の解析」について語られているのである(図5).

このようなマニフェストを開陳したあとで,「序文」は次の署名で締めくくられている.「1831年12月,サント・ペラジーから　エヴァリスト・ガロワ」(ここで,原文の“X^{bre}”は,ラテン語のX＝‘decem’から,“décembre”と読む.初期ローマ暦での10番目の月,すなわち,今日の「12月」なのである.)

これは瞠目されるべき数学思想である.数学の内容の豊饒性では,シュヴァリエ宛書簡が重要だろうが,ガロワの生総体,数学方法論にとっては,「序文」はきわめて枢要である.通常の解析的「計算の上を跳ぶこと」,計算の上を,いわば「形而上学的に」上空飛翔し,解析的計算の特質を明確に解明すること,これこそが,ガロワの課題だというのである.このような課題設定は,明らかにアーベルをも超えるものだった.ガロワにとって,アーベルはラグランジュ的数学思想の最後の担い手でしかないのである.

代数方程式の根号による可解性を複雑で膨大な計算に委ねず,解の置換群の構造によって,判定すること,したがって,代数解析をたくさんの計算によって推進するのではなく,もっと次元の高いレヴェルで,置換群の構造を「解析」する「解析の解析」として実行すること,それこそガロワの謳う「未来の数学者の使命」だというのである.

4 フランス数学界の権威＝科学アカデミーとの確執

ポワソンの評価とガロワによるその反批判

ガロワが科学アカデミー宛に送った「第一論文」は，科学アカデミーの事務局によって翌1831年1月17日に受け付けられ，早速，その査読者はポワソンとラクロワに決まった．ところが，一定期間待ったもののなかなか返答は得られなかった．それで，ガロワは，3月31日に科学アカデミー院長に宛てて，督促状を書いた．もう「3カ月」になるが，どうしたのか，また「紛失した」のではないか，という，丁寧ともとれ，反対に非礼ともとれる書状であった．書状は，4月4日にポワソンとラクロワに転送された．

ガロワの督促状が効いたのか，あるいは3度目の正直か，ポワソンは論文を読み，7月4日付けで，査読報告を書いた．それは，たしかに，ガロワの議論が十分満足すべき程度に展開されたならという条件付きであっても，アーベルの証明よりも評価しうるという文面をも含んだものであった．が，「いずれにしても，われわれはガロワ氏の論証を理解すべくあらゆる努力をなした．彼の推論は，その正しさを判断するには，十分明晰なわけではなく，また，十分に展開されているわけでもない．そして，この報告の中で，考えを述べる状態にいるわけでもないだろう.」

結論は次のようであった．「それゆえ，著者が全体として，その仕事をしっかりした意見をもてるように公にするのを待ってよいものと考える．しかし，アカデミーに提出している部分的な現状のままでは，われわれは貴殿たちが賛同を与えるのを貴殿たちに提案することはできない.」

もし論文の査読合格となれば，科学アカデミーの会員外用の雑誌に印刷されるのが，慣例であった．だが，ガロワの「第一論文」は掲載不可となってしまったのだった．

錯綜した内容であり，かなり「官僚的」な文章ではあるが，ガロワの論文を絶対に容認しないというのではなく，未熟な現状のままでは受容しえないということであった．

ガロワによるポワソン評の評価は，先に見たように，査読者は「理解しようと望まなかったか，理解できなかったことを示している」というもので，ポワソンは自分を学問的・政治的に迫害したというものであった．ガロワの言い分にも一理はある．ポワソンは，彼をエコル・ノルマルから退校処分にした勅任評議員の一員であったからである．しかしながら，他方，ポワソンは「第一論文」の提出をガロワに鼓舞した，という事実も判明している．

現代的評価

それでは，今日の眼から見て，ガロワの「第一論文」はどのように評価し直したらいいのであろうか？

ファン・デル・ヴァールデンの自著『代数学の歴史』中における評価は，次のようであった．「私の意見では，自らの証明が本質的に正しいとしたガロワは正当であったが，しかし，それが不完全であると言った点でポワソンは正当であった.」この評価は大枠で受け容れ可能であろう.

数学史的観点から，ガロワの論文査定に関して考察したのは，キャロリン・エアハルトの論文「パリ科学アカデミーにおける「ガロワ事件」の社会史（1831)」であった.

この論考は，数学的内容に関してではなく，数学の社会史というべき視野から包括的に考察しえている点で，高く評価できる.

まず，主要査読者のポワソンは，ラプラスの弟子にして，本質的に数理物理学者で，応用数学者であった．彼の観点から見て，ガロワが取り組んだ純粋解析に関する問題は，将来国家技師になろうとするエコル・ポリテクニクの学生教育を念頭において書かれた19世紀初頭の数学解析，それからもっと狭く，代数方程式論から外れていた.

ほとんど唯一コーシーだけがガロワの業績を高く評価できる可能性があったが，頑迷な王党派であった彼は30年の7月革命以後，フランスを離れ，ガロワと政治的にもっとも遠い立場に移ってしまっていた．二度目の論文提出の際には，査読の任務にあったフーリエは途中で死去してしまった．これらの偶然的要素が，ガロワの思想を理解し難くさせた.

さらに，若い著者が，論文の未熟さを理由に，「栄光の殿堂」たる科学アカデミーから論文不受理の憂き目にあったのは，ガロワだけではない，とエアハルトは指摘する．ガロワよりも2歳年長でガロワの著作集を最初に公刊したリウヴィルですら，最初の6本の論文は，すべて拒絶された．エアハルトの主張は，要するに，ガロワがもっと長生きし，自らの数学思想の成熟と完成のための時間を持ちさえすれば，ガロワは受け容れられたであろう，というものである．

エアハルトの以上の言い分はおおむね正しいであろう．けれども，どこか散文的で，革命などはいらない——改良の積み重ねで同一の結果に到達できるとする改良主義的政治的主張とどこか似ている．

ガロワは，いずれにせよ，成熟のための時間を与えられなかった．決闘が彼の若い生命を奪ってしまったからである．けれども，彼の数学思想を受け継ぎ，おそらく彼が思いもしなかった方向へと数学は全体として方向をおおきく変えることとなった．

第6章　決闘と死

弟アルフレッドが描いたエヴァリストの肖像画
(1848年『マガザン・ピトレスク』に掲載された)

1 一時釈放と恋愛

コレラ禍のパリ到来

ガロワがサント・ペラジー監獄に収監されていた1832年初春，パリに疫病コレラが迫りつつあるという報告が届いた．コレラという感染症は，古来，インドのガンガー（ガンジス河）沿いに限定されていた．それが，東方の中国，西方のヨーロッパに伝播したのは，世界の全球化《グローバル》のためであろう．フランスでの流行は，31年3月のカレーが最初であり，パリでは翌年3月26日に最初の死者が出た．パリのコレラ禍については，ルイ・シュヴァリエの労作『労働階級と危険な階級――19世紀前半のパリ』(1958)，並びに喜安朗『パリの聖月曜日――19世紀都市騒乱の舞台裏』(1982) が教えてくれるところ多い．

ガロワは，おそらくコレラ禍を避けるため，監獄から，3月13日に仮釈放され，「健康の家」に移された．あるいは，彼の健康状態が思わしくなかったためかもしれない．「人民の友の会」の同志のオーギュスト・ブランキは，ガロワより前の1831年8月25日にサント・ペラジー監獄から同様の「健康の家」送りとなっているから，同類の措置だった可能性もある．ガロワは32年4月29日の刑期満了まで，観察処分の状態に置かれたものと思われる．「健康の家」は，ドニ・ルイ・グレゴワール・フォルトリエという国民防衛軍の元指揮官であった人物が管理していた．その保養所には，ジャン＝ポール・ルイ・オーギュスト・ポトラン・デュ・モテルというナポレオン皇帝軍の元士官の一家が住んでいた．

禁錮刑が満期になったあとの5月下旬に，ガロワは決闘を挑発され，結局，5月30日早朝，決闘に臨んだ．こういった経緯について最初の報告を記録し，公表したのは，デュピュイであった．彼の情報源は，決闘前夜に書かれたガロワの書簡と，ガロワの従兄弟のガブリエル・ドマントとであった．デュピュイには，ガロワの決闘の原因が恋愛問題であることがよく分かっていた．

われわれは，可能な限り，ガロワが決闘に挑発された経緯，決闘の相手の特定に挑むべきである．そこにこそ，ガロワの数学思想の解明以上に不可解な謎が秘められている．それは，ギリシャ悲劇の傑作，ソフォクレスの『オイディプス王』に出てくるスフィンクスが提示した謎以上の謎，であろう．

この謎を解明するために，われわれはまずガロワの最期の書簡を虚心坦懐に読解する必要がある．そうして，デュピュイの提供している多様な情報を緻密に予断なく読み解かねばならない．

デュピュイに寄せられたガブリエル・ドマントの情報には，無視し難いものがある．それによると，ガロワが恋愛相手と最後に会った際，「相手のおじを名のる人物と，フィアンセを名のる男が立ち会い」，2人はガロワを「決闘に挑発した.」

デュピュイによれば，決闘は政治警察の策謀などではない．したがって，インフェルトの，エヴァリストの弟アルフレッドに示唆された警察陰謀説は，ほとんどまちがいなく，フィクションにすぎない．そして，ガロワが自らを犠牲にして共和主義者仲間の決闘を企んだかのように仕立てて，叛乱を誘導せしめたというイタリアの数学史家ラウラ・トティ・リガテリの説は，ガロワの遺言的書信にまったく反する．ガロワの遺志への裏切り行為にほかならない．

共和主義者の「仲間同士」の決闘であり，ドストエフスキイの『悪霊』で描かれたような要素があった可能性もあるかもしれないが，その公算はごく小さい．

ともあれ，ガロワは決闘の当日，午前9時半，通りがかりの農民によって拾い上げられ，コシャン病院に運ばれた．そして，ガブリエル・ドマントによれば，立会人とおぼしき人が「決闘の翌日ガロワの母に会いにいった.」ガロワを拾い上げたのが，農夫ではなく，ある退役士官であったというガロワの元校友フロジェルグの『マガザン・ピトレスク』(絵入り雑誌) で開陳された証言 (1848) も公表されている．

デュピュイは，かなり真相に迫っていたものと考えられる．が，彼には決定的証拠と評価されるべき新聞記事の情報が手に入っていなかった．それは，リヨンの新聞『ル・プレキュルスール』(先駆者) の6月5-6日付のガロワの決闘死を報ずる記事であった．

パリ，6月1日――昨日，嘆かわしい決闘により，将来を最高に嘱望されていた若者が，精密科学の世界から奪われた．しかし，彼が歳のわりに早くから名を知られていたのは政治活動のためであった．ヴァンダンジュ・ド・ブルゴーニュで，乾杯の音頭をとって1年の刑を申し渡された若きエヴァリスト・ガロワは，旧友のひとりと闘った．その友人は，ガロワと同じく，とても若く，人民の友の会のメンバーで，やはり政治裁判で有名になっていた．争いの原因は，恋愛関係のもつれだと言われている．武器として拳銃が選ばれたが，2人は長年にわたる友誼から，たがいに狙いをつけるのは耐え難かったので，盲目的運命に決定を委ねた．至近距離で両者は銃を構え，発砲した．銃弾が込められていたのは片方だけであった．相手の撃った弾がガロワの身体を深々と貫いた．彼はコシャン病院に運び込まれ，2時間して死んだ．22歳だった．相手のL・Dは，さらに少し年下である．

記事中には，乾杯事件での無罪判決，死亡した時間，ガロワの年齢などまちがった情報が散見される．だが，決闘の相手についての情報はかなり実質的な内容をもつものであったと考えられ，重要である．「L・D」とは，名のイニシャル「L」は異なっているもののエルネスト・デュシャトレー以外いない，というのが多くの識者の考えである．1831年7月14日にポン・ヌフで，一緒に逮捕された青年にほかならない．

ダルマスはこの説を採用したし，そしてタトンもまた，おそらくその考えを支持していた．アレクサンドル・デュマの説に基づくペシュー・デルバンヴィル説を当初は支持していたロスマンに修正を迫ったからである．デュピュイは説得力をもって，デルバンヴィル説を斥けている．

デルバンヴィル説を支持する者は，現在では，少なくとも言及に値するまともな歴史家ないし伝記作家にはいない．

ステファニーへの思慕と破局

もうひとつデュピュイが知らなかったかなり決定的な事実が1960年代に明らかになった．ガロワ遺稿を綿密に調査し，刊行したブルニュ‐アズラ編『全集』(1962)は，ガロワの書き物の裏に，女性からの書信2通の断片を書き写し，その中に“Mademoiselle Stephanie D.... 14 mai 183□”と判読されるべき文面もがあることを附録中に報告していた．「ステファニー・D嬢183□年，5月14日」を指示する書き付けである．

このステファニー嬢の素性は，ウルグアイのインファントッシによって明らかにされた．彼は，国立学士院図書室にあるガロワ遺稿を調査し直すだけではなく，古文書館をも調査し，ステファニーが，ガロワが身を寄せていた「健康の家」に居たデュ・モテル一家の娘で，1840 年 1 月 11 日に語学教師と結婚していた事蹟を確認した．この報告は口頭では 1962 年アメリカのイサカで開催された国際科学史会議でなされたのであったが，著作の形としては 1968 年の小篇「エヴァリスト・ガロワの死」によって公表された．

総合的にまとめると，刑務所から「健康の家」に移されたガロワは，そこに在住していたステファニー・デュ・モテルという当時 17 歳ころの女性に思いを寄せるようになった．ガロワは手紙を書いたり，ランデヴ，すなわちデイトを重ねたりしたらしい．けれども，結局，ステファニーはガロワの思いを受け容れるにはいたらなかった．ガロワ宛書状には，「そのことは，もうおしまいにしましょう．このような手紙のやりとりを続ける気持ちはありません」とか，「真の友情は同性以外ではまず成り立ちません」とかの謝絶の文面が読みとれるからである．「あなたが私に対して積極的になさったことのすべてに，心から感謝します」といった丁寧なことばも見える．そういった書簡の日付のひとつが 5 月 14 日だったわけである．

シャルレティの古典的著作『サン＝シモン主義の歴史』によれば，1832 年春から初夏にかけて，サン＝シモン主義者たちは，パリ郊外のメニルモンタンの館で合宿をしていた．サン＝シモンの主たる使徒を自認するアンファンタンは「教父《ペール》」を名乗り，ミシェル・シュヴァリエはその副官的存在であった．オーギュスト・シュヴァリエも兄に忠実に従っていた．

ガロワは，5月25日に，サン＝シモン派の合宿所にいた親友のオーギュスト・シュヴァリエ宛に，「このひと月のあいだに，人間にある幸福のもっとも美しい泉を涸らしてしまったこと，幸福もなく希望もなく，それを涸らしてしまったこと，生涯にわたって，この泉をすっかり干してしまったことが確かなこと，それをどう慰めることができるであろうか？」と書いているが，これは前記のようなステファニーとの破局を表現したものであろう．

おそらく，その直後，ガロワは決闘を挑発された．誰によって，いかなる理由によって決闘を挑まれたのであろうか？

2 友人たちへの遺言

決闘前夜

ガロワはほぼまちがいなく，ガブリエル・ドマントが証言したような形で，決闘を挑まれた．決闘前夜5月29日夜のシュヴァリエ宛書簡は，数学的内容を盛り込んでいるのであまりにも有名であるが，他の2通の書信は決闘の理由を知るのに決定的に重要である．

ひとつは，「すべての共和主義者への書簡」と題され，次のように書かれている．

友人の愛国者諸君，僕が祖国のため以外のことで死んでゆくのを責めないで欲しい．

僕は卑劣なコケットと，このコケットにだまされた2人の犠牲となって死ぬ．僕の命が消え去るのは，この惨めな馬鹿騒《カンカン》ぎのためである．

おお！　なぜこんなちっぽけなことのために死なねばならないのか．こんな軽蔑すべきことのために死なねばならないのか？

僕はあらゆる方策で，この挑発を払いのけようとしたが，できず，やむなく強いられ，これに屈したものであることを天に誓う．

冷静に聞くような状態にほとんどない人たちに向かって，痛ましい真実を告げてしまったことを僕は悔やむ．しかし，結局，僕は真実を言ってしまったのだ．僕は，迷いと，それから愛国者の血のはっきりした良心をもって墓に行く．

さようなら《アデイウ》！　僕は公益のための生をもてたであろうに．

僕を殺害した者たちを許してくれたまえ，彼らは信義をもった人たちなのだから．

「卑劣なコケット」(infâme coquette) と「このコケットに

だまされた2人」(deux dupes de cette coquette) とは，まことに強烈に印象的な表現であり，前者には「汚らしい浮気女」，あるいはもっと強烈な「下劣な売女《ばいた》」といった強い感情が込められている．後者の「このコケットにだまされた2人」という語句は，私が点検した限りで，この書簡の既成邦訳の多くから無視され，排除されてきた．「惨めな馬鹿騒ぎ」(misérable cancan) もガロワ決闘死事件の異常さを物語っている．

ガロワが決闘に応じたことをもって，ベルのように「愚行」と決めつけることは容易かもしれないが，以上の書簡で，ガロワが「あらゆる方策で，この挑発を払いのけようとした」ことを告白している事実を軽視してはならない．書簡の最後の一文「僕を殺害した者たちを許してくれたまえ」は決闘に応ずる際の礼儀のことばで，相手を憎まず，報復しないというのが，当時の決まりであった．

もう一通の，「N・LとV・Dへの書簡」も悲痛であり，重要である．イニシャルは，「ナポレオン・ルボン」と「ヴァンサン・ドローネー」と見なされている．ルボンは，1807年生まれの急進的共和主義の著名な活動家で，その後も革命家として活躍し，迫害の時期には，ロンドンで亡命生活を送った．ドローネーについては不明の点が多いが，ガロワの政治的親友というべき人物であった．

親友たち

僕は2人の愛国者によって挑発された……．これを拒否することは不可能であった．

貴君たちのどちらにも知らせなかったことを許してくれたまえ．

しかし，僕の敵対者たちが，愛国者のだれにもあらかじめ知らせないように誓わせたのだ．

貴君らがなすべき任務は非常に簡単だ．僕の意思に反して，すなわち，和解のためのあらゆる方策が尽きてしまったあとで，死んでいったことを明らかにすることだ．そして，僕が嘘をつくことができるかどうか，この事件に関するようなごくちっぽけなことのために嘘をつくことができるかどうか言ってくれたまえ．

僕のことを覚えておいてくれ．なぜなら，祖国が僕の名を知るために十分な命を運命は僕には与えてくれなかったのだから．

僕は貴君らの友として死ぬ．

ガロワのいう「愛国者たち」(patriotes) とは別に今日のナショナリストを意味しない．当時は，「共和主義活動家」といった意味であろう．

ガロワは信頼すべき友人たちに重要な遺言的課題を委ねている．「和解のためのあらゆる方策」を講じたこと，そうして，自分が虚言などを弄することがないということにほかならない．

私見によれば，ガロワのこういった遺言は遵守されなかった．私は，ガロワが，エコル・ノルマルからの放校処分を受けた時，潔く受難を甘受し，そのうえで，校友たちの名誉のために，自らの考えで，意見を表明することを願い出ている事実を確認して，ガロワが実に正直一途な青年であったことに心を強く打たれた．そして，以上のような遺言的書簡に接したわけなのであった．

まず，ガロワを決闘に挑発した相手が2人であったことが，しっかりと確認されなければならない．それでは，ひとりがデュシャトレーであるとすれば，もうひとりは誰だったのであろうか？

オフレーの小説『エヴァリスト』は，この問題に答えを出そうと試み，重要な一歩を進めた．彼は，フォルトリエと，ステファニーの父デュ・モテルこそ，2人であったとした．デュシャトレー単独説は，ありえないとした．しかしながら，ステファニーのフィアンセを自称したであろうデュシャトレーを無視したのは，大きな誤りであった．おそらく，ガロワに先だって出獄したデュシャトレーは，ガロワの仮釈放後，ガロワの居る「健康の家」に通っていた．そうして，ステファニー嬢の「味方」となった人物に，「フィアンセ」役になるべく依頼された．あるいは，一時期は，本当に恋人だったかもしれない．父もステファニーの訴えについて聞いていたであろうが，彼自身が決闘を挑発したとは考えにくい．

これまで得られたジグソーパズルの断片をうまく組み合わせて，かなり説得力のある解答を提供してくれたのは，マリオ・リヴィオであった．彼は『解けなかった方程式』という標題の2005年刊の本で，決闘を挑発したのはフォルトリエとデュシャトレーの2人であったと提案した．フォルトリエは国民防衛軍の元士官で，共和主義者ないし愛国者の資格を満たしている．ガロワと監獄で辛酸を一緒に嘗めたデュシャトレーはいうまでもない．リヴィオは，フォルトリエが，ガロワが重傷を負ったあと，彼を拾い上げた人物であった可能性をも示唆している．1848年の『マガザン・ピトレスク』掲載のフロジェルグによる「エヴァリスト・ガロワ」という記事は，撃たれたガロワを拾い上げたのは「元士官」であったと書いている．コシャン病院に運んだかどうかまでは分からないが，ひょっとすると，農夫に託し，病院に運ばせたのかもしれない．ガロワの母を訪ねたのは，彼かもしれない．

フォルトリエが挑発者のひとりとすれば，ガロワと25歩の距離からロシアン・ルーレット方式で弾丸が籠められた銃で打ち合ったのは，デュシャトレーであろう．彼は表面に出ることなく，隠れ通そうとした．が，幾人かの同志たちには情報が漏れ，情報管理が厳重になされていたパリではなく，フランス第二の都会にして，絹織物産業の拠点で，共和主義者が多かったリヨンの新聞記者の耳まで届いた．フォルトリエは，父親代わりで決闘の介添人の役を演じたのであろう．

ピストルに弾丸が籠められていたのは，デュシャトレーに渡ったものだけだったのであろう．彼がガロワに向かって発射した弾丸はガロワの下腹部に命中してしまい，ガロワはもんどり打って倒れた．遺体には頭部にも打撲傷があったという．

リヴィオの答えの試みで，私がいまひとつと考えるのは，なぜ，ガロワが決闘を挑まれたのかという謎に十分納得のゆく答えを提供していない点である．正直一途なガロワにとって，「卑劣なコケットと，このコケットにだまされた2人の犠牲」とは，異常に強烈な表現である．この異常な表現に注意した註釈者はほとんどいない．デュピュイによってはたしかに註記されてはいるものの．

おそらく，ステファニー嬢は，社会的には大きな罪になるようなことは何もやってはいないであろう．彼女は，しごく素朴で天真爛漫そうな若い女性であったことは，ガロワが書き写した彼女の書簡の断片から容易に想像可能である．が，ガロワ個人に対してはどうであろうか？ 私は「過剰防衛」的なこと，「虚偽告発」めいたことはあった可能性が大きいと考える．ガロワはステファニーに対して何かしら気障りな言動はしたであろう．最低，たとえば，友人として交際し続けて欲しいといったような．すべての共和主義者たちに宛てた書信の中で「痛ましい真実を告げてしまった」ことを後悔していることがその証拠である．あるいは，ステファニーの言い分とガロワの言うことの間に齟齬があったが，ガロワのを虚言と受け取り，「だまされた2人」は，ガロワ青年を嘘つきと決めつけ，「悪漢」ガロワに決闘を挑んだのであろう．けれども，ステファニーは，ガロワからの慕情の告白をより効果的に決定的に排撃するために，単純な方便的，言い逃れ的嘘はつかなかったであろうか？　ガロワが友人たちに，自分が「嘘などついてない」ことを証言してくれるようにと懇願していることは留意に値する．「罪のない」方便的虚言でも，私人としてのガロワ個人にとっては大罪に十分なりうる．本性が無垢で「天真爛漫」な若い女性は，ごく簡単に「天醜爛漫」になりうる．生真面目なガロワは，まさしく自らの誠実さを示すために，名誉のために挑発に応じることを余儀なくされた．ガロワは，「卑劣なコケットによってだまされ」，事情の詳細を「冷静に聞くような状態にほとんどない人たち」，簡単に「正義の味方」になってしまった2人の「愛国者」によって殺害されたのであった．

ちなみに，フォルトリエは，父デュ・モテルの死後，ステファニー嬢の母と結婚している．このことも重要な情報である．父のデュ・モテルは医師だとされることがあるが，そうではなく，ナポレオン皇帝軍の元士官で，刑務所機構の監査官であった．ステファニーの1歳ほど年下の弟のほうは，後年，医師になっている．

あまり想像力をたくましくしてはならないだろうが，そして，ジグソーパズルの個々の断片の取り替えは必要になるかもしれないが，大筋，ガロワの決闘死にまつわる事情は，以上のようであったものと考えられる．多少とも真相に迫りえたのではないか，と私は信ずる．現在入手可能な情報に基づく限りでの最適解に近い，と私は確信している．

私の上記の説は，ガロワの最期の書信をしっかりとガロワが言いたかったとおりに忠実に読む観点から出てきた．私は上記のシナリオに思い当たるや電撃のような感触をもつことを余儀なくされた．アルキメデスが数学的発見の際に発したという「εὕρηκα　ヘウレーカ」(われ見いだせり)を叫びたい気分に襲われた．ガロワは，「天に誓」って，最後の魂の根底からの叫びを書き遺していた．「僕が嘘をつくことができるかどうか，この事件に関するようなごくちっぽけなことのために嘘をつくことができるかどうか言ってくれたまえ」，と．私の感触では，これまでガロワの遺言の封印を全面的に満足すべきほどに解いた人はいなかった――その役廻りは，他の伝記作家や歴史家のあらゆる人を超えて，まっすぐ私に向けられたのではないか，とすら私は思った．

決闘の歴史的背景

ガロワを決闘に導いた歴史的事情については，これもすでにデュピュイが明らかにしている．「この当時，共和主義者や愛国者における決闘ほどしばしば行なわれたものはなかった．彼らは政治的行為におけるのと同じく，私的な行為すべてにおいて，貴族的ふるまいを得意がっていた．歴史の中で，彼らを気高いものとし，自己の利害をまったく省みないことからくる結果のひとつは，まったくとるにたりない動機から，しばしば彼らは容易に決闘を行なったことである．」

どうして，啓蒙主義の18世紀とフランス大革命のあとの19世紀にもなって，決闘がごく普通に行なわれたのであろうか？

決闘の歴史的背景について書かれた書物で私が第一に推奨したいのは，V・G・キールナンの『ヨーロッパ史の中の決闘——名誉と貴族性の支配』(1986) である．この本は，決闘の起源が人の「名誉」を誇示し，守護しようとした中世の騎士道にあることを確認したあと，近世になって，まずイタリアでその流儀が定まり，次いでフランスに伝播し，その後，ヨーロッパ諸国に広まっていった事情を跡づけている．その習慣では，妥協ということを峻拒する姿勢が顕著であったことも指摘されている．啓蒙主義と革命後のフランスでも，その習慣は無くならず，精力的に生き残った．ある人物を悪漢と見定め，その人物に「正義の味方」として敢然と挑む姿勢は超時代的であろうからである．

そして，山田勝『決闘の社会文化史——ヨーロッパ貴族とノブレス・オブリジェ』(1992) や藤野幸雄『決闘の話』(2006) も，考察への手がかりを提供してくれる．山田の著書は，ヨーロッパの貴族階級にとって，名誉の保持が何よりも重要視されていたという中世・近世的伝統の存在とそれの近代への変容を跡づけている．そのうえで，19世紀初期の英国での決闘で死亡確率は14分の1にすぎなかったこと，それと対照的に，フランスでは，決闘は「デスマッチ」になる傾向が強く，死亡率ははるかに高かったであろうと述べている.

藤野の本は,「自分が護るべき女性にたいする侮辱」や,「自分の名誉を傷つける中傷など」が,「社会的な約束として認められるようになっていった」事情について記述し,さらに,「決闘で人を殺すのは剣でもピストルでもなく,立会い人である」という所見を紹介している. こういった事情はガロワの決闘死の状況についての解明への,かなり大きなヒントを提示してくれていると言えるであろう.

ちなみに,決闘のヨーロッパ語源は,「ドゥエルム」(duellum)というラテン語である. 最初の綴りの「ドゥ」(du)から,「二人の」(duo)間の「戦い」(bellum)を意味すると解説されたりするが(たとえば,藤野の本),これは誤解である. 'duellum' は単純に,'bellum' の古形なのである. この語から,フランス語の 'duel' が出てきた.

女性に関するトラブルはよく決闘の原因になった. この点で,洞察力を発揮しているのは,モンテスキューの『法の精神』(1748)の第28編第22章「決闘に関する習俗について」であろう. この章は,「女性に対するわれわれの関係は,感覚の快楽に結びついた幸福,愛し愛されることの魅力,そしてさらに,彼女たちの気に入ろうとする欲求に結びついている」という一文から始まっている. モンテスキューは,しかし,「気に入ろうという一般的欲求が婦人への心遣いを生む. これは愛ではなく,実際のところ,愛についての繊細で軽妙な,そして永遠の虚構なのである」と註記している. ここがモンテスキューの洞察の非凡なところである.

モンテスキューはさらに,「騎士道という摩訶不思議な体系が生まれた」,とペンを進める.「城や砦や強盗だらけの一部の世界で常に武装していた遊歴騎士は,不正を罰し,弱きを守ることに名誉を見いだした.そこからまた,われわれの物語において,愛の観念に基づき,力と保護の観念に結びついた婦人に対する心遣いが生まれた」,と書いている.「われわれの騎士道物語はこの気に入ろうとする欲求に迎合し,ヨーロッパの一部に対して,古代人にはほとんど知られていなかったと言いうるこの婦人への心遣いの精神を与えた.」

かよわき女性を「聖女」として神聖化し,そういった女性を侮辱する者に「戦い」=「決闘」を挑むという風潮は,フランス革命後にも生き残った.共和主義者の間でこそ,この「理想」は熱心に追い求められた.共和主義的「正義の味方」の像にもっともふさわしい人物は,われわれのシナリオでは,だれよりもフォルトリエであり,そして,彼のエイジェントとして働いたであろうデュシャトレーであった.彼らは,ステファニーの虚言に「だまされ」,ガロワを決闘に挑発したのだが,モンテスキューのいう騎士道の「虚構」化には気づかなかった.ガロワは,19世紀前半のかよわき女性の虚言と彼女にだまされた「正義の味方」2人によって殺害されたのだった.いわば,中世的騎士道の19世紀版の「虚構」の犠牲となって仆れたのであった.

19世紀前半，決闘は，ヨーロッパでも，アメリカでも大流行であった．そのことは，ポール・ジョンソンの『近代の誕生』が描いているとおりである．その第6章に曰く，1820年代以降の決闘は，「名誉の務め」をそのまま粗暴化させたものであった，と．「1837年にロシアの国民詩人，アレクサンドル・プーシキンを死なせたのもピストルである.」もっとも，プーシキンは短気で有名であり，決闘は数度に及んでいる．

また，スタンダールの『赤と黒』には「決闘」ということばは10回以上出てくる．その第2部第6章「言葉づかい」では，ジュリアン・ソレル自身が「自分を侮辱した無礼者」に決闘を挑んでいる．結局，「腕に一弾をうけた」だけで済んだのだが．

なかんずく急進的な共和主義者は，貴族きどりの「名誉」好きであったため，決闘による決着を好んだ．ルイ・ル・グラン校の恩師リシャールが亡くなった直後の追悼文の末尾には，生徒エヴァリスト・ガロワの紹介が出ているが，それには，「ガロワ（エヴァリスト），反語法で，名誉（honneur）と言われる出会いの中で，1832年3月31日に暗殺された」とある．

ガロワは実に誠実に行動し，また自らの生命をも軽視しなかった．彼は自らのまさしく「名誉」のために生命を落としたのであった．「愚行」という言い方が正しいとすれば，決闘という時代の風潮こそが愚劣であった．ガロワではなく，ステファニー嬢に「だまされた」自称「正義の味方」こそ下劣であったのだ．

トルストイは『戦争と平和』第2部第1篇 4-5 の中で，登場人物に，決闘への経緯と遣り方について語らせている．「いいか，おれがてっとり早く決闘の秘訣を残らず明かしてやる．決闘に行く時に，遺言だの，両親に宛てた甘ったるい手紙だのを書いたり，自分が殺されるかもしれんなどと考えたりすれば，そいつは馬鹿で，かならず殺《や》られる．相手をできるだけ早く，できるだけ確実に殺すと，しっかり腹をかためて行けば，万事うまくいく．」この伝でいけば，決闘前夜，友人たちに遺言などを書いたガロワは，「馬鹿で，かならず殺られる」と決まったようなものであった．「正直一途」のガロワには相手を「確実に殺す」などという腹はまったくなかった．そのとおり，彼は確実に殺害されてしまった．

キールナンの前記著作『ヨーロッパ史の中の決闘』は，事実を理性的に確認することなく，決闘の伝統で根づいた，悪漢を懲らしめる「正義の味方」にならずにはいないといった心理は，ファシズムで最高潮に達したとの洞察に満ちた所見を開陳している．「ファシズムは，こういったあらゆることを受容し，歓迎し，理性を侮辱し，本能を称賛しようとした過去の数百年に広がった意志の頂点なのであった．」悪漢を懲らしめたい，「正義の味方」にぜひなりたいという心情は，ファシズムのみならず，現代の左翼人の間でも根強い．ガロワが仲間の共和主義者によって殺害されたゆえんである．

ガロワの決闘死事件は，ヨーロッパのモラルの歴史において枢要な位置を占めていると言っていいのである．ガロワを決闘死に導いたような，事実に基づかず，また理性的で公正な賢慮ある判断で処断しようとせずに，人を貶めようとする「正義の味方」的心情と法的愚行の野蛮は，現代でも立派に生き続けているし，人間が生存し続ける限り，生き続けるであろう．

シュヴァリエ宛の書簡

ガロワはコシャン病院に運ばれるや，自らの職業を「数学者」と答えている．それほども，彼にとって数学は生き甲斐であった．決闘前夜，ガロワは，遺作の中で彼がもっとも重要な論考と見なした「第一論文」に最後の手を入れて改訂し，その「命題II」の直後の言明には，こう註釈をしたためた．「この論証には完全にすべき何かがある．僕には時間がない．（著者註記）」（図6.1）これは，たんなる数学的な一言明に対する註記ではなく，ガロワの全生涯そのものに関する註記であったような気もする．

決闘前夜に書き遺した3通の遺書の中でもっとも重要なものは，シュヴァリエ宛書簡であった．

シュヴァリエ宛書簡は，「僕は解析の分野でいくつかの新しい物事を行なった」，と書き出している．代数方程式論や，楕円関数論，はては，代数関数論に関するリーマン面の萌芽的概念（J・デュドネによる）にまで言及し，その数学的文面を次のように締めくくっている（図6.2）．

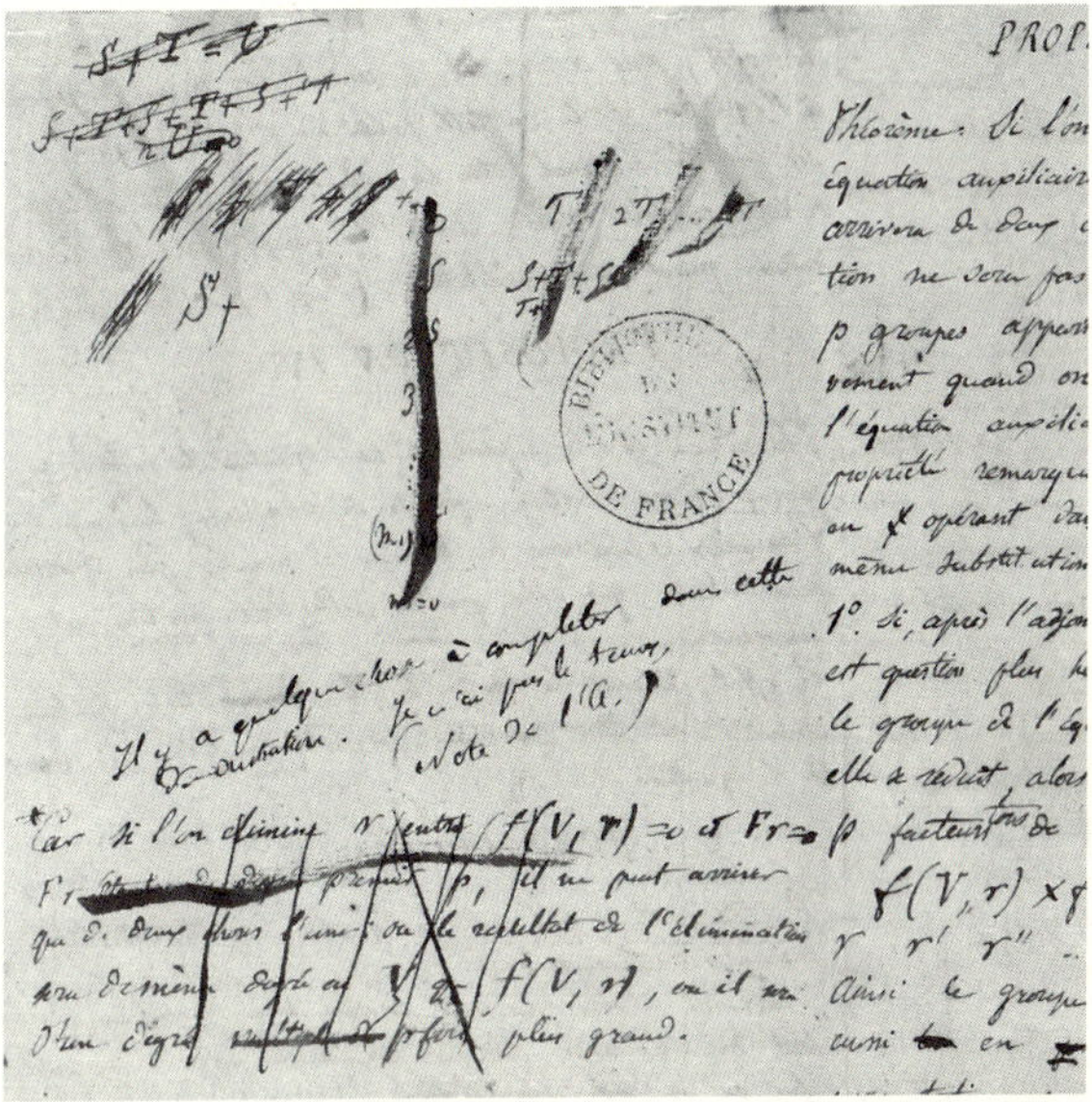

〔「第一論文」命題Ⅱ欄外への決闘前夜の書き込み．右肩上がりに書かれている．〕

Il y a quelque chose à compléter dans cette
démonstration. Je n'ai pas le temps.
(Note de l'A.)

図 6.1　ガロワ「第一論文」命題Ⅱの欄外に書かれた「僕には時間がない」などの書き付け
Ms 2108, f. 4a © Bibliothèque de l'Institut de France

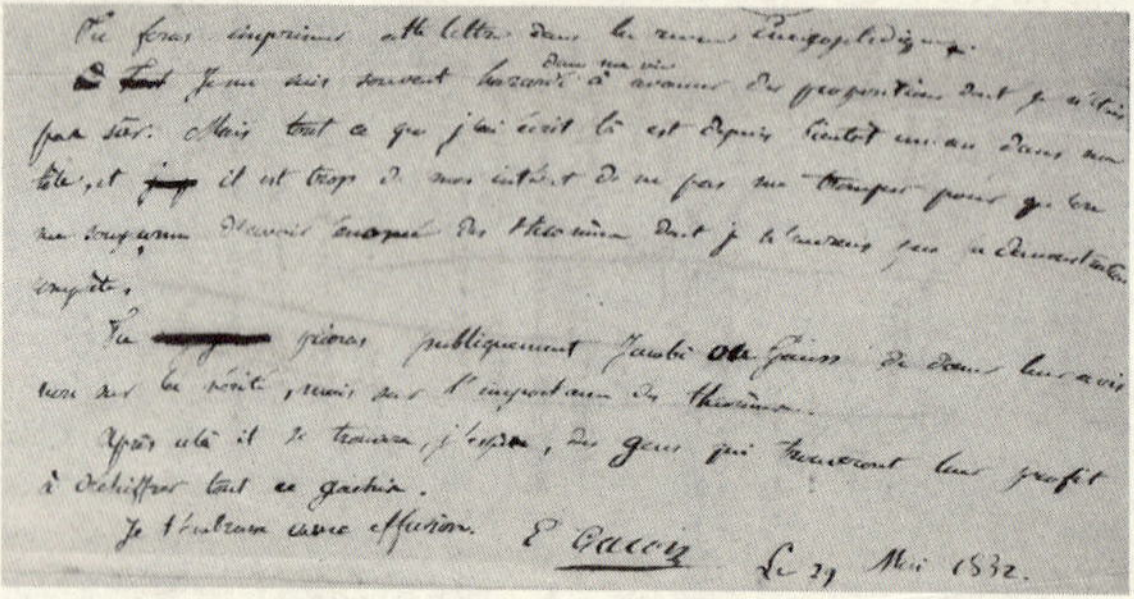

Tu feras imprimer cette lettre dans la revue Encyclopédique.

En fait Je me suis souvent hasardé ⌈dans ma vie⌉ à avancer des propositions dont je n'étais / pas sûr. Mais tout ce que j'ai écrit là est depuis bientôt un an dans ma / tête, et il est trop de mon intérêt de ne pas me tromper pour qu'on / me soupçonne d'avoir énoncé des théorèmes dont je n'aurais pas la démonstration / complète.

Tu engageras prieras publiquement Jacobi ou Gauss de donner leur avis / non sur la vérité, mais sur l'importance des théorèmes.

Après cela il se trouvra, j'espère, des gens qui trouveront leur profit / à déchiffrer tout ce gâchis.

Je t'embrasse avec effusion.

E. Galois.

Le 29 Mai 1832.

(/は改行位置, は削除語句, ⌈ ⌉は挿入語句を示す.)

図6.2 ガロワのシュヴァリエ宛1832年5月29日付書簡の最終ページ
Ms 2108, f. 11a © Bibliothèque de l'Institut de France

この書簡を『ルヴュ・アンシクロペディック』(百科評論) に掲載してはもらえないだろうか.

僕は僕の人生の中で, 確信のもてない命題を思い切って提示するということをしばしばやってきた. しかし, 僕がここで書いたことはみな, 僕の頭の中にあってまもなく一年にもなろうとしているものばかりだ. それに, 完全な論証をもっていない諸定理を僕が示しているのではないか, という疑いをかけられないように, まちがいないように細心の注意を払っている.

ヤコービかガウスに, これらの定理が真実であるかどうかについてではなく, 重要性について意見を述べてくれるように公に依頼して欲しい.

そうすれば, いつかこのまったく雑然とした書き物を解読して利益を見いだす人々が現われるだろうことを僕は希望している.

心をこめて

E・ガロワ

1832年5月29日

これがガロワの数学上の遺言の絶筆であった. フランスの権威ある数学者ではなく,「ヤコービかガウスに」であることが留意されるべきであろう.

20歳の死

5月30日早朝の決闘のあと, ガロワは退役士官か, あるいは農夫によって拾い上げられ，コシャン病院に運ばれた．朝の9時半であった．コシャン病院といえば，パリのもっとも有名な大病院のひとつであり，現在も存在し続けている．私も門前までだが，訪問したことがある．立ち会ったのは，もっとも老練なガロワの父と同年生まれのドニ・ゲルボワという外科医であったが，銃創からしてガロワがもはや絶望的であることは明らかであった．

家族では，弟のアルフレッドだけが，死のベッドに呼ばれた．エヴァリストは言った．「泣くんじゃない，20歳で死ぬにはありたっけの勇気がいる．」これが最後のことばとなった．

看護師が，カトリックの終油を希望するかどうか聞いたところ，答えは「否」であった．ガロワは，最後の数年，そして最後の数カ月をひとりで生きてきたように，ひとりで死ぬこととなった．まちがいなく女性も知らないままでの死であった．夜になると，腹膜炎から起こる死の苦悶が始まり，終夜続いた．朝になると，眼を閉じ，午前10時に生きることを止めた．5月31日木曜日のことであった．

葬儀は，6月2日土曜日の正午に設定された．柩はコシャン病院から運び出され，パリ市南部のモンパルナス墓地に到着し，その墓地の外郭から共和主義者たちの手によって内部へと運ばれた．数人の同志が別れの演説を行なった．葬儀に参加した人数は，2000人から3000人に及んだという．計画されていたかもしれない，共和主義者の叛乱は，彼らに同情的なラマルク将軍がコレラ禍の犠牲として同日亡くなったため，起こらなかった．家族は，理由は分からないが，遺体を引き取らなかった．遺体が墓地のどこに埋葬されたかは分からなくなってしまった．

ガロワは，サント・ペラジー監獄に残された記録によると，身長 167 センチメートル，髪の色は栗色，眼は褐色であった．

秋になって，オーギュスト・シュヴァリエは，ガロワの遺言どおり，最期の書簡を『ルヴュ・アンシクロペディック』に印刷させ，「死者略伝」を添えた．

ガロワは，最後にしたためた親友 2 人に宛てた書簡の下に，ラテン語の詩句を書き残した．「永遠の闇につつまれた，まばゆい光，恐るべき嵐．」(Nitens lux, horrenda procella, tenebris aeternis involuta.)

エヴァリスト・ガロワは，このラテン語の詩句を書き付けた時，幼年時にラテン語を仕込んでくれた母のことを思い浮かべていたかもしれない．彼は，恐るべき嵐のような 20 歳 7 カ月の生を駆け抜け，まばゆい光を発揮したまま，永遠の闇の中に消え去ったのだった．

第7章　現代数学への離陸
——ガロワの数学理論の行く末

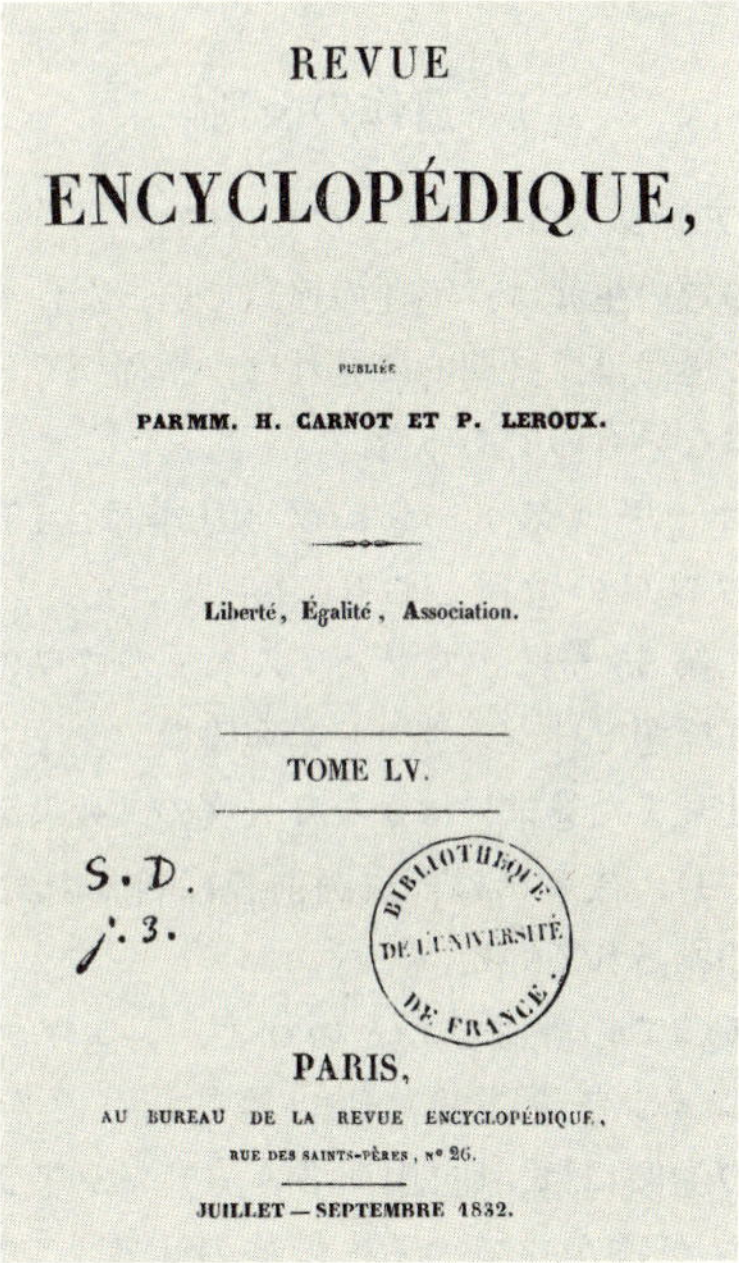

REVUE

ENCYCLOPÉDIQUE,

PUBLIÉE

PAR MM. H. CARNOT ET P. LEROUX.

Liberté, Égalité, Association.

TOME LV.

BIBLIOTHÈQUE DE L'UNIVERSITÉ DE FRANCE.

PARIS,

AU BUREAU DE LA REVUE ENCYCLOPÉDIQUE,

RUE DES SAINTS-PÈRES, N° 26.

JUILLET — SEPTEMBRE 1832.

シュヴァリエによってガロワ草稿が掲載された
『ルヴュ・アンシクロペディック』1832年7-9月号表紙

1 遺作の公刊

『ルヴュ・アンシクロペディック』(1832)

ガロワの短い生涯は，不運の連続であったかもしれないが，死後の運命は，長期的に見れば，幸福づくめと言っても過言ではないものであった．

友人のオーギュスト・シュヴァリエは，1832年秋になると，ガロワの遺言どおり，『ルヴュ・アンシクロペディック』第55巻に「エヴァリスト・ガロワの数学的作品」という標題で「シュヴァリエ宛書簡」全文を註釈なしに印刷させ，また巻末にはかなり長文の「死者略伝」を添えた（図7.1）．後者には，決闘前夜に書かれた遺言的書簡2通も印刷されていた．

どうして，この評論誌かというと，シュヴァリエの信奉するサン=シモン主義に近い雑誌だったからであろう．雑誌の巻頭には，「自由，平等，アソシアション」のスローガンが書かれている．最後の「アソシアション」(association) は，共生的に連帯し合うことを意味し，現代的にも重要な意義を担っている．

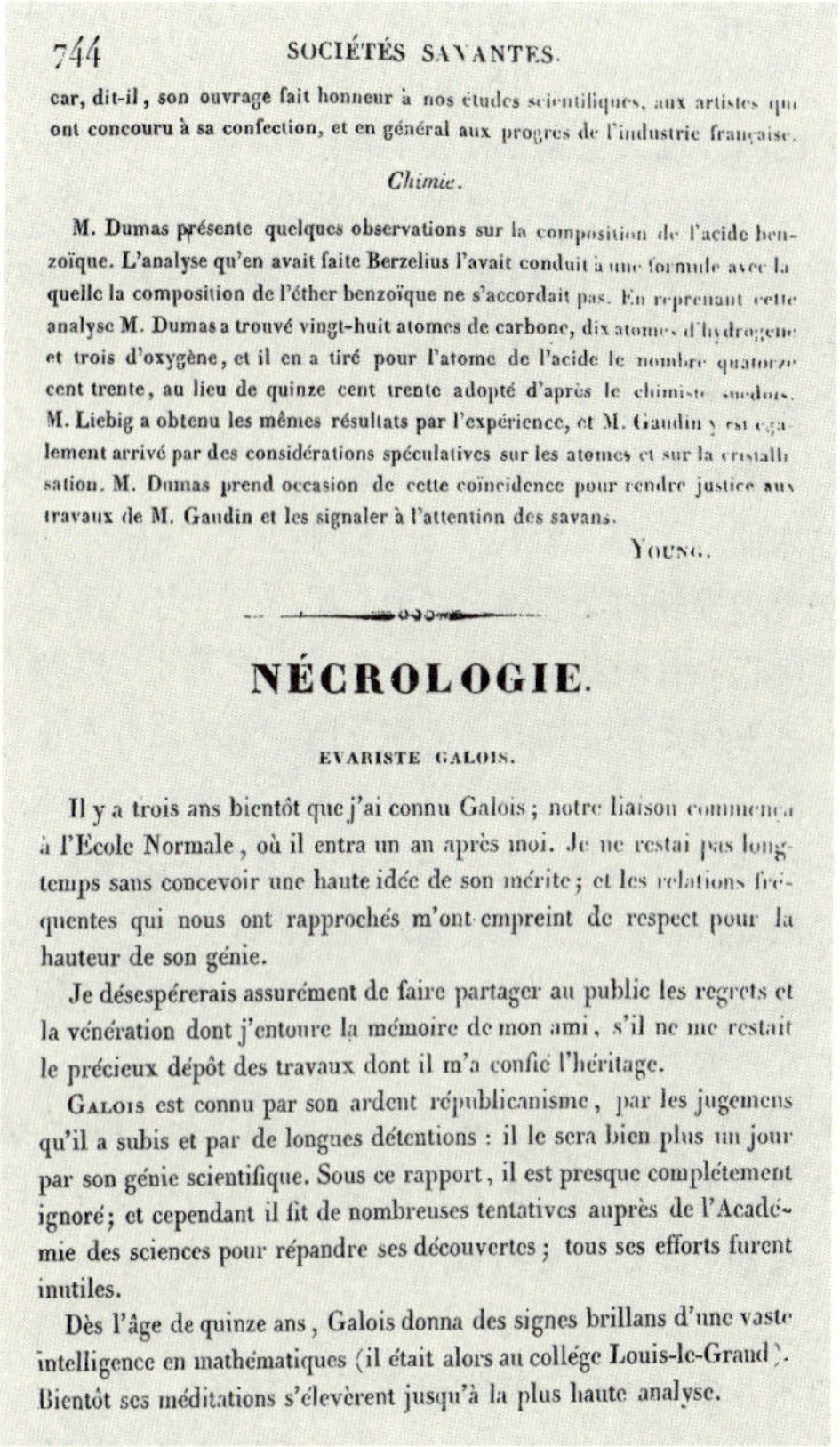

744 SOCIÉTÉS SAVANTES.

car, dit-il, son ouvrage fait honneur à nos études scientifiques, aux artistes qui ont concouru à sa confection, et en général aux progrès de l'industrie française.

Chimie.

M. Dumas présente quelques observations sur la composition de l'acide benzoïque. L'analyse qu'en avait faite Berzelius l'avait conduit à une formule avec laquelle la composition de l'éther benzoïque ne s'accordait pas. En reprenant cette analyse M. Dumas a trouvé vingt-huit atomes de carbone, dix atomes d'hydrogène et trois d'oxygène, et il en a tiré pour l'atome de l'acide le nombre quatorze cent trente, au lieu de quinze cent trente adopté d'après le chimiste suédois. M. Liebig a obtenu les mêmes résultats par l'expérience, et M. Gaudin y est également arrivé par des considérations spéculatives sur les atomes et sur la cristallisation. M. Dumas prend occasion de cette coïncidence pour rendre justice aux travaux de M. Gaudin et les signaler à l'attention des savans.

YOUNG.

NÉCROLOGIE.

EVARISTE GALOIS.

Il y a trois ans bientôt que j'ai connu Galois ; notre liaison commença à l'Ecole Normale, où il entra un an après moi. Je ne restai pas longtemps sans concevoir une haute idée de son mérite ; et les relations fréquentes qui nous ont rapprochés m'ont empreint de respect pour la hauteur de son génie.

Je désespérerais assurément de faire partager au public les regrets et la vénération dont j'entoure la mémoire de mon ami, s'il ne me restait le précieux dépôt des travaux dont il m'a confié l'héritage.

GALOIS est connu par son ardent républicanisme, par les jugemens qu'il a subis et par de longues détentions : il le sera bien plus un jour par son génie scientifique. Sous ce rapport, il est presque complétement ignoré ; et cependant il fit de nombreuses tentatives auprès de l'Académie des sciences pour répandre ses découvertes ; tous ses efforts furent inutiles.

Dès l'âge de quinze ans, Galois donna des signes brillans d'une vaste intelligence en mathématiques (il était alors au collége Louis-le-Grand). Bientôt ses méditations s'élevèrent jusqu'à la plus haute analyse.

図 7.1 『ルヴュ・アンシクロペディック』1832 年 7–9 月号に掲載されたシュヴァリエの「死者略伝 エヴァリスト・ガロワ」冒頭部分

ちなみに，フランスにおける「社会主義」(socialisme)という語彙の初出は，1834 年に現われ出たピエール・ルルーの論考「個人主義と社会主義について」であったとされる．この論文は，じつは同一の雑誌『ルヴュ・アンシクロペディック』の 1833 年 10 月号に掲載されたものなのである．刊行は名目的刊行月より遅れて，1834 年になったのであったけれども．ガロワの追悼文刊行の約 1 年後のことであった．おもしろいことに，ルルーは「個人主義者」は人間の平等を軽視するが，他方で，「社会主義の信奉者がその専制的な理論を開陳し始め，学者の連隊と産業者の連隊にわれわれを組織化することを語り，思考の自由を悪しきものと言い切りさえする時，すぐにもあなたは自分が拒絶されていると感じ取り，熱意も凍りついて，個性と自由の感情から反発を覚えるだろう」と指摘し，「この新しい教皇制は，人類を一個の機械に変えてしまいかねない」と警告している．ジョージ・オーエル並の先駆的予見と言わなければならない．

ガロワの 1832 年公刊遺文への反響はほとんどなかった．そのことも当然である．理論の実質的な内容は印刷されていなかったからである．

リウヴィル編『ガロワ数学著作集』(1846)

数学的著作の本体は，1846 年まで日の目を見ることはなかった．シュヴァリエは，ガロワの母から遺作の束を委託されていたのであったが，それを数学的に解読する作業

図7.2 ジョゼフ・リウヴィル（1808－1882）の肖像と署名

は，相当の数学的実力のある人物の助力を必要とした．おそらく弟のアルフレッド，そしてシュヴァリエの要請によって，その任務を引き受けたのは，純粋・応用数学の多様な分野に通じ，また共和主義者を自認するジョゼフ・リウヴィルであった（図7.2）．彼は，1836年に『純粋・応用数学ジュルナル』という権威ある数学専門誌を創刊し，その雑誌の編集者でもあった．彼は，1843年の科学アカデミーの会合で，ガロワの数学著作の意義について報告し，近く註釈付きでそれを自らの雑誌に出版することを宣言した．しかし，著作集はなかなか世に出なかった．

1846年になって，60ページほどからなる『エヴァリスト・ガロワ数学著作集』はリウヴィル誌第11巻に公表さ

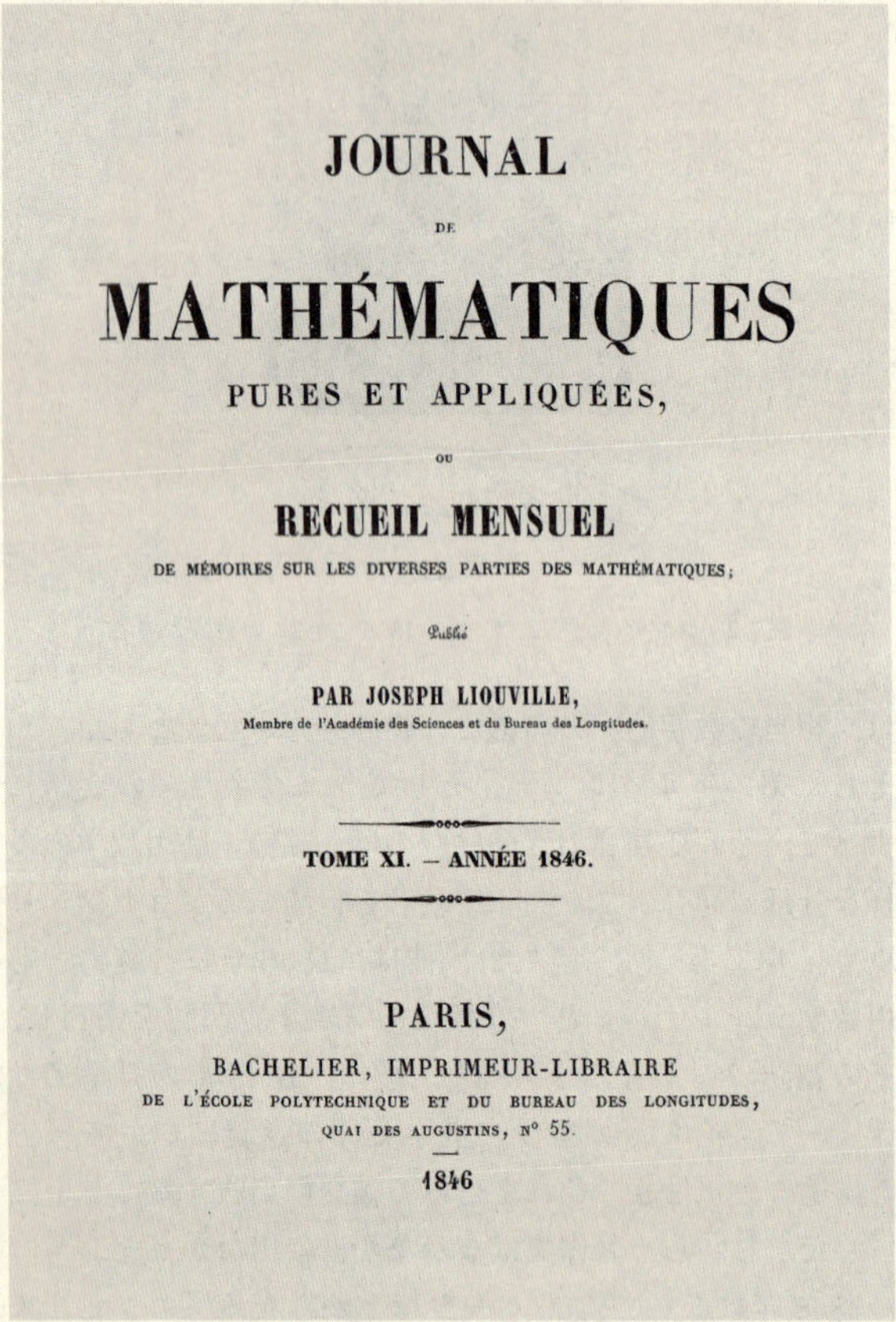

JOURNAL

DE

MATHÉMATIQUES

PURES ET APPLIQUÉES,

OU

RECUEIL MENSUEL

DE MÉMOIRES SUR LES DIVERSES PARTIES DES MATHÉMATIQUES;

Publié

PAR JOSEPH LIOUVILLE,

Membre de l'Académie des Sciences et du Bureau des Longitudes.

TOME XI. – ANNÉE 1846.

PARIS,

BACHELIER, IMPRIMEUR-LIBRAIRE

DE L'ÉCOLE POLYTECHNIQUE ET DU BUREAU DES LONGITUDES,

QUAI DES AUGUSTINS, N° 55.

1846

図 7.3 (a) 『純粋・応用数学ジュルナル』第 11 巻 (1846) 扉

PURES ET APPLIQUÉES. 381

OEUVRES MATHÉMATIQUES

D'ÉVARISTE **GALOIS**.

AVERTISSEMENT.

Le géomètre ingénieux et profond, dont nous donnons ici les œuvres, est mort ayant vingt ans à peine; et encore a-t-il dépensé stérilement, dans les agitations de la politique, au milieu des clubs ou sous les verrous de Sainte-Pélagie, la plus grande partie des deux dernières années d'une vie si courte. Il était né le 26 octobre 1811; et au mois de mai 1832 un fatal duel, venu sans doute à la suite de quelque querelle frivole, l'enleva aux sciences mathématiques, qu'il aurait cultivées avec tant d'éclat!

Le principal travail d'Évariste Galois a pour objet les conditions de résolubilité des équations par radicaux. L'auteur y pose les bases d'une théorie générale qu'il applique en détail aux équations dont le degré est un nombre premier. Dès l'âge de seize ans, et sur les bancs du collége Louis-le-Grand, où ses heureuses dispositions furent encouragées par un excellent professeur, par un excellent homme, M. Richard [*], Galois s'était occupé de ce sujet difficile. Il présenta successivement à l'Académie plusieurs Mémoires contenant les résultats de ses méditations; mais, à part quelques fragments, quelques notes, il ne nous reste

[*] M. Le Verrier, M. Hermite, et d'autres savants distingués, ont suivi la classe de M. Richard. Les bons élèves font la gloire du maître.

(b) 『エヴァリスト・ガロワ数学著作集』冒頭部分

れた（図7.3 (a) & (b)）．専門の数学雑誌に生前公刊された5つの小篇と，もっとも注目すべき「方程式の根号による可解性の条件についての論考」，それに遺稿断片「根号によって解ける素数次方程式」から構成されていた．が，リウヴィルが約束していた註釈は付いていなかった．

リウヴィル編著作集には，ただし，かなり人を魅さずにはおかない緒言が付されていた．「われわれがここに著作集を提供しようとする独創的で深淵な数学者は，わずか20歳で亡くなり，さらにまた，ごく短い人生の最後の2年間の大部分を，不毛にも，政治煽動，革命クラブの世界，サント・ペラジーの監獄の中で費やした．彼は1811年10月26日に生まれたが，32年5月に疑いなく些細なトラブルから引き起こされた運命的な決闘が，大いなる輝きをもって専心していた数理科学から彼を奪ってしまったのだった.」かつて科学アカデミーの査読委員会は，彼の投稿論文を理解不可能として，却下した．しかし，とリウヴィルは続ける――「現在ではすべてが変わった．ガロワはもういない！　無益な批判を続けることのないように十分注意しよう．欠点は措き，長所を見いだそう.」

ベルリンのクレレによって1826年に創刊された雑誌に比肩される，科学アカデミーの会員によって編集される権威ある数学専門誌に掲載されたガロワの著作集は，まったく違った眼で見られるようになった．

どうしてリウヴィルは約束された註釈なしに公刊に踏み切ったのであろうか？　デンマークの数学史家イェスペ

ル・リュッツェンの1990年の浩瀚なリウヴィル伝によれば，リウヴィルは，弟子のセレー，エルミート，ベルトランらにガロワ数学遺稿について講義した．1843-44年冬のことであったと考えられる．ガロワ解読に努力した形跡のある1842年からのノートブックが国立学士院図書室に遺っている．その解読を試みたリュッツェンによれば，リウヴィルはガロワの数学の意義を最初に理解した数学者であり，それについて私的に講義もした．内容も，かなりの程度，解読しえたのだが，十分に満足のゆくほどではなかった．それで，註釈の公刊は断念されたらしい．

リウヴィルによって提示されたガロワ遺稿は，いわば「7つの封印」をもった小巻物の様相を呈していたのだが，いずれにせよ，読解可能な読者を待つこととなった．

「ヨハネの黙示録」はいう（五1-3)．「私は，7つの封印で封をされた一巻の小巻物があるのを見た.」「私は，ひとりの力強い天使が大声でこう触れているのを見た．「この小巻物を開き，その封印を解くにふさわしい者は誰か.」天上でも地上でも，また地下においても，誰一人その小巻物を開くことも，その〔内側〕を見ることもできなかった.」

弟のアルフレッド・ガロワは，兄の遺言どおり，ヤコービ宛に書信を発送した．エルミートの仲介もあって，ヤコービはガロワの数学遺稿に関心を示した．とりわけ楕円関数に関してであった．ガウスにも送ったものと考えられるが，アーベルの時と同様，彼はなんの関心も示さなかったものと考えられる.

著作集の公刊は大きな収穫をもたらすこととなった. ヴァイルは, ガロワの数学文書を「7つの封印」をもった著作と形容したのであるが, その封印を解こうと挑戦する, いわば「7人の侍」, いや, 数学者が登場した. そのような数学史の新展開は, リウヴィルによる公刊への努力の賜物にほかならなかった.

ちなみに, リウヴィルは, 1848年の2月革命の直後, 共和主義者を代表して憲法制定議会議員になっている. 政治的信念も確固たるものだったわけである.

リウヴィルの努力によってこそ, ガロワ理論解読, それから教育課程への制度化への道が切り開かれたわけであるが, それは, ガロワが発した方程式論の発想が, 一定の「教義《ドグマ》」として結晶するかもしれないことを意味した.

エアハルトによる2010年の「エヴァリスト・ガロワ(1811-1832) の没後の生誕」という標題をもった数学の社会史に関する好エッセイは, 科学アカデミー内での論争を通じて, リウヴィルのガロワ遺稿編纂事業は成し遂げられ, その事業によってこそ, ガロワは,「没後になって生誕」(naissance posthume) したのだ, と説いた.

リウヴィルは, いわば, ガロワの第1の使徒, ペトロにも似た役割を演じたのであった.

2 ガロワ理論の封印を解く7人の数学者

エンリコ・ベッティの試み（1852）

ガロワの代数方程式論の受容問題は，立派な数学史的著述として結実している．B・メルヴィン・キールナンの「ラグランジュからアルティンまでのガロワ理論の発展」という長篇論文が1971年に公刊されているからである．ただちに，ファン・デル・ヴァールデンが，自らの経験を踏まえた補填事項を公表したが，重要な指摘がいくつかなされてはいるものの，それほど本質的な貢献とはいえない．ガロワの評伝を執筆することになる，ラウラ・トティ・リガテリは1989年にイタリア語のモノグラフ『代数学的知性——19世紀におけるガロワ理論発展の歴史』を公刊していた．キャロリン・エアハルトの博士学位論文（2007）も，大きなスペースを受容問題に割いている．彼女の論文は，ガロワの発想は，彼の読解者たちによってこそ，「ドクサ」と化し，その後，クーンのいう「通常科学」（あるいは「通常数学」）として大学カリキュラムの中に定着していったものと見る．いかにも数学教育史の専門家らしい見方である．

リウヴィル編『ガロワ数学著作集』の数学的解読にリウヴィルの次に挑んだのは，イタリアのエンリコ・ベッティであった．彼は，1851年にガロワの論文集に取り組み，52年には「代数方程式の解法について」という標題の論考をイタリアの数学・物理学年報に掲載した．ベッティの意図は，今は亡きアーベルとガロワの志を受け継いで，彼らの必ずしも十分には解説されてはいない代数方程式論をより完全なものに仕上げることであった．今日用いられる「ガロワ分解式」という概念を導入したのは，彼であった．

ベッティの論文はイタリアで刊行されたこともあり，それほど注目されるものとはならなかった．しかし，ガロワを徹底的に解読しようと意気込んだカミーユ・ジョルダンは，ベッティを熱心に読み，自らの著作の中で言及した．

一方，英国ケンブリッジ大学のアーサー・ケイリーは，1854年の論文中で，ガロワの群概念に注目し，それを抽象的に定義した．一般に，英国では，世紀後半がかなり進むまで，ガロワを天才として称賛することはなかった．

セレーの『高等代数学講義』第3版（1866）

フランス人としてガロワ論文の解読にあたったリウヴィルの次の数学者は，リウヴィルのサークルから出たといってよいジョゼフ・アルフレッド・セレーであった．彼は，リウヴィルによる私的なガロワ講義の出席者のひとりであった．セレーは多くの読者を獲得し，幾度も改訂版を出した『高等代数学講義』の初版を1849年に出版したが，そこでは，リウヴィルに感謝し，いつか彼がガロワの解読成果を公刊するものとの期待感をも表明していた．しかし，その成果はなかなか現われ出なかった．54年刊行の第2版では，リウヴィルへの言及は註に格下げされた．

セレーの著名な教科書に本格的なガロワによる方程式論

の記述が出現したのは，1866年の第3版においてであった．セレーは，リウヴィルのガロワ講義が自分にはまったく理解できなかったことなどを根拠に，リウヴィルによるガロワ解読の企図が断念されたものと見なし，自らの解読成果の公表に踏み切った．それが，『高等代数学講義』第3版のかなり長文の記述であった．この時までには，セレーの師リウヴィルとの関係は，冷え切ったものになってしまっていた．

セレーによるガロワの方程式論解説は，置換概念と代数方程式の関係を明解に実質的に解読しえ，また多くの読者を獲得した教科書の中であったので，大きな意義をもつものだった．その意味で，セレーの『高等代数学講義』は，ガロワの理論の「通常科学化」への大きな一歩を刻印したのだった．

しかしながら，セレーの記述は，数学的内容に関しては，ガロワのフランスにおける次の使徒によって完全に乗り越えられてしまった．1861年からガロワ著作集に本格的に熱心に取り組んでいたカミーユ・ジョルダンによってであった．

ジョルダンの『置換論』(1870)

リウヴィルとセレー以上に本格的にガロワの数学の封印を解く試みに挑んだのは，エコル・ポリテクニクの数学教授のジョルダンであった（図7.4）．彼のほぼ10年にわたる研究の集大成は，1870年に『置換および代数方程式の

図7.4 カミーユ・ジョルダン(1838–1921)

論考』という660ページを超える長大な著作として世に問われた.

ガロワの著作集を刊行したリウヴィルを聖ペトロになぞらえるとすると,ジョルダンこそ,ガロワ理論にとっての聖パウロの役割を演じた数学者であった.ガロワの数学理論の「ガロワ教会」はいわば,リウヴィルとジョルダン,すなわち教会の制度的基礎を提供した「聖ペトロ」と,教会の思想的基礎を特異で深淵な「神学」によって強固に据え直した「聖パウロ」の両者が存在してこそ,堅固な基盤を獲得することができたのであった.彼らは,それぞれ,パリのモンパルナス墓地(図7.5),ペール・ラシェーズ墓地(図7.6)に眠っている.

ジョルダンは,名門家系の出身で,17歳にしてエコル・ポリテクニクに入学した俊才として知られた.その彼

図7.5　リウヴィルの墓
（モンパルナス墓地）

図7.6　カミーユ・ジョルダンの墓
（ペール・ラシェーズ墓地）

が長年の尋常ならざる努力を傾注してなったのが，『置換論』であった．彼は，序文で，ラグランジュ以降の方程式論を顧みて書いている．「にもかかわらず，これらの見事な結果は，もっと偉大な発見への序曲にすぎなかった．各方程式が置換群に対応することを示すことによって，方程式論を確固たる基礎の上に築くことは，ガロワにとっておかれた.」その原理によれば，方程式が与えられているとすると，その群がいかなる性質をもつかによって，根号による解法が可能かどうかが分かる．

ジョルダンは彼の主要な先駆者たちを枚挙する．「この著作の目的は，ガロワの方法を発展させることであり，その理論の実体を建設することであり，いかに容易にその方法が方程式論のあらゆる主要問題を解決可能となすかを示すことである.」「われわれが参考にした著作の中で，この本のすべてがガロワの著作への註釈にすぎないわけなのであるが，それは別にして，とりわけ，J・A・セレー氏の『高等代数学講義』は引用しておくべきであろう.」

こうして，ジョルダンの『置換論』は世に問われたわけであるが，本文は書物の標題が如実に示しているように，代数方程式論に関係する限りでの置換群の詳細な研究を中核としていた．著者は，ガロワの遺稿がほんの曙光程度に示したにすぎなかった諸概念を明解なものに鍛え上げ，さらに，ガロワが論証抜きで提示していた諸命題を納得のゆく論証を伴って展開していた.

ジョルダンは自らの著書を「ガロワの著作への註釈にすぎない」と謙遜して規定したのであるが，実際には，たんなる註釈をはるかに超えていた．代数方程式論の置換群による解明への道は，たしかにガロワの「解析の解析」として始まったのであったが，ジョルダンの『置換論』によってこそ，確固たる数学理論としての地歩を固めることができたのであった．ガロワ文書の封印を解こうとして成功した決定的で最大の数学者はジョルダンであったと断言してさしつかえないであろう．原始キリスト教の成立にとって，聖パウロの特異な神学が決定的役割を演じたように，「ガロワ教会」の成立にとっては，ジョルダンの貢献が決定的であった.

クロネッカーの方程式論とデーデキントのガロワ理論講義

リウヴィルの無二の友人と言うべき数学者がドイツにい

た．グスタフ・ペーター・ルジューヌ・ディリクレであった．ディリクレは，1820 年代初頭，パリのフーリエのもとに留学した経験をもつ数学者で，ガウスの精神をもっともよく体現した学風の持ち主としても知られていた．ガウスの数学的精神は，整数論の精華『数論研究』に結晶しているのであるが，誰よりも，その中核に迫りえたのは，ディリクレであった．

ガウスの整数論の核心部に迫ったディリクレは，ガロワの著作集の重要性にも確かな目をもっていた．ディリクレによってガロワの数学思想の重要性を知ったドイツの数学者には，ベルリンのレオポルト・クロネッカーと，ゲッティンゲン大学のリヒャルト・デーデキントがいた．クロネッカーは構成主義的な数学思想の保持者であり，デーデキントは概念実在論的数学思想の持ち主と思想傾向はかなり違ってはいても，ガウス－ディリクレ的整数論を崇敬する点においては共通であった．

クロネッカーが最初にガロワに言及したのは，1853 年ベルリン科学アカデミーに提出した「代数的に可解な方程式について」であった．クロネッカーは，その後もガロワについての見解を開陳し続けたが，通常はアーベルと一緒にであった．

他方のデーデキントは，1856-57 年，57-58 年のそれぞれの冬学期に，「代数学に関する講義」を試みた．無給で地位も高くない私講師としての身分でであった．聴講者も多くはなく，それぞれ 2 名ずつであったという．講義内容については，かなり知られるようになってはいたものの，その全容が，印刷公表され，明らかになったのは1981年のことであった．しかし，一時，ゲッティンゲン大学に席を置いたハインリヒ・ヴェーバーによってデーデキント講義ノートは利用された．

デーデキントによるその講義は画期的意義をもつものだった．第一に，その講義は大学でのガロワ理論を主題とする最初の試みであったことであり，そして次に，「ガロワ理論」(Die Galois'sche Theorie) という呼称を最初に用いた点で，留意に値するものだった (第Ⅲ節，第14項).

フランスのガロワ解読者たちは，一般に，置換群概念に注目して，代数方程式論を展開した．その点では，コーシーの観点の後継者であった．他方，クロネッカーであれ，デーデキントであれ，ドイツの数学者たちは，ガウスに倣って，整数論的観点を重要視し，さらに係数の四則演算から構成される有理領域に，そうではない要素を添加してできる拡大された新たな有理領域に注目したために，群論的側面ではなく，体論的側面により先鋭な眼を注いだ．

デーデキントは，のちに，ディリクレの『整数論講義』第2版 (1871) に付した註釈の中で，四則演算が自由に可能となる有理領域という意味で「体」(Körper) という概念を使い始めるのであるが，その概念 (概念の名称そのものではないものの) の萌芽形態は，彼のガロワ理論講義に出ているものと考えることができる．「体」は，自由に運動ができるという性質をもっているがゆえに，そういう名称が採用されたものと見なされる．フランス語でも同種の語「体」（ラテン語の corpus からの corps）が使用され，英語では，自由に運動ができる場という意味から，「場」（field）が使用される．日本語では，ドイツ語起源の「体」を使用する慣例になっている．それは，高木貞治らの影響によるものと考えられるであろう．

ハインリヒ・ヴェーバーの『代数学教科書』（1895-96）

ドイツ流のガロワ理解，とりわけデーデキント流のを採用して，包括的代数学教科書を書いて世に問うたのは，ハインリヒ・ヴェーバーであった．ヴェーバー著『代数学教科書』初版は，二巻仕立てで，1895-96 年に公刊された．その第 1 巻第 13 章が「ガロワ理論」のために割り当てられている．「前書き」に明示されているように，その記述は，ヴェーバーの友人のデーデキントの校閲を得ており，デーデキントのゲッティンゲン大学における 1857-58 年冬学期の講義の内容が利用されている．

『代数学教科書』に先だって，ヴェーバーは「ガロワの方程式論の一般的基礎」を『数学年報』の 1893 年の巻に掲載している．その書き出し部分の文面から，ヴェーバーによるガロワ理論提示の意図がよく読みとれるであろう．「以下において，代数方程式のガロワ理論を，この理論が応用されるあらゆる場合を等しく包含する方式で提示する試みがなされる．ここでは，それは，体概念と照応される群概念の直接的帰結として，用いられる要素のいかなる数値的解釈をもまったく参照することなく，形式的法則として提示される.」ヴェーバーの流儀でのガロワ理論は，かなり抽象化された群概念と体概念の相互関係——それは双《そう》対《つい》性（duality）と呼ばれる——が見事に照応しあう形で提示されたわけなのである.

『代数学教科書』第1巻における「ガロワ理論」においては，最初に体概念が一般的に解説され，そのうえで，置換群を導入し，相互の照応関係が示される．章末に近い脚註において，ガロワ小伝とガロワ理論の形成史が紹介されている.

ちなみに，わが国で本格的に最初にガロワ理論に言及したのは，高木貞治が東京帝国大学の藤澤利喜太郎の数学ゼミナールで課されてなった「あーべる方程式ニツキテ」(『藤澤教授セミナリー演習録』第二冊，1897）の中においてであろう．高木はその修作的論考において，セレー，ジョルダン，ネットーの教科書に言及し，最後に，ハインリヒ・ヴェーバーの『代数学教科書』について「コノ最後ノ「オーソリチー」ニ負フ所甚タ多カリシコトヲ告白セサルヘカラズ」と特記している．ただし，高木の論考の中身は，ガロワ群は定義しているものの，それが可解群になる条件についての「基本定理」にまでは進まなかった．クロネッカーに倣って，論考標題の「アーベル方程式」へ，いわば脇道に逸れてしまった．高木のこの修作については，高瀬正仁の最近著『高木貞治』(2010）が論じている.

ちなみに，藤澤が帝国大学で開始した数学ゼミナールは，当時ドイツ領であった留学先のシュトラスブルク（現在は，フランス領なのでストラスブール）大学から持ち帰った制度なのであろうが，近代日本の数学研究の制度化にとって画期的意味をもつ事業であった．彼以前の東大初代数学教授菊池大麓はケンブリッジ大学出身であったために，紳士的教養は抜かりなく備えていたものの，独創的研究のエートスは身につけていなかった．高木は，藤澤のゼミナール制度が産んだもっとも優秀な学生のひとりであった．彼はその論文の「序論」の中で，ガロワの「稀有ナル天才」とリウヴィルによる彼の著作集公刊の意義を称えている．

高木の不十分な試行を超えて，わが国で本格的にガロワ理論を詳述したのは，碩学をもって知られた東北帝国大学数学教室の藤原松三郎による『代数学』第2巻（1929）の第十一章「がろあノ方程式論」においてであったろう（図7.7）．藤原は，脚註において，自らのガロワ理論の記述がヴェーバーの『代数学教科書』，そしてシュタイニッツによる抽象的な体論（1910）に拠る旨を明示している．そして，前章の第十章「群論」の解説中に「群論ニ関スル史実」を配し，ガロワ理論形成略史をも書いている．その脚註にいう．「Galois ハ不世出ノ天才ヲイタダキナガラ，二十二歳ヲ一期トシテ決闘ニ斃レタ．ソノ前夜彼ハ又生ヲ期セズ，彼ノ不朽ノ思想ヲ彼ノ友人 Chevalier ヘノ走リ書ノ手紙ニ托シタ．“モウ書ク時間ガナイ，モウ時間ガナイ”トアル．僅々八頁ニ過ギナイ.」もちろん，ガロワが決闘

図 7.7 藤原松三郎(1881－1946)の肖像と署名

に甦れたのは，満年齢で 20 歳であった．藤原の数学的才能の非凡さと，数学史的配慮が行き届いた文面である．

ヴェーバーの『代数学教科書』の出現によって，ガロワ理論は，十全に定式化された群概念と体概念の双対関係として提示されることとなった．そうして，その理論は，第一線にある理論としては，すでに教科書的に受容された「通常数学」として大学数学科の学部学生が学ぶエレガントな理論になった．

ガロア理論は，こうして，リウヴィル，ベッティ，セレー，ジョルダン，クロネッカー，デーデキント，ヴェーバーという 7 人の数学者によって封印を解かれ，その謎めいた姿を全面的に開示したわけなのであった．「ヨハネの黙示録」にはこう書かれている（八 1-2)．「〔子羊〕が第 7 の封印を解いた時，およそ半時ほどの間，沈黙が天上を包んだ．それから私は神の前に立っていた７人の天使たちを見た．そしてその彼らに，７つのラッパが与えられた.」

群論は，おそらく，ガロワが思いもしない方向におおいに発展した．その前史まで含めた展開の様相は，ドイツのハンス・ヴスィングの『抽象群概念の生成』(初版 1969；ドーヴァー版 2007) によって詳細にたどられている．そのような発展のうち，ほんの一部分のみを紹介しておこう．

3　群論のさらなる発展
――クラインとリーによる新しい変換群論

クラインの『エルランゲン・プログラム』(1872)

パリのカミーユ・ジョルダンがガロワの代数方程式論の謎解きを全面的に成し遂げた画期的著書『置換論』を公刊した 1870 年，北方から２人の青年数学者がパリを訪れた．ドイツのフェーリクス・クラインと，ノルウェーのソーフス・リーであった．彼ら２人は，ベルリンで意気投合し，一緒にパリに向い，そこで同じホテルに投宿し，部屋も隣同士だったようである．ちょうど普仏戦争が戦われようとしていた時分であった．

クラインが後年 (1921)，回想するところによれば，「カミーユ・ジョルダンは私にとても大きな印象を与えた．彼の『置換論』は，ちょうど刊行されたばかりであったが，私にとっては７つの封印をもった書物であった.」

クラインとリーの２人はともに，幾何学に関する強い関心を分有していたのであったが，ガロワがしっかりした基礎を与えた群概念，それも有限置換群にとどまることなく，無限変換群の考えを用いることによって，それを，それぞれ，各種幾何学の分類，微分方程式の解法の問題に適用する考えを温めることとなった．

いち早く自らの考えをまとめたのは，クラインであった．1872年23歳になった彼は，エルランゲン大学の数学教授として迎えられることになり，教授職就任のために，『エルランゲン・プログラム』と称されるようになる野心的な学問的プログラムを提出した．それは，距離を一定に保存する通常のユークリッド幾何学から，ごく一般的な射影幾何学までを，それらの幾何学的量を，変換群によっていかなる形で保存するかということに関して分類するもくろみを開陳したものであった．

その著作は，群論史に画期的一ページを書き加えることとなった．群概念が代数方程式の根の置換群をはるかに超える意味をもつことを明らかにしたからにほかならない．

幾何学的才能に長けたクラインは，1884年に『正二十面体および五次方程式の解法に関する講義』という標題の書物を公刊した．正二十面体は，20個のすべての面が正三角形からなる正多面体として古代から知られていたが，クラインはその著で，その立体の自らを自らに重ね合わせる回転が60個からなる五次の交代群と同等であることに着目し，五次の代数方程式の解法に生かせることを示した．換言すれば，五次の代数方程式は，たしかに根号と四則演算だけから構成される公式はもたないものの，幾何学的には，ある種の表現をもつということであった．これは，見事で非凡な洞察であった．

クライン以前に，ガロワと同じくルイ・ル・グラン校のリシャール教諭の生徒であったシャルル・エルミートは1858年に，五次方程式の解が，楕円関数の特殊な形である楕円モデュラー関数で表現可能であることを証明した．この事実に鑑みるに，根号による代数的解法はじつに狭い解の手段だということになる．

クラインは，普仏戦争が本格的になるのを予期してフランスを去り，祖国ドイツに返ったが，もうひとりの若者リーは南欧への旅を続けようとした．しかし，彼はパリを出ようとするあたりでフランス官憲に拘束されてしまった．数学記号で満杯の持参のノートブックから，リーは敵国ドイツのスパイとまちがわれたものと考えられる．数学記号が暗号に見えたのであろう．リーがやっと解放されたのは，フランスの知己の努力のお蔭であった．

リー群論の展開

クラインのノルウェー人の友人リーの数学的野心は，クライン自身のを上まわっていた．それは，ある種の微分方程式の解法を，その方程式を変換させる群の構造によって解明することをもくろむものであった．その群の演算は，代数的を超えた無限小解析学に拠って定義され，また，その群は無限の要素をもつ集合をなす．今日，リーによる群の理論は,「リー群論」と呼ばれ,きわめて実り多い数学理論に成長を遂げている.

エコル・ノルマル・シュペリエールが1895年に開校百周年を迎えた時に,ガロワを顕彰する意図で記念論文寄稿を招請されたのは,当時ドイツのライプツィヒ大学教授だったリーであった.リーは「数学の発展に及ぼしたガロワの影響」という標題の論考を寄せ,その内容は,その学校の記念誌『エコル・ノルマル百年誌』に印刷公表された.

リーによれば,「最初に群のイデーを導入したのはガロワであった.いずれにせよ,彼は,群と不変量のイデーの間に存在する関係を究めた最初の数学者である.さらに,不変部分群の概念は明確に彼に負っている.」ここでの「不変部分群」とは,正規部分群と同義である.

こうガロワの業績を称揚したあと,リーは,自らの無限小変換がつくる群こそが,宇宙の法則がその群による不変量となることを明らかにするのではないか,という希望的観測を述べて,ガロワを記念する論考をしめくくっている.

いずれにせよ,ガロワの群論のイデーは,幾何学思想を大きく変革せしめただけではなく,無限小解析学の領分に革命的変化をもたらしたのであった.

現代のガロワ理論――ファン・デル・ヴァールデンの『現代代数学』とアルティンの『ガロワ理論』

19世紀末から20世紀前半，数学は急速度で，抽象化していったことが知られる．そのような抽象化の中心は，ヴァイマル共和国時代のドイツ，とりわけゲッティンゲン大学であった．1920年代のドイツで進められた抽象数学を体現すべく世に問われたのが，オランダの数学者ファン・デル・ヴァールデンの『現代代数学』全2巻(1930-31)であった．彼は，自らの新しい教科書が，ハンブルク大学のエーミール・アルティンの講義と，ゲッティンゲン大学のエミー・ネーターの講義，に起源をもつこと，さらに，現代的抽象化の根源が，デーデキントの数学思想にあることを明らかにしている．

ファン・デル・ヴァールデンによるガロワ理論は，『現代代数学』第1巻の第7章で展開されている．その「基本定理」が出現するのは，第46節（初版；第2版に基づく銀林浩訳では，§51）においてである．そこで，群の定義は，置換群ではなく，一般的に自己同型写像が構成する群となっている．「緒言」が明らかにしているように，この第1巻は，アルティンの1926年夏学期の講義に基づいて書き下ろされたものであった．したがって，アルティン流のガロワ理論講義の初出であったことになる．ファン・デル・ヴァールデンの提示は，抽象的な流儀に流されることなく，おもしろい具体的事例をも取り込み，今でも判読に耐えるすぐれた記述である，と私は思う．

近代日本において，藤原のあとに，ガロワ理論を解説してみせたのは，正田建次郎であった．彼は，東京帝国大学で，高木のもとで代数学を学び，さらに群論を専修するために，海外に雄飛した．まず，ベルリン大学のイーサイ・シューアとともに学び，さらに，1927-28年の一年間，ゲッティンゲン大学のエミー・ネーターの講義を聴いた．正田は，こうして，アムステルダム大学から研学に来ていたファン・デル・ヴァールデンらとともに「ネーター・ボーイズ」となったのであった．正田は帰日後，1932年に『抽象代数学』を岩波書店の《高等数学叢書》の一冊として出版している．ガロワ理論は，第四章「可換体論」の第二節「Galoisの理論」の中で解説されている．ネーターは，その書の公刊に先だって，1932年1月31日付でゲッティンゲンから正田に書信を寄せ，かつての弟子を鼓舞している．正田の代数学についてのモノグラフ執筆を促したのは藤原松三郎であった．

正田は，その著の「Galoisの基本定理」についての節の註記の中で書いている．「この古来有名なる理論は抽象代数学的考察によつて非常に簡単に且明瞭にされたもの丶一つである．」

その後，京都帝国大学の園正造は，岩波講座《数学》のII.「代数学」シリーズの中に『抽象代数学』を執筆している．1935年の刊であった．第八章が「方程式論ノがろあ群，方程式ノ代数的解法」に宛てられている．

それゆえ，1930年半ばまでには，日本の主要大学の数学教室では，ガロワ理論について講義するのは普通になっていたものと考えられる．

現代の大学で教えられている形態のガロワ理論は，エーミール・アルティンが，アメリカのニューヨーク大学で講義した際のノート（1938），なかんずく，ノートルダム大学で講義したものを1942年に刊行した『ガロワ理論』によっている．アルティンにとって，ガロワ理論，とりわけその「基本定理」を現代的に，ごく簡明にエレガントに学生たちに分かり易く講義することは長年の夢だったらしい．彼のガロワ理論は，線型空間の理論を根底とし，体の拡大と，それに随伴する基礎体上の自己同型群との相関関係を扱う形態のものに抽象化され，単純化されることとなった．ガロワ自身が問題とした置換群に基づく理論は，そういった一般理論の特殊事例となってしまった．現代流通しているアルティン流のガロワ理論は，ファン・デル・ヴァールデンが提示した形態よりもさらに抽象化したものなのである．アーベルやガロワが論じた，五次以上の代数方程式の非可解性の解説は，単純に応用例になってしまった．

現代のほとんどすべてのガロワ理論教科書は，アルティンの教科書の「子ども」であると言っても過言ではないであろう．

4　数学に革命はあるか？

クーンの科学革命論

戦後のアメリカを代表する科学史家・科学哲学者のトーマス・S・クーンは，1962年の著書『科学革命の構造』において，自然科学の理論は，累積的にではなく，断絶を伴う飛躍＝革命によって発展することを主張し，既成の科学観を一新した．

クーンによる科学革命論が提示されてからもしばらくは，数学には革命などない，とする論者のほうが，圧倒的多数のままであった．クーン自身もかつてはそうであったらしい．ところで，数学における革命について，彼はこう書いている．数学における革命は「存在するにちがいない，と私は思う，しかし，数学がその旧来の諸定理のすべてをどの程度まで保存するようにみえるのかをどう説明したらよいか，私は外のだれより途方に暮れている.」――クーンが自問自答の末に，こう書いたのは，1977年初夏，プリンストン大学の大学院生であったほかならぬ私宛にであった．プリンストン大学の1977年春学期の彼の講義「科学哲学入門」で課されたリポートで，「トーマス・S・クーンの理論と数学の歴史と哲学」と題して私が論じた拙いエッセイに対する講評の中の一文である．彼は，私の取り組んだ問題について，「これはとてもいいトピックである」と書き出し，私の論点について彼の考えを重ね合わせ，自らおおいに思い悩んでくれ，以上のような所見となったわけなのであった．

私はクーン先生に提出したエッセイ以来，数学にも立派に革命は存在するという理論を保持し続けている．今日になって，ある数学史の研究集会で，クーンの科学革命論の数学への適応可能性に関して，私が，欧米の普通の数学史家は，わが師クーンと私自身の理論に好意的ではない，と漏らしたところ，それは，彼らがそれほどドラスティックな数学における革命を経験したことがないからだろう，日本人は，大きな革命を経験しているから，違うのではないか，という感想が漏らされ，ほとんどの人がその所見に賛成の意思を表明したものであった．数学には革命が存在する，とした自らの見解に私はおおいに確信を深めた次第であった．

私は，自らの科学史・科学哲学の領分での学問的任務は，クーンの学問思想を，数学にまで外挿し，さらに東アジアの科学思想について，同様の問題を考えることだと見なしている．

数学にも革命はある

私は数学にも革命があると確信するものである．古代ギリシャにおける公理論数学の創成，アラビア数学におけるアル＝ジャブルという新学科の創成，近世ヨーロッパにおける記号代数的思考法の形成，フランス革命以後の解析革命が，そういった事例である．そうして，日本の江戸初期の関孝和らによる中国数学の革新，明治維新前後における和算から近代西欧数学への大転換は，もっともドラスティックな革命の事例にほかならない．

数学は，自然科学とちがって，存在拘束性がそれほど強くないので，旧来の諸定理はそれほどの意味変更なく，保存されるかに見える．そして，数学的真理は，条件的なので，なおさらそうであるかに見えるかもしれない．けれども，数学はいっさいの経験を超越しているわけでは必ずしもない．いわば「準経験的」(quasi-empirical) なのである (I・ラカトシュの用語)．数学が行なわれる社会の変動に沿って，数学の内容も形式も変わる，そして当然，革命的転換も生じる——これが，師クーンとの真剣な討議を経たあとの今日の私の立場である．これは，拙著『数学史』を貫く観点でもある．

数学における革命の一事例としてのガロワ理論の形成と制度化

長篇論文「ラグランジュからアルティンまでのガロワ理論の発展」をしめくくるにあたって，著者のキールナンは，こう書いている．「ガロワ理論はいくつかの明確な発展の局面を通過してきているのである．というのも，理論の発展は単純に，蓄積の問題なのではなく，むしろ，思想と提示の進化のプロセスだからなのである．」明示は避けているものの，蓄積による発展ではなく，進化の過程による発展——これはクーンの理論を数学に当て嵌めてみた説明にほかならない．

われわれがこれまで幾度か引き合いにだしたキャロリン・エアハルトも，ガロワ理論の創成と教育課程への制度化を，「通常科学」とか「通常数学」といったクーン的概念でとらえようとしている．

私もガロワ理論は数学における革命の一事例であると見なしてさしつかえないと考える．それでは，それはいかなる程度の，いかなる意味の革命なのであろうか？

まず，それは，フランス革命以降に起こった「第二の科学革命」の数学版「解析革命」(Analytical Revolution) の一環としてなされた，ととらえられる．高等解析がボルツァーノやコーシーによって厳密化され，さらにフーリエによる熱伝導論の解析的理論が新規に成立をみた．それから，ほとんど同時期に，ロバチェーフスキイやボヤイ・ヤーノシュらによって非ユークリッド幾何学が形成された．いずれも，1810 年代後半から 10 年ほどの間であった．

アメリカの数学史家ジュディス・グラビナーは，数学ですら「時間依存的」であるとして，フランス革命前後における数学の大変動を，その例証としたのであったが (1974)，ガロワ理論の創成は，たしかに，彼女が中心的に論じた無限小解析の変容を補足する議論を数学史に提供してくれるに相違ない．

代数方程式論の革新は，ラグランジュの「形而上学的省察」から始まり，アーベルを経て，ガロワにおいて「解析の解析」の段階にまで達した．科学アカデミーのポワソンらが，ガロワの思想を理解しえなかったのは，ガロワの提示の仕方が未熟だったのに加えて，やはり発想が飛躍的に革命的だったからであった．無限三角級数を援用するフーリエの理論も，非ユークリッド幾何学の思想も，それから，ガロワの群論的イデーも，それらの斬新さのゆえに，既成権威からの抵抗に遭遇した．

このようなことに鑑みる時，ガロワの数学思想は，文字どおり，革命的であったと考えざるをえない．そうして，自然科学理論と同じく，革命的に大胆な試みとして出現した新規の理論は，その革命的理論の支持者，後継者たちによる地道な努力によってこそ，新しい「通常数学」となる．ガロワ理論は，1846年までは，ほとんど誰からも見向きもされなかった．聖ペトロ＝リウヴィルの支持によって，先駆的数学者がその封印を解く闘いに挑戦し，聖パウロ＝ジョルダンによって，多くの才能ある数学者の手が出る理論となった．

アインシュタインの相対性理論との類似性

ヴァイルは，ガロワ理論をアインシュタインの相対性理論と類似的であると見た．どうしてであろうか？

アインシュタインの1905年の『物理学年報』所載の論考「動いている物体の電気力学」によって開陳され始めた特殊相対性理論は，古典力学と電磁気学というふたつの物理理論を統一的にとらえようとして，電磁気学の法則が等速直線運動する力学系の座標の取り方によらないという相対性原理と，光速度一定の原則を基軸に据えて，物理理論に革命をもたらしたと見なされる．そうすることによって，空間－時間の見方に大転換を迫ったのであった．

換言すれば，古典力学と電磁気学をたがいにどちらかに還元して見るのではなく，一段高い立場から，かつ物理内在的に，空間－時間といったもっとも基礎的な概念をとらえ直して革命的に創成されたのが相対性理論なのであった．

他方のガロワは，解析的計算中心の数学を見る際に，置換群という概念を導入することによって，数学をまったく新しく，一段高い立場から，いわば上空飛翔的に，超越論的に見直し，かといって完全に超越的ということでもなく，数学内在的に，方程式の根を添加してできる有理領域の拡大を統一的に見る観点を提示した．このような認識の革新を象徴する語句が「解析の解析」なのであった．

基本概念の革新という点で，アインシュタインとガロワにはたしかな共通点が存在しているわけなのである．ガロワ理論は，したがって，ヴァイルが指摘したように，数学におけるある種の相対性理論にほかならないのである．

1830年革命との連動

ガロワも熱心に参加した7月革命は，フランス大革命が開始した近代への本格的胎動を後戻り不可能な程度に，現実の軌道に乗せた政治的－経済的－社会的革命として理解される．

ジョンソンが，1815-30年を「近代の誕生」の時期と理解していることは，第１章で見たとおりである．その時期こそ，長い中世の終焉と同時に，近代の本格的幕開きを刻印したのだった．

科学・産業・芸術を社会建設の三つの主要な柱とするサン＝シモン主義者たちは，1828 年から一年間，教祖サン＝シモンの社会学説について包括的な講演シリーズを試みている．その第一回目の 28 年 12 月 17 日の講演者は宣言している．「われわれの学説は，古代の信仰がその時代を支配した以上に完全に，また，カトリシズムが中世を支配した以上に完全に未来を支配するだろう．」これほどうまく，1830 年直前の思想状況がその後の近代という時代にもった意味を解説している文章はほとんどないであろう．ここでの「未来」とは，すぐれて，「近代西欧」を意味しているのである．

フランスの社会史家ジャン・ロムは『権力の座についた大ブルジョワジー』(1960) において，1830 年に土地貴族の時代が終わり，ブルジョワ権力の時代が到来したと論じた．さらに，1848 年には，ブルジョワジーに挑戦する労働者階級が，呱々《ここ》の声を上げるにいたった．1871 年春に，彼ら無産者は権力を獲得するようにすらなった．その権力維持の形態である「パリ・コミューン」が，ほんの一時的に存続したにすぎなかったとはいえ．

そして，わが国の経済史家，小田中直樹は，その著『フランス近代社会 1814～1852』(1995) において，フランスの社会構造の大変動が，７月革命以後起こったことを確認した．ガロワが経験することができなかった公的な初等教育の法的整備は，ギゾーによって1833年になされた．ガロワはパリとブール・ラ・レーヌを乗合馬車で往復したのであるが，1830年前後，フランスの鉄道網が敷設し始まることとなった．

社会的変動は，フランスに限定されなかった．ギリシャのトルコからの念願の独立は1830年英国，フランス，ロシアによって承認され果たされた．32年になって，トルコも独立を認めた．ちなみに，現在，ギリシャは独立記念日を3月25日と定めているが，これは，独立戦争がユリウス暦の1821年3月25日に開始されたことによる．1830年の7月革命の直後には，ベルギーがオランダ支配から離脱して，独立を勝ち取った．そういった政治的変動は，スイス，ドイツ，ポーランド，イタリアでも起こった．こういった政治的事件については，C・H・チャーチの『1830年のヨーロッパ』(1983) において包括的に語られている．

もっとも，科学や数学の革命が，このような社会の大変動と精確に歩調を合わせて成し遂げられるわけではないだろう．けれども，長期的に見れば，そう見なさざるをえない．現代数学への離陸の先駆的事例としてのガロワ理論の創成は，歴史的近代の離陸と共同歩調をとってなされた．ガロワ理論の封印を解いた数学者たちは，いずれも数学の現代化に棹さした人々であった．

こうして，ガロアの数学理論は，現代の構造主義的数学の先駆となったのだった.

エヴァリスト・ガロワは，急進的共和主義者として，「根元的民主主義者」として，中世的政治形態に終止符を打つだけではなく，数学者としての革命家の役割をも演じた，すなわち，「数学における革命」を先頭で率いたのであった．ガロワは，革命家にして同時に数学者であった．その端的な例証は，1831年年末に草された「序文」である．彼は両方の側面を一体化して生き，そして死んだのだった.

戦闘的共和主義者としてのガロワには，サン＝シモン主義において，その後のフランス社会の反主流的思潮となった「アソシアシヨン」＝共生思想的側面があったのではないか，と私は思う．遺作が最初に公表された『ルヴュ・アンシクロペディック』はその思想を謳っていた.

政治的革命を企てる者＝革命家と，数学における革命を試みる者は，通常は，相異なる．が，ガロワでは例外的に両者は一致している．その例証は，「序文」に如実に表われているのである．本書の副題を，「革命家にして数学者」としたゆえんである.

結語　革命的数学少年の悲劇と栄光

1984 年にフランス共和国が発行したガロワを記念する切手
(「革命家にして数学者」と特徴づけられている)

ガロワにおける「十字架の神学」

エヴァリスト・ガロワの革命家・数学者としての人間像を描き，さらにその人間としての資質にまで光を投じたわけであるが，最後に，後の生涯の現代的意義づけを試みておきたい．

ガロワと同時代の文豪にバルザックがおり，彼は自らの創作群に包括的な『人間喜劇』という標題をつけた．同時代に生きた人々の生き様を活写し，さまざまな喜劇的人間模様を描こうとしてこのようなタイトルとなったものと考えられる．ガロワの夭折の生涯は，バルザック『人間喜劇』の群像の中にはおそらく入らないだろう．しかし，『人間悲劇』というタイトルの連作があったとしたら，その中の一冊には必ずや入ったであろう．

ガロワは，急進的共和主義の支持者として，革命家の名の値する経歴を歩んだ．そして，数学者としては，後世の数学者たちの数十年間に及ぶ解読作業を伴ってであれ，まことに独創的な数学理論を創成した．また人物的にも，実に正直一途な生涯を送り，そのために生命を落とした．ちなみに，ガロワの母は，エヴァリストの没後，再婚したらしい．

ところで，多少奇妙な問いかけに聞こえるかもしれないが，ガロワ理論は，ほんとうにガロワが創成したのであろうか？　それから私は，本書中で，ガロワを「天才的数学者」とほとんど疑念を入れる余地なく名指したのであるが，彼はほんとうに天才の名に値したのであろうか？

本文の記述が明らかにしたように，ガロワの遺稿解読は難渋し，少なからざる数学者の封印を解く努力によってこそ，現代のガロワ理論は出来たのであった．キャロリン・エアハルトが彼女の長大な研究をもって主張したことなのであるが，ガロワ理論が教育制度の中でしっかりした地歩を占めるには，その理論の解読のための努力と制度化のための長い道のりが必要であった．

ガロワには決闘で夭死したがゆえの神格化，ロマン主義化がつきまとい，ガロワの伝記というと「聖人伝」になりがちである．実は，私自身，ガロワを無条件の「天才」と名指すことには多少のためらいがある．実際にその遺稿の数学的内容を理解してはじめて，彼の才能の真価が評価できる．

ガロワ理論の現代の教育制度の中での定着を考察する際，イエス・キリストの倫理‐宗教思想の制度化，すなわち，キリスト教の成立を参考にすることが役立つかもしれない．私が，ガロワ理論の解読に寄与したリウヴィルとジョルダンをそれぞれ，聖ペトロと聖パウロになぞらえたのは，目下の議論にそなえるためであった．

キリスト教神学には，「パウロ神学」と名づけられる形態があり，その神学は，近世ドイツにおけるその復興者マルティーン・ルターのことば「十字架のみがわれらの神学である」（Crux sola est nostra theologia.）によって特徴づけられる．簡単にいうと，「十字架の神学」にほかならない．

聖パウロは，イエスが大いなる正義の人であったことを悦んで認める．が，そのことをもって宗教制度の尋常ならざる教祖としては必ずしも十分とは見なさない．屈辱にまみれて十字架に懸けられ，侮辱の中で刑死してこそのイエス・キリストであり，人間の救済者となりえると考えるのである．ユダの裏切りによって十字架の上で刑死してこそ，イエスはキリストに転化し，復活に値するものと見なされうるし，さらに，宗教的カリスマになることが可能であった．このような逆説的事態は「十字架のパラドックス」と呼ばれる．私はさらに，もしイエス・キリストが肉体的にほんとうに復活したなら，イエスがキリスト＝救世主になることもありえないと考え，その復活にまつわる逆説的事態を「復活のパラドックス」と呼んだことがある（拙著『21世紀のマルクス主義』序論，2006）．

ガロワも，もし20歳にして夭折していなければ，彼の未熟で未完成の理論が「ガロワ理論」と呼ばれ，現代数学の「精華」と見なされることはなかったかもしれない．

にもかかわらず，歴史上の現実のイエスが非凡なる義人であったことを歴史の真実と認めるのにやぶさかではないように，ガロワの数学的才能はやはり天才的であり，彼が貢献した理論のエレガントさを，私は率直に認容する．本書の記述がそのまぎれもない証拠なのである．

ゲーデルの死との逆説的類似性

クルト・ゲーデルといえば，彼の名がついた「ゲーデルの不完全性定理」で知られる．1930-31 年に提起された，数学理論を全面的に形式化したとする時，その無矛盾性は，その数学理論内の道具を用いるだけでは証明できないことを主張する定理である．

ゲーデルは，1978 年 1 月 14 日深い雪の日に，プリンストンで亡くなった．私は当時同じ町で数学史を学ぶ大学院生としての研究生活を送っていたのであるが，プリンストン大学数学科のあるファイン・ホールのエレヴェーター・ホールに掲示された地元新聞の切り抜きで彼の死について知ることができた．ゲーデルは，他人のつくった食事をとれば，毒殺されるかもしれないと考え，食事をとらず，餓死してしまったのだという．実にゲーデル的な逆説的死に様と言わなければならないだろう．

ガロワは，もし夭折の死を死ななかったなら，今日ほどの数学的名声は勝ち得なかったにちがいない．彼は，置換群についての精細な考察によって，代数方程式の根の公式が表現可能かどうかの判定規準を発見した．そうして，五次以上の代数方程式に関しては，そのような公式がありえないことを示した．

逆説的に，ガロワは自らの死によって，天才的数学者ですら，人間の生は数学的には計算し尽くすことはできないことを示した．どこか，彼の代数方程式論と似ている．人は，その真実を，人生についての「ガロワの定理」，あるいは「ガロワの教訓」と，はたして呼ぶだろうか？

いずれにせよ，ガロワはその悲劇の夭死によってこそ，今日の数学者としての栄光を勝ちえたことはまちがいないように思われる．

没後の復権と栄光

1909 年 6 月 13 日，ブール・ラ・レーヌにおいて，ガロワの生誕地に記念の石板を取り付ける記念式典が執り行なわれた．その式典の中で，著名な古代中世西欧数学史家のポール・タヌリの弟のジュール・タヌリは，エコル・ノルマル・シュペリエールの校長の資格で，ガロワの天才を謳歌する異例の式辞を述べた．「エヴァリスト・ガロワはその短い苦難の人生の幾週間を科学のもっとも抽象的なもののもっとも抽象的問題に捧げました．彼の驚異的発見はまた，可能な応用から遠いものであります．みなさま，あなたがたは，こういった発見を称え，諸学の一体性と学者の自由とを声高に叫ぶのです．」

タヌリは，こうガロワによる数学上の偉業を慶賀し，共和主義革命家ガロワをも称賛してみせる．「彼のもうひとつの熱情は，共和国，たぶん彼の数学よりももっと理想的な共和国，現実からほど遠く，自らを犠牲として捧げようと夢見，残りのことを捧げる必要があるような共和国，への神秘的で激烈な愛でした．ヴィクトル・ユゴーの創作は純粋のフィクションではありません．マリユスとアンジョルラスはエヴァリスト・ガロワの兄弟なのです.」 マリユスとアンジョルラスとは，ヴィクトル・ユゴーの『レ・ミゼラブル』の中で，1832年6月5-6日のパリのバリケード戦を戦った戦闘的共和主義者にほかならない．

ブール・ラ・レーヌにおける演説をタヌリは次のように締めくくっている.「私はエコル・ノルマルでもっている〔校長の〕地位によって，ここにお話をする栄誉を与えられております．ガロワは，この学校に不本意に入学し，理解されず，追放されたのでしたが，ともあれ，その学校のもっとも輝かしい栄光ある者のひとりなのです．この学校の名において，ガロワの天才に名誉を回復させることを私にお許しいただき，町長殿に御礼申し上げる次第です.」

これは，かつて退校処分をもって処罰し，迫害した学校の校長が言いうる最大限の悔恨のことばであり，懺悔の表白であった．ガロワは天才数学者として，そして栄光ある急進的共和主義者として全面的に復権する以上の名誉を与えられたわけなのであった．

ユゴーの『レ・ミゼラブル』の主人公ジャン・ヴァルジャンは，没後，ペール・ラシェーズ墓地に葬られたのだが，何らの名前も彫られていない墓石を捧げられただけであった．けれど，ガロワは無名の者のためのモンパルナス共同墓地に埋葬されたので，彼のためには墓石すら建てられなかった．今日，ブール・ラ・レーヌの墓地に建てられた小さな記念碑は，没後150年を記念しての，いわば気休めの産物でしかない．彼の数学著作集を編集公刊したリウヴィルが，同じモンパルナス墓地に彼の名前を刻印した立派な墓石を与えられたのとまったく対照的と言われなければならない．

しかしながら，今日，ガロワ理論は，「もっとも美しい数学のひとつ」とされ（コックス『ガロワ理論』2004），そして，数学の「スターの中のスター」であり「代数学の華《はな》」であるとも評される（中島匠一『代数方程式とガロア理論』2006）．このような高評に基づいて，世界の数学徒の間で，彼の名前を冠したもっとも美しい理論が読まれ，講ぜられることのほうが，「とてつもなく優秀な男子」という意味をもつ名前の青年エヴァリストにはもっとも似つかわしいように私には思われる．それからまた，私としては，彼の革命家としての経歴をも多少精細に描くだけではなく，「正直一途」であったがゆえの彼の決闘死への経緯にも新しい光を投じようと試みたつもりである．そのうえで，エヴァリスト・ガロワの自らを理解して欲しいとの最後の魂の奥底からの叫びをも正しく再構成して読者に届けることができたと見なされるなら，ガロワ理論を利用する数学理論をかつては学んだ数学史家にとって，それほど光栄なことはないだろう．

後　記

私がガロワの名前とガロワ理論について初めて知ったのは，「ガロアの理論」という副題をもった守屋美賀雄著『方程式』が東京の至文堂から刊行された直後のことであった．その本は，1964 年 8 月 25 日発行となっているから，私は，その時，宮城県古川高等学校の三年生であり，同校の数学教諭高橋秀夫先生の薫陶を得て，数学の学習に熱中していた 17 歳だった．古川市（現在大崎市）の書店で幾度も通った末にその本を購入した時のことを今も鮮明に覚えている．この書物の刺激によってこそ，私は東北大学理学部数学科進学に進路を定め直し（それ以前は兄たちの影響で工学部受験を考えていた），そして代数学を専攻しようとしたのであった．省みれば，秀夫先生（そう呼ぶ習わしであった）は，私にとってのリシャール先生であった．この恩師の芸術的な数学の授業が私を数学少年にしたのであった．級友たちは，私が数学の問題解きにばかり時間を割いていることを揶揄したものだった．1965 年春，東北大学に入学してしばらくしてインフェルトのガロワ伝を 1960 年筑摩書房刊の世界ノンフィクション全集版で読み，感激した．今なお，秀夫先生そして夫人のよし子先生がともにご健在なのはうれしいかぎりである．

理学部数学科に進学し，第三学年の時，内田興二講師（当時）のガロワ理論講義を聴いた．1967年で私はちょうど20歳だった．それ以前，アルティンの英文の『ガロワ理論』を読んでいたはずである．ゼロックス・コピーをする習慣ができる前で，自ら万年筆で全文を筆写したノートブックを私は今でも保存している．その後，大学院で線型代数群の分類理論を研究するようになった．本書で若干書き記したリー群論の隣接領域である．

本業として数学史家に転じた私は，拙著『数学史』を岩波書店から2010年春公刊し，その姉妹編『日本数学史——伝統から近代へ』の執筆に取りかかっていたのであったが，夏になって，2011年秋がガロワ生誕200年にあたることに気づき，急遽，ガロワ伝執筆を決意した．インフェルトの本はたしかによく書かれており，おもしろいにはちがいないのだが，プリンストンで歴史家としての専門的訓練を受けた私は，もはや彼の手法に従うことはできなかった．

1989年ころであったろうか，ガロワ関係の史料を蒐集し，ガロワに関するパリ周辺の史跡を探索したことがある．その史料は，彌永昌吉先生のガロワ伝執筆にも役立てていただけた．私の東京大学における元学生で，パリ在住の馬場郁氏と一緒であった．このたびも，コレージュ・ド・フランスの図書室に勤務する同氏にはフランスでしか求まらない史料の探索に関しておおいに尽力していただいた.

インフェルトの英文原著初版は，ニューヨークの友人ニール・フリードマンに購入していただいた．同氏は，ロシアの革命家レフ・トロツキイの最初の妻にして，トロツキイをナロードニキの活動家からマルクス主義者に変えた女性アレクサンドラ・ソコロフスカヤのいとこの孫にあたる．彼の祖父母は，ウクライナからアメリカに移民したユダヤ人であった．「屋根の上のヴァイオリン弾き」の主人公一家と同様の経験をした家族出身なわけである．彼は，私から古書探索依頼を受けたものの，ガロワについてはまったく何も知らなかった．20歳で決闘死した数学の天才だという情報を流したところ，彼は，それほど数学に秀でていたのなら，どうして決闘などして死に急いだのかという問いを私に投げかけた．私は，人生は数学的計算では推し量れないものなのだ，と返答した．これが，結語で言及した，人生についての「ガロワの教訓」を思いつくきっかけになった．

本書は昨年末までには執筆し終えたのであったが，今年の正月になって，かねてよりの念願であったパリのフランス学士院図書室所蔵のガロワ草稿の閲覧を模索し始めたところ，原草稿は劣化のために，閲覧は現在では原則として不可能なことが判明し，科学アカデミー・メンバーの推薦がある場合に限って，そのマイクロフィルムからの写真印刷が可能との通知を受け取った．それで，科学アカデミーの数学部門のメンバーとの接触の方途を探った．現有の

27名ほどの数学部門アカデミシャンの中に，ジャン=ピエール・カアン教授の名前を見つけることができた．東北大学数学教室の恩師猪狩惺教授のフランスの師にあたる数学者であることは，かねて知っていた．両教授ともフーリエ解析の世界的権威として知られる．猪狩教授は，早速，カアン教授に連絡をとってくださった．

カアン教授とメイルでの連絡が可能になってからの展開は，文字どおり劇的であった．教授は，私の数学史に関する貧しい仕事について一定の知見をもつや，私に科学アカデミーでのガロワについての講演を依頼してきたのであった．マイクロフィルムからの写真撮影も前記馬場氏をとおして認可された．私は，科学アカデミー講演を快諾し，講演準備にかかった．「ガロワ理論は歴史的にどのように特徴づけられるのか，その理論は日本でいかに受容されたのか，ガロワはどうして決闘を挑まれたのか？」(How Is Galois Theory Characterized Historically, How Was It Received in Japan, & How Was Galois Challenged to a Duel?) という標題の，引用部分はフランス語，本文は英文の講演テキストを執筆した．

そういった準備のうえで，2月14日から16日まで九州大学での数学史シンポジウムに参加し，「数学と数学史——ガロワ理論の創成と発展を中心に」という講演を試みた．さらに19日の広島での環境社会主義研究会講演を終え，2月24日早朝，私はギリシャとフランスをめぐる旅に出発した．

ギリシャでは，エーゲ海大学の数学史の盟友イオアニス・ヴァンドラキス博士の乗用車で，ペロポネソス半島を南下し，そうしてマケドニア地方へと北上した．

2月25日，まず，アテネから，コリントスの運河を越え，ビザンティン様式の建築で有名な半島東南部のモネンヴァシアをめざした．翌日，スパルタを通り抜け，ミストラを見学した．その翌日，オリンピア遺跡をも歩いた．カルナヴァルの最中のパトラで数学史の同僚と会食した後，海峡をまたぐ橋を渡ってギリシャ中部へと北上し，ラフカディオ・ハーン＝小泉八雲が生を享けたレフカダ島を訪問し，イオアニア，メツォヴォの東北へと旅した．スイスの山村を思わせるメツォヴォに到着したのは28日であったが，そこには雪が舞い始めていた．翌3月1日，旅の終点マケドニア地方のフロリナは雪国であった．そこで，かつての東京大学における同僚ラーシェド教授と落ち合い，3月2日には，西マケドニア大学の初等教育学部で，ラーシェド教授はアラビア数学とヨーロッパ数学の連続的接合について，私は古代ギリシャのピュタゴラス主義と東方の数学重視思想としての『易経』の二進法に基づくある種の「ピュタゴラス主義」について講演した．フロリナのホテル・キング・アレグザンダーの受け付けの女性はステファニアといった．ガロワが決闘を挑まれる原因になった若い女性ステファニーのギリシャ名であった．

3月4日に私たちはテッサロニキに移動し，翌日，私はパリへと飛んだ．パリでは，ドラクロワ美術館，ルーヴル美術館，バルザックの家，ヴィクトル・ユゴー記念館，バスティーユ広場の7月革命記念塔など，19世紀前半，ガロワが生きた時代の事蹟を廻ることができた．

3月8日の午前11時から，予定どおり，フランス学士院のタピスリーに囲まれた瀟洒な小講堂で私のガロワ講演はなされた．科学アカデミー会員のほか，ラーシェド教授，キャロリン・エアハルト博士も聴講してくれた．講演後，アカデミー会員と私は図書室に連れてゆかれ，ガロワの原草稿を綴った“Ms 2108”を見ることができた．講演者の私とアカデミー会員は特別の計らいで例外的に閲覧を許されたのであった．それは私の長年の夢の実現であった．ガロワの書き付けのあるものはフォリオ版に，あるものは半切の紙に慌ただしく綴られていた．インクは鉄分のためにすでに焦げ茶色に変色していた．女性司書が草稿をくくってゆき，私たち閲覧者は手で触れることも，写真撮影することもできなかったが，カアン教授は，シュヴァリエ宛の遺言的書状の末尾部分のフランス語文を音読してみせるのだった．ブルニュ－アズラ編『全集』を持参していた私は，閲覧したい草稿フォリオを指定し，それらを希望どおり仔細に点検することができた．

そうした貴重な経験のあと，私はアカデミー会員たちと昼食に向かった．ビストロ・マザランというレストランの席で，カアン教授は，私の「講演原稿は科学アカデミーで出版したい」と，必要な改訂のうえでの提出を要請してくれた．原稿は提出済みなので，その論考をとおして，本書の内容の要諦は，支配的学説とは必ずしも言えないだろうが，ひとつの仮説として国際的に一定の地歩を占めることは確かなものとなろう．私の仮説は，ほんのちっぽけな発見に基づくものではある．が，長年にわたるガロワへの思いの末に，ガロワの遺言的書簡読解への真剣な取り組みから生まれたものである．それだけに，この真摯な青年の生涯のとらえ直しにわずかでも貢献できたことはうれしい．もっとも，あらゆる学説は可謬的である．小論が後生のものによって超克の対象となるのであれば，それはそれで幸甚なことである．

本書の内容，そして科学アカデミー講演の眼目は，ガロワの数学史的位置づけの簡明さ，政治的革命への参加のコンテクスト付け，そして，ガロワが，20 歳にして決闘を挑まれた謎に挑戦しえたことといった都合三点を視野に収めた包括性にある．「緒論」でも述べたことだが，全体として，インフェルトの今ではアウト・オヴ・デイトになってしまっている創作的伝記をより堅実なものにし直し，包括的に乗り越えようとする意図が働いている．私の解決策が最終的なものだとは思わないが，遺言的書信を原文で精細に読み直した際，青年エヴァリストが，直接，私に語りかけてくれ，自らの最期の遺言的意思を読み解く者がやっと現われ出でたかという感慨をもちうるであろうような「われ見いだせり《ヘウレーカ》」の感懐を私が宿したことは告白しておかなければならない．私は，決闘死を目前にしたガロワが肉声で私に叫びかけてきたかのような電撃的霊感のようなものに襲われたのだった．その体験は，昨年の11月18日前後の週末のことであった．私は，ガロワ講演の冒頭，講演を生誕200年目のエヴァリスト・ガロワの追憶のために献げる旨宣言したのであったが，それは，私のこの青年との共振の感覚による．本書が，読者によって，数学的学問・革命的政治・正直一途な生き様の三者が青年エヴァリストで結合した姿を提示しえていることが少しでも理解されれば，私は本望である．

昼食から帰ると科学アカデミー会員たちは例会に出席し，私は案内役付きで学士院の古文書館，マザラン図書室の見学を許された．パリの科学アカデミーは1666年，ルイ十四世治下で創設されたのだが，当初はルーヴル王宮内に陣取った．古文書館の女性司書は，終身書記デュ・ア

図p (a)　セーヌ河南岸に聳える フランス学士院　　(b)　フランス学士院入口

メルのもとで記録された，最初のアカデミシャン，クリスティアン・ホイヘンスの名前が出ている手書きの記録などを見せてくれた．現在のセーヌ河岸南部の場所に移動したのは，ナポレオン帝政期であったという（1805-06 年）．元はマザランが創立したコレージュの建物として使われていたということであった．したがって，ガロワが科学アカデミーに自らの論文を送付した時分の建物は，私が講演しに訪れたのと同一ということになる（図 p（a）&（b））．

9 日午前は，ユルム通りにある教育史の研究所に，キャロリン・エアハルト博士を訪問し，かずかずの疑問について問い質ねることができた．彼女は，昨秋，ご親切にも，ガロワ理論の創成と受容についての力作学位論文のディジタル版を送付してくれただけでなく，今回は，快く，私の問いをひとつひとつ一緒に考え，熱心に応答してくれた．

10 日，パリ第七大学のセミナー出席後の夜には，中国数学史専攻のカリン・シェムラ教授の自宅に赴き，夫君のブルーノ・ベロスト教授，それにエアハルト博士と彼女の歴史家の夫君とともに，近くのレストランで和気藹々と夕食をとった．ベロスト教授が，ミニアチュールの陶板肖像を私に見せて言うには，「これが私の祖先で，ガロワ少年をエコル・ノルマルから追放した校長のギニョーだ.」ギニョー氏は，1830 年当時，30 歳代後半だったはずという．彼は 1794 年 5 月 15 日の生誕なので，1830 年末には，36 歳だった．

11 日午前には，ブール・ラ・レーヌを訪問し，幾度も巡ったことのあるガロワの事蹟を歩いて写真撮影した．昼過ぎにモンパルナス墓地近くのダンフェール・ロシュローにあるホテルに帰還すると，馬場氏の夫人でパリ第七大学教授の堀内美都さんから，「先生の郷里の宮城を中心に大地震が起こった」という内容のローマ字書きのメッセージが残されていた．

夕刻，ブール・ラ・レーヌにあるラーシェド教授宅での夕食に向かうために車で迎えにきたレジス・モルロン博士から，東北地方の太平洋岸に10メートルを超える津波が押し寄せ，大変な災厄になっていると聞き，ただごとではないと考え出した．ラーシェド教授もかつて一緒に訪れた仙台が大変らしいと漏らしていた．

12日，私は日本への帰国のエール・フランスの航空便に搭乗した．13日午前，日本に到着すると，すべては大震災のニュース一辺倒であった．宮城県大崎市の高橋秀夫先生・よし子先生が息災であることは電話で知った．宮城の郷里に住む長兄，福島の原子力発電所近くの楢葉町に在住する猪狩教授のことが気にかかったが連絡がとれなくなっていた．宮城県山間部の長兄夫妻，仙台に避難した猪狩教授の健在が確認できたのは，私が，17日から出かけた香港と広州への講演旅行から24日に帰日した後であった．

広州の広東外語外貿大学での二つの講演は，今回の東日本大震災と，私が長年主張してきた反原子力を中核とする環境社会主義の理論についてであった．ちなみに，一般に現代中国では，現代資本主義を規定する私の概念「自然に敵対する帝国主義」(Imperialism Against Nature) は大きな支持を集めている．それに対抗する政治的プログラムが「環境社会主義」(ecological socialism) なのである．多くの聴衆が集まり，講演は大好評であった．20 世紀アメリカ資本主義文明に追随しようとする現代中国の経済成長中心主義への私の批判は意外な共感を呼んだ．私が大震災が襲った東北の産であることを知ると，日本の事情に通じた聴衆は，東北地方の日本史における地位について質問を集中させた．今回，英国から発信された "Don't give up Japan, don't give up Tohoku!" の叫びを私たちは講演会の最後に復唱した——声を上げて，あるいは心の中で．私は，講演原稿を，横浜の拙宅で地震のために倒壊した本棚，崩れ落ちた本の山に囲まれたままで執筆し，慌ただしく機上の人となったのだったが，その真剣一途な思いが中国の若者たちにも十分に通じたように思われた．

統御不可能な放射能は，人間が原子力を使用してはならないという警告のサインにほかならない．使用不可能性を告げ知らせる冷厳な自然科学的真理の証《あかし》なのである．どこか，ガロワ理論と類比的である．

広州から刊行されている『南方人物周刊』の 3 月 21 日号は，「日本核危機」を特集し，チェルノブイリ原発事故との比較をも試みていた．また，独文週刊誌の『デア・シュピーゲル』の 3 月 14 日号は，"Das Ende des Atomzeitalters"（原子時代の終焉）を謳っていた．

いずれにせよ，本書は上記のような経緯で成った．本書の成立にさまざまな形で無私の援助を惜しまなかった馬場氏，エアハルト博士に深謝する．馬場氏の助力は特筆に値する．そして，科学アカデミー講演を実現するために尽力されたカアン，猪狩両教授にも感謝したい．

本書刊行の編集実務については，東京大学における私の元学生であった海老原勇氏に担当していただくことができた．大学で一緒にライプニッツのラテン語で書かれた数学著作を読んだ彼には，私がガロワの最後の魂の奥底からの叫びに気づいた事情についてよく理解していただけたと思う．彼のような青年編集者に自著を担当していただけるのは僥倖のいたりというほかない．

2011 年 4 月 3 日

東日本大震災の余韻の残る横浜ポートサイドにて

佐々木 力

書　誌

著者のアルファベット順．網羅的を期してはいない．

1. A. P. M. E. P. (Association des Professeurs de Mathématiques de l'enseignement Public), *Présence d'Evariste Galois 1811-1832* (1982).
2. Astruc, Alexandre. *Évariste Galois* (Paris: Flammarion, 1994).
3. Auffray, Jean-Paul. *Évariste 1911-1832: le roman d'une vie* (Lyon: Aléas, 2004). 小説の体裁をとってはいるものの，また当然盤石とはいえないものの，ガロワの事蹟に関して詳細に歴史考証している．
4. 伴克馬「ガロア理論の世界観」，『現代思想』Vol. 36-14（2008年11月），pp. 154-162.
5. Bertrand, J. "La vie d'Évariste Galois, par P. Dupuy," *Bulletin des sciences mathématiques*, IIe série, XXXIII (1909), pp. 198-212.
6. Belhoste, Bruno. "L'enseignement secondaire français et les sciences au début du XXe siècle: La réforme de 1912 des plans d'études et des programmes," *Revue d'histoire des sciences* **43** (1990), pp. 371-400.
7. Idem. *Les sciences dans l'enseignement secondaire français. Textes officiels*, t. 1, 1789-1914, Institut National de Recherche Pédagogique (Lyon: Éditions Économica, 1995).
8. Bory, Jean-Louis. *La Révolution de Juillet: 29 juillet 1830* (Paris: Gallimard, 1972).
9. Caron, Jean-Claude. "La Société des Amis du Peuple," *Romantisme*, no. 28-29 (1980), pp. 169-179.

10. Charléty, Sébastien. *Histoire du Saint-Simonisme (1825-1864)* (Paris: Paul Hartmann, 1932; 1ère ed. 1896); 沢崎浩平・小杉隆芳訳『サン＝シモン主義の歴史』(法政大学出版局, 1986).

11. Chevalier, Auguste. "Travaux d'Évariste Galois," *Revue encyclopédique*, t. 55 (juill.-sept. 1832), pp. 566-576; "Nécrologie: Evariste Galois," *ibid.*, pp. 744-754.

12. Chevalier, Louis. *Classes laborieuses et classes dangereuses à Paris, pendant la première moitié du XIX*[e] *siècle* (Paris: Plon, 1958); 喜安朗・木下賢一・相良匡俊訳『労働階級と危険な階級——19世紀前半のパリ』(みすず書房, 1993).

13. Church, Clive H. *Europe in 1830: Revolution and Political Change* (London: George Allen & Unwin, 1983).

14. Collingham, H. A. C. *The July Monarchy: A Political History of France 1830-1848* (London/New York: Longman, 1988).

15. Cox, David A. *Galois Theory* (Hoboken, NJ: John Wiley, 2004); 梶原健訳『ガロワ理論』上・下 (日本評論社, 2008-10). 歴史にも配慮した名著.

16. Dahan, Amy. "Les Travaux de Cauchy sur les Substitutions: Étude de son approche du concept de groupe," *Archive for History of Exact Sciences* **23** (1980), pp. 279-319.

17. Dalmas, André. *Évariste Galois: Révolutionnaire et géomètre* (Paris: Fasquelle, 1956); 辻雄一訳『青春のガロア——数学・革命・決闘』(東京図書, 1973).

18. *Doctirne de Saint-Simon, Exposition, Première année, 1828-1829*, Nouvelle éd., publiée avec introduction et notes par C. Bouglé et Elie Halévy (Paris: Marcel Rivière, 1924); バザールほか『サン＝シモン主義宣言』野地洋行訳 (木鐸社, 1982).

19. Dupuy, P. "La vie d'Évariste Galois," *Annales scientifiques de l'Ecole normale supérieure* **13** (1896), pp. 197-266; 辻雄一訳『ガロア——その真実の生涯』(東京図書, 1972).

20. Durkheim, Émile. *Le socialisme: Sa définition, ses débuts, la doctrine saint-simoniennne*, éd. par M. Mauss (Paris: Alcan, 1928); 森博訳『社会主義およびサン - シモン』(恒星社厚生閣, 1977).

21. Edwards, Harold M. *Galois Theory* (New York: Springer-Verlag, 1984).

22. Ehrhardt, Caroline. *Évariste Galois et la théorie des groupes: Fortune et réélaborations (1811-1910)*, Thèse de doctorat (EHESS, 2007).

23. Eadem. "L'étudiant Évariste Galois: incompris ou impatient?" *Les Génies de la science*, n° 36 (Paris: Pour la science, août-octobre 2008), pp. 10-13.

24. Eadem. "Évariste Galois, un candidat à l'École préparatoire en 1829," *Revue d'histoire des mathématiques* **14** (2008), pp. 289-328.

25. Eadem. "A Social History of the 'Galois Affair' at the Paris Academy of Sciences (1831)," *Science in Context* **23** (2010), pp. 91-119.

26. Eadem. "La Naissance posthume d'Évariste Galois (1811-1832)," *Revue de Synthèse*, t. 131, 6e série, n° 4 (2010): Histoire sociale des mathématiques, pp. 543-568.

27. "Évariste Galois," notice anonyme (sans doute rédigée par Alfred Galois et Pierre Paul Flaugergues), *Magasin pittoresque*, t. 16 (1848), pp. 227-228.

28. *Écrits et Mémoires Mathématiques d'Évariste Galois*, Édition critique intégrale, par Robert Bourgne et J.-P. Azra (Paris: Gauthier-Villars, 1962; Deuxième éd. revue et augmentée, Jacques Gabay, 1997).

29. "Œuvres mathématiques d'Évariste Galois," *Journal de mathématiques pures et appliquées*, t. 11 (1846), pp. 381-444.
30. *Œuvres mathématiques d'Évariste Galois*, publiées sous les auspices de la Société Mathématique de France, avec une introduction par Émile Picard (Paris: Gauthier-Villars, 1897; Jacques Gabay, 2001) + *Manuscrits et Papiers inédits*, publiés en 1906-1907 par Jules Tannery (J. Gabay, 2001).
31. Galuzzi, Massimo. "Galois' Note on the Approximative Solution of Numerical Equations (1830), " *Archive for History of Exact Sciences* **56** (2002), pp. 29-37.
32. Hamburg, Robin Rider. "The Theory of Equations in the 18th Century: The Work of Joseph Lagrange," *Archive for History of Exact Sciences* **16** (1976/77), pp. 17-36.
33. Houzel, Christian. "The Work of Niels Henrik Abel," Olav Arnfinn Laudal and Rogni Piene (editors), *The Legacy of Niels Henrik Abel: The Abel Bicentennial, Oslo, 2002* (Berlin/Heidelberg: Springer-Verlag, 2004), pp. 21-177. アーベルの数学について包括的に論じた労作. 代数方程式に関しては, pp.49-65で議論されている.
34. Infantozzi, Carlos Alberto. "Sur la mort d'Évariste Galois," *Revue d'histoire des sciences* t. XXI (1968), pp. 157-160.
35. Infeld, Leopold. *Whom the Gods Love: The Story of Evariste Galois* (New York: Whittlesey House, McGraw-Hill Book, 1948); 市井三郎訳『ガロアの生涯　神々の愛でし人』(日本評論社, 1950).
36. Idem. *Why I Left Canada?: Reflections on Science and Politics*, translated by Helen Infeld, ed. with Introduction and Notes by Lewis Pyenson (Montreal/London: McGill-Queen's University Press, 1978); 鶴岡重成訳『真実

を求めて』(みすず書房, 1966). 後者の訳書には, ガロワ伝のおもしろさに関する所見なども盛られている.

37. *Institut de France: Catalogue de l'Exposition* (Paris: Conservatoire National des Arts et Métiers, 1983).

38. 彌永昌吉『ガロアの時代　ガロアの数学』全2部 (シュプリンガー・フェアラーク東京, 1999-2002).

39. Johnson, Paul. *The Birth of the Modern: World History 1815-1830* (1991; London: George Weidenfeld and Nicolson, 1992); 別宮貞徳訳『近代の誕生』全3巻 (共同通信社, 1995).

40. Joly, André. *Images de Bourg-la-Reine* (SAEP Ingersheim, 1975).

41. 加藤文元『ガロア——天才数学者の生涯』(中公新書, 2010). 本書と同じく,「序文」を重視したのは, ひとつの見識であろう.

42. Kiernan, Melvin. "The Development of Galois Theory from Lagrange to Artin," *Archive for History of Exact Sciences* **8** (1971), pp. 40-152.

43. Kiernan, V. G. *The Duel in European History: Honour and the Reign of Aristocracy* (Oxford: Oxford University Press, 1986).

44. 喜安朗『パリの聖月曜日——19世紀都市騒乱の舞台裏』(岩波現代文庫, 2008).

45. Klein, Felix. *Vorlesungen über das Ikosaeder und die Auflösung der Gleichungen vom fünften Grade* (Leibzig: B. G. Teubner, 1884; $_2$1993); 関口次郎・前田博信訳『正20面体と5次方程式』(シュプリンガー・フェアラーク東京, 2005).

46. 小島寛之『天才ガロアの発想力——対称性と群が明かす方程式の秘密』(技術評論社, 2010).

47. 倉田令二朗『ガロアを読む——第I論文研究』(日本評論社, 1987).

48. 草野公邦『ガロワと方程式』(朝倉書店, 1989).

49. Lhomme, Jean. *La grande bourgeoisie au pouvoir*

(1830-1880): Essai sur l'Histoire sociale de la France (Paris: Presses Universitaires de France, 1960); 木崎喜代治訳『権力の座についた大ブルジョアジー——19世紀フランス社会史試論』(岩波書店, 1971).

50. Lieber, Lillian R. *Galois and the Theory of Groups: A Bright Star in Mathesis* (New York: The Galois Institute of Mathematics and Art, 1932); 浜稲雄訳『ガロアと群論』(みすず書房, 1979).

51. Livio, Mario. *The Equation That Couldn't Be Solved: How Mathematical Genius Discovered the Language of Symmetry* (New York: Simon & Schuster, 2005); 斉藤隆央訳『なぜこの方程式は解けないか?——天才数学者が見出した「シンメトリー」の秘密』(早川書房, 2007).

52. Lützen, Jesper. *Joseph Liouville 1809-1882: Master of Pure and Applied Mathematics* (New York/Berlin/Heidelberg: Springer-Verlag, 1990).

53. 中村亨『ガロアの群論——方程式はなぜ解けなかったのか』(講談社ブルーバックス, 2010).

54. Nadaud, Martin. *Mémoires de Léonard, ancien garçon maçon* (1895; Paris: Hachette, 1976); 喜安朗訳『ある出稼石工の回想』(岩波文庫, 1997).

55. 小田中直樹『フランス近代社会1814～1852——秩序と統治』(木鐸社, 1995).

56. Pesic, Peter. *Abel's Proof: An Essay on the Sources and Meaning of Mathematical Unsolvability* (Cambridge, Mass.: MIT Press, 2003); 山下純一訳『アーベルの証明——「解けない方程式」を解く』(日本評論社, 2005).

57. Price, Roger. *A Social History of Nineteenth-Century France* (London: Hutchinson, 1987).

58. Radloff, Ivo. "Évariste Galois: Principles and Applications," *Historia Mathematica* **29** (2002), pp. 114-137.

59. Rigatelli, Laura Toti. *La Mente Algebrica: Storia dello*

sviluppo della Teoria di Galois nel XIX secolo (Bramante Editrice, 1989).

60. Eadem. *Evariste Galois 1811-1832*, tr. from the Italian by John Denton (Basel/Boston/Berlin: Birkhäuser Verlag, 1996).

61. Rothman, Tony. "Genius and Biographers: The Fictionalization of Evariste Galois," *American Mathematical Monthly* **89** (1982), pp. 84-106; 山下純一編訳『ガロアの神話』(現代数学社, 1990) の第1章.

62. Idem. *Science à la Mode: Physical Fashions and Fictions* (Princeton: Princeton University Press, 1989), Ch. 6, pp. 148-193. 前掲論考の改訂版. タトンからの情報によって, 決闘の相手などの特定にかかわる重要な部分を修訂している.

63. Sarton, George. "Evariste Galois," *Osiris*, III (1938), pp. 241-259.

64. Sérullaz, Arlette & Vincent Pomarède, *Eugène Delacroix, La Liberté guidant le peuple* (Paris: Musée du Louvre, Collection《solo》, 2004).

65. Tannery, Jules. "Discours prononcé à Bourg-la-Reine," *Bulletin des sciences mathématiques*, IIe série, XXXIII (1909), pp. 158-168.

66. Taton, René. "Les relations d'Évariste Galois avec les mathématiciens de son temps," *Revue d'histoire des sciences* **1** (1947), pp. 114-130.

67. Idem. "Sur les relations scientifiques d'Auguste Cauchy et Évariste Galois," *Revue d'histoire des sciences* **24** (1971), pp. 128-148.

68. Idem. "GALOIS, EVARISTE," *Dictionary of Scientific Biography*, V (1972), pp. 259-265.

69. Idem. "Évariste Galois and his Contemporaries," *Bulletin of the London Mathematical Society* **15** (1983),

pp. 107-118.

70. Idem. “Évariste Galois et ses biographes: De l'histoire aux les légendes,” *Sciences et techniques en perspective* **26** (1993), pp. 155-172.

71. Terquem, Olry. “Biographie. Richard, Professeur,” *Nouvelles Annales de Mathématiques*, t. 8 (1849), pp. 448-451.

72. Tignol, Jean-Pierre. *Galois' Theory of Algebraic Equations* (Singapore: World Scientic, 2001); 新妻弘訳『代数方程式のガロアの理論』(共立出版, 2005). 数学史的配慮がなされている.

73. 津田丈夫『不可能の証明』(共立出版, 1985). 第4章で, 五次方程式の根の公式が存在しないことについてのアーベルの証明を紹介している.

74. 上野健爾「ガロアの夢――ガロアの考えたこと」,『数学文化』015 (2011.1), pp.6-35.

75. Van der Waerden, B. L. *A History of Algebra: From al-Khwārizmī to Emmy Noether* (Berlin/Heidelberg: Springer-Verlag, 1985); 加藤明史訳『代数学の歴史』(現代数学社, 1994).

76. Verdier, Norbert. *Évariste Galois: Le mathématicien maudit, Les Génies de la science*, n° 14 (Paris: Pour la science, fév.-mai 2003).

77. Weyl, Hermann. *Symmetry* (Princeton: Princeton University Press, 1952); 遠山啓訳『シンメトリー』(紀伊國屋書店, 1970).

78. Wussing, Hans. *The Genesis of the Abstract Group Concept: A Contribution to the History of the Origin of Abstract Group Theory*, tr. by Abe Shenitzer (Original German Version, 1969; Mineola, NY: Dover, 2007).

79. 矢ケ部巌『数Ⅲ方式ガロアの理論――アイデアの変遷を追って』(現代数学社, 1976).

80. 山下純一『ガロアへのレクイエム』(現代数学社, 1986). ガロワに込めた情熱がほとばしる書.

81. 同『アーベルとガロアの森——数学史の歩き方』(日本評論社, 1996).「ガロアを歩く」(pp. 64-76) で, 学士院図書室での1990年4月の草稿閲覧記が綴られているが, 現在では山下氏のような閲覧は不可能になっている.

82. 吉田輝義「ガロア理論の基本定理」,『現代思想』Vol. 39-5 (2011年4月号), pp. 70-90.

83. Zwerling, Craig S. *The Emergence of the Ecole Normale Supérieure as a Center of Scientific Education in Nineteenth-Century France* (New York/London: Garland Pulishing, 1990).

索　引

Ⅰ　人名索引

1. 本文中の人名，著作中の人物名も収録した.
2. 姓の一部として同化された，Van，Ibn，アラビア語の定冠詞 Al-などは姓の部分として配列した.
3. 古代ギリシャの人名の原綴りはラテン語式ないしそれに基づく英語式のものにした.
4. 人名のほとんどに年代を記入したが，fl.（floruit）は当該人物の盛期を，また，c.（circa）は「頃」を意味する.
5. 文献は，著者人名の見出しの下にとりこみ，原則として歴史記述の一次史料として中心的で，本文中に明示的に引用されている書物（『　』で表わす），書物ないし雑誌に収録された論考（「　」で表わす）の和文名を，おおむね執筆年代順に配列した.

Ⅱ　事項索引

1. 数学史・歴史上の重要術語のみを収録した.
2. 〔　〕内の語は補塡であることを示す.

Ⅲ　ページ数の後の f, ff は参照個所がそれぞれ，次ページ，次々ページに及ぶことを示す.

人名索引

ア　行

アインシュタイン　Albert Einstein（1879-1955）　15-18, 65, 210f

「動いている物体の電気力学」（1905）　210

アズラ　Jean-Pierre Azra → ブルニュ

アッ＝サマウアル　Ibn Yahyā Al-Maghribī Al-Samaw'al（c. 1180）　114, 116

アッ＝トゥースィー　Sharaf Al-Dīn Al-Ṭūsī（？-c. 1213/14）『方程式論』　114

アデライド　Adélaïde（ルイ六世の王妃；12 世紀初頭）　31

アーベル　Niels Henrik Abel（1802-1829）　76f, 96, 122, 124-128, 134, 140, 144, 185, 187, 193, 209

『五次の一般方程式の解法が不可能であることが論証される代数方程式についての論文』（1824）　126

「代数的に解法可能な方程式の特定クラスについての論文」（1829）　128

「方程式の代数的解法について」（遺稿）　122

アリストテレス　Aristoteles（前 384-322）　50

『ニコマコス倫理学』　111

アルキメデス　Archimedes（前 c. 287-212）　112, 117, 164

アルティン　Emil Artin（1898-1962）　131, 203, 205, 208, 224

『ガロワ理論』（1942）　203, 205, 224

アル＝フワーリズミー　Muḥammad Ibn Mūsā Al-Khwārizmī＝Algorizmi（800 以前-847 以後）　112ff, 127, 130

『アル＝ジャブルの書』　112f

アレクサンドル一世　Aleksandr I（1777-1825）　34

アンジョルラス　Enjolras（『レ・ミゼラブル』の登場人物）　221

アンファンタン　Barthélemy Prosper Enfantin（1796-1864）　156

アンリ四世　Henri IV（1553-1610）　51, 93

イエス・キリスト　Jesus Christus（fl. 1 世紀前半）　217f

猪狩惺　226, 234

市井三郎（1922-1989）　13, 16

イブラーヒーム・イブン・シナーン　Ibrāhīm ibn Sīnān ibn Thābit

ibn Qurra (908-946) 114
イブン・アル＝ハイサム Al-Ḥasan Ibn Al-Ḥasan Ibn Al-Haytham =Alhazen (965-1041) 114
彌永昌吉 (1906-2006) 25, 73, 130, 224
インファントッシ Carlos Alberto Infantozzi 22, 155
インフェルト Leopold Infeld (1898-1968) 11, 13-20, 152, 223, 225, 229
『神々の愛でし人』(1948) 11, 13
ヴァイル (＝ワイル) C. H. Hermann Weyl (1885-1955) 18f, 130, 186, 211
『シンメトリー』(1952) 18
ヴァンデルモンド Alexandre-Théophile Vandermonde (1735-1796) 118f
「方程式の解法についての論考」(1771) 118
ヴァンドラキス Ioannis M. Vandoulakis (1960-) 227
ヴィエト François Viète (1540-1603) 110f, 116f
『解析技法序論』(1591) 110, 116
『方程式の理解と改良について』(1615) 117
ウィトゲンシュタイン Ludwig Wittgenstein (1889-1951) 25
『論理哲学論考』(1921) 25
ウィリアム三世 William III (1650-1702) 41
ヴェーバー Heinrich Weber (1842-1913) 194-198
「ガロワの方程式論の一般的基礎」(1893) 195
『代数学教科書』全2巻 (1895-96) 195, 197f
ウェリントン Arthur Wellesley Wellington (1769-1852) 38
ヴェルニエ Hippolyte Jean Véron = Vernier 56ff
ヴォルテール Voltaire = François Marie Arouet (1694-1778) 40
ヴスィング Hans Wussing (1927-2011)『抽象群概念の生成』(1969) 199
ウゼル Christian Houzel (1937-) 238
内田興二 224
エアハルト Caroline Ehrhardt (1976-) 24, 70, 77, 147f, 186, 209, 228, 231, 234
エウクレイデース Eucleides → ユークリッド
エルミート Charles Hermite (1822-1901) 61, 185, 201
エンゲルス Friedrich Engels (1820-1895) 78

オイラー　Leonhard Euler（1707-1783）　60f, 111, 118, 142
『無限解析入門』（1748）　61
オーエル　George Orwell（1903-1950）　180
小田中直樹　『フランス近代社会』（1995）　212
オフレー　Jean-Paul Auffray　『エヴァリスト』（2004）　24, 160

カ　行

カアン　Jean-Pierre Kahane（1926- ）　226, 228, 234
カヴェニャック　Godefroy Élénore Louis Cavaignac（1801-1845）　94, 102
ガウス　Carl Friedrich Gauß（1777-1855）　43, 61, 122ff, 127f, 173, 185, 193
『数論研究』（1801）　61f, 73, 122ff, 193
カミュ　Charles Louis Constant Camus　55
カルダーノ　Girolamo Cardano（1501-1576）『アルス・マグナ』（1545）　115
ガルッツィ　Massimo Galuzzi　73
ガロワ（母）　Adélaïde Marie Galois [née Demante]（1788-1872）　35f, 45, 216
ガロワ（弟）　Alfred Galois（b. 1814）　36, 149, 152, 174, 181, 185
ガロワ　Évariste Galois（1811-1832）　諸所
「循環連分数についての一定理の論証」（1829）　61, 73
「解析のいくつかの点についてのノート」（1830-31）　73
「方程式の代数的解法についての論考の分析」（1830）　73
「数値方程式の解法についてのノート」（1830）　73
「数論について」（1830）　73
「代数学的研究」＋「素数次数の代数方程式についての研究」（1829）　74
「科学教育について」（1831）　98ff
「方程式の根号による可解性の条件についての論考」＝「第一論文」（1831）　76, 129-134, 139, 141, 145f, 170f, 184
「根号によって解ける素数次方程式」（遺稿）　184
「序文」（1831）　107, 110, 132, 139-144, 214
「シュヴァリエ宛書簡」（1832）　109f, 130, 134, 139, 143, 156, 170, 172f, 178, 197
「すべての共和主義者への書簡」（1832）　157
「N・LとV・Dへの書簡」（1832）　158f

『数学著作集』(リウヴィル編 1846；ピカール序文 1897) 21, 180-184
『全集』(ブルニュ - アズラ編 1962) 22, 139, 154, 228
ガロワ(姉) Natalie Théodore Galois (b. 1808) 35, 62, 107
ガロワ(父) Nicolas Gabriel Galois (1775-1829) 32, 34ff, 46ff, 56, 62f
ガロワ(伯父) Théodore Michel Galois (b. 1774) 35, 63
カロン Jean-Claude Caron 「人民の友の会」(1982) 95
菊池大麓 (1855-1917) 197
キケロー Marcus Tullius Cicero (前 106-43) 36
ギゾー François Pierre Guillaume Guizot (1787-1874) 26, 92, 213
『ヨーロッパ文明史』(1828) 26
ギニョー Jeseph-Daniel Guignaut (1794-1876) 80ff, 84, 231
喜安朗 『パリの聖月曜日』(1982) 150
ギリスピー Charles Coulston Gillispie (1918-) 『科学伝記事典』 24
キールナン B. Melvin Kiernan「ラグランジュからアルティンまでのガロワ理論の発展」(1971) 187, 208
キールナン V. G. Kiernan『ヨーロッパ史の中の決闘』(1986) 165, 169
クーザン Victor Cousin (1792-1867) 81
クライン Christian Felix Klein (1849-1925) 199ff
『エルランゲン・プログラム』(1872) 199
『正二十面体および五次方程式の解法に関する講義』(1884) 200
倉田令二朗 (1931-2001) 『ガロアを読む』(1987) 130
グラビナー Judith Victor Grabiner (1938-) 209
クレレ August Leopold Crelle (1780-1855) 126, 184
クロネッカー Leopold Kronecker (1823-1891) 128, 193f, 196, 198
クロムウェル Oliver Cromwell (1599-1658) 41
クーン Thomas S. Kuhn (1922-1996) 187, 206ff
『科学革命の構造』(1962) 206
ケイリー Arthur Cayley (1821-1895) 188
ゲイ＝リュサック Joseph Louis Gay-Lussac (1778-1850) 72
ゲタルディ Marino Ghetaldi (1566[68?]-1626) 117
『数学的解析と総合』(1630) 117
ゲーテ Johann Wolfgang von Goethe (1749-1832) 『ファウスト』 108

ゲーデル　Kurt Gödel (1906-1978)　219
ゲルボワ　Denis François Noël Guerbois (b. 1775)　174
コーシー　Augustin-Louis Cauchy (1789-1857)　23f, 57, 62, 73-77, 110, 121f, 124ff, 128, 147, 209
『解析教程』(1821)　110
コックス　David A. Cox『ガロワ理論』(2004)　130, 222
コペルニクス　Nicholas Copernicus (1473-1543)　15
ゴヤ　Goya y Lucientes (1746-1828)　33
コリンガム　H. A. C. Collingham (1947-1986)『7月王政』(1988)　86, 105
コント　Auguste Comte (1798-1857)　79
コンドルセー　Marie Jean Antoine Nicolas de Caritat Condorcet (1743-1794)　31, 78, 118

サ　行

佐々木力 (1947-)
『デカルトの数学思想』(2003)　51
『21世紀のマルクス主義』(2006)　218
『数学史』(2010)　25, 208, 224
サートン　George Sarton (1884-1956)「エヴァリスト・ガロワ」(1938)　12
サン＝シモン　Claude Henri de Rouvroy Saint-Simon (1760-1825)　78f, 212
『産業者の教理問答』(1823-24)　79
『新キリスト教』(1825)　79
ジェイムズ二世　James II (1633-1701)　41, 44
シェーナー　Lazarus Schöner (fl. 16世紀末) ラムス『代数』改訂版 (1586)　116
シェムラ　Karine Chemla (1957-)　231
ジェルゴンヌ　Joseph Diaz Gergonne (1771-1859)　61, 73
ジャナン　Jules Janin　86
シャール　Michel Chasles (1793-1880)　60
シャルル十世　Charles X (1757-1836)　40ff, 52, 54, 76, 87, 91, 93, 100
シャルルマーニュ　Charlemagne = Karl I (742-814)　53
シャルレティ　Sébastien Charléty (1867-1945)『サン＝シモン主義の歴史』(1931)　155
ジャン・ヴァルジャン　Jean Valjean (『レ・ミゼラブル』の主人公)

221
シューア Issai Schur (1875-1941) 204
シュヴァリエ (オーギュスト) Guillaume Auguste Chevalier (1809-1868) 27, 77ff, 104, 109f, 130, 134, 138, 142, 156, 170, 172, 175, 177-181, 197
シュヴァリエ (ミシェル) Michel Chevalier (1806-1879) 78
シュヴァリエ (ルイ) Louis Chevalier『労働者階級と危険な階級』(1958) 150
周恩来 Zhou Enlai (1898-1976) 20
シュタイニッツ Ernst Steinitz (1871-1928)「体の代数的理論」(1910) 197
正田建次郎 (1902-1977)『抽象代数学』(1932) 204
ジョリ André Joly 32
ジョルダン Camille Jordan (1838-1921) 21, 128, 188-192, 196, 198f, 200, 210, 217
『置換論』(1870) 21, 189, 191f, 199
ジョンソン Paul Johnson (1928-) 42f, 168, 211
『近代の誕生』(1991) 42, 168, 211
『ナポレオン』(2002) 33
白土三平 (1932-) 26
スタンダール Stendhal = Marie Henri Beyle (1783-1842)『赤と黒』(1830) 30, 168
ステファニー Stéphanie [du Motel] 154ff, 160-163, 167f, 227
ストゥブハウグ Arild Stubhaug (1948-) 96
ストバイオス Stobaeus『詞華集』10
ストゥルム Charles-François Sturm (1803-1855) 73
関孝和 (?-1708) 207
セネカ Lucius Annaeus Seneca (前5/4-後65) 36
セレー Joseph Alfred Serret (1819-1885) 61, 185, 188f, 192, 196, 198
『高等代数学講義』(1849, $_2$1854, $_3$1866) 188f, 192
ソコロフスカヤ Aleksandra Lvovna Sokolovskaya (1872-193?) 225
園正造 (1886-1969)『抽象代数学』(1935) 204
ソフォクレス Sophocles (前c. 496-406)『オイディプス王』151
ソレル Julien Sorel (『赤と黒』の主人公) 30, 168

タ　行

ダアン　Amy Dahan Dalmedico　125
高木貞治（1875-1960）　122, 195ff
「あーべる方程式ニツキテ」（1897）　196
『近世数学史談』（1933）　122
高瀬正仁（1951- ）『高木貞治』（2010）　196
高橋秀夫・よし子　223, 232
タトン　René Taton（1915-2004）　22, 24f, 75f
タヌリ（ジュール）　Jules Tannery（1848-1910）　220f
タヌリ（ポール）　Paul Tannery（1843-1904）　220
ダルマス　André Dalmas（1909-1989）　22f, 81
ダントン　Georges Jacuqes Danton（1759-1794）　32
チャーチ　C. H. Church『1830 年のヨーロッパ』（1983）　213
チャールズ一世　Charles I（1600-1649）　41
チャールズ二世　Charles II（1630-1685）　41
ディオファントス　Diophantus of Alexandria（fl. c. 250）『数論』 112
ディネー　Diner　64
ディリクレ　Gustav Peter Lejeune Dirichlet（1805-1859）　193
『整数論講義』デーデキント編（1863, ₂1871）　194
テオン　Theon of Alexandria（4 世紀後半）編 ユークリッド『原論』 112
デカルト　René du Perron Descartes（1596-1650）　51, 111, 116f
『幾何学』（1637）　117
デーデキント　Richard Dedekind（1831-1916）　131, 193ff, 198, 203
「代数学に関する講義」　193
ディリクレ『整数論講義』編・註釈　194
デュ・アメル　Jean-Baptiste Du Hamel（1624-1706）　230
デュシャトレー　Ernest Armand Duchatelet（b. 1812）　107, 154, 160f, 167
デュドネ　Jean Dieudonné（1906-1992）　170
デュピュイ　Paul Dupuy（1856-1948）　35, 49, 63f, 151, 153, 162
『ガロワの生涯』（1896）　16, 20, 64
デュマ　Alexandre Dumas（1802-1870）　102f, 154
デュ・モテル　Jean Louis Augusute Potterin du Motel（b. 1784） 151, 160

デュルケム　Émile Durkheim（1858-1917）78
デルバンヴィル　Pécheux d'Herbinville 154
トクヴィル　Alexis de Tocqueville（1805-1859）『フランス２月革命の日々』89, 93
ドストエフスキイ　Fyodor Mikhailovich Dostoevskii（1821-1881）『悪霊』152
ドマント（叔父）　Antoine-Marie Demante（1789-1856）72
ドマント（従兄弟）　Gabriel Demante 151f, 156
ドマント（祖父）　Thomas François Demante（1752-1823）35
ドラクロワ　Ferdinand Victor Eugène Delacroix（1798-1863）85, 90f, 227
トルストイ　Lev Nikolaevich Tolstoi（1828-1910）『戦争と平和』（1864-69）34, 169
トロツキイ　Lev Davidovich Bronshtein = Trotskii（1879-1940）225
ドローネー　Vincent Delaunay 158

ナ　行

中島匠一　『代数方程式とガロア理論』(2006）222
ナド　Martin Nadaud（1815-1898）『ある出稼石工の回想』(1895）93, 102
ナポレオン　Napoléon Bonaparte（1769-1821）33f, 37f, 69, 151, 163, 230
ニュートン　Isaac Newton（1642-1727）43f, 111, 117f
『自然哲学の数学的諸原理』(1687）44
『普遍算術』(1707）117
ネーター　Amalie Emmy Noether（1882-1935）130f, 203f
ネッセルマン　Georg Heinrich Ferdinand Nesselmann（1811-1881）115
ネットー　Eugen Netto（1848-1919）196
ネルヴァル　Gérard de Nerval（1808-1855）108

ハ　行

パイエンソン　Lewis Pyenson（1947- ）15
ハイヤーム　Omar Khayyām（1048?-1131?）113, 115
パウロ　Paulus（1 世紀）79, 190, 192, 210, 217f
バーク　Edmund Burke（1729-1797）『フランス革命の省察』(1790)

43
パスカル Blaise Pascal (1623-1662) 45
パストゥール Louis Pasteur (1822-1895) 69
パッポス Pappus of Alexandria (fl. 4 世紀前半) 『数学集成』 111f
馬場郁 224, 226, 234
バルザック Honoré de Balzac (1799-1850) 216, 228
ハーン Lafcadio Hearn = 小泉八雲 (1850-1904) 227
バンガート William V. Bangert (1911-1985) 『イエズス会の歴史』 (1986) 51
ビオー Jean Baptiste Biot (1774-1862) 72
ピカール Charles Émile Picard (1856-1941) 20
ヒトラー Adolf Hitler (1889-1945) 13
ビリット William Marshall Bullitt (1873-1957) 14f
ファン・デル・ヴァールデン Bartel Leendert Van der Waerden (1903-1996) 130, 146, 187, 203ff
『現代代数学』(1930-31) 203
『代数学の歴史』(1985) 130, 146
プイエー Pouillet 72
フェラーリ Ludovico Ferrari (1522-1565) 115
フェリュサック Ferussac 73
ブオナロッティ Filippo Michele Buonarrotti (1761-1837) 95
フォルトリエ Denis Louis Grégoire Faultrier 151, 160f, 163, 167
福澤諭吉 (1835-1901) 『文明論之概略』(1875) 26
プーシキン Aleksandr Sergeevich Pushkin (1799-1837) 168
藤澤利喜太郎 (1861-1933) 196f
藤野幸雄 『決闘の話』(2006) 165
藤原松三郎 (1881-1946) 197f
『代数学』第 2 巻 (1929) 197
プラウトゥス Titus Maccius Plautus (前 c. 254-184) 『バッキス姉妹』 10
プラトン Plato (前 427-348/7) 50, 111
ブランキ Louis Auguste Blanqui (1805-1881) 94, 150
フーリエ Jean Baptiste Joseph Fourier (1768-1730) 76, 147, 193, 210
フリードマン Neil Freidman 225
ブルデュー Pierre Bourdieu (1930-2002) 『国家貴族』(1989) 58
ブルドン Bourdon 64

ブルニュ　Robert Bourgne　アズラとの共編『ガロワ全集』(1962)　22, 139, 154, 228
フロイデンタール　Hans Freudenthal (1905-1990)　127
フロジェルグ　Pierre Paul Flaugergues　57, 152, 161
ペクレー　Péclet　72
ヘーゲル　Georg W. F. Hegel (1770-1831)『精神の現象学』(1807)　33
ベッティ　Enrico Betti (1823-1892)　187f, 198
ペトロ　Petrus (d.67?)　186, 190, 210, 217
ベル　Eric Temple Bell (1883-1960)　15, 158
『数学をつくった人々』(1937)　15
ベルトー　Nicolas Berthot　53
ベルトラン　Joseph Louis François Bertrand (1822-1900)　22, 185
ベルヌイ　Johann Bernoulli (1667-1748)　118
ベロスト　Bruno Belhoste (1952-)　24, 231
ホイヘンス　Christiaan Huygens (1629-1695)　231
ボードレール　Chalres Baudelaire (1821-1867)　108
ボヤイ・ヤーノシュ　Bolyai János (1802-1860)　209
ボリー　Jean-Louis Bory『7月革命』(1972)　26, 88
堀内美都　232
ポリニャック　Auguste Jules Armand Marie Polignac (1780-1847)　87
ボルツァーノ　Bernard Bolzano (1781-1848)　209
ポレー　Pollet　71
ホワイトヘッド　Alfred North Whitehead (1861-1947)『科学と近代世界』(1925)　43
ポワソン　Siméon-Denis Poisson (1781-1840)　76, 84, 130f, 140f, 144ff, 209
ポワンカレ　Henri Poincaré (1854-1912)　48
ポワンソー　Louis Poinsot (1777-1859)　60, 74, 121

マ　行

マザラン　Jules Mazarin (1602-1661)　228, 231
マリー・アントワネット　Marie Antoinette (1755-1793)　38
マリユス　Marius (『レ・ミゼラブル』の登場人物)　221
マルクス　Karl Marx (1818-1883)　20, 78

メアリー Mary (1662-1694) 41
メナンドロス Menanderus (前342/1-293/89) 10
守屋美賀雄 (1906-1982) 130, 223
　『方程式』(1964) 223
モルロン Régis Morelon 232
モンジュ Gaspard Monge (1746-1818) 68, 78
モンテスキュー Charles de Secondat Montesquieu (1689-1755)
　『法の精神』(1748) 166
モンテーニュ Michel Eyquem de Montaigne (1533-1592) 139

ヤ　行

ヤコービ Carl Gustav Jacob Jacobi (1804-1851) 76, 173, 185
山下純一 (1948-) 25, 242
山田勝 『決闘の社会文化史』(1992) 165
ユークリッド＝エウクレイデース Euclid of Alexandria (fl. 前 c. 295) 55, 141
　『原論』 55
ユゴー Victor Marie Hugo (1802-1885) 『レ・ミゼラブル』(1862) 41, 92, 221
ユダ Judah 218
ヨハネ Johannes (イエスの十二使徒のひとり) 「ヨハネの黙示録」 19, 185, 198

ラ　行

ライプニッツ Gottfried Wilhelm Leibniz (1646-1716) 111, 118, 234
ラカトシュ Imre Lakatos (1922-1974) 208
ラグランジュ Joseph Louis Lagrange (1736-1813) 55f, 60, 62, 68, 78, 118-121, 125, 144, 191, 208f
　『方程式の代数的解法についての省察』(1770-71) 60, 118, 132
　『全次数数値方程式の解法』(1798) 60
ラクロワ Sylvester François Lacroix (1765-1843) 55, 72, 145
　『代数学原論』(1799) 55
ラーシェド Roshdi Rashed (1936-) 31, 113, 227f, 232
ラスパイユ François Vincent Raspail (1794-1878) 94-97
ラードロフ Ivo Radloff 130
ラファイエット Marie-Joseph La Fayette (1757-1834) 100

ラフィット Jacques Laffitte (1767-1844) 87
ラプラス Pierre-Simon Laplace (1749-1827) 68, 140, 146
『天体力学』 140
ラマルク Maximilien Lamarque (1770-1832) 174
ラムス Petrus Ramus = Pierre de la Ramée (1515-1572) 『代数』(1560) 116
ラランヌ Léon Louis Chrétien Lalanne (d.1894) 57, 63f
ランケ Leopold von Ranke (1795-1886) 25
ランダウ Lev Davidovich Landau (1908-1968) 20
リー Marius Sophus Lie (1842-1899) 199, 201f
リヴィオ Mario Livio (1945-)『解けなかった方程式』(2005) 160ff
リウヴィル Joseph Liouville (1809-1882) 20, 48, 131, 148, 181, 184ff, 188, 190f, 198, 210, 217, 222
リガテリ Laura Toti Rigatelli 152, 187
『代数学的知性』(1989) 187
リシャール Louis Paul Emile Richard (1795-1849) 59ff, 63ff, 168, 223
リーマン Georg Friedrich Bernhard Riemann (1826-1866) → (事項) リーマン面
リュッツェン Jesper Lützen (1951-) 184f
ルイ六世 Louis VI (1081-1137) 31
ルイ十四世 Louis XIV (1638-1715) 51, 230
ルイ十五世 Louis XV (1710-1774) 39
ルイ十六世 Louis XVI (1754-1793) 38, 68
ルイ十八世 Louis XVIII (1755-1824) 38ff, 54
ルイ=フィリップ Louis-Philippe (1773-1850) 80, 87, 91-94, 100, 103-106
ルクレール Jacques Philippe Leclerc (1902-1947) → (事項) ルクレール将軍大通り
ルジャンドル Adrien-Marie Legendre (1752-1833) 55, 73, 76
『幾何学原論』(1794) 55
ルソー Jean-Jacques Rousseau (1712-1778) 40
ルター Martin Luther (1483-1546) 126, 218
ルフィーニ Paolo Ruffini (1765-1822) 121f
『方程式の一般理論』(1799) 121
ルフェビュル・ド・フルシー Louis-Étienne Lefébure de Fourcy

(1785-1869) 64, 72f
ルボン Napoléon Lebon (b. 1808) 158
ルルー Pierre Leroux (1797-1871) 180
ルロワ Leroy 72f
レイノー Reynaud 64
魯迅 Lu Xun (＝周樹人) (1881-1936)「阿Q正伝」(1922) 26
ロスマン Tony Rothman (1953-) 20, 23
ロバチェーフスキイ Nokolai Ivanovich Lobachevskii (1792-1856) 209
ロベスピエール Maximillien Robespierre (1758-1794) 103
ロム Jean Lhomme (1901-1987)『権力の座についた大ブルジョワジー』(1960) 212

事項索引

ア　行

カ　行

サ　行

タ　行

ワ　行

本書は「ちくま学芸文庫」のために書き下ろされたものである。

通信の数学的理論　C・E・シャノン／W・ウィーバー　植松友彦訳

IT社会の根幹をなす情報理論はここから始まった。発展いちじるしい最先端の分野に、今なお根源的な洞察をもたらす古典的論文が新訳で復刊。

幾何物語　瀬山士郎

作図不能の証明に二千年もかかったとは！　柔らかな発想で大きく飛躍してきた歴史をたどりつつ、現代幾何学の不思議な世界を探る。図版多数。

新式算術講義　高木貞治

算術は現代でいう数論。数の自明を疑わない明治の読者にその基礎を当時の最新学説で説く。「解析概論」の著者若き日の意欲作。（高瀬正仁）

数学の自由性　高木貞治

大数学者が軽妙洒脱に学生たちに数学を語る！　60年ぶりに復刊された人柄のにじむ幻の同名エッセイ集を含む文庫オリジナル。（高瀬正仁）

無限解析のはじまり　高瀬正仁

無限小や虚数の実在が疑われた時代、オイラーが見ていた数学世界とは？　関数・数論・複素解析を主題とするオリジナリティあふれる原典講読。

ガウスの数論　高瀬正仁

青年ガウスは目覚めとともに正十七角形の作図法を思いついた。初等幾何に露頭した数論の一端！　創造の世界の不思議に迫る原典講読第2弾。

量子論の発展史　高林武彦

世界の研究者と交流した著者による量子理論史。その物理的核心をみごとに射抜き、理論探求の醍醐味を生き生きと伝える。新組。（江沢洋）

一般相対性理論　P・A・M・ディラック　江沢洋訳

一般相対性理論の核心に最短距離で到達すべく、卓抜した数学的記述で簡明直截に書かれた天才ディラックによる入門書。詳細な解説を付す。

ディラック現代物理学講義　P・A・M・ディラック　岡村浩訳

永久に膨張し続ける宇宙像とは？　モノポールは実在するのか？　想像力と予言に満ちたディラック晩年の名講義が新訳で甦る。付録＝荒船次郎

幾何学入門（下）　H・S・M・コクセター　銀林浩 訳

M・C・エッシャーやB・フラーを虜にした著者が見せる、美しいシンメトリーの世界。練習問題と充実した解答付きで独習用にも便利。

和算書「算法少女」を読む　小寺裕

娘あきが挑戦していた和算とは？ 歴史小説『算法少女』のもとになった和算書の全問をていねいに読み解く。（エッセイ 遠藤寛子、解説 土倉保）

解析序説　小林龍一／廣瀬健／佐藤總夫

自然や社会を解析するための、「活きた微積分」のセンスを磨く！ 差分・微分方程式までを丁寧にカバーした入門者向け学習書。（笠原晧司）

大数学者　小堀憲

決闘の凶弾に斃れたガロア、革命の動乱で失脚したコーシー……激動の十九世紀に活躍した数学者たちの、あまりに劇的な生涯。（加藤文元）

確率論の基礎概念　A・N・コルモゴロフ　坂本實 訳

確率論の現代化に決定的な影響を与えた『確率論の基礎概念』に加え、有名な論文「確率論における解析的方法について」を併録。全篇新訳。

数学史入門　佐々木力

古代ギリシャやアラビアに発する微分積分学のダイナミックな形成過程を丹念に跡づけ、数学史の醍醐味をわかりやすく伝える書き下ろし入門書。

ブラックホール　佐藤文隆　R・ルフィーニ

相対性理論から浮かび上がる宇宙の「穴」。星と時空の謎に挑んだ物理学者たちの奮闘の歴史と今日的課題に迫る。写真・図版多数。

数学をいかに使うか　志村五郎

「何でも厳密に」などとは考えてはいけない」――。世界的数学者が教える「使える」数学とは。文庫版オリジナル書き下ろし。

もりやはやし　四手井綱英

日本の風景「里山」を提唱した森林生態学者による滋味あふれるエッセイ。もりやはやしと共存した暮らしをさりげない筆致で綴る。（渡辺弘之）

算数の先生　国元東九郎

7164は3で割り切れる。それを見分ける簡単な方法があるという。数の話に始まる物語ふうの小学校高学年むけの世評名高い算数学習書。（板倉聖宣）

ヨハネス・ケプラー　アーサー・ケストラー　小尾信彌／木村博訳

混沌と誤謬の中で生まれたケプラー革命とは？ 占星術と近代天文学に生きた創造者の思考のゆれと強靭さを、ラディカルな科学哲学者が活写する。

ゲーテ形態学論集・植物篇　ゲーテ　木村直司編訳

花は葉のメタモルフォーゼ。根も茎もすべてが葉である。『色彩論』に続く待望の形態学論集。文庫版新訳オリジナル。図版多数。続刊『動物篇』。

ゲーテ形態学論集・動物篇　ゲーテ　木村直司編訳

多様性の原型。それは動物の骨格に潜在的に備わる「生きて発展する刻印されたフォルム」。ゲーテ思想が革新的に甦る。文庫版新訳オリジナル。

ゲーテ地質学論集・鉱物篇　ゲーテ　木村直司編訳

地球の生成と形成を探って岩山をよじ登り洞窟を降りる詩人。鉱物・地質学的な考察や紀行から、新たなゲーテ像が浮かび上がる。文庫オリジナル。

ゲーテ地質学論集・気象篇　ゲーテ　木村直司編訳

雲をつかむような変幻きわまりない気象現象を統べるものは？ 上昇を促す熱と下降を促す重力を透視する詩人科学者。ゲーテ自然科学論集、完結。

ゲーテ　スイス紀行　ゲーテ　木村直司編訳

ライン河の泡立つ瀑布、万年雪をいただく峰々。スイス体験のもたらしたものとは？ ゲーテ自然科学の体験的背景をひもといた本邦初の編訳書。

新幾何学思想史　近藤洋逸

非ユークリッド幾何学の成立になぜ二千年もの時間を要したのか。幾何学の理論的展開に寄与した哲学的・社会的背景に迫る。（好並英司）

幾何学入門（上）　H・S・M・コクセター　銀林浩訳

著者は「現代のユークリッド」とも称される20世紀最大の幾何学者。古典幾何のあらゆる話題が詰まった、辞典級の充実度を誇る入門書。

化学の歴史
アイザック・アシモフ
玉虫文一／竹内敬人訳
あのSF作家のアシモフが化学史を？　じつは化学が本職だった教授の、錬金術から原子核までをエピソード豊かにつづる上質の化学史入門。

ガロア理論入門
エミール・アルティン
寺田文行訳
線形代数を巧みに利用しつつ、直截簡明な叙述でガロア理論の本質に迫る。入門書ながら大数学者の卓抜なアイディアあふれる名著。（佐武一郎）

情報理論
甘利俊一
「大数の法則」を押さえれば、情報理論はよくわかる！　シャノン流の情報理論から情報幾何学の基礎まで、本質を明快に解説した入門書。

偉大な数学者たち
岩田義一
君たちに数学者たちの狂熱を見せてあげよう！　ガウス、オイラー、アーベル、ガロア……。少年たちに数学への夢をかきたてた名著の復刊。（高瀬正仁）

数学のまなび方
彌永昌吉
「役に立つ」だけの数学から一歩前へ。教科書が教えない「数学する心」に触れるための、とっておきの勉強法を大数学者が紹介。（小谷元子）

ゆかいな理科年表
スレンドラ・ヴァーマ
安原和見訳
えっ、そうだったの！　数学や科学技術の大発見大発明大流行の瞬間をリプレイ。ときにニヤリ、ときになるほどとうならせる、愉快な読みきりコラム。

初学者のための整数論
アンドレ・ヴェイユ
片山孝次／田中茂／
丹羽敏雄／長岡一昭訳
古くて新しい整数の世界。フェルマー、オイラー、ガウスら大数学者が発見・証明した整数論の基本事項を現代的アプローチで解説。

シュタイナー学校の数学読本
ベングト・ウリーン
丹羽敏雄／森章吾訳
中学・高校の数学がこうだったなら！　フィボナッチ数列、球面幾何など興味深い教材で展開する授業十二例。新しい角度からの数学再入門でもある。

算法少女
遠藤寛子
父から和算を学ぶ町娘あきは、算額に誤りを見つけ声を上げた。と、若侍が……。和算への誘いとして定評の少年少女向け歴史小説。箕田源二郎・絵

ちくま学芸文庫

ガロワ正伝《せいでん》　革命家《かくめいか》にして数学者《すうがくしゃ》

二〇一一年七月十日　第一刷発行

著　者　佐々木力（ささき・ちから）

発行者　熊沢敏之
発行所　株式会社　筑摩書房
東京都台東区蔵前二―五―三　〒一一一―八七五五
振替〇〇一六〇―八―四一二三
装幀者　安野光雅
印刷所　大日本法令印刷株式会社
製本所　株式会社積信堂

乱丁・落丁本の場合は、左記宛に御送付下さい。
送料小社負担でお取り替えいたします。
ご注文・お問い合わせも左記へお願いします。
筑摩書房サービスセンター
埼玉県さいたま市北区櫛引町二―六〇四　〒三三一―八五〇七
電話番号　〇四八―六五一―〇〇五三
©CHIKARA SASAKI 2011 Printed in Japan
ISBN978-4-480-09391-2 C0141

人間和声

聞く耳を持つ人々に

第一章

一

少年の頃、彼は想像裡にさまざまなものを生き生きとつくり上げては、自分の創造物を生きた実在だと信じた。彼はすべての人、すべてのものに名前を――本当の名前を見つけた。彼の心のうちのどこかに広大な遊び場が広がっていて、それに較べれば、父親の土地にある干草畑も芝生もちっぽけなものに思われた。そこは地平線のない大平原であり、惑星をコルクのように浮かべられる深い海であり、「高い尖《とが》った丘の頂《いただき》のような樹々」が生えている「途方《とほう》もない森林」だった。彼はただ目をつぶり、考えを内にひそめ、物を追って沈んで行き、声を上げて呼びかければ良いのだった。そうすれば――ほら、見るが良い。

彼の想像力はいくつもの世界を思いつき、生み出した。だが、こうした諸世界にあるいかなるものも、真の、生きた名前を見つけるまでは命を帯びないのだった。名前は生命の息吹きだった。そして彼は遅かれ早かれ、必ずそれを見つけた。

ある時、彼はこんなことを言って妹をふるえ上がらせた——僕がつくった小人が夜中におまえの部屋の窓から入って来て、「身体と一緒に眠らなかった」髪の毛を全部引っこ抜いて、とんがり帽子を編むぞ、と。こう言ったあと、妹を略奪から守るために、いかにも彼らしい手段《てだて》を講じた。妹の窓の下の芝生に夜通し坐って、見張りをしたのだ。自分の想像が命を与えたことは、きっと現実になるとかたく信じていたからである。

妹はそれを知らなかった。小人は急に死んじゃったよ、と彼は妹に言った。ただ念のために坐って夜を明かしたのだ。八歳の子供にとり、十時から午前四時までの——彼は四時になって、ようやく子供部屋の自分の隅にこっそりと戻った——寒く魔に憑《つ》かれた時間は、果てしなく長かったはずである。彼は信念と想像力だけでなしに勇気も持ち合わせていたことが、これでおわかりになろう。

しかし、くだんの小人の名前は「ウィンキー」という他愛《たあい》ないものにすぎなかった。

「あいつがおまえを傷つけたりしないのは、わかるだろうに、テレサ」と彼は言った。「ああいう名前の奴は蠅みたいに軽くて、ものすごくおとなしいんだ——すごく弱っちい奴なんだ」

「でも、毛抜きを持ってるでしょう」と妹は言い返した。「でなきゃ髪の毛を抜けないもの。ハサミムシみたいな奴なんだわ。ああ、いやだ！」

「ちがうよ、ウィンキーはちがう！」彼は自分が生んだ子供の評判を気遣《きづか》って、馬鹿にするように言った。「あいつは変な小さい指で髪の毛を抜くんだ」

「それじゃ、指先に鉤爪《かぎづめ》がついてるんだわ！」妹は言い張った。いくら説明を尽くしても、ウィンキーという名の人物が――たとえ「あっという間《ま》よりすばしこくとも」――お行儀良くおとなしいと納得させることは出来なかった。死んで良かったわ、と妹は言い添えた。

「でも、僕はすぐにべつの奴をつくれる――ああいうすばしこい小さい乞食《こじき》で、前のより倍も跳びまわる奴をね。でも、やらないよ」彼は偉そうに言い足した。「おまえが恐がるからね」

というのも、彼にとって名づけることは創造《つく》り出すことだったからだ。彼はただ自分の心の大草原へいくらかの距離を駆けて行って、ある種の命令口調で名前を声に出し、呼びさえすれば良かった。そうすれば、その名の持主がたちまち走って来て、それは私の名ですと言うのだった。名前は魂をあらわしていた。物や人の名前をおぼえることは、それらについてすべてを知り、己《おのれ》の意志に従わせることだった。そして「ウィンキー」は、うんと繊弱《かよわ》く、柔毛《にこげ》におおわれた小さい人物でしかあり得なかった。影のように素早く、鼠《ねずみ》のようにはしっこい――まさに女の子のふわふわした髪の毛でとんがり帽子をこしらえそうな……そういう悪さをするのが大好きな奴なのだ。

万事がこの通りだった。名前はのっぴきならぬ重要なものだった。存在するものにファースト・ネームで親しく呼びかけることは、ことにそれが異性の場合は、ささやかな聖なる儀式だった。だから、エルサがローエングリン[1]に向こう見ずなことをする物語は、彼の畏怖の感覚に触れずにいなかった。「名前に何があるのか?」ということは、彼にとっては重大な問題――生きるか死ぬかの問題だった。なぜなら、名前を不正確に発音することもひどい失敗《しくじり》だが、間違った名前をつけることは、物を完全に

1 ローエングリン――ワーグナーの同名の楽劇が有名だが、ここではヴォルフラム・フォン・エッシェンバッハの叙事詩「パルツィファル」を念頭に置いているのだろう。ブラバント公爵の娘エルサは、名を問わないことを約束して騎士ローエングリンと結婚するが、約束を破ってしまい、ローエングリンは去る。

失うことだったからだ。そうした物は真の生命を持たないか、せいぜいすぐに消えてしまう活力しか持たないのだった。アダムはそれを知っていたのだ！　だから、彼は子供の頃、アダムが風変わりな動物たちの正しい呼び名を「発見する」のに、どんなに苦労しただろうかとしきりに考えたものだった……

もちろん、成長するにつれて、こうした考えの多くは消え失《う》せたが、名前の持つ現実感——真の名前の意味、誤った名前の滑稽さ、不正確な発音の残酷さをまったく感じなくなることはなかった。彼は知っていた。いつか遠い未来のある日、素晴らしい娘が自分の人生にあらわれ、自分の真の名前を音楽のように歌って、唇が子音と母音を生み出すにつれて、彼女の全人格がそれを表わし——そして自分は彼女を愛するだろう。自分の名前は滑稽で憎むべきものではあるけれども、彼女の声に応えて歌うだろう。二人は同じ和音の二つの楽音のように、お互いに必要なものとして、文字通り共に諧調《かいちょう》を奏でるだろう……

してみると、彼は詩人の神秘的な幻視の力も持っていたのだ。彼に欠けていたのは——このような気質の人間はつねにそうだが——原因と結果を調整する釣り合いの感覚と、注意深いバランスだった。そして明らかにこのことが、彼の冒険を何とも

「言葉に表わしにくい」ものにしているのだった。実際に起こったことと、起こり得たかもしれないことを区別し、彼が見たと思っていることと、現《げん》にあったことを区別するのが難しいからである。

　彼の若い頃は嘆かわしい失敗つづきで、貧しい田舎地主の父を憤慨させた。試験にはことごとく落ち、チャンスはすべてヘマをやってつぶした。しまいに彼の身の上を心配する人はいなくなり、親譲りの財産から入って来る五十ポンドの年収を頼りとしてロンドンに落ち着き、秘書の類《たぐい》の仕事があれば、どんな半端《はんぱ》仕事でもするようになった。彼は何をしてもすぐ嫌になって長続きせず、自分が求めている種類の冒険を秘め隠している「職」がないかと、いつも鵜《う》の目鷹の目でいた。当座の仕事にそのような可能性がないことがわかると、とたんに飽きが来て、べつの仕事を探した。仕事探しは長く見込みのないものに思われた。彼が求めている冒険はありきたりのものではなくて、このうんざりする低俗な騒々しい世界から脱出する手段《てだて》を与えてくれるようなものだったからだ。彼は新しい天地の顕現《けんげん》を告げるような冒険を求めていた。少年の頃に享受した驚異と喜悦《きえつ》の内なる領域——だが、教育と散文的な時代との葛藤《かっとう》が意識の表層から押し流してしまった領域を、もとに戻しはしないまでも、肯定してくれる何かを求めていた。つまるところ、魂の真の冒険を求めていたのだ。

うち見たところ、彼は二十五歳まで名前を持たず、そのあと、この問題に関する協議会が開かれて、彼を表現するのに最適な音を、スピンロビン―ロバートという音を選んだのだと言われても、納得が行きそうだった。というのも、もし彼が自分自身を見たことがなくても、例の心の内なる大草原へ駆け込んで、大声で「ロバート・スピンロビン」と呼んだならば、必ずや彼そっくりの人間がパタパタと走り寄って、それは私の名前ですと言ったに違いないのである。

彼は身体つきが細く、優雅で、足が速く、全体に機敏だった。ほとんど跳びはねるような小刻みな足取りで歩き、急いでいる時は、まるで舗道や階段を独楽《こま》のように「回っている《スピニング》」ように見えた。年中何かフワフワした材質の服を着、低い襟《えり》をつけ、鮮やかな赤のネクタイをしていた。桃色の頰は柔らかく、灰色の瞳は踊っていて、散り散りな髪の毛は若いのに薄く、どう見ても鳥の羽に似ていた。手足は小さく、素早かった。彼が好きな姿勢で立っていると――両手をポケットに深く突っ込み、上着の裾《すそ》を少し広げてヒラヒラさせながら、小首を傾《かし》げ、髪の毛は乱れ、調子の高い、鳥がさえずるような、だがじつに気持ちの良い声でしゃべっていると、ここには――そう――スピンロビン、ボビー・スピンロビンが「仕事をして」いるんだなと結論せざるを得なかった。

なぜなら、彼は自分が求めるような冒険を約束する「仕事」があれば、何にでもとびついたし、変わった仕事ならなおさら良かったからだ。現在の職業がものにならぬと見ると、すぐに新しい職を探したが――それは主として新聞広告で見つけるのだった。大勢《おおぜい》の奇妙な人間が新聞に手紙を書くように、大勢の奇妙な人間が新聞に広告を載《の》せることを彼は知っていた。だから、スピニー――彼は親しい者からそう呼ばれていた――は、「悩み相談」とか「助け求む」とかいう欄の熱心な読者だった。こうして二十八歳になり、失職していた時、以下に述べる出来事の糸が縒《よ》り合わさって、彼の生活の模様に織り込まれ、彼を「あるものに導いた」のだった。そのあるものとは、人をして問わしめ、驚嘆せしめる類《たぐい》のものと言って良かった。

彼を釣り上げた餌は、次のような文面の広告だった――

「勇気と想像力ある秘書求む。当方は隠退した聖職者。テノールの声とヘブライ語の多少の知識を必須とす。独身者。浮世離れした人間であること。連絡はフィリップ・

スケールへ」――そのあとに住所が記してあった。

スピンロビンはこの餌にパックリと食いついた。「浮世離れした」という文句に火を点《つ》けられたのだった。彼は他の条件も満たしているようだった。彼の声は細いテノールの声で、音楽的でなくもなかったし、ヘブライ語ならケンブリッジで少し嚙《かじ》ったことがあった。この言語に於《お》ける神格や天使たちの響きの良い立派な名前が好きだったからだ。ついでに勇気と想像力もあることにして、金縁《きんぶち》の日記帳にこう書き込んだ。「スケールの風変わりな広告に応募。この男の名前が気に入った。これは冒険になるかもしれない。変化ある限り希望あり」。彼は諺《ことわざ》[2]をもじって自己流に使うのが好きだったのである。くだんの日記帳には、同じような可笑《おか》しな引用もどきの言葉が山ほど書き込んであった。

二

奇妙な手紙のやりとりが続き、その中で、広告主は控え目に広告の主意を説明した。彼はある種の音響実験を手伝ってくれる助手を求めている。特定の高さと性質の声が必要で（それについては、もちろん、声を実際に聞いてみなければ判断は出来ない）、応募者は「実験が彼を導くやもしれぬ」哲学的思索に随《つ》いて行けるだけの勇気と想像力を持たねばならず、また「世間的な成功に無関心で、さようなものは霊的知識に較べれば取るに足らぬと――とりわけ、そうした知識が手のとどくところにあり、世間的な犠牲を伴う場合に――考える者」でなければ採用出来ないというのだった。広告主はさらにこう言い添えた――田舎で寂しい生活を忍ばねばならないが、自分の要求

2 「命ある限り希望あり While there's life, there's hope.」という諺がある。

に適《かな》って忠実に仕事をした人間は、その見返りに自分の「相当な財産を、時が来れば」相続するであろう、と。それ以外のことについては何の紹介も保証も求めなかったし、自分からも与えなかった。霊的な価値の問題に於いては、身元保証など烏滸《おこ》の沙汰《さた》であった。各人が直感で判断しなければならないのだ。

スピンロビンは、前にも言った通り、これに喰《く》いついた。端正な学者風の筆跡で書かれた手紙は、この上なく興味をそそった。彼は夢想家の司祭を想像した。その人物は奇妙な趣味に凝《こ》り、彼も時々聞いたことのある迂遠《うえん》な方法で、霊魂のことを調べている。おまけに、少し狂っているのかもしれない。スケールという名前は堂々たる響きだと思ったが、彼はなぜか小柄で禁欲的な顔をした人物が、孤独のうちにあり得ない理想を追っている姿を想像した。何かこの世離れした冒険が出来そうで、たまらない魅力を感じた。彼自身の言い方を借りれば、それは「あるものに導いてくれるかも」しれず、「音響実験」云々のくだりは、名前と名前の重要さを信じていた子供時代が過ぎて以来、絶えて鳴ったことのない和音を心のうちに掻き鳴らした。それに給料も良かった。だから、最後にこちらから出した手紙に応えて電報が来た時は、喜びに背筋が震えた。電報の文面はこうだった——「双方ノ試ミノタメ一カ月雇ウ。片道切符ヲ買ワレタシ。すけーる」

「『片道切符ヲ買ワレタシ』っていうのが良いな」彼はいつものムクムクしたツイードの服に無政府主義者《アナーキスト》風のネクタイを締《し》めて、西の方《かた》ウエールズに向かいながら、そう思った。膝《ひざ》には真新しいヘブライ語の文法書が載っており、カーディフに着くまでずっと、その本を熱心に勉強し、荒涼たるポントウォーン山地へ彼をやっとこさっとこ運んでゆく田舎列車に乗り換えても、まだ手に持っていた。「なんだかあの人は、僕をもう気に入ったみたいだ。たいていの人間は僕の名前を嫌がるけれども、あの人は違うみたいだな。たぶん、名前を通して、本当の僕を見抜いたんだろう！」

薄暮の駅に近づいた頃、彼は言うことをきかぬ髪を撫でつけた。だが、迎えに来ていたのは（スケールの家は五マイルも離れた山の中にあったから）、驢馬《ろば》が引くガタガタの小さな荷車だけだったのに驚いた。さらに驚いたのは、一人の大男が帽子も被らず、だぶだぶの半ズボンを穿《は》いて、灰色のふさふさした顎鬚《あごひげ》をなびかせ、プラットホームをこちらへ歩いて来た時だった。スピンロビンが駅長に切符を渡していると、男は近づいて来て、フィリップ・スケールだと名告《なの》った。スピンロビンは小柄で狐のような顔をした人物を予想していたので、驚きのあまり、しばらく口も利《き》けなかった。

「スピンロビンさんだね？　私はスケール――フィリップ・スケールです」

その声は、轟《とどろ》くとでも言い表わすしかないほど深い、震え響く声だった。しかし、からみ合った顎鬚《あごひげ》と口髭《くちひげ》の隙間からかろうじて窺《うかが》われる歓迎の笑みは、威厳のある声とは対照的に愛嬌があって、優しいと言っても良かった。スピンロビンは少々面喰《めんく》らった――つむじ風に巻き込まれたようで、その風は彼の脳裡にあまりにたくさんの印象を吹きめぐらすものだから、何か一つの印象をとらえ、わがものとすることが出来なかった。彼は半ば呆然と握手をした――というより、スケール氏が彼の手を握っていたのだ。握りつぶしたり、放ったり出来る小さなゴムボールをつかむように、がっしりと。実際、スケール氏は彼の手を放り投げた。スピンロビンは衝撃が腕全体を伝わり、肩まで響くのを感じた。第一印象は――あまりにも混乱していて――思い出せない、と彼は言う。憶えているのはただ笑顔も声も気に入ったことだけだった。笑顔は彼をホッとさせたし、スケール氏の声は、彼の心を不思議な幸福感で満たした。いまだかつて自分の名前がそんな風に発音されるのを聞いたことがなかった。その名はスケール氏が口にすると、威厳のある輝かしい名前にさえ思われたのだ。しかし、こうした大雑把な印象を別とすれば、彼には自分の考えや感覚が「眩暈《めまい》がするほど混乱していた」としか言えない。この巨漢の聖職者からは何かが発散していて、彼をおおいつつみ、有頂天にさせた。この男の主音《キーノート》が即座に奏でられたのだった。「初めまして、貴方《サー》？　この汽車で良かったんですよね？」スピンロビンは、このような人物をわざわざ迎えに来させてしまったことを本能的に詫《わ》びるように、細い声でしゃべっていた。彼は「貴方《サー》」と言ったが、他に呼びかけようがないと思った。スケールには聖職者らしいところがなかったからだ——主教か、あるいは大主教なら似合うかもしれないが、副牧師とか教区牧師を思わせるものはなかった。それに彼はこの初対面の時でさえ、なんとなく予感していた——この男には矛盾した要素があり、通常は一緒にならぬものが混じり合っているということを。肩幅が広く、きれいなまっすぐな手脚をした筋骨隆々《きんこつりゅうりゅう》たる巨体には、山男の元気溢《あふ》れる戸外の生活がうかがわれたが、無愛想な態度の裏に、育ちの良い人間特有の真の物優《ものやさ》しさがあった。

そしてここ、寂しい山の駅のプラットホームに於いてさえ、スピンロビンは学者か隠遁者のような雰囲気を嗅《か》ぎとった。大きな、やんわりと光る青い眼から落ちる不思議な焔《ほのお》が彼の胸を射た。こうしたことのあれこれが戦慄《おのの》く小さな秘書の上に押し寄せ、当惑させたものだから、先にも言ったように、一つの支配的な印象が残ることはなかったのである。たぶん彼の心にもっとも鮮烈に残ったのは、あの大きな青い眼の光と遠くを見るような表情、その優しさだったとスピンロビンは言う。それは真の幻視者の眼だったが、この人物は魂と肉体の健康を保っている神秘家に違いなかった。スケール氏は間違いなく幻視者だったが、同時に健全な行動の人間——たぶん、恐るべき行動力を持つ人間でもあった。スピンロビンは彼に抗しがたく魅《ひ》きつけられるのを感じた。

「誰かに迎えに来てもらうのは不愉快ではないからね」スケール氏は深みのある声でそう言うと、にこやかに笑って言い足した。「この憂鬱で愛想《あいそ》のない風景の第一印象が、それで薄まるからね」彼は腕をさっと伸ばし、物寂しい小さな駅と夕闇に沈んだ樹木のない丘々の寒々しい陰鬱な風景を示した。

新任の秘書は適当なうけこたえをしたが、彼の寂寥感《せきりょうかん》はすでに思いもかけぬ出迎えによって、幾分か解消されていた。二人はそれから、荷物の相談にかかった。「君、歩くのはかまわんだろうね」スケールは相手が「うん」と言うことだけを期待しているように、きっぱりと言った。「たかだか五マイルだ。旅行鞄《かばん》は驢馬《ろば》の荷車が持って行くよ」話が決まると歩き出したが、足取りが速いので、小柄な男は果たして随《つ》いて行けるだろうかと思った。「暗くなる前には帰れるよ」と相手は大股に楽々と歩きながら、説明した。「家政婦のモール夫人《さん》がお茶の支度をして待っているだろう」スピンロビンはハアハア息を切らして歩きながら、今までに自分が出会った雇い主たちのことをぼんやりと思った――かれらは博愛主義者、銀行家、野心的な国会議員等々だったが――一人残らず平凡な人間だった。それから、すぐ目の前を闊歩《かっぽ》している雲突く大男のことを思った。その男は力に満ち、つむじ風のように震える空気を発散しているが、ここかしこに、可愛気《かわいげ》ともいうべき温和さが奇妙に入り混じっている。このような活力を、かくも大きく慈《いつく》しみ深い父性を放つ人間を彼はいまだかつて知らなかったが、優しげな様子にもかかわらず、何かが彼の畏怖《いふ》の感覚に触れた。スケール氏はまことに尋常《ただ》ならぬ男だと感じた。

二人は深まりゆく夕闇の中を言葉少なに、だがくつろいで話しながら歩きつづけた。スピンロビンは「面倒を見てもらっている」ような気がした。ふつう新しい雇い主と会うと人見知りをするのだが、この人物は彼にあまりにも大きな動揺を与えたので、人見知りなどというちっぽけな自意識が入り込む余地はなかった。彼は秘書というよりも息子のような気がした。広告の文句や、奇妙な手紙のやりとりに出て来た言葉遣《づか》いを思い出して――不思議の念に打たれた。「傑出した人物だ」彼はそう思いながら、その人物のあとに随《つ》いて、暗闇をよろよろと歩いた。「単純だが――途方もなく大きい！　きっと、あらゆる点で巨人なんだろう――」彼の考えはそこで立ちどまり、揺らいだ。何か他にうっすりと感じていながら名状し得ないものがあったのだ。自分が何かまったく未知な形で、背の立たぬところにいるのを――自分の想像力が描き出したいかなる夢よりも大きく渺茫《びょうぼう》とした、遥遠《ようえん》な可能性の世界に触れていることを感じた。この隠退した聖職者は、ただそこにいるだけでこれだけのものを、そしてもっと多くを、彼の敏感で熱心な小さな魂に注ぎ込んだのだった。

こうした名状し難い諸々《もろもろ》の性質がはっきりと現われて、スピンロビンの乏しい判断力をお手上げにさせたのは、それからまもなくのことだった。これからする仕事や、新しい秘書の義務については、まだ一言《ひとこと》も話していなかった。二人は対等の人間、知人、ほとんど友達同士のようにしゃべりながら歩きつづけた。四マイルをトボトボと歩いた末、丘の天辺《てっぺん》で最初に一休みした時、スピンロビンは息を切らし、ぐっしょり汗をかいていた。たくし上げたズボンには黄色い泥がかかっていた。スケール氏は両脚を開き、顎鬚が風に吹かれて喉《のど》にぺったりとはりつき、チョッキの切れ目に親指を突っ込むといった姿で、暗くなりゆく風景をつくづくと見まわした。どちらを見ても、樹木のない荒涼とした丘が連なっていた。灰色の石で造った掘立小屋《ほったてごや》が二つ三つ、斜面の麓《ふもと》の見すぼらしい畑地の間に散らばっていた。ここかしこに露出した岩頭が空に向かって、暗い切り立った尾根につづいていた。そうしたものの上を十月の風があちこちと吹き迷い、うら悲しく歌いながら千切れ雲を追っていた。雲は峰々の間に重い影を落とすようだった。

三

スケール氏はここへ来ると急に立ちどまり、あたりを見まわして、それから連れを見やった。

「荒涼として寂しい――裸の山と急な崖がつづくこの景色は」彼は半ば自分に、半ば相手に向かって言った。「だが、素晴らしい。じつに、じつに素晴らしい」彼は深い息を吐《つ》くと、今度は大きく吸った――まるで空気が心を深く満たすかのように。ふり向いて、連れの目を見た。「ここには精神を高揚させる荒々しく寂寥《せきりょう》な美がある。それは心が縮《ちぢ》こまって小さなことに埋《うず》もれるのを防ぎ、生《せい》の全容に思いをひそめるのを助けてくれる。小ぎれいな風景は魂のためにならない」と言って、ふたたび山の空気を、並外れて大きな胸に吸い込んだ。「これは違う」

「でも、ここには恐怖の要素があるかもしれませんね」秘書はそう仄《ほの》めかした。本当を言うと、彼はもっとなごやかな風景が好きだったし、それに今ふと気づいたことだが、荒涼とした根源的な自然の広がる暗鬱な景色の中で、未来の雇い主の巨体が、少し恐ろしいほどに偉大な様子をおびていた。

「深遠な美には、すべてそれがなければならない」と聖職者は語った。「私が言うのは、もちろん、良質な恐怖のことだ――対照によって、人間の卑小さを極立《きわだ》たせるに十分なだけの」

「そうかもしれません」とスピンロビンは言った。その瞬間、峻厳《しゅんげん》な風景の一部と化したスケール氏との対比で、自分自身のつまらなさがことさら露《あら》わになったような気がした。スピンロビンは、どこか外を勝手にクルクル旋回しているさまよう原子だったが、相手は奇妙にこの風景になじみ、ほとんどそれと融合し、合体しているようだった。聖職者はあの深い呼吸《いき》によって、あたりに隠れている力の何程かを吸収し——そしてまた吐き出したのだ。その力は波のようにスピンロビンの上に砕けた。傍《かたわ》らにいる大きいがっしりした人間の身体から、ある種の根源的な力が発散していた。

風が谷間を激しく吹き抜け、大きな翼が羽ばたいて飛びかすめるように吹き過ぎた。スケール氏はそれに注意を向けた。「あれを聴きたまえ！　谷間の森から向こうのあの荒涼とした断崖まで、歌いながら、何と勢いよく跳びはねることだろう！」そう言って、指差した。顎鬚が風にめくられて、突然彼の顔にかかった。剝《む》きだしの頭と風になびくもじゃもじゃの髪の毛、大きな眼と秀《ひい》でた鷲鼻《わしばな》——実に印象的な風貌だった。スピンロビンはいよいよ驚き入って彼を見たが、風や周囲の景色が理由とは思えないある情熱が、スケール氏の態度に入り込んで来たことに気づいていた。自分自身の中にも、何か似たようなものが生まれて来たように思った——自分でも説明の出来ない、ささやかな喜びの狂奔《きょうほん》が。眼下の谷間の家を指差している道連れの声が、ふたたび物思いを邪魔した。

「見たまえ、山々が食い尽くそうとしているじゃないかね。あの家はまさに、かれらの顎の中にあるんだ」言われて、秘書の目は深い谷間へ移り、寄りかたまったいくつもの灰色の石の煙突と、これは芝生とおぼしい森の切れ目をみとめた。この場所がいかに孤独であるかを実感すると、「勇気と想像力」という言葉が自《おの》ずと心に閃《ひらめ》き、もう百回も思ったことをあらためて思うのだった——この尋常ならぬ男は、丘に囲まれ孤立したこの古い屋敷で、一体どんな音の実験をするのだろう、と。

「むしろ埋《うず》もれているという風ですね」と彼は言った。「僕にはかろうじて見えるだけですが——」

「それに、近づき難い」スケール氏は相手の言葉を遮《さえぎ》った。「容易に辿《たど》り着けない。誰も邪魔しに来ない。仕事をするには理想的な場所だ。この丘の窪地でなら、人は本当に真理を追究することが出来る。ここには世間が入って来ないからだ」彼はふと口を閉ざすと、「スピンロビン君」もじゃもじゃの髪におおわれた顔が時折見せる、あの穏やかな微笑を浮かべて、こちらをふり向きながら言い添えた。「君がここを寂しすぎると思わなければ良いんだがね。ここには訪ねて来る客もいないんだ。私たち四人の小さな所帯《しょたい》があるきりなんだ」

スピンロビンは微笑み返した。彼はこの段階に来ても、相手の意に添いたいと心から望んでいたことを認めている。スケール氏は相当の変わり者ではあるけれども、彼に信頼感を与えた。その風貌の魅力はますます増していった。彼が目醒《めざ》めさせたあの漠然たる畏怖も、魅力をいっそう強めるだけだった。「四人」というのは誰なんだろう、とスピンロビンは思った。

「真摯《しんし》な仕事をするには、孤独に勝るものはありませんね」青年は心をよぎる不安を押し殺して、こたえた。

かれらはそれなり、丘の斜面《なぞえ》を谷間に向かってズンズン下りて行った。スケール氏はおそろしい速さで先に進み、時折《ときおり》大声で指示や警告を発したが、その声は岩に谺《こだま》し、まるで声が山々から追いかけて来たかのようだった。暗闇が二人を呑み込み、風はもう吹かなかった。畳《たた》なわる丘に棲《す》む沈黙が、かれらの歩む足元に下りた。空気はさほど冷たくなくなった。樹々が増え、霧と影の指を持ってまわりに迫った。ただ、岩だらけの道で靴が鳴るかつかつという音と、時折大声で指示を叫ぶ聖職者の重い低《バ》音《ス》の声が静寂を破るだけだった。スピンロビンは幾度も転びながら、前を行く大きな黒い人影に精一杯随《つ》いて行った。何度となくチョコチョコと跳びはねて、点から点へ小走りに進むのだったが、軽やかな足の幸運な敏捷《びんしょう》さが彼を何度も転倒から救った。

「そっちは大丈夫かね？」そんな時、スケール氏は雷の鳴るような声で言った。

「大丈夫です、ありがとう。スケールさん」スピンロビンは細いテノールの声で答えるのだった。「随いて来てますよ」

「それじゃ、来たまえ！」二人はさらに早く進んだ。やがて家を取り囲む森から脱け出し、家のまわりの開《ひら》けた地面に辿《たど》り着いた。どういうわけか、こうして一緒にせかせかと歩いている間に、部屋の中でかしこまった話をどんなにしても生まれないような、心の通じ合いが生まれていた。かれらは鉄の靴拭《くつぬぐ》いの上で、汚れた靴の泥をゴシゴシとこすり落とした。

「くたびれたかね？」聖職者は優しく言った。

「息が切れました、スケールさん、どうもありがとう――それだけです」というのが返事だった。スピンロビンは面《おもて》を上げて、四角い家が空を背に黒々と聳《そび》え立っているのを見た。そして、連れが扉を開ける時に立てた音が――鉄の取っ手がガタついて、そんな音がしたのだ――彼にふと二つのことを実感させた。第一に、駅からここへ来るまでずっと、スケール氏が自分を仔細《しさい》に観察し、考量し、試験し、検《あらた》めていたことを悟った。といっても、スケール氏はごく巧妙にそれをしたので、その時は気がつかなかったのである。第二に、彼は自分よりも巨《おお》きく強力なこの人格の網《あみ》に、もはやしっかりと搦《から》めとられていて、逃げ出そうと思っても、至難の業《わざ》だということだった。ナイアガラ河の上流に船を浮かべた人間のように、彼はすでに下流から引く力、吸いつける力を感じていた——大冒険をしたいという欲求が彼を前方に引きつけているのだ。家に入る時、彼の肩に置かれたスケール氏の手はそのことの象徴だった。扉が背後に閉まる音は、そこを渡ればまだ船を岸につけられるかもしれない、最後の静かな水面を通り過ぎてしまったことを意味していた。

暗く測り知れぬ恐怖の家から、その時でさえ、かすかな流光《ひかり》が彼のもとに射して、彼の魂の表面にぼんやりした読み解き難い署名を残した。スケール氏のまわりで奇妙に振動していた諸々の力が、すでに彼自身の身のまわりで戯《たわむ》れ、衣のように彼を被《おお》いつつんだ。しかし、彼はゾッと身震いしながらも、それを気に入っていた。自分はすでに取るに足らぬちっぽけな自己を幾分か失いつつあるのではなかろうか？

四

一方、聖職者は重い扉を鎖《とざ》して暗闇を閉め出し、板石を敷いた大きな広間を抜けて、一室に案内した。そこはランプと暖炉《だんろ》の火に明々《あかあか》と照らされ、壁には書物がぎっしりと並んで、家具は簡素かもしれないが居心地良くまとまっていた。いろいろな物が載《の》ったお茶のテーブルと、暖炉の棚で楽しげにしゅうしゅうと鳴っている薬灌《やかん》は見るからに快かったが、秘書の目をすぐに引いたのは、レース帽とエプロン姿の老女――「モール夫人」として話に出てきた家政婦にちがいない――給仕に立って、お茶を注ごうとしている婦人の顔だった。というのも、疲れて皺《しわ》の寄った彼女の顔には、ある名状し難い面影があったからである。そういうものを彼は今までイタリアの古い巨匠が描いた聖者の絵にしか見たことがなかった。彼の注意を惹きつけ、つなぎとめて放さなかったのは、この特異な幸福の表情――そう、単なる幸福以上のものをあらわしている、歓喜と安らぎと祝福された確知の表情だった。それは生きた人間の顔にはめったに見られず、死が気高い人生を生きたわずかな人間の面立ちに優しく残す、安息の仮面のうしろに見え隠れするだけだった。

スピンロビンはしばし息を呑んで、しげしげと見つめた。その顔はたしかに老いて皺だらけだったが、そのまわりに、いわく言い難い光輝《こうき》のようなものが感じられた。それは自らを発見し、外界の事物と完全に調和している内的生活を――ある種の知識と希望に基づく生活を物語っていた。その顔は穏やかな白さを帯びていて、彼はそれを言い表わす言葉をたった一つしか思いつかなかった――栄光だ。それを見た瞬間、同じ白さがスケール氏にもあることに気づいた。巨漢で運動に長《た》けたあの精力的な男と、腰が曲がり、やつれたこの老婆が、二人共それを持っているのだ。彼は突然喜びが湧き溢《あふ》れるのを感じながら、あの光は一体どこから生まれるのだろうと――もしかしたら、いつか自分のものにもなるだろうかと思った。彼自身の霊魂の焔が胸のうちに躍った。

そんなことを思いながら、ふり返って聖職者を見た。炉火とランプの柔らかい光の中では、彼の顔は六十歳《ろくじゆう》――スピンロビンは最初そう踏んだのである――ではなく、四十歳《しじゅう》に見えた。つねに光を放つ眼は健康と熱意に輝いていた。若さと活力が彼のまわりに漲《みなぎ》っていた。その顔は秀でた顔で、鼻は堂々としており、髪と顎鬚がもじゃもじゃに絡《から》み合っていた。彼はたいそう大きな、父親か保護者のような存在に見え、何とも表現のし難い優しさが、いたるところで力と混在していた。スピンロビンはそんな彼を見ていると、すっかり魅きつけられた。こういう指導者と一緒ならばどこへだって行けるし、何でも出来ると思った。そこにいるのは間違いなく、現世の事物には心を向けていない人間だった。

家政婦に紹介されたので彼の思索は中断されたが、そのことはまったく異例とは思えなかった。彼女は明らかに、この家にとって、使用人であるよりも母親だった。モール「夫人」（夫人というのは、体裁のためにそう称しているだけだろう）という名前を聞いて、彼は立ち上がり、お辞儀《じぎ》をした。老女はスケール氏からスピンロビンへ視線を移し、品良く微笑《ほほえ》んで、膝《ひざ》を曲げて会釈《えしやく》すると、帽子をまっすぐに直し、また茶瓶の方へ戻った。一言も口を利かなかった。

「事実上、ただ一人の使用人だよ」と聖職者は説明した。「料理人、執事、家政婦と暴君を一身に兼ねているんだ。それに、この家にいるのは、我々の他は彼女と姪《めい》だけなんだ。じつに単純な所帯だろう、スピンロビン君。ところで、君に注意しておかねばならんが、彼女はほとんど耳が聞こえないんだ。それに気がついたかもしれんが、片腕しか使えない。左腕は」——彼はほんの一瞬、口ごもった——「萎《な》えているんだ」

バターを塗ったトーストとお茶を嚥《の》みくだす間に、姪というのはどんな女性かという考えが、束《つか》の間《ま》心をよぎった。だが、スケール氏と家政婦の人となりについて、いろいろなことを思っていたので、その好奇心はあまり強まらなかった。今はとにかく、これだけで手一杯だ。戸惑《とまど》いが道をふさぎ、彼は晩餐の前に自分の部屋で、続々と押し寄せて来た印象を整理しようとしたが、うまく行かなかった。

彼の寝室の壁は、廊下や玄関広間のように、掛け物一つかかっていなかった。家具はどっしりして古めかしく、数は少なかったが、彼がふだん住み慣れている部屋よりは多かった。それに、風通しの悪いロンドンの下宿屋で窮屈《きゅうくつ》な部屋に住んだあとでは、広々としていて、じつに心地良かった。スピンロビンはわずかな荷物をほどいて、高足つき洋簞子《ようだんす》の抽斗《ひきだし》に几帳面にしまった。シャツや靴下やネクタイを数え、全部揃《そろ》っているのを確かめると、肘《ひじ》掛《かけ》椅子を引き寄せて、気持ちの良い暖炉の火で爪先をあぶった。さまざまなことを考え、この二、三時間の出来事によって生じた、おびただしい小さな疑問を解決しようとした。しかし、本当に彼の心を占めていたのはただ一つ――それは自分がスケール氏と共にスケール氏の家にいること、一カ月の試験期間でそこにいること、どんな仕事を手伝うのかはまだわからないが、壮大で、特異な仕事であること、そして非凡な巨人のような雇い主が、すでに自分を天秤で量《はか》っているという圧倒される事実だった。彼は心の中で、巨人のようなという形容詞を使ったが、あの大柄な聖職者には何か――タイタン族的なものがあったのだ。「ヘブライ語の知識――テノールの声――勇気と想像力――浮世離れ」――そういったことを取りとめもなく考えている時だった。扉を叩く音がして、誰かと思うと、モール夫人が晩餐《ばんさん》の支度が出来たと言いに来たのだった。夫人は黒い服をまとい、母親のような気持ちの良い姿で立っていた。彼女は三人称で話しかけた。「もしスピンロビンさんがよろしければ、スケールさんがお待ちになっています。スケールさんはいつも、まことに時間に几帳面でいらっしゃるんです」夫人はいつもこんな風に三人称で話し、やむを得ない場合以外はけして人称代名詞を使わなかった。直接な名前そのものを好んでいるふうだった。スピンロビンが彼女の前を通って外に出ると、夫人は彼の目をまっすぐに見ながら、さらにこう言い足した。「それに、もしスピンロビンさんが何かお要り用な時は、あれが」と指さして、「家政婦の部屋で鳴る鈴です。モール夫人には聞こえませんが、あれが揺れるのは見えます。昼でも夜でも」彼女はちょっと会釈をして、言った。「まったく差しつかえございません。他の紳士方と同じように――」

してみると、これまでに他の紳士方が、他の秘書たちがいたのだ！　スピンロビンはうなずいてニッコリしながら礼を言うと、急ぎ足で階段を下りた。スケール氏が正装しないように言ったので、小綺麗《こぎれい》な紺のスーツと黒い絹の靴下、ピカピカの新しい運動靴という扮装《いでたち》だった。「昼でも夜でも」という言いまわしが、何か意味深長で奇妙な言葉のように思われた。彼は後になって、それを思い出した。その時はただ、自分を戸惑わせる不可解な事柄が一つ増えたと思っただけだった。

五

ところが、いくらも先へ行かぬうちに、またも——とびきり心を乱す出来事が起こった。暗い廊下を半分ほど行って、向こうに洞穴の入口のごとく輝いている広間へ入ろうとした時、彼は何の警告もなしに突然感じたのだ——何か魅力的な馨《かぐわ》しいものが、自分の存在の流れの中へ侵入して来たことを。それはどこからともなくやって来て——初めは、少年の頃のゾクゾクする喜びのように、剝《む》きだしな快感の形をとった。何か心を満たすものが、彼のうちに素早く流れ込んだ。「つまりね、それが何だったにしても」とスピンロビンは言う。「もっと欲しいとは思わなかったんだ。完全な、素晴らしい、十分なものとして、すべてがそこにあったんだ」。と同時に自分のすぐそば——狭い廊下の薄暗がりに、若い娘のあざやかな顫動《おのの》く映像を見た。その顔は大理石のように青白く、花のように美しく、豊かな黒髪につつまれ、大きな灰色の眼が、揺れる睫毛《まつげ》の向こうからこちらの眼を見つめていた。娘の姿は肩までしか見えなかった。

彼女は壁際に身動きもせず直立し、彼を通した――いきなり、思いがけなく現われて彼をゾクッとさせた、ほっそりした娘は。その目は肖像画の目のように彼を追ったが、お辞儀も会釈もせず、通りすぎる時、頭と目を少し横に向けただけだった。この嬉しい無言の紹介は、じつに効果的だった。彼女は稲妻のように素早く、稲妻のようにおそろしい、測り難い確かさでスピンロビンの胸に跳び込み、目の眩《くら》んだ虜《とりこ》にしたのだから。

もちろん、これは例の娌――この家の四人目の住人なのだ。そのあとの入り乱れた感情の中から最初にはっきりと出て来た考えは、彼女の名前は何というのだろう、という本能的な問いだった。この素敵な幻は何と呼ばれているのだろう？　この疑問が血の中を駆けめぐって、躍《おど》った。次の瞬間、彼はそれを中《あ》てられると思った。きっと、Mから始まるにちがいない。

彼は立ちどまりもせず、歩調も緩《ゆる》めなかった。気がついた素振《そぶ》りも見せなかった。二人の目は、通りすぎる一刹那《いっせつな》、お互いを丸ごと呑み込むかのように見つめた――彼はそれから、興奮した足取りで廊下をパタパタと歩いて行き、娘は背後の暗蔭に残されて見えなくなった。彼はうしろをふり返って見ようともしなかったが、それは、なぜか彼女が随《つ》いて来たような気がしたからだった――まるで彼女の一部分が自分の存在に溶け込んだかのようだった。彼は彼女と一緒だった。二人はある優しい素晴らしいものを交換したのだ。彼は不思議に祝福され、心を慰《なぐさ》められ、完《まった》きものとなったのを感じた。彼女の名前は歩いているうちに何度も出て来そうになったが――完全にはわからなかった。始まりはMで、Mir《ミル》かもしれない――だが、その先はどうしてもわからない。名前の一部分しか見透せなかったのは、彼女の姿を一部分しか見なかったからだ。

しかし、その最初の一音節は絶妙《たえ》なる甘い確かさを持って、彼の心の中で歌った。彼の小さな魂の奥底で、光り輝く新しいものが幸福に震えているのを感じた。彼自身の一部分が共に歌っていた。「というのも、それは本当に震えていたんだ」と彼は言った。「他の言葉では言い表わせない。音楽のように、弦楽器のように震動していた。僕が通りすぎる時、彼女は弓を取って僕の内奥の存在の弦を引き、歌わせたのかと思えるくらいだった……」

たんだ」

「来たまえ」広間に立っていた聖職者の良く響く声が聞こえて来た。「君を待ってい

その言葉は文句を言ったり、咎《とが》めたりするのではなく、むしろ――声の調子と態度から察せられたが――これから始まる何か重要なことへの序曲として言われたのだった。スケール氏は少しせっかちに相手の腕を取って、案内した。石の床にスピンロビンの足音が、子供の足音のように軽く、踊るように響いた。聖職者は大股にスタスタと歩いた。彼は食堂の戸口に立ちどまると、急にふり返った。それと同時に、若い娘の姿が、今までそこに待っていた暗い廊下の入口から、音もなく滑るようにこちらへ近づいて来た。

彼女の登場は、ふたたび奇妙な効果を及ぼした。彼女は夢の中の美しい思想《かんがえ》のように広間へ入り、スピンロビンの人生に入って来た。それに、彼女の全身が明かりの中へ入って来た時、彼は耳で実際に聞いたようにはっきりと、彼女の名前を知っていると感じた。第一音節は廊下で彼女の一部分を見た時、頭の中に浮かんだが、「Mir《ミル》――」が「Miranda《ミランダ》」か「Myrtle《マートル》」といった嫌な名前かもしれないという恐れはたちまち消えた。そんな名前で呼んだのでは、下品で残酷な呼び間違いになる。彼女

の正しい名前――彼女の魂を言い表わす唯一の名前――は、始まりと同じようにMで終わらなければならない。その名が心に閃《ひらめ》くと同時に、スケール氏が自身の唇から発した。

「ミリアムだ」彼は深い声で、その名を口の中でころがし、それが持つあらゆる陰翳《いんえい》を引き出そうとするかのように言った。「こちらが、前に話したスピンロビン君だ。これから我々に協力してくれるはずだよ」

六

初めのうち、スピンロビンはスケールが彼女の名前を言うのを聞いて、心に強烈な喜びが生まれたことに気づいただけだった。その名前はつぶやくような、歌うような音と共に意識のうちに入って来て、彼の思いのうちで旋律《メロディ》のように鳴りつづけたからだ。駆けめぐる血がそれを身体中に運んだ。スピンロビンは彼女の名前を耳だけでなく全身で聞いていた——それは美しい調べの、忘れ難い音楽の一節《ひとふし》であり、彼に至妙《たえ》なる戦慄を与えた。次に気づいたのは、彼女がすぐそばに立ち、自分と握手していることだった。いささかも曇りのない信頼と共感の表情を浮かべて、こちらの目をまっすぐに見ていた。彼は娘をもっと近くへ引き寄せ、光り輝く小さな顔に接吻《くちづけ》したいという抗し難い欲望を感じた。第三に——しかし三つの印象は、実際のところ、ほとんど同時に受けたのである——聖職者の巨きな体が背後に立ち、自分の様子を一心に、興味深げに見ていることを彼は知った。それはちょうど鋭敏で抜かりのない探偵が何かの証拠を求めて見守っているようだったが、その探偵は不信ではなく、熱烈な共感を抱いてそうしているのだった。

この出会いがスケール氏の目論見《もくろみ》にとり、この上なく重要なものであることを彼は悟った。

「初めまして、スピンロビンさん」と言う優しい声が聞こえ、月並なこの言いまわしが、彼に正常な判断力を取り戻させた。しかし、彼女の声音は、最初の戦慄にまさるほど快い第二の戦慄を与えた。その声の音質は低く、笛の音《ね》のようで、耳触《みみざわ》りの良い管楽器の響きに似ていたのである。そして彼の名前をやさしく愛撫するかのような発音の仕方はひとつの啓示だった。スケール氏は彼の名前をおごそかに響かせる術《すべ》を知っていたが、この娘はそれ以上のことをした――生き生きと響かせたのだ。「汝《なんじ》に新しき名を与えん」という言葉が、脳裡に閃いた。まるで少年の頃の記憶細胞が折良く小さな荷を下ろして、あとを充塡《じゅうてん》したかのようだった。

スピンロビンの満面に広がった幸福の笑み《え》は、彼の目を探るように覗き込んでいる娘の目にも、たしかに反映していた。娘の目には浮わついたものは少しもなかったが、目をつぶろうとする素振りさえなかった。二つの楽音《がくおん》が和音の中で己の位置を占めようとして鳴り出すのと同じくらい自然に、二つの性格がお互いを走り迎えたのだ。髪の毛は薄く、精神《こころ》は繊細な痩せた青い眼の青年と、美しい声を持ち、灰色の目を大きく見開いた、肌の浅黒い、ほっそりした小柄な乙女は、お互いの放つ空気が触れ合い、混ざり合った瞬間から、理解し合った。そして、うしろから肩ごしにじっと様子を見ていた巨きなスケール氏は、上手《うま》く行ったことがわかると、二人に微笑みかけた。「魂と声の調和は完全だ」彼はそう言ったが、うんと低い声だったので、秘書には聞こえなかった。それから二人の肩に手をかけ、押し立てるようにして食堂へ連れて行った。その顔は大きな満足の笑顔になっていた。この重要な出来事は、スケール氏をすっかり満足させたのだった。彼は二人の子供が可愛くてならぬ慈愛深い父親のようだった。

だが、娘と並んで歩いて、今にも触れそうなドレスの衣擦《きぬず》れの音を聞いているスピンロビンは、次第に速く滑りはじめた足場に立っているような気がした。そして乗り出した冒険に、もうどうやっても止められない勢いがついてしまったのを感じていた。それは満更《まんざら》でもなかった。冒険は彼を自分の中から引き出し、何か大きなものの中へ連れて行ってくれるだろう……

晩餐の席で彼は娘の向かい側に坐り、その顔をつぶさに見ていたが、スケール氏が自分たち二人をいっそうくわしく観察していることに、すぐ気づいた。彼はつねに二人の声に耳を傾けているようだった。しかし、二人はほとんどしゃべらず、視線だけは絶えず合わせて、目が合っても外《そ》らそうとはしなかった。二人の眼差《まなざ》しは相手に据えつけられたままで、娘は羞《は》にかみもしなかったし、彼に図々しさもなかった。二人が親密な愛情を持って理解し合うことをスケール氏が望んでいるのは明らかで、秘書

3 汝に新しき名を与えん――参照。「ヨハネ黙示録」第二章一七節。

はそれ故に、他のことはともかくとして、彼にいっそう好感を抱いた。

また、彼を驚かせたのは——彼はめったにそういうことを考えなかったけれども——たぶん賤《いや》しい家の出である娘が、このように自然に振舞《ふるま》いながら、非のうちどころのない立派な態度で、まったくの「貴婦人」であることを示している点だった。彼女には何か、単なる地上の身分や階級が与えることの出来ない貴《とうと》いものがあった。彼女の精神は本質に於いて秀でており、まったく素朴だが、生まれながらに大きな誇りを持っているので強かった。彼女の魂は、自分の価値を疑うなどということも——また、他人の価値を問うなどということも考えたことがないのだ。彼女といると、なぜか小さな秘書は自分が大きくなったように感じた。彼はそれまで自分の価値を実感したことがなかった。彼女の存在、彼女の目、彼女の声がそれを引き出してくれたのだ。話がここまで来ると、スピンロビンはいつも決まって奇妙な点に触れる。彼は彼女の姓が何なのか、そんなものがあるのかどうかということを、一度も考えなかったというのである。ミリアムという名前は、それだけで十分に思われた。残りの部分——もしも、あの三音節[4]によって表現されない他の部分があるとすれば——はどこか彼自身の名前のうちに、安全に、そして自然に含まれているのだった。「スピンロビン」という名前は、彼自身と共に彼女を表わしていた。しかし「ミリアム」という名前は、彼自身の人格を補完すると共に拡張していた。彼は彼女に包み込まれ、安らいでいるのを感じた。フィリップ・スケール、モール夫人、そしてミリアムと一緒にいて、彼、ロバート・スピンロビンは「家族の一員」であることを感じた。かれらは和音の四つの音のようだった。スケール氏は偉大な低音《バス》。モール夫人は耳触りの良いアルト。彼自身とミリアムは、谺《こだま》するテノールと歌うソプラノだった。彼は心の底でこの特異な体験全体を、ある心象によって自分自身に説明しようとしていたのだが、その心象はこの時すでに、音楽と音楽の比喩《ひゆ》になっているようだった。

　食事は短く、ごく質素だった。モール夫人がテーブルの端で肉を切り分け、野菜を渡し、長い習慣による正確さで各人の必要に応《こた》えた。片腕が萎えているのに、大した器用さだった。一同はあまりしゃべらず、スケール氏はほとんど口を利かなかった。ミリアムは時折テーブルごしに秘書に話しかけた。質問はせず、事実を述べるだけで、まるで彼の気持ちや趣味は何でも知っているかのようだった。年齢《とし》はたぶん二十歳《はたち》く

4　ミリアム Miriam は英語では三音節の名前である。

らいだったろうが、彼女はなぜかスピンロビンを子供の頃に連れ戻した。彼女はスケール氏が目の前にいるのも無視して、子供のように大胆にものを言った。秘書はずっと昔から彼女を知っていたような気がした。

「お名前を聞いたとたんに」彼女は少しも羞《は》にかまないで言った。「あなたがどんな方かわかりました。あなたもわたしの名前がすぐおわかりになったでしょう?」

「一部分だけでした、初めのうちは――」

「そうでしょう。でも、わたしをすっかりごらんになった時は、名前もすっかりわかったんでしょう? わたし、あなたの名前が好きです」彼女は柔らかな灰色の瞳で彼の目を真っ向から覗き込んで、言い足した。「それはあらゆることを教えてくれます」

「あなたの名前もですよ」

「ええ、もちろん」彼女は笑った。「スケールさんが、わたしの生まれた日につけてくれたんです」

「わたしにはそれが聞こえたんだよ」聖職者が口を挟んだ。彼がしゃべったのは、ほとんどこれが初めてだった。会話はふたたび途切れ、秘書は頭がクラクラしてきた。

「あなた、もちろん、小さい頃お使いになったでしょう」彼女はしばらくして、また言った。「名前のことですけれど」

「そうですね」彼は躊躇《ちゅうちょ》なくこたえた。「ただ、それ以来忘れていましたから――」

「ここにいれば、思い出しますわ。この音の世界はほんとに素晴らしくて、何でも価値のあるものに思えてきます。でも、もちろん最初は道に迷うんです。とくに、しばらく練習をしていないと――あなたはきっとそうでしょうけれど」

スピンロビンは何と言ったら良いかわからなかった。この若い娘がこんな言葉を使うのを聞いて、息を呑んだ。彼女は何か意図を持って話をしているのであり、スケール氏が彼を秘《ひそ》かに吟味するのを――聖職者は最初からずっと、そうしているのである――手助っているのだということに気づいた。しかし、そこに彼を警戒させる要素は何もなかった。この二人と、せわしなく立ち働く母親のような家政婦と部屋にいると、くつろいで、居心地良く、懇《ねんご》ろな世話を受けているように感じた――いや、それどころか、自分が最高の自分であるように感じたのだ。まるで彼の小さな生命の流れが、もっとずっと大きくて価値のある川に、それも氾濫《はんらん》した川に混じり合っているかのようだった。しかし、一番先に心に浮かんで来たのは、やはり音楽のイメージだった。自分の小さな人格の楽音が、完全な和音の心地良い胸に抱かれたのを感じたのだ……

七

「スピンロビンさん」という優しく小さな声が、ふいにテーブルの向こうから聞こえて来た。娘に名前を言われてゾクッとしながら、素早く顔を上げると、他でもない彼女の大きく見開いた両目が自分の目を覗き込んでいた。彼女はテーブルのこちらへ身をのり出し、顔を少し突き出していた。

じっと見ていると、彼女は落ち着いて静かに、前よりももっと優しく彼の名前を繰り返した。「スピンロビンさん」

だが今度は、二人の目が合い、一つひとつの音節が彼女の唇から出て来る時、奇妙な余韻が——この上なく柔らかい、しかし顫動《せんどう》する倍音が——それに伴っていることに気づいた。それらの音節は彼のうちの何かを震わせた。その何かは歌いながら、ひとりでに旋律の中へ駆け込んで行き、高鳴る動悸《どうき》が拍子と節回しを合わせた。「さあ、どうぞ、わたしの名前を言ってちょうだい」と娘は言った。「どうぞ、まっすぐにわたしを見て。まっすぐにわたしの目を見て、わ、た、し、の名前を発音してください」

彼の唇はその言葉に従いながら、ほんの少しわななないた。

「ミリアム……」と彼は言った。

「一つひとつの音節を、うんとはっきり、うんとゆっくり発音してください」彼女は灰色の瞳で彼のかっかと火照《ほて》る顔を見ながら、言った。

「ミ……リ……アム」彼は相手の目の真ん中を臆《おく》せずに見ながら、繰り返した。すると、たちまちあることに気づいた。その名前を声に出すと、彼女が自分の名を言った時に目覚めた倍音が自分のうちに発展し、拡がったのだ。それは素晴らしかった……えも言われず……馨《かぐわ》しかった。もう一度声に出すと、彼女も同時に彼の名前を唱えているのが聞こえた。お互いが相手の名を口にしていた。自分の内なる音楽が空間の隔たりを跳び越えて、彼女のうちに移るのが聞こえ……自分の名前が彼、女、の血の中でも歌っているのが聞こえたことは、間違いなかった。

なぜなら、二つの名前は真実だったからだ。この柔らかな詠唱《えいしょう》調の発声によって、二人は互いに〝永遠なる言葉の原理〟——語られる音声の背後にあり、その発現の手段とは独立した原理の秘密のリズムの中へ入って行くようだった。名前のうしろに隠れ、抑制されていたかれらの存在の中心が、一瞬、同時にリズミカルに振動した。それはお互いへの絶対的な紹介だった。赤裸な啓示の瞬間だったからだ。

「スピンロビン……」

「ミリアム……」

八

……朗々たる音が突如、歌う二つの名前をつつみ込み、拉《らっ》し去って、魔法は破られた。ミリアムは目を伏せた。スピンロビンは面《おもて》を上げた。スケール氏の声がかれらに叫んだのだ。

「素晴らしい！　素晴らしい！　君たちの声は名前と同様、お互いのためにつくられている——音質も、高さも、抑揚も、何もかも」彼は興奮しているというより、熱狂していた。だが、スピンロビンには——彼はこの驚くべき演奏に加わってはいたものの、他の二人だけがその鍵を握っていたので——何もかも言葉に言い尽くせぬほど不可解に思われた。スケール氏の偉大な低音《バス》が一瞬、耳元で凄まじく鳴り響き、それから沈黙が訪れた。試験は——いや、それが何だったとしても、終わった。成功したのだ。

スケール氏は顔をなおも情熱に輝かせて、こちらを向いた。ミリアムも嬉しそうに、膝に両手を重ねて見守っていた。

「親愛なる君」聖職者は椅子から腰を浮かせて、言った。「我々は気が狂っていると思うだろうね！　そう思うに違いないんだ！　私にはっきり言えるのは、これだけだ——君はもうじきもっと多くのことを知るだろうが、その時、今起こったことの意味を理解するだろう……」

彼は他にも色々なことを言ったが、スピンロビンには良く呑み込めなかったらしい。あまりにもまごついていたからだ。彼の目は娘を追ったが、彼女はテーブルの向こうに坐って、こちらを見つめていた。その顔は青ざめていたが、優しく和《なご》やかで美しかった。今までに見たどんな人間の顔立ちよりも純粋で汚《けが》れがなく、子供の顔のようにあどけないと彼は思った。そこには一点の汚れもなかった。スケール氏とモール夫人の顔にも、同じような光が輝いていた。かれらの場合、その光は、疲れて経験を経た肉体の幾分穢《よご》れた外衣を通して滲《にじ》み出ているのだった。だが、ミリアムの目と肌の光は、いまだかつて消えたことがないのだ。彼女は魂の原始の燦《きらめ》きを保っていた。困惑した秘書の小さな精神のうちを、まぎれもない崇拝と愛慕の戦慄が走った。

「スケールさんのコーヒーは図書室にお持ちします」家政婦が唐突にうしろから声をかけた。スピンロビンがもう一度ふり返った時には、ミリアムはいつのまにか部屋から抜け出して、いなくなっていた。

スケール氏は連れの腕を取り、広間へ導いた。

「君が彼女を愛していることは嬉しい」彼はいきなり、びっくりするようなことを言った。「それは私の秘書となるためにまず必要な、もっとも欠くべからざる条件なのだ」

「あの人は感じが良いし、素敵です、魅力的です、貴方《サー》――」

「貴方《サー》はやめてくれないかね」聖職者は敷居《しきい》のところに立って、客人を通すために道をあけながら、言った。「私は名前を言ってもらいたいのだ、いいかね。それは重要なことだと思うのだよ」

そして彼は図書室の扉を背後に閉めた。

第二章

一

二人はしばらく暖炉の前に坐って、黙々とコーヒーを啜《すす》っていた。秘書は滑る足場に立って異常な冒険に向かって行くような気がしていたが、その足元が少々速く滑りすぎているように思った。さまざまな出来事が一時《いちどき》に起こり、それを正視する暇《ひま》もなかった。彼はミリアムの美しさと驚くべき話し方に興奮して、いささか度を失っていた。たとえ彼女が今までずっと彼の思考の中《こころ》にいたとしても、二人が共感し合っていることをわからせるために、あれほど巧《うま》い言葉を選ぶことは出来なかったろう。それに、スケール氏も心から喜んでくれた。たった一つ、スピンロビンがはっきりと気づいたのは、彼自身とミリアムが——いやむしろ、かれらの声が——聖職者の謎めいた実験を成功させるために必要だということだった。ただ、小さな魔女ミリアムはそれについてすべてを知っているのに対し、彼は試験中の志願者で、今はまだ——何も知らないのだ。

そして今、図書室で差し向かいになって坐りながら、自信に満ちたスピンロビンは自分の名前と人格を初めて誇らしく思い、もっと事の核心に近づけてもらいたいと思っていた。しかし、物事は彼が望むよりもゆっくりと進められた。スケール氏の計画はあまりに壮大なため、急ぐことは出来ないのだった。

聖職者は煙草を吸わなかったが、スピンロビンは相手の快諾を得て、小さい紙巻《かみまき》煙草《たばこ》をおとなしくふかしていた。まるで煙が前歯の内側へ入るのを恐れるかのように、小刻みにスパスパとふかし、一本の指で灰を絶え間なく灰皿に落とした——落ちる灰がない時でもそうやった。二人の背後のテーブルでは笠のかかったランプがジリジリと燃えて、二人の顔の目から下を照らしていた。

「さあ、これで」スケール氏は雷のような声を立てながら、それに気づかぬ様子で言った。「邪魔されないで静かに話せる」彼は四角い顎の輪郭《りんかく》が浮き上がるような具合に、大きな手で顎鬚《あごひげ》をつかんだ。その声は音楽的に鳴り響き、部屋中を満たした。スピンロビンは脚を組むのも遠慮して、一心に聴いていた。これから本当の宣言がなされるのだと感じていた。

「もう何年も前のことになるがね、スピンロビン君」スケール氏は率直に言った。「ノーフォークの田舎で副牧師をしていた時、私はある――革命的な――発見をした。すなわち、現実の事物の世界に霊的なものを発見したんだ」

彼は顎鬚をつかんで相手をじっと見つめながら、短くわかりやすい言いまわしを探しているようだった。「しかし、その研究を進めることはしばらく棚上げしなければならなかった。この家と共に財産と余暇を相続して、恐るべき――恐るべきという言葉を敢えて使うが――研究を続けることが可能になるまで。私はもう数年前から、ここで静かに壮大な探究に没頭しているんだ」彼はまた口をとざした。「私はある点に到達したのだよ、スピンロビン君――」

「はい」秘書は名前を言われると、音の出るボタンを押されたかのように、ふいに声を上げた。「ある点といいますと――?」

「そこまで来ると、特定の性質の声を持つ人間の協力が必要になったのだ――ある種の楽音を発する男性――ある種のテノールの声が」スケール氏は顎鬚を手から放したので、鬚は勢い良く跳ねかえった。同時に彼は頭を突き出し、この宣告を効果的に伝えようとした。

スピンロビンはそわそわして、急いで脚を組んだ。「広告にお書きになった通りですね」と彼は言った。

聖職者はうなずいた。

「然《しか》るべき人間を見つけようとして」情熱家は椅子に背を凭《もた》せて、語り続けた。「もう一年になる。一ダースの人間をここへ呼んで、一月《ひとつき》ずつ試験した。適格者はいなかった。必要な声の質を持っていなかったんだ。ただ一人の例外を除いて、ここの寂しさ、辺鄙《へんぴ》さに誰も耐えられなかった。それにみんな例外なく世俗的すぎて、犠牲を払うことができなかった。おまけに、大方《おおかた》の連中は想像力と空想を、勇気とただの大胆さを混同していた。何よりもいけないことに、誰一人として——ミリアムの試験に合格しなかった。彼女は誰とも調子が合わなかった。みんな不協和音だった。スピンロビン君、君が初めて受け入れられたのだよ。彼女は君の名前を聞いた瞬間に、君を求めて叫んだ。彼女にはわかっている。彼女はソプラノを歌う。君を和音に取り込んだのだ」

「じっさい、僕は——」慌《あわ》てふためいた秘書は口ごもり、それから真っ赤になって黙った。「あなたは僕が自分でも望めないようなことを、僕の代わりにお望みになるんですね」と彼は言い足した。ミリアムの話が出たので嬉しくなり、気もそぞろになって来たのだ。自分を認めてくれたことを娘に感謝したくてならなかった。「僕の声が――その――あなたたちの――和音に適していて嬉しいです」彼は心の奥底で、スケール氏が言わんとすることをいくぶん理解していたが、それを自分に認めることさえ、こそばゆかった。今は二十世紀だというのに、すべてがいともロマンティックで、神秘的で、馬鹿げていた。彼はすべてが半分だけ真実だと感じていた。もしも少年時代の大いなる「精神の大草原」に駆け戻ることが出来たなら、すべて完全に真実になったかもしれなかった。

「その通りだ」スケール氏が言葉を継いで、彼を現実に引き戻した。「その通りだ。ところで、君にこれ以上のことを語る前に、一つ二つ個人的な質問をさせてもらってもかまわんだろうね。我々はしっかりと足場を築きつつ、前へ進まなければならない。何事も偶然に委《ゆだ》ねてはならないのだ。私の実験の壮大さと重要さがそれを要求する。あとになったら」そう言うと、彼の表情は、この人独特の癖で急に優しくなった。「君も私に同じような質問を、ごく個人的であけすけな質問をしたくなるにちがいない。私としてはまず初めに、我々が心おきなく語り合えるようにしておきたいのだ」

「ありがとうございます、スケールさん。もちろん——その——何か訊きたいことを思いついたら——」スピンロビンは偉大な顔がすぐそばにあるため、一瞬まごついて、その先が言えなかった。

「たとえば、君の信念だが」聖職者は唐突に話をつづけた。「君の宗教的信念のことだ。その点で、君を良く知っておかなければならない。君は何なのだね？」

「何でもない——と思います」スピンロビンは躊躇《ちゅうちょ》なくこたえた。彼はケンブリッジ大学にいた頃から、自分の魂がさまざまな信条の間を右往左往し、すべてを信ずるが、特定のレッテルは標榜《ひょうぼう》しないという現在の状態に至ったことを思い出していた。

「とくに何でもありません。でも、名目上は——キリスト教徒です」

「一人の神を信ずるかね？」

「〝至高の知性〟なら、たしかに信じます」というのが、力をこめた答だった。

「では、神霊は？」

スピンロビンはためらった。彼はじつに正直な人間だった。

「他《ほか》の生命、と言わせてもらおう」聖職者は助け舟を出した。「我々とはべつの存在を信じるかね？」

「僕はしばしば感じました――というより、こんな風に思ったんです」スピンロビンは注意深くこたえた。「人類とはべつの進化の体系はあり得ないんだろうかと。そういった異常な〝力〟は、時々僕らの生活にまぎれ込んで来ます。あれはどこから来るんだろうと不思議に思わずにはいられません。でも、僕は何か組織立った信念を持ったことはないんです――」

「君の世界は盲目の渾沌《カオス》ではないということだね？」スケール氏は子供にでも質問するように、真面目に言った。

「ええ、その通りです。秩序と体系があって――」

「その中で、君の人格は何らかの価値を持つのかね？」相手はすかさずたずねた。

「そう思いたいですね」というのが、弁解めいた答だった。「そこには何かがあって、ある非常に重大な目的を持って、僕をどこかに組み込むんです――でも、もちろん、僕は自分の役割を果たさなければならないんです。それで――」

「よろしい」スケール氏がさえぎった。「それでは」と一瞬の間をおいて、身を乗り出しながら優しく言った。「死についてはどうかね？　君は死が怖いかね？」

スピンロビンは目に見えてハッとした。この異常な教理問答がどこへ向かって行くのか、不審《ふしん》に思いはじめた。しかし、すぐに答を言った。こういうことは前々から良く考えていたので、自分の立場を知っていたのだ。

「苦痛があり得るという、そのことだけは恐ろしいです」彼は目の前の顎鬚《あごひげ》を生やした顔に向かって、微笑みながら言った。「それに、もちろん、すごく好奇心がありま す——」

「君にとって、死は消滅を意味するのではあるまい？　——たとえば、蠟燭《ろうそく》の焔が消えるような」

「そんなことは一度も信じられなかったんです、スケールさん。僕はどこかで、何らかの形で存在しつづけます——永久に」

尋問は彼をますます困惑させた。彼は初めて、何かまったく正しいとは言えないもの、広い意味に於いて許されざる何物かが、その裏にあることを漠然と感じた。この妙な、不安の念を起こす印象を生み出したのは、質問そのものではなく、スケール氏がこれほど徹底して地均《じなら》しをしているという事実だった。この問答はいわば、大いなる〝実験〟が深みに眠る大海から、彼に向かって神秘的に打ち寄せて来た最初の波のうねりなのだ。潮のように強く、大海のように莫大《ばくだい》な力——今は被い隠されているが、彼はすでにそれを感じていた。その力は聖職者の人格を通じて、伝わって来た。駅のプラットホームで会った最初の瞬間にスピンロビンが意識し、山を越えてこの家まで歩いて来る間にいっそう強く「感じた」のは、彼の人格を透《すか》して戯れるこうした力だった。

今はまだ曖昧模糊とした暗い印象の戯れの後ろで、何かもっとずっと甘美なものの気配が、彼の頭の中を出たり入ったりしていた。大きな灰色の眼と銀の鈴を振るような声をしたミリアムが、彼の心をたえず覗き込んでいた。彼女はどこにいるんだろう。この大きな寂しい家で何をしているんだろう。彼女が今この部屋にいて自分の答を聞き、それを良しとしてくれればいいのに、と彼は思った。彼女がいないと、自分は不完全であるような気がした。彼女は旋律であり、自分はその伴奏で、両者を離ればなれにしてはいけないのだとすでにそう思っていた。

「私が言いたいのは」スケール氏は語りつづけた。「通常の人間のしがらみや何かは別として、君は死に——現在の肉体を失うことに本質的な恐怖を抱いていないか、ということなのだ」

「そんなものはありません」というのが答だったが、その声は他の答よりも弱々しかった。「僕は人生を愛しています。でも――でも――」彼はいまだにミリアムのことを考えながら、適切な言葉を探しあぐんで、あたりを見まわした。――「でも、僕は前を見ているんです、スケールさん。前を見ているんです」彼は肘掛椅子に深々と背を凭せて、煙がもう出ていないのも忘れ、消えた紙巻煙草をしきりにふかした。

「勇者の態度だな」聖職者は答を良しとするように、言った。そして、秘書の青い眼をまっすぐ見ながら、いっそう厳かに言い足した。「それでは、ひとつ間違えば死という代価を支払うような実験を君にさせても、没義道《もぎどう》ではないだろうね？　得られる知識に価値があると思えるならば、君自身、尻込みはしないかね？」

「そうです、貴方《サー》――いいえ、スケールさん。おっしゃる通りです」返事はそれと気づかぬほどのわずかな間をおいて、返って来た。

話し合いの結果は、聖職者を満足させたようだった。「私の質問はじつに、じつに変わっていると思うだろう」彼は厳しい表情を少し和《やわ》らげて言った。「だが、先へ進む前に、君の立場を正確に理解することが必要だったんだ。私のもくろみの重大さがそれを要求するのだ。だが、私の言葉に怖気《おじけ》づかないでくれたまえ」それから、ちょっと口をとざし、深く考え込んだ。「これは一種の試験だと思ってくれても良い」彼は鷲《わし》のように鋭い目で相手の顔を探りながら、ふたたび語りはじめた。「一連の試験の始まりだよ。そこでは君のミリアムへの態度と、実をいうと、彼女の君への態度が一番重要だったんだ」

「そのことなら大丈夫ですよ、スケールさん」スピンロビンは端《はした》ない答をした。あの娘の名が出たとたんに彼の考えはあらぬ方《かた》へ彷徨《さまよ》い出て、彼女を探しに行ったのである。それに、聖職者の発音の仕方が彼女の名前の持つ力を増したのだ。彼が口にするいかなる名前も、凡庸《ぼんよう》には響かなかったからである。彼の大きな口の鳴り響く空洞《うろ》の中で、基音と倍音が奇妙に混ざり合うようだった。

「うむ。君には必要な勇気がある」スケール氏は半ば独り言のように言った。「自己を忘れる謙虚さと、何よりも肝腎な浮世離れした態度がある。君が協力してくれれば、私も成功に王手をかけることができるかもしれない。君を見つけたのは素晴らしい幸運だと思うよ。素晴らしい幸運だ……」

「嬉しいです」とスピンロビンはつぶやいたが、今のところ、自分の義務についてはっきりしたことは何も教わっていないし、少なからぬ給料を稼ぐために何をせねばならないかも知らないのだと考えていた。しかし、本当のことを言うと、その辺のことはあまり気にかけていなかった。ただ三つの大切な望みだけを意識していた――すなわち、未知なる試験に合格し、スケール氏の発見とそれに基づく実験の性質を知り――ミリアムと出来る限り一緒にいることだった。すべてがあまりに異常なので、彼は通常の判断基準を失っていた。滑る足場が自分をどこへ連れて行こうとかまわなかったし、独創性と狂気を取り違えるほど馬鹿ではないつもりだった。聖職者は夢想家で情熱家であるかもしれないが、ふつうの人間並みに、いやたいていの人間よりは正気だった。

「君を少しずつ、私の思うところへ連れて行きたいのだ」とスケール氏は言った。「試験期間の一カ月が過ぎた時点で、決断できるだけのことを学んでいるように――しかし、君が世間に戻ることを選んだ場合、私の知識を使えるほどには学ばないように」

それはずいぶん率直な言葉だったが、秘書は腹も立てなかった。もっともだと納得した。心の中では、自分がどういう選択をするか良くわかっていた。これこそ、彼が長いこと探し求めていた至高の冒険なのだ。ちょっとやそっとの障碍《しょうがい》があっても、諦めるわけにはゆかなかった。

二

やや長い沈黙があった。スピンロビンは何も言うことが見つからなかった。ランプがゴボゴボ音を立てた。石炭が炉格子《ろごうし》にコソリと落ちた。やがてスケール氏は突然立ち上がり、暖炉に背を向けて立った。彼は椅子に坐っている小さな姿を上からじっと見つめた。親切な巨人のごとくそこにそそり立ち、目には情熱がランプのように燃えていた。その声はたいそう深く、態度は話をしていた時より厳粛《げんしゅく》だった。

「これまでのところは大変よろしい」と彼は言った。「では今から、スピンロビン君、君の許しを得て、もう一歩先へ進みたいと思う。君の——楽音を知りたいのだ」

「僕の楽音？」相手は聞き違えたかと思って、声を上げた。

「そう、君の音だ」と聖職者は繰り返した。

「僕の音！」小柄な男はわけがわからず、興奮のあまり甲高《かんだか》い声で言った。大きな革張りの椅子の中で、まるでそうすれば説明が得られるかのように、モジモジと動いた。

スケール氏は落ち着いて彼を見ていた。「君の声の振動を計って、それが砂にどんな模様を描くかを見たいのだ」

「ああ、砂に。そうですね」と秘書はこたえた。弾力のある薄膜を振動させると、その表面に浅く撒《ま》いた乾いた砂が、さまざまな花の形や幾何学模様になることを思い出した。それはたしか発見者にちなんで、クラドニ図形と呼ばれているはずだ。だが、スケール氏の狙いが何かは、むろんわからなかった。

「異存はないかね？」

「それどころか、じつに興味があります」彼は雇い主と並んで、敷物の上に立ち上がった。

「完全に確かめたいのだ」聖職者はおごそかに言い足した。「君の声、君の楽音が私の思うようなものかどうかを――私とミリアムとモール夫人のそれと正確に諧和するかどうかを。君の声がつくる模様で、そのことがはっきりする」

秘書は戸惑いながらも、黙ってお辞儀をした。スケール氏はその間に部屋を横切り、ヴァイオリンをケースから取り出した。側板《リブ》と背面の黄金色《きんいろ》の釉薬《うわぐすり》がランプの明かりに光り、聖職者が調弦のため弓で弦を奏《ひ》くと、なめらかで豊潤な、鐘のように柔らかく反響《こだま》する音が部屋を満たした。彼はこの楽器の扱い方を心得ているとおぼしい。楽音はつぶやくように消えて行った。

「グァルネリウスだ」とスケール氏は説明した。「しかも、すじの良い真物《しんぶつ》だよ。このヴァイオリンはじつに繊細な構造を持っていて、まるで人間《ひと》の神経のように振動を伝える。たとえば、私が何か話すと」彼は相手の手にヴァイオリンを渡して、言った。「君は私の声の振動が、木を通じて掌《てのひら》に流れ込むのを感じるだろう」

「はい」とスピンロビンは言った。ヴァイオリンは生き物のように震えていた。

「ところで」スケール氏はちょっと間をおいて、言葉を続けた。「最初にやりたいのは、同じ方法で君自身の声を——私の心臓の鼓動そのものに受けとめることなんだ。私がこれを持っている間、しっかりと声を出して読んでくれたまえ。合図をしたら、読むのをやめてくれ。私の声の振動が干渉しないように、首を振るから」

彼はそう言うと、自筆で引用文をきれいに書き込んだ手帳を渡した。引用は明らかにある目的を持って選んだとおぼしく、いずれも音や、組織された音である音楽や、名前に関する文章だった。スピンロビンは音読した。最初の引用がメレディス[5]であることはわかったが、他のものは、そして名前を論じる最後の引用は初めて見るものだった――

されど、思考のうちに耳を澄ませ。
新たなる和音が生まれて、
耳が住居《すまい》する場所の彼方の空間を領するように。

――――

凡《およ》そ陽の光が照らすほどの物は如何《いか》なる物でも、歌うか、歌わせることが出来るか、歌うのを聞くことが出来る。ガスや不可触《ふかしょく》の粉や羊毛の類も、音を伝導しな

5 ジョージ・メレディス（一八二八―一九〇九）英国の作家・詩人。『エゴイスト』『リチャード・フェヴァレルの試煉』等で知られる。引用された詩は「The Promise in Disturbance」の一節。

い他の物質と同様、白色光を断続的に照射すると、異なる高さの音を発する。色のついた素材はそれぞれ異なる色の光の中で歌うが、別の色の光の中では歌おうとしない。光を偏光させる技術が確立した現在では、光と音は相似《あいに》ていることが知られている。焔《ほのお》には調節された声があり、明確な旋律を歌わせることが出来る。木や石、金属、獣皮、繊維、膜など、高速で振動するあらゆる物質が、すべてそのうちに楽音の潜在的可能性を有している。

ラジウムは全空間を通過する放射線からエネルギーを得、これに反応する――ちょうどピアノの弦が、楽音と相和する音に反応するように。空間は放射性エネルギーの波によってことごとく震えている。我々はここかしこの二、三の弦に共鳴して振動する――小さなエックス線や、紫外線、光波、熱波、そしてヘルツ[6]とマルコーニ[7]の巨大な電磁波に。しかし、我々がまったく聞き取れない大いなる諸領域が、無数の放射線が存在する。いつの日か、今より一千年も後には、我々もこの壮麗な

る諧音《かいおん》の全容を知ることが出来よう。

自然界のあらゆる物に名があり、物をその固有の名で呼ぶ力を持つ者は、その物を意のままに従わしめることが出来る。なんとなれば、固有の名とは人間《ひと》がつけた恣意《しい》的な名ではなく、その物の力と属性の全体を表現するものであり、おのおのの〝存在〟の力と属性は、その表現手段と密接に結びついており、両者の間には大きさ、時間、状態に関して、厳密な比率が存在する。

読んでいるうちに四つの引用文の意味が胸に浸透し、彼自身の信念とまことに近い

---

6 ハインリヒ・ヘルツ（一八五七―一八九四）ドイツの物理学者。

7 グリエルモ・マルコーニ（一八七四―一九三七）イタリアの発明家。ヘルツの電磁波の研究に基づいて、無線電信を開発した。

心の琴線に触れた。そのため、読むうちに、彼自身の魂の幾分かが声に入って来た。いわば、彼は威を持って読んだのだ。

ちょうど第五の章句を読みはじめた時、スケール氏がうなずいたので、読むのをやめた。聖職者は振動する楽器を耳元に持ち上げると、まず一瞬、じっと聴き澄ました。それから、すぐにヴァイオリンを顎《あご》の下にあてたが、顎鬚が水のごとくヴァイオリンの上に流れ、弓は弦の上で歌った。彼が奏《ひ》いた楽音は——彼はこの楽器を愛する玄人《くろうと》だけに可能な、鞭打つような弓の動きで奏いた——柔らかで美しく、甘い歌うような音質で長く引きのばされた。彼は中指を〝第四ポジション〟にあてて、G線上で音を奏でた。その音は彼の身体中を走り抜け、何とも奇妙な快い戦慄を与えた、とスピンロビンは断言する。彼はそれを聞いて幸福を感じた。それはミリアムが彼の目を覗き込み、彼の名前を言った時に感じた、歌うような振動と良く似ていた。

「ありがとう」スケール氏はそう言って、ヴァイオリンを置いた。「楽音がわかった。君は変ホ音だ」

「変ホ音！」スピンロビンは息を呑んだ。嬉しいのかがっかりしたのか、よくわからなかった。

「そう、それが君の音だ。君は変ホ音だ——思った通り、期待した通りだよ。ぴったりだ。あまりに上手《うま》く行きすぎて、嘘のようだ！」スケール氏の声はまた朗々と響きはじめたが、感動した時はいつもそうなるのだった。彼はいともキビキビと自信に満ちた様子で、大股に部屋の中を動きまわり、邪魔になる家具を片づけた。その目は今までに増して光り輝いていた。「素晴らしい」彼はふと立ちどまって秘書を見たが、その眼差しは人をつつみ込むようだったので、スピンロビンは一瞬、度を失った。

「いいかね、スピンロビン君」スケール氏は聞き手の存在の芯《しん》にゾッと身震いを起こさせるほど厳粛な調子で、ゆっくりと言った。「君は、人間がいまだかつて夢見たこともないほどの壮大な実験に於いて、ある役割を、重要な役割を果たす運命なのだ。二十年前に研究をはじめて以来、今初めて結果が見えて来たよ」

「スケールさん——本当に大したことですね——本当に」小柄な男はそれだけしか言えなかった。

相手の言葉がなぜ胸のあたりをひやっとさせたのか、彼にはこれといって理由を挙げることが出来なかった。ただ、巨大な未知の実験の途方もない大うねりがまたしても押し寄せ、自分を宙に攫《さら》うのを感じたのである——人は大西洋の大波が自分を永久に呑み込む前に、波頭に乗って星空まで持ち上げられたら、そんなふうに感じるかもしれない。この冒険は少し手に負えなくなって来たようだった。だが、それこそ自分がずっと憧れ求めて来たことなのだから、怯《ひる》んではならない。それに、ミリアムもこれに関わっているのだ。あのほっそりした、小さな、蒼《あお》ざめた顔の美女を傍らに置いて、〝未知なるもの〟を探究する狂った大実験に、自分という取るに足らぬ人格を賭ける――それ以上に素晴らしいことがあるだろうか？　スケール氏の情熱の波動が彼を快く運び去った。

「それでは」とスケール氏は言った。「君の〝模様〟も調べてみることにしよう。私はもう疑いを持ってはおらんが、しかし、それを見れば、我々二人共満足するだろう。君の模様は我々の模様と諧和するに違いない。きっとそうに違いない！」

彼は食器棚の抽斗《ひきだし》を開けて、薄いガラス板を出すと、今度はその上に紙袋から細かい砂を撒《ま》いた。砂は滑らかで硬いガラスの表面で、微かにサラサラと乾いた音を立てた。彼はそうしながら早口に、轟く声で、この上ない情熱を込めて語った。

「すべての音が」と半ば自分自身に、半ば驚く秘書に向かって言った。「それ自身の模様をつくる。音は建築する。音は破壊する。そして、目に見えない音の振動が具体的な事物に影響する。というのは、あらゆる音が形態を生み出すからだ——君にも今にわかると思うが、その形態はそれぞれの音に対応するのだ。あらゆる形態のうちに、それを初めて視覚のうちに——目に見える形に——存在に呼び入れた沈黙の音が隠されている。形態、形、物体は可視化された音の振動から成る活動なんだ」

「何ですって！」とスピンロビンは叫んだ。彼は夢見るような心地で聴いていたが、それでも聖職者の考えが突飛《とっぴ》であることは理解していた。

「形態と物体は——凝固した〝音〟なんだ」聖職者は強調して言った。

「あなたのおっしゃることは、常軌を逸《いっ》しています」凡人であるスピンロビンは甲高い声で叫んだ。「素晴らしい！」彼はたしかシェリング[8]が建築を「凍れる音楽」と呼んでいたな、とぼんやりと思った。

スケール氏はふり返って、神が昆虫を——愛する昆虫を見るような目で、彼を見た。「音はね、スピンロビン君」彼は鳴り響く声を突然、効果的にひそめて言った。「自然の背後にある本源の神聖な推動力なのだ——そして言語と連絡している。音は——

8 フリードリヒ・シェリング（一七七五—一八五四）ドイツの哲学者。

創造するのだ！」

それから聖職者は、秘書がこの濃縮された知識の胡桃《くるみ》を精一杯割るのにまかせて、部屋の端へ大股に二、三歩で歩いて行った。何か壁にかかっているものをしばらくいじくっていたが、やがて急にこちらをふり返った。大きな顔は紅潮し、巨体はすっくと立ち上がって、混乱した相手を燃える眼で見据えていた。

「初めに――言葉があった」彼は深い確信に満ちた声で、厳粛に言った。一瞬口をつぐみ、それから部屋を天井まで声で一杯に満たしながら、語りつづけた。「神が言葉を発すると――神の声が鳴り轟くと、諸世界が存在のうちに跳び込んだ！」彼はふたたび口ごもり、大きな人格のすべての力を傾けて、語りつづけた。「音は始源の創造するエネルギーであった。音は形態を存在のうちに呼び込むことが出来る。形態とは原型的な諸力の音形である――〝言葉〟が〝肉〟をつくったのだ」そう言って語りやめると、大きくしなやかな足取りで部屋の中を動きまわった。

スピンロビンはその言葉を正面から受けとめた。どのくらいの間かはわからなかったが――たぶん、一秒よりはかなり短かったろう――何か口には言えないほど広大な、口には言えないほど燃えさかるものの意識が騒然と心の中を駆け抜け、彼の想像力を光のある場所へ――言語を絶するほど眩《まばゆ》く、白い場所へ翼で運んだ。聖職者の言葉の背後にある奇妙な信念が身のうちに流れ込むにつれて、大いなる海の波に天国まで投げ上げられるのを感じた。……というのも、その情熱的な言葉遣いの支離滅烈《しりめつれつ》さの裏には、どこかに――たどたどしい言葉を通して、それをつかむことさえ出来ればば――真の思想の焔が白熱して燃えていたからだった。

しかし、その感覚はやはりあっという間に消えた。今、自分の周囲《まわり》にある世界が戻って来た。彼は恐るべき空間から目のまわるような勢いで落下し……気がつくと、ただ――炉端の黒い羊毛の敷物の上に立って、新しい雇い主が動きまわるのを見守っていた――彼の運動靴はテカテカと光り、先が尖《とが》っていた。彼の頭は黒ずんだ大理石の炉棚とちょうど同じ高さにあった。スピンロビンは目眩《めまい》がして、少し息が切れた。乱れた心の裏に、学校時代のある記憶が蘇った。そうだ、昔教わったが、ピタゴラス派の学徒たちは宇宙が音と、数と、諧音によって渾沌から呼び出されたと――あるいは、何かそのような主旨のことを――信じていたのだ。……しかし、彼の中を暴れまわった巨大な、とらえがたい考えは、理解することも持ち扱うことも出来なかった。彼の精神《こころ》は少しぐらついたが、やがて驚異的な努力をして自制を取り戻し――なりゆきを見守った。

三

スケール氏は小さなガラス板の四隅を天井から吊《つ》り下がっている絹の紐につないで、固定した。ガラス板は砂の荷を載せ、動かず水平に宙に架《か》かっていた。聖職者は数分間、ヴァイオリンを重音奏法で奏いて、次々に転調する一連の美しい音を出した。その中で際立っていたのは変ホ音だった。スピンロビンにはさほど音楽の素養がないため、これ以上正確に表現することは出来なかった。ただ、彼の話によると、スケール氏は彼にはわからぬ優れた技巧でもって、ヴァイオリンから妙に心の底に沁《し》みわたる、探るような音色を引き出したのである。弦はそれによって人間の霊魂の芯《しん》に手を伸ばし、彼のふだんの限界を越えた思考の微妙な振動にも反応させることが出来るのだという……

スピンロビンは聴いていて、自分が思いのほか偉大な人間であることを悟ったのだ……

彼が次に気づいたのは、ガラス板の上の砂が移動し、動き、踊っていることだった。乾いた砂粒がサラサラ、パタパタと小さな音を立てるのが聞こえた。それは異様に不気味だった。こうして目に見える実際の結果を見ると、聖職者の驚くべき言葉が本当で、納得出来るものに思われた。動く砂は正気をもたらしたが、そこには未知なるものへの奇妙な恐怖がいくばくか忍び込んでいた。

一分もすると、スケール氏はヴァイオリンを奏くのをやめて、手招きした。「見たまえ」砂の粒子が振動に影響されて取った配置を指さして、言った。「ここに君の模様がある――目に見える形にした君の音が。あれは君の声だ――君が物質によってあらわし、体現する楽音だ」

秘書は目を瞠《みは》った。砂の線がつくったのは、魅力的で、じつに単純な模様であり、繊細《かぼそ》い羊歯《しだ》の葉が、根本《ねもと》のいくつもの小さな輪から生えて来る格好に似ていなくもなかった。

「それでは、これが僕の楽音を――可視化したものなんですか！」彼は息を殺して言った。「愉快な形だ。じつに綺麗ですね」

「それは変ホ音だよ」スケール氏は模様を崩さないようにささやき声で言った。「私が楽音を変えれば、模様も変わる。たとえば、本位ホ音はこれとは異なる。ただ幸い、君は変ホ音だ――まさに我々が求めていた楽音なのだ。それでは」彼は背筋を伸ばし、すっくりと立って、語を継《つ》いだ。「こちらへ来て、私とミリアムとモール夫人の模様を見てくれたまえ。そうすれば、諧和するだろうと言った意味がわかるよ」二人は部屋の向こうに置いてあるガラス箱の中を見た。箱には何枚もの四角いガラス板が収められていて、板の上にはさまざまな模様を描いた砂が散らしてあり、膠《にかわ》のような透明な物質を上に薄くかぶせて、砂粒の位置を固定し、崩れないようにしてあった。

「そこに、私とミリアムとモール夫人の模様がある」スケール氏はかがみ込んで見ながら言った。「ほら、見ての通り、君自身の模様とじつに美しく諧和しているだろう」

それは実に奇妙な、驚くべきものだった。模様はすべて異なるけれども、何か分析不可能な形で結びついていて、一つの完全な、均整のとれた〝全体〟を――一つの意《い》匠《しょう》――一枚の絵を形成していた。聖職者と家政婦の模様は基礎と前景を、ミリアムと秘書のそれは繊細な上部構造を呈していた。娘の模様は――スピンロビンはそれに気づいてえも言われぬ喜びを感じたが――不思議に彼自身の模様と似ていたが、もっとずっと繊細で波打っていた。しかし、彼の模様が花の形をしているのに対して、彼女の模様は星形だった。家政婦の模様は螺旋《らせん》形で、スケール氏の模様は、見たところ三つの異なる運動中心から、精緻《せいち》な意匠の小さな旋風《つむじかぜ》が立っているとでも表現するしかなかった。

「もしこの上に、それぞれの音の影が表わす色を塗ることができたら」スケール氏はふたたび語りはじめた。「それぞれの素質、あるいはドイツ人のいわゆる音色《クラングファルベ》を塗ることができたら、我々皆がいかに完全な諧和した全体を成しているかが、もっと良くわかるだろう」

スピンロビンは砂の模様から、傍《かたわら》にかがみ込んでいる聖職者の大きな顔へ視線を移した。それから、また模様を見た。彼は何と言ったら良いのか、筋道の立った言葉を思いつかなかった。星や螺旋や花に似た砂の優美な形が、互いにある明確な均整と、計算された奇妙に美しい比率を保っていることが、次第にはっきりとわかって来た。

「そら、君の前にあるのは、真の完全な和音を可視化したものだ」聖職者は喜悦に戦《おのの》く声で言った。「――三つの楽音が基音である私自身と、そしてお互い同士と諧和している。スピンロビン君、おめでとう、おめでとう」

「本当にありがとうございます」とスピンロビンはつぶやいた。「僕にはまだ良く理解できませんが――ものすごく魅力的で、素晴らしいです」

スケール氏は何も言わず、スピンロビンはフラフラと大きな肘掛椅子へ戻った。数分間、深い沈黙が部屋を覆った。その沈黙の中心には、秘書が訊《き》きたくてならないが、怖くて訊けない、直截《ちょくせつ》かつ重要な質問の数々があった。実を言うと、彼は知りたかったが聞くのが怖かったのだ。この並外れた人間の〝発見〟と〝実験〟は、すでにいささか茫漠とした恐るべき様相を呈していた。先にふと念頭に浮かんだ形容詞が心に蘇《よみがえ》った――「許されざる」……スケール氏本人に関しては、並々ならぬ尊敬の念こそ深まったが、いかなる恐れも抱かなかった。しかし、スケール氏がもくろんでいることを考えれば考えるほど、これといった理由はないが、狼狽というに近い強い逡巡《しゅんじゅん》をおぼえるのだった。ミリアムのように可愛らしい優しい娘が同じ道を行くのでなければ、つのりゆく警戒心はあからさまに正体を顕《あら》わしていたことだろう――それが恐怖だということを……

「僕は深い興味を感じます、スケールさん」彼はしまいに自分から沈黙を破った。

「共感もしているんです。本当ですよ。ただ――こんなことを言うのをお許しいただきたいのですが――今はまだ、こうしたことが何を意味するのか、よくわからないんです」聖職者の目が自分の目をまっすぐに見つめたので、彼はまたしても言いたいことを最後まで言えなかった。

「当然、そうだろう。私の発見を理解してもらうには、一歩一歩君を導いて行くしかないからね」と相手は落ち着き払ってこたえた。「君には、この先起こるかもしれないことに対して、徹底した備えをしてもらいたい。さもなければ君を圧倒するかもしれない結果に、理性的に対処できるように」

「圧倒する――?」聴き手はたじろいだ。

「かもしれないと言ったんだ。私の言葉遣《づか》いに良く注意してくれたまえ。正確な言葉を選んで話しているのだからね。すべてを話す前に、君自身のために、君を試験しなければならない――主として、〝音による形態変化〟の試験だ。これは最初は少々――その――不安を与えるだろうと思う。最終的な〝実験〟に取りかかる前に、こうした驚くべき結果に十分慣れてもらわなければいけない。君が怖気《おじけ》づかないようにだ。というのも、この実験は下稽古ができないからだ。大いなる〝実験〟はたった一度しかできない……だから君が〝未知なるもの〟と対面しても恐れを感じないように、万全を尽くさなければいけない」

四

スピンロビンは息を呑んで聴いていた。彼はスケール氏が話をやめると、一瞬躊躇《ためら》い、それから、つるつる滑る椅子の上で身体をまわして、相手に面と向かった。

「想像力が必要だという理由は納得できます。でも、勇気のこともおっしゃいましたね？　つまり僕が言いたいのは——何か警戒すべき差し迫った理由があるんですか？たとえば今、身の危険があるんですか？」彼がそう言ったのは、聖職者の重々しい言葉を聞いて、この人気《ひとけ》のない丘に囲まれた場所の孤独を、今までとは違う意味で実感したからだった。自分の生命が玩具《おもちゃ》にされ、やめたいと思った時にはもう手遅れになる——そういうことがないという保証が欲しかったのだ。

「まったくない」スケール氏は毅然《きぜん》としてこたえた。「物理的、肉体的な危害が及ぶことはない。私を信頼して、少し辛抱《しんぼう》してもらいたい」彼の声音《こわね》と態度はたいそうおごそかだったと同時に、自信に溢《あふ》れていた。

「そうします」スピンロビンは正直に言った。

二人の間にふたたび沈黙があり、今までよりも長く続いた。沈黙を破ったのは聖職者だった。彼はこの上なく慎重に言葉を吟味しながら、強調するように語った。

「この〝和音〟は」さりげなくそう言ったにもかかわらず、その言葉の裏には、無法な途轍《とてつ》もない力が差し迫っているという感覚が去来していた――「音に関する素晴らしい実験を行うために必要なのだ。その実験が済んだら、さらに大きな最後の実験に進む。そのことは君に教えても差《さ》し障《さわ》りあるまい。ある超絶した結果を得るために、私は複雑な音を必要とする――それは一種の和音だが、完全無欠な和音で、それぞれの楽音が自信を持ち、絶対に正確でなければならない」

彼は一瞬口を閉ざした。室内にはまったくの静寂が訪れた。スピンロビンは息を殺した。

「楽器では役に立たない。楽音は人間の声でなければならん」スケール氏は声を低めて語り続けた。「そして、それを発する者は——純粋でなければならない。なぜなら、人間の声は『あらゆる楽器の特徴のみならず、ありとあらゆる音の特徴を幾分か有する』音を出せるからだ。私はこの和音によって、一つの音を、ある名前を発声したいのだが、それについては、あとでもっとくわしく教えよう。しかし、君も知っているだろうが、名前というものは必ずしも一つ二つの音節から成るとは限らない。一つの交響曲が一つの名前であるかもしれないし、一個のオーケストラが数日間演奏を続けても、あるいは一国の人間全員が数年間歌いつづけても——ある種の名前の最初の部分を発音することしかできないかもしれない。たとえば、ロバート・スピンロビンという君の名前を、私は四分の一秒で発音できる。しかし、中にはあまりにも渺《びょう》として偉大なために、全部を発声するためには何分も、何日も、ことによれば何年もかかる名前だってあるかもしれない。それどころか、時間に於いては——発声できないために、けして知り得ぬ名前があるかもしれん。目下のところ、これだけを君に意識してもらえば良いと思っている。あとになれば、もっと多くのことがわかるだろう。今はただこのことだけを知ってもらいたいのだ——私がこの完全な和音を必要とするのは、然《しか》るべき時が来たら、ある複雑で途方もない名前を発声するため——すなわち、ある複雑で途方もない〝力〟を召換するためなのだ！」

「わかるような気がします」相手は話の腰を折るのを恐れて、ささやいた。

「この三つの楽音を見つけるのに、それは大変な苦労をしたよ。私はモール夫人を見つけた——アルトだ。それから、ミリアムを生まれた時に見つけて、訓練した——ソプラノだ。そして今、スピンロビン君、君を見つけたというわけだ。これで私の和音は、私自身の低音《バス》を含めて完成した。君とミリアムの楽音、ソプラノとテノールは、他の楽音同士の関係よりも密接な関係にある。従って、テノールを見つけるのは至難の業《わざ》だった。君たちがお互いに共感を持つことの大事さが、これで理解できるだろう」

話を聴くうちに、スピンロビンの胸内《むなうち》は燃え上がった。あの娘がそばにいるだけで彼は完全な一体感をおぼえるのだったが、そのことの持つ甘美で神秘的な意味が次第にわかって来た。かれらは共に同じ和音の高音部であり、歌う睦《むつ》まじい関係に結ばれ、お互いを必要としている。そのうえ、スケール氏と家政婦、低音《バス》とアルトがいて和音が十全になると、二人の完全さはいっそう強調され、充実した生命を知るのだ。冒険は驚くほど魅力的なものになりそうだった。至高の生を知るためには〝自我〟は失われ、より大きなものに融合しなければならぬという奇妙な真理を、彼は事実上学ぶだろう。これこそ、まさに長い間探し求めていたもの――自己の卑小さからの逃避ではないか？

「それから、スケールさん――あの――あなたが僕に求めていらっしゃるヘブライ語ですが」彼は実際的な考えに戻って、たずねた。

「我々の目的を達するには、ヘブライ語の知識がある程度必要なのだ」スケール氏は躊躇《ためら》いも渋りもせずにこたえた。「なぜなら、あの古《いにしえ》の言語は音の魔術的な力と深く結びついているからだ。ヘブライ語の多くの文字の実際の音には、特異な力が潜んでいる。大多数の人間は想像もしないし、もちろん、単なる学者は見抜いていないが、心の清らかな者がその並外れた価値を利用する方法を発見すれば、力を使うことが出来るのだ。それらは少なくとも私の見解によると、カルデアの秘儀、宗教よりも古い彼《か》の魔術の伝承の残存物なのだ。この知識の秘密は心霊的音価にある。なぜなら、諸言語のうちでもヘブライ語は、『光輝の書《バヒール》』のヘブライ語は、未知の測り難い諸力に直接通ずる経路だからだ。その単語や文字や語句の多くの正確な発声のうちに、強大な、超感覚的な事物の知識が封じ込められている。正確な発声だよ。ここに気をつけてくれたまえ。いとも素晴らしい恐るべき知識がそこにあり、秘密を知る大胆な人間が解き放つのを待っているのだ。

それから、君は後に音が力であることを学ぶだろう。君はヘブライ語のアルファベットを知悉《ちしつ》していなければならない——そしてその文字が、数や、色彩や、諧音や幾何学的図形と複雑な関連を持つことを。これらはすべて生命の根幹にある〝実体〟の象徴にすぎない。ヘブライ語のアルファベットはね、スピンロビン君、『顕示の方法、構成の方法による談話』なのだ。その正確な発音のうちに、神的諸力を直接《じか》に知るための道、そしてこの肉体的生存を超えた境地へ至る道が秘められているのだ」

聖職者の声は話を進めるうちにだんだんと低くなり、彼が確かに知っている事実を語っているのだと思わざるを得なかった。それはスピンロビンにとって、大いなる帷《とばり》を掲げるようなものだった。子供の頃、彼はこうした音と名前の価値をいくらか見抜いていたけれども、歳月を経るにつれて、その知識を荒唐無稽な現実離れしたことだと思うようになった。それが今、恐るべき確かさを持って戻って来たのだ。限り

9 一世紀の Nehunya ben Ha-Kanah が書いたとされる神秘主義の書物。

もなく地平線もない、少年時代の広大な幻の遊び場が精神の視野にはるばると広がり、さらなる詳しい発見へ誘《いざな》っていた。

「言語としてのヘブライ語に」とスケール氏は語りつづけた。「かかずらう必要はない。しかし、多くの物の『名前』を正確に知らねばならない。ことに、いわゆる『天使たち』の名前だ。こうしたものは実は莫大な潜勢力を、計り知れぬ霊力と特性を持つ諸力であって、その名を正確に発声すれば召《よ》び出すことができる。君にもいずれわかるだろうが、この言語は真の意味で生きており、神的なのだ。文字は活動の媒介であり、単語は恐るべき呪文だ。それらの正しい発音は、今日でもなお神的知識への直接の経路なのだ。君にもいずれ見せよう、知らせよう、聞かせよう。スピンロビン君」彼は大きな頭を突き出し、声を落としてヒソヒソ声になった。「我々はいずれ全員でこの音の実験をする。それは我々の罪を贖《あがな》い、我々を神々のようにするだろう！」

「ありがとうございます！」秘書は非凡で神秘的な言葉の奔流に足をすくわれ、濡《しめ》った手で羽根のような髪を掻き上げながら、息も絶えだえに言った。有史以来、想像力豊かな人間の精神に影響を与えて来た、いわゆる魔術なるものの諸体系に於いて、音が用いられたことを、彼はもちろん知らぬではなかった。『力の言葉』についても、多少漠然とではあるが、聞いたことがあって、理解していた。だが、これまでそうしたものは風変わりな迷信か、科学と想像の中間に位置する半面の真理にすぎないと思っていた。ところが、この二十世紀に――ラジウムや飛行機や無線電話といった物質万能主義への誘惑があふれかえる時代に――音の効用と、その心霊的、神的可能性を現実として信じ、心と頭脳の並々ならぬ力を傾倒して、それを実地に証明しようとしている男が、ここにいるのだ。途方もない、嬉しい、信じ難いことではないか！スケール氏の不敵な〝実験〟のことを考えると、奇妙な侮《あなど》れぬ恐怖が魂のうちに動きだしたが、さもなければ、スピンロビンの熱狂はスケール氏自身のそれに劣らぬものだったかもしれない。

彼は大柄な聖職者に近づいて、片手を差し出した。見るもの聞くものの不思議さに我を忘れ、十分には理解も出来ぬ漠たる光輝にとらえられて、身を捨てる気になっていた。

「おっしゃることは、いくらかわかります」と彼は真面目に言った。「全部ではないかもしれませんが。その時が来たら、お役に立てることを心から願っています。妙なことですが、僕は子供の頃、物の名前の効能と正しい名前をつけることの大事さをずっと信じていたんです。あの――」彼は上を向いて、相手の輝く眼をまっすぐに見ながら、幾分おずおずとして言い足した。「こんなことを申し上げてよければ、あなたにどこまでも随《つ》いて行きます、スケールさん――どこへでも、あなたの連れて行きたいところへ」

「『勝ちを得る者の上に』」聖職者は彼が時折用いる、女性のように優しく柔らかい声で言った。「『我が新しき名を記さん[10]……』」

彼はほんの一瞬、探るように相手の目を見おろし、それから差し出された手を無言で握った。二人はそうして別れ、寝《しん》に就《つ》いた。とうに真夜中を過ぎていたのである。

10 「ヨハネ黙示録」第三章一二節参照。

第三章

一

寝室に退《さ》がった彼は、夜は更《ふ》けていたが興奮して眠れなかった。しかし、疲れきっていたので、心の混乱を落ち着けるために役に立つ努力をする気にはなれなかった。というのも、生まれて初めて、日記帳のこの日のページは空白のまま残ったのである。彼は鉛筆を持って、日記帳の前に長いこと坐っていた——やがて嘆息《ためいき》をつくと、帳面を打棄《うっちゃ》った。一巻の大著なら書けたかもしれないが、一ページを、いわんや一行二行を書くことはとても出来なかった。フィリップ・スケール師と知り合ってからまだ八時間しか経たないというのに、八日《ようか》も過ぎたような気がした。

それに、今夜見聞きしたことはいかにも荒唐無稽で不自然であり、ひょっとすると宗教的狂気の所産かとも感じられたが、それにもかかわらず深い不安を搔き立てるものだった。というのは、そのどこかしらに——真実が混ざっていたからだ。スケール氏はたしかに発見をしたのだ——途方もない発見を。単なる法螺《ほら》や催眠術、言葉の魔力などではなかった。彼の大いなる〝実験〟はきっと本物で、恐ろしいものだろう。秘め隠されてはいるが、科学的な音の使い方を彼はたしかに発見したのであって、スピンロビンがもしここに留《とど》まることを選択したなら、最後の段である役割を果たさざるを得ないだろう。この考えは、そもそもの初めから彼をぞっとさせると同時に魅惑した。心を一種の恐ろしい驚異に満たした。聖職者の目的はまだ明らかにされなかったけれども、行手《ゆくて》にすでに奇怪な影を投げかけていたからである。スピンロビンにはなんとなくわかっていた——それは分別《ふんべつ》ある世間がつねに、望ましからぬ、不法な、不穏なものと見なしてきた知識、敢えて試みる人間の魂にとって危険な知識と直接かかわるものであり、失敗すれば情容赦《なさけようしゃ》ない恐るべき復讐《ネメシス》の神を招くことが。

彼は寝床について、暖炉の明かりが高い天井にゆらめくのを見ながら、雷鳴のように轟く声と、柔らかく輝く大きな目と、人を魅する穏厚さを持った巨漢の聖職者のことを、混乱した頭で考えていた——彼の奇妙な思索と、これから起こることを半ば恐ろしく、半ば輝かしく暗示する言葉を。それから、耳が遠く片腕の萎《な》えた、顔に善良な安らかさが漂っている家政婦のことを考えた。そして最後にミリアムのこと——柔らかで、浅黒い肌の底は青ざめていて、宝石のような眼はいつも彼自身の眼を探している娘のことを、二人の間に早くも親密な個人的関係が結ばれたことを考えた。まったく、世にも風変わりな所帯がこの寂しい山奥に埋《うず》もれているのだ。堂々たる古い屋敷はまさにうってつけの舞台だった。そこで――そこで――

突然、彼の心に新しい奇妙な考えが飛び込んで来て、想念の流れを遮《さえぎ》った。それがどこからどうして来たのかはわからなかったけれども、廊下沿いの空き部屋の光景と共に、ある鮮烈な、良からぬ印象を受けとったのだ。スケール氏はこの家は空《から》だと言ったが、本当はけしてそうではない。この建物には実は――住人がいるという不安な確信が、何の前ぶれもなく湧き起こった。それは突飛な考えだった。裏づけとなる証拠は何もないのだ。それと共に、あの異様な問答のことが記憶をよぎった――とくに神霊を――スケール氏の言う「他の生命」を――信じるかという質問が。寝床に横たわって、灰が炉格子に落ちる音を聴き、影が部屋を覆うのを見ているうちに、不気味な疑惑が想像裡に閃いた。これらの部屋に住人がいるということは、あり得るだろうか？　あの男が何らかのやり方で星間宇宙から召び出し、音によって形態と形に結晶化させた――創造《つく》り出した住人がいるということは？

何か凍りつくように冷たいものが、この世界をはるかに越えた領域から彼のうちへ飛び込んで来た。彼は身震いした。これといった理由もなしに魂を突如とらえる、こうした冷たい恐怖は、一体どこから来るのだろう？　あのいささか乱暴な根拠のない思索の中から、ぞっとする、息の詰まる恐怖感がなぜ生じたのだろう？　また聖職者の偉大な実験の性質が、突きつめると不敬虔で、一種の天国的な危険を孕《はら》み、「許されざる」ものだと確信したのはなぜなのだろう？

大きなベッドに震えながら寝ているスピンロビンには、想像もつかなかった。わかっていたのは、ただ彼の心が安堵を欲して本能的にミリアムを探し求め、静穏を得たことである。やがて、彼の肉体はシーツの間に毬《まり》のように丸まって眠った。一方、彼の精神は活発で、子供時代の広大な内なる大草原に踏み入り、彼女の名を大声で呼んだ。きっと彼女はすぐにやって来たのだろう。彼の眠りは乱されず、夢はいつになく甘美で、八時間後すっかり元気になって目覚めると、モール夫人がバターつきパンと湯気の立つお茶を持って、ベッドの傍らに立っていた。

その他の点についていえば、新しい秘書は風変わりな小さな所帯の日々の生活に、早々と馴染《なじ》んだ。彼には大きな順応力があったからである。ワクワクするようなことがあるという期待は、最初のうち薄らいでいった。午前中はヘブライ語の研究に費《ついや》され、スケール氏が大苦労《おおくろう》をして彼にいくつかの言葉、特に神格あるいは天使の名前の顫動発音《せんどう》(彼はそのように名づけたのだ)を教え込んだ。母音を引き伸ばして響き良く顫動させる一種の技術を含む正確な発音が、この上なく重要であるらしかった。彼はさらに〝音〟と〝数〟の奇妙な対応を、またこれにある種の色彩が帰属することを教えた。ある種の名前を発声する際には音と光の振動が、空気とエーテルとして固有の意味を持つようだった。だが、スピンロビンは皆目わけがわからぬまま、すべて丸暗記した。

二

それでも、明確な結果が――心霊的な結果が生じることは否定出来なかった。一つの名前が正しく発声された時と間違って発声された時では、効果が異なったからだ……ちょうど和音の間違った楽音《おと》が聞く者を苦しめ、正しい楽音《おと》が祝福するように……

午後は雨の日も晴れの日も、二人で人気《ひとけ》のない丘を長いこと散策し、ミリアムがお供することもあった。かれらのおしゃべりと笑い声は山中《やまじゅう》に谺《こだま》したが、聞いている者は誰もいなかった。最寄りの村も五、六マイル離れていたし、鉄道の駅は――ただ駅があるだけだったからだ。世間からの隔絶ははなはだしかった。訪問者は、二週間に一度、食料などを売りに来る荷車だけだった。手紙は取りに行かねばならないし、新聞は無視されていた。

スピンロビンはムクムクしたツイードとふくらんだ半ズボンと、丈夫な靴という服装《いでたち》で、巨人のような連れと共に荒地《ムーア》を跋渉《ばっしょう》した。難所にさしかかった時は手を取ってもらう子供のようだった。彼はすっかりスケール氏を信頼していた。羞《は》にかみは消えて、幻想に耽る聖職者に対し、すでに秘書という以上の関係を築いたと感じていた。今でも息は切れたけれども、後悔のかわりに情熱があった。子供の頃、天国と地獄の観念が――それは注意深く考えた時だけ現実感をおびたのだが――彼をつかまえようと待ちかまえていたように、〝発見〟と〝実験〟が避け難く近づいているという漠然とした感覚が、いつも背後に迫っていた。世界中の人間が見過ごすほど単純で、人智の根幹を揺るがすほど重大な発見――スケール氏はそんな発見をしそうな人物だと感じた。彼には天才の単純な独創性があったし、天才の霊感もたっぷり持っていた。
十日と経《た》たぬうちに、スピンロビンは犬のように彼のあとを随《つ》いてまわり、彼のちょっとした言葉にも縋《すが》りつくようになった。スケール氏の生き生きした個性が彼自身のそれを活気づけるにつれて、精神的にも霊的にも新しい流れが身内を駆けめぐり、内的生活の弾《はず》みが彼をいっそう激しく高ぶらせた。凡人の世界はあまりにも狭くて型に嵌《は》まっているため、非凡な人間の心にふだんあるものについては、考えることも出来ない。しかし、そうしたものの影が彼の幻の視界を横切ることはあり得るのだ。スピンロビンはたいていの点に於いて平凡だったが、スケール氏は、ほとんどすべての点に於いて非凡だった。秘書はこうして孤独な場所で親しく一緒に暮らすうちに、相手の領域を幾度《いくたび》も垣間見《かいまみ》、次第に納得させられていった。神経と視力が清められて、今までとはちがう考え方をするようになった。スケール氏は物語か伝説の大人物のように、彼の人生に乗り込んで来て、魔法の杖を振った。彼自身の小さな人格が拡がりはじめた。これまでは扉を叩きもしなかった考えが、案内もなしに入って来て、精神の境界領域が初めは揺らぎ、やがて開いて、それらを迎え入れた。

聖職者の世界は、彼自身が狂っているにせよ正気であるにせよ、一個の現実の世界であって、生き、振動し、やがて現実の結果を生むはずだった。スピンロビンはそれに生命を賭けることも厭《いと》わなかった……

一方、彼は堂々とミリアムに求愛した――状況が異なれば、それはけしからぬ振舞《ふるま》いだったろうが――無言で家の中を動きまわる彼女の優しく美しい姿は、その不都合さをいくらか埋《う》め合わせてくれた。彼女は自分からこっそり小さな奉仕をして、スピンロビンをたいそう喜ばせた。というのも、部屋に時折、微妙な香水の香りがすることがあったし、テーブルに置いてあるガラス瓶に摘みたてのヒースを活《い》けたり、机に散らかした紙をきれいに片づけてくれたりするのは、モール夫人ではないと彼は確信していたのである。

黒髪の花輪を冠ったミリアムの繊細な輝く小さな顔は、つきまとうように、取り憑いたように、どこへでも随いて来た。彼は今では毎日朝な夕なに、スケール氏が見ている前で彼女に接吻《くちづけ》するのだったが、それはまるでいかなる人の手も加えられていない野の花の花床に唇を押しつけるようだった。ミリアムがそばにいると、スピンロビンのうちで何かが歌った。それに彼女はスピンロビンが少年の頃「夜の目」と呼んでいたものを持っていた――その目は日が暮れると影の濃い深処《ふかみ》に変わって、それを見ることはその目を通して彼方を見ることだった。彼女の眼を見ても、けしてその表面だけを見ることは出来ず、その向こうに、昔の広大な遊び場の……名前が生きた現実をつつみ、描写し、召《よ》び出す場所の喜びが広がった。

スピンロビンのミリアムへの態度は、奇妙だが理解出来るものだった。彼の欲望《のぞみ》は疑いなく大きかったが、とくに積極的ではなかったのである。たぶん、彼女をしっかりとつかまえているので、攻勢に出る必要はないと知っていたからだろう。また彼女は自分のもの、自分は彼女のものという気持ちに安《やす》んじ、こちらから言うこともなければ、訊《き》くこともないと感じていた。彼女はすべてをあらかじめ知り、理解していた。口に出して言うべきことはなかった。それは、沸いて溢れそうな薬罐《やかん》が水に向かって「私は君を容《い》れている」と言ったり、水が「私はあなたを満たしている」と答えたりするようなものだった。

ただ、彼はこんな直喩《たとえ》を用いたわけではない。頭の中で初めから音の――和音の比喩を用いていた。同じ和音に含まれる一つの楽音が、べつの楽音に向かってこう叫びたくなったとする――「聴いてくれ！　僕は君と鳴っている！」それと同じように、スピンロビンはミリアムにこう言いたいのだった。「僕の心は君の心に応《こた》えて、歌っている」

それでも、しばらく離れていると、彼女に言いたいことで胸のうちが一杯になるのだが、そうしたものは会ったとたんにすっかり消えてしまった。会えばたちまち言葉は不必要な馬鹿げたものとなった。彼にはあの微《かす》かな内なる歌声と、彼自身の響き渡る応《いら》えが聞こえた。二人は言葉なしですべてを語り合い、幸福に満ち、寄り添っているだけだった。こうした至福の一体感が彼の魂をつつんでいた。彼は少年時代の言葉のうちに彼女の名前を見つけた。彼女を知っていた。彼女は彼のものだった。

だが、二人も時には話をした。そのやりとりは、スケール氏の情熱が魔法をかけたこの驚くべき背景以外の場所に持って来たら、何とも滑稽なものに思われるだろう。部屋の中で、しばしば聖職者が二、三フィート先の暖炉のそばで本を読んでいる時、二人は窓際に腰かけて目を見つめ合い、手を握っていることもあった。そんな時、長い沈黙の後に、スケール氏の耳にはスピンロビンのかぼそい声が聞こえるのだった。

「君は光りきらめく小さな音だ！　どこにいても僕の中に君の声が聞こえる。命の歌をうたっているのが！」

ミリアムの声が震えながら、優しくこたえる――

「私はあなたの完全な谺《こだま》にすぎないわ！　私のすべての命があなたの命と一緒に歌うの！」

そうして、二人はそっと接吻して離れ、スケール氏は心の中でかれらを祝福するのだった。

また時によると、スケール氏は家政婦を呼び、ヴァイオリンの助けを借りていくつかの名前の顫動発声をするため、彼自身の低音《バス》を含む四つの声を指揮して、さまざまな和音を響かせた。「神的な名前」を歌うこうした音の美しさは、音楽が目醒めさせた諸力がまわりの空気に流れ込み、押し寄せて来るにつれて、秘書の値打ちと貫禄《かんろく》をふだんの倍まで（彼はこう表現するのだ）ふくれ上がらせた。すると、聖職者は熱のこもった言葉で説明した――ベートーベンの多くの交響曲やシューマンのソナタの一つ、あるいはチャイコフスキーの組曲の一つは、偉大な霊力を持つ平和でロマンティックな、あるいは憂愁に満ちた〝名前たち〟であって、これらの巨匠は霊感を受けて忘我の境に達した瞬間、その一部分を聞いたのだと。こうした〝存在〟の力はもっと単純なユダヤ教の天使の名前と同様、それぞれの特徴を有し、その存在は天使と同じように現実である。かれらが発声された時、聞く者の魂に及ぼす心霊的影響力も、同じくらい確実で独立している。

「というのも、親愛なるスピンロビン君、音楽の力というものは、科学でも哲学でもいまだかつてこれを十分に解明したことはないし、音の隠秘学《いんぴがく》的な性質や、色彩、形態、数との相関が今一度《いまひとたび》理解されるまでは、けっして解明されることはあるまい。『リズムは物理的創造の第一法則であり、そして音楽とは、普遍的存在の根本的リズムが音の中に押し入って来たものだ』とある者は言う。『リズムと諧音は魂の秘めたる場所に入り込む』とプラトンは明言する。『それはありとある内的、本質的な自然の顕現《けんげん》である』と耳の聾《し》いたベートーベンはささやく。あるいは、ライプニッツの暗示するところでは『それは魂が無意識のうちに秘め隠す計算である』[11]。それは『一つの名を探し求める愛』だとジョージ・エリオットは歌ったが、彼女は直感によって、あらゆる哲学者たちよりも真実に近づいたのだ。なぜなら、愛こそは純なる霊魂の原動力だからだ。しかし、私は」スケール氏は一息《ひといき》ついて、大きな情熱の輝きの中で微笑みながら、語りつづけた。「私はかれらよりもっと先へ進んで、秘密の核心に踏み入るのだ。というのも、君はいずれ学ぶことになるが、〝大いなる名前たち〟の音を知り、かれらの音楽を正しく発声すると、君はかれらの神的性質の核心に溶け込み、神々そのもののようになるからだ……」

聴いているうち、スピンロビンは彼の属する正常な世界の構造に微かな震えが走るのに気づいた。まるでその世界が消滅し、べつの世界に――まったく単純化された神的な事物の新世界に取って代わられるかのようだった。というのも、スケール氏がわかりやすい自然な言葉で言ったことの多くは、手がかりや合い言葉の性質を持つものであり、彼はそれが秘書に与える効果を注意深く観察していた。それもこれも、彼を多少乱暴なくらいに励まして、望みの領域へ導き入れるのが目的だった。スケール氏はずっと彼を試験していたのだ。

三

聖職者が、今は単なる秘書以上のものになったスピンロビンに、さらなる秘密を打ち明けたのは、試験期間の一カ月も半ばを過ぎた頃だった。一連の特異な会話の中で――当惑した小さな男は最善を尽くしてそれを記録している――スケール氏は真の名前の科学を幾分か説明した。そして、それを証明するために二つの特異な実験を行った。第一にモール夫人の真の名前を、次にスピンロビン自身のそれを発声して、あとでお話しするような結果を引き起こしたのである。

スピンロビンは大いなる〝実験〟の前にこうしたことを知り、理解する必要がある

11 ジョージ・エリオット（一八一九―一八八〇）という作家の名前は男名だが、本名はメアリー・アン・エヴァンズで、女性である。

のだった。さもないと、もし準備が出来ていないと自制を失い、それ故に実験の失敗を招来《きた》すような結果が起こるかもしれない――それは考えるのも恐ろしい災厄《さいやく》である。しかし、それに先立って、スケール氏はまず最初の発見について話した。スピンロビンはあまり質問もせず感想も述べなかったが、聞いたことをすっかり書き留め、夜になって、それを精一杯手際良く日記に書き上げた。聖職者は時折立ち上がり、奇妙な物語を中断して、部屋を静かに大股な足取りで歩きまわったが、こちらに背中を向けながらしゃべっていた。時には驚愕した秘書が字を乱暴に書いて、鉛筆の芯がポキンと折れてしまうこともあり、スケール氏は彼がまた鉛筆を削るまで待たねばならなかった。スピンロビンの心はいたく興奮して、口から火花を出しているような気がした。手がかりは単なる偶然によって聖職者にもたらされたようだが、彼は何年も禁欲と瞑想の暮らしを続けていたので、何らかの形でその幻を視《み》やすくなっていたのかもしれないという。というのも、それは最初から幻視として――素速い一瞬の催眠状態によって可能になった幻視として現われたのである。

当時、ノーフォークの小さな教区を管轄《かんかつ》する英国国教会の司祭だった彼は、儀式の価値――すなわち、崇拝と讃仰《さんぎょう》の精神状態をもたらすために色や匂いや音を使用することの価値を大いに信じていたが、とりわけ人声を用いることが有効だと思っていた。なぜなら人間の声は、他のあらゆる音の特徴を兼ねそなえている点で、楽器の中でも独特だからである。従って、詠唱《えいしょう》は彼にとって心霊的な意味を持っていたのだが、ある夏の晩、教会の内陣で詠唱していると、突然、何とも奇妙なことに気づいた。会衆のうちの二人の顔に、魅力的で異様な変化が起こったのである。それがどういう変化だったかは、スピンロビンもいずれ自分の目で見ることになるからといって、その時はくわしく説明してくれなかった。

それはほんの一刹那《せつな》のうちに——一秒と経たないうちに起こったことで、彼の声が一瞬、素速い自己催眠を引き起こしたのかもしれなかった。というのは、聖書台のところに立っていると、一瞬、心が冴えざえと澄《す》み渡《わた》って、何が起こったのかを疑問の余地なく悟ったのである。催眠状態を引き起こす手段として、人声や、鐘や、銅鑼《どら》を用いることは昔から知られているが、彼はこのほとんど瞬間的な忘我状態のうちに、音の振動の魔術的な可能性について、突如啓示を受けた。詠唱する彼の声のリズムが、偶然目の前にいる会衆の何人かの「楽音」を構成する音の高さ、音質、アクセントに一致してしまったのだ。それらの人々は、本人は気づかなかったが、すぐさま自動的に、否応なく反応した。一瞬、彼はその人たちの真の名を聞いたのだ。知らぬうちに、かれらを「呼んで」しまったのだ。

聴いているうちに、スピンロビンの心臓は興奮して跳びはねた。「真の名前をつける」というこの考えは、〝ウィンキー〟と知り合いだった幼い頃、千里眼《せんりがん》能力を持っていた不思議な日々に彼を連れ戻したからである。

「僕にはまだ良くわかりません、スケールさん」彼はもっとくわしい説明を聞きたくて、口を挟んだ。

「だが、もうじきわかる」聖職者が保証したのはそれだけだった。

彼はこうして偶然得た手がかりをとことん追究したが、その方法をわかりやすく表現することは難しい。帷《とばり》の片隅がほんの一瞬持ち上がって、ある種の音の反復——音節のリズミカルな繰り返し——の持つ価値が——要するに歌唱や呪文の価値が明らかになった。長い精神的鍛錬によって用意の出来ていた意識下の領域へ没入することにより、スケール氏はさらにくわしい知識をゆっくりと、一つ一つ探り出すことに成功し、限りない習練と祈りによって、それらを筋道の通った体系につくり上げた。真の命名の科学はゆっくりと積年の努力によって、その姿を露わした。彼の精神は単なる感覚の見せかけに騙《だま》されるような段階を超えていた。彼は神聴力《しんちょうりょく》によって、物や人の内なる真の名前を聞いた……

スケール氏は椅子から立ち上がった。チョッキの袖口に両手の親指を引っかけ、残る四つの指で胸をポンポンと叩きながら、夢中でノートを取りつづける秘書を上から見下ろすように立った。

「あの偶然の発見は、幻視を見た一瞬のうちになされたのだが」彼はおごそかな顔に興奮をあらわして語りつづけた。「新しい知識の世界への鍵を与えてくれた。それ以来、私の研究は信じられないほど進んだ。私の説明を良く聴いてくれたまえ、スピンロビン君。そしてできるだけのことを理解してくれ」

秘書は鉛筆と帳面を置いた。いとも熱心な態度で、椅子の端から身を乗り出した。彼は震えていた。五感の壁が厚くなって被い隠してしまった幼い頃の驚異の天国が、かくも奇妙な現代的なやり方で肯定され、遠い子供時代の汚《けが》れない栄光の世界がふたたび姿をあらわしたからだ。

「いいかね、人間の普通の名前は、生まれた時、両親《おや》が子供の肉体的外見に与えた音にすぎない――無意味な音だ。真の名前ではない。真の名前はその背後の霊的な世界に存在し、魂を正確に表わしているのだ。私の目の前に見えている君は、その音の表われなのだ。〃言葉〃は〃生命《いのち》〃なのだ」

スピンロビンはこっそりと鉛筆を取り上げたが、聖職者はそれを見逃さなかった。

「覚え書きは気にするな。私の言うことを良く聴くんだ」

スピンロビンは素直に従った。

「しかしながら、外的な通常の名前をよすがとして」スケール氏は深い確信を持って語った。「内なる真の名前に辿《たど》り着くことができる。年月と共に、微妙な内部の連絡によって、両者の間にだんだんと関係が築かれてゆく。というのは、少し考えてみればわかるが、たとえ通常の名前であっても、君の心霊的存在の繊細な糸に編み込まれて、やがて特別な権威を持つ音となる——ある意味で君がそれになるのだ。闇の中で、その名をいきなり大声で呼ばれたり——人が大勢いる室内や路上で、思いがけずその名を聞くことは——小さくとも、活力を増した一つの衝撃を受けることだ。その名は想像力に触れる。まわりに築かれた魂に呼びかけるのだ」

彼は一息《ひといき》入れた。その声は語りやめたあとも、部屋に音楽のごとく鳴り渡っていた。

スピンロビンは当惑し、驚き、喜び、一つ一つの単語に聞き惚《ほ》れた。それらすべてを良く知っていたのだ。

「さて」聖職者は無意識に声を落として、ふたたび語りはじめた。「私の発見の最初の部分は、この点にある――私は物や人の通常の名前を発音して、内なる真の名前に辿り着く方法を知ったのだ――」

「でも――」スピンロビンは我慢《がまん》出来ず、つい口を挟んだ。「一体、神の名に於いて、どうやって――」

「しっ!」スケールは即座に叫んだ。「偉大な名前を二度と呼んではならん――無駄に呼んではならん。危険だからね。今から言うことに精神を集中したまえ。そうすれば、私の発見の少なくとも一部分は理解できよう。さきほども言った通り、私は誤った名前を用いて真の名前を見つける方法を知った。そして、できれば理解してもらいたいが、真の名前を正しく発音することは、その生命そのものに参与し、その本質と共に振動し、その内奥の存在の窮極《きゅうきょく》の秘密を知ることを意味する。何となれば我々の真の名前は、神が我々を創造した時、あるいは無限の沈黙の虚空から我々を〝呼び出して〟存在せしめた時に、〝彼〟の〝言葉〟が初めて発した音だからだ。それを正しく繰り返すことは、文字通り――〝彼〟の――〝声〟と――共に――語る――ことを意味する。それは真実を語ることなのだ」聖職者は畏敬の念を持ってささやくように、声を落とした。「言葉は〝存在〟の帷《とばり》である。それを真に語ることは、帷の片隅を持ち上げることである」

「素晴らしい！　何てことだろう！」スピンロビンは息を呑んで叫んだ。心を落ち着かせようとしたが、言葉が思うように出なかった。偉大なる言句《げんく》は小さな部屋を、聖なるものが示現しようとしている神殿に変えるかと思われた。スケール氏が自分やミリアムの名前を言うと立派に響く理由が、少しわかった。彼はそれぞれの名前の裏で真の名に触れ、それを谺《こだま》させていたのだ。

スピンロビンの思いは幼い日の心の内なる大草原をさまよっていたが、聖職者の声が彼方から呼び戻した。

「なぜなら、我々はみな」彼は輝く眼にうっとりした表情を浮かべて、言った。「宇宙が神に向かって歌う大いなる音楽の〝音〟なのだ。神の〝声〟が初めに我々を生み出した。我々は時に和音となり不協和音となる、彼の畏《おそ》るべき響きの谺に他ならない」スケール氏の大きな顔に権力《ちから》の表情が浮かんだ。スピンロビンは必死に頑張ったけれども、彼の想像力は素速い言葉のうしろで、折れた翼を羽ばたくだけだった。前に感じた恐怖が心の底をかすめた。この男は、人間が求めるのは危険な知識を追いかけているのだ……

「そう」スケール氏はふたたび相手に視線を向けて、語りつづけた。「それが私の発見の一部だ。しかし、一部分にすぎないのだよ、いいかね。君の外的な名前をある方法で、心頭から消え失せるまで繰り返し唱えることにより、私は内なる本当の名前に辿りつくことができる。そしてそれを発声することは、秘めたる魂に呼びかけ――隠《かく》れ家《が》から呼び出すことなのだ。『我汝を贖《あがな》えり。汝の名を呼べり』[12]この聖句を憶えているかね？『我汝を名もて知る』とエホバは偉大なヘブライの魔術師に言った。『されば汝は我がものなり』声のある種のリズムと振動の抑揚によって、内なる名を生命に目醒めさせる倍音を生み出し――その名を綴り出す《スペル・アウト》ことが可能となる。よく聴いてくれ。綴る《スペル》んだ――魔法《スペル》――呪《まじな》い――音の魔術的使用――忘れられた古《いにしえ》のヘブライ魔術に用いられて、恐ろしい結果をもたらした〝力の言葉〟とは、そのことだ。私が今、毎日君に教えている〝諸力〟や〝天使たち〟の名前を正しく発声してみるがい

12　「イザヤ書」第四三章一節参照。

い」彼は目を輝かせ、強い確信を持って、敬虔な調子で語りつづけた。「かれらの和音をすべて目醒めさせる十分な振動力をもって、発音してみたまえ。君は君自身のうちに、かれらの分身を目醒めさせることになる。かれらの力や特性を召《よ》び出して、味方にする。かれらの力を君自身の心霊的存在のうちに、積極的に招じ入れるのだ。ヤコブ[13]がもし彼と格闘した『天使』の『名前』を知ることができたなら、天使の優れた力と一体になって、それを征服していただろう。しかし、彼は命ずるかわりに訊《き》いてしまい、その名を知ることはできなかった……」

「大したものだ！　素晴らしい！」スピンロビンはそう叫ぶと、椅子からがばと立ち上がった。想像力を強く搔き立てられた彼は、魂の性格を発展させ、力を奮《ふる》い起こす可能性を理解したのだ。

「我々はやはり〝名前たち〟に呼びかけることになるだろうから、見ていたまえ」スケール氏はそうこたえて、大きな手を相手の肩にかけた。「必ずしも声には出さないが、心の中で強い意志を揮《ふる》って呼びかけるのだ。それによって、詩人や魔術師だけが聞いた優れた倍音を、音楽の心霊的要素を具現する倍音と上音を振動させるのだ。なぜなら――いいかね、スピンロビン君、詩人と魔術師の方法は同じで、世界中の信仰はすべてその思考《かんがえ》のあとに随いて行くのだ。君に信念があれば、できる——山を動かすことが！　他ならぬ神々に呼びかけることができる！」

「実に素晴らしい考えです、スケールさん」スピンロビンは息を切らし、よろめいた。「本当に素晴らしい！」途轍《とてつ》もなく壮大な一言一言は、心の轟きで彼の耳を被《おお》わんばかりだった。

「それに、まったく単純なのだよ」と相手はこたえた。「真理はすべて単純だからね」彼は檻《おり》に入れられた大きな獣のように床を歩きまわった。暗い書棚に歩み寄ると、両脚を大きく広げ、両手を上着のポケットに入れて、書棚に凭《もた》れかかった。「真の名をつけることは召《よ》び出すこと、創造《つく》り出すことなのだ！」と部屋の向こうから大声で言った。「古いユダヤの神秘説にある〝十の言葉〟、あるいは〝神格〟の〝創造力〟の一つを然《しか》るべきやり方で発声することは、それが対応する『世界』の主《あるじ》となることだ。なぜなら、これらの名前は今なお背後の現実と連絡を保っているからだ。それは宇宙を存在のうちに——そして形態のうちに呼び込んだ諸力と共に振動することを意

13　「創世記」第三二章参照。

味する」

その時、一種の暗い威厳が聖職者の巨きな身体を被《おお》ったかのようだった。彼は部屋の向こうの薄暗がりに立ち、こうした突飛な言葉を轟く声で発して、少なくともその時は、聴き手の心から一切の疑念を払い去るほどの説得力を持っていた。恐ろしい考えが、巨大な足で脅《おびや》かすように、秘書の心の中を激しく駆けめぐった。彼はあらゆる既知の拠《よ》り所から引き剝《は》がされ、目が眩《くら》み、狼狽《うろた》え、よろめいた。しかし同時に冒険を愛する気質なので、快い魂の高揚もひそかに感じていた。彼は大海の背の立たぬ深みにはまっていた……

やがて、スケール氏は突然こちらへつかつかとやって来て、いくらか和《なご》やかな口調でささやいた。

「それに、ちょっと考えてごらん。神は言葉によって諸世界を存在のうちに呼び出し、天空の完全な球体をして回転し、歌い、虚空に永遠なる栄光の尾を引かしめた。その巨大な〝言葉〟がいかに美しいかを！　花々に結晶したささやきは、どんなに甘美なことか！　それに、たとえば、ミリアムの目と顔を形造った楽音がどんなに優しいことか……」

ミリアムの名を聞くと、秘書はなぜか無性《むしょう》に嬉しく得意な気持ちになって、そして——心が安らかになった。こうした奇妙な白熱した考えは、彼自身のむしろ不毛で渇《かわ》いた世界にどっと流れ込み、恐るべき勢いで彼を怯《おび》えさせた。しかし、あの嬉しい名前が——スケールのやり方で——声に出されるのを聞くと、それだけで自信と安心が得られるのだった。

「……我々にそうしたものが聞こえたならなあ！」スケールは半ば自分に、半ば見習い秘書に向かって語り続けた。「というのも、悲しいことに今日《こんにち》の人間は、耳は持てども聞かずというありさまなんだ。光が濃い大気を通過すると歪められるように、音も今ではぼんやりとしか我々にとどかず、真の名前のうちでも、驚異すべき力の託言《たより》を正しく伝えられるものはほとんどない。人間《ひと》は幾時代にもわたる物質主義のため粗野になり、発明の贅沢《ぜいたく》や、魂を犠牲にして知性を発達させる近代生活の病弊《びょうへい》によって、愚鈍下劣になり下がった。かれらは神聖な音を聞く内なる聴覚を失ってしまったが、今でもここ彼処《かしこ》にポツポツと、微かな、遠い彼方の名状し難い音楽を聞きとれる人間がいる」

彼は両目を上げた。憧《あこが》れに燃える心から白熱した言葉が発せられるにつれて、声は低くなり、穏やかにさえなった。

「朝の星々が太陽に歌う時、今は誰もその声を聞く者はない。諸天球の歌唱を今は誰も知らない！　世人《せじん》の耳は欲望に栓をされて、古く神聖な真の命名の科学は、発動機の轟音や機械のやかましい怒号の中に永久に失われてしまったようだ！……ただ花々やある種の宝石の間にだけ、正確な古い真の名前が今も残っているだけだ！……しかし、我々はそれを見つける手がかりを持っている。親愛なるスピンロビン君、我々は古《いにしえ》の〝力〟への道を歩んでいるのだ」

聖職者は目を閉じ、両手を組み、うっとりした表情で面《おもて》を上げると、声をひそめて「黙示録」の〝白馬の騎者〟を描写する一節をつぶやいた。まるで、そこに秘められた内なる意味を彼の心は知っているが、漏らさないという風だった。「また記せる〝名〟あり。これを知る者は彼の他になし。彼は血に染みたる衣を纏《まと》えり。その〝名〟は〝神の言葉〟と称《とな》う……その衣と股《もも》とに記せる名あり――『王の王、主の主……』」[14]

しばしの間、スピンロビンはうねりを打つ音を聴きながら、言葉そのものは聞いていなかったのだが、鳴り響くささやき声の振動につれて空気が微かに緋色《ひいろ》に染まり、心の深処《ふかみ》に色ある音を聞いたような印象が一瞬起こった。

何もかも奇妙で、わけがわからなかった。それでも彼は心を開いて、この大波と精《せい》一杯《いっぱい》闘おうとした。大波は彼のちっぽけな生命の水たまりに流れ込み、夢想だにしたことのない巨大な潮流に呑み込んでしまうかと思われた。彼は五感の伝える世界がいかに限られたものであるかを知っていたので、ある種の人間の霊魂が特殊な内部構造を持ち、超感覚的な事物を感知し得るという考えにさほど突飛なものはないと思った。スケール氏のように並外れて器の大きい人間がそうであっても、不思議はあるまい。実際、彼は聖職者が尋常ならざる現実の力を持つことを確信していた——この家が最初そう思ったのとはちがって、空《から》っぽではないことを確信していたように。どちらに関しても今のところ、証拠はなかった。しかし、証拠はまもなく見せられたのである。

14　「ヨハネ黙示録」第一九章一一～一六節参照。訳文は『舊新約聖書』日本聖書協会（一九八二）による。多少語句と表記を変えた。

第四章

一

「すると、もしあらゆる物体や形態にそんなにたくさんの音が溢《あふ》れているなら——全宇宙がじつは鳴り響いているのなら」スピンロビンは小生意気に尋ねたが、それには他意はなく、ただ彼の素朴な心が漠たる光輝に反撥《はんぱつ》したにすぎなかった。「もっと我々に聞こえないのは、なぜなんです?」

スケール氏は部屋の向こう端から、ブーメランのように飛んで来た。彼は微笑《ほほえ》んでいた。質問を良しとしたのだ。

「我々の場合、聴覚の問題は空気中の波長の問題にすぎない」と彼はこたえた。「耳に聞こえるもっとも低い音は波長が十六フィートで、もっとも高い音は一インチに満たない。蝙蝠《こうもり》の啼《な》き声が聞こえない人もいれば、地震の時の地鳴りが聞こえない人もいる。私はただあらゆる形態のうちに、その生命であり存在であるところの創造力が眠っていることを断言する。耳は所詮《しょせん》お粗末な器官にすぎず、大多数の耳は鈍くて神《しん》聴覚《ちょうかく》を知らない。たとえば、波長が百マイル千マイルの音や、百万分の一インチの音はどうなるかね？」

「千マイルですって！　百万分の一インチですって？」スピンロビンは話相手を音の大天使ででもあるかのように見つめて、息を呑んだ。

「大多数の人間に聞こえる音は、そうだね、振動数が毎秒三十から数千といったところだ――地震の叫びと蟋蟀《こおろぎ》の声だ。露の滴《したた》る声や惑星の声がいずれも聞こえないのは、我々の限界がそうさせるのだ。我々はある程度の雑音《おと》を――たとえば、連続して聞こえる水車や川の音――を静寂と間違えることさえあるが、実際には完全なる静寂などというものはない。他の生命がずっと我々の周囲で歌い、鳴り響いている」彼は耳を澄ますかのように巨《おお》きな指を立てて、言い足した。「朝の星々が諸共に叫んでいるのが聞こえないという事実は、我々の耳の不完全さに帰しても良いだろう」

「ありがとうございます。そうですね、良くわかりました」と秘書は言った。「真の名をつけることは、真に聞くことなんですね」聖職者の言葉は、次第に明るくなる彼の心の中の巨大な地図に、ランプを掲げるようだった。子供の時さまよった心の大草原に、新たな曙光《しょこう》が射《さ》し初《そ》めていた。「ものの真の名前を見つけることは」と秘書は言い足した。「その音を、いわばそれ独自の楽音を聞くことだとおっしゃりたいんでしょう?」「今までは夢想だにしなかった信じ難い展望が、彼の視野にひらけて来た。「『いわば』ではないよ」相手は鳴り響く声で言った。「実際に聞くのだ。それができたら、次の段階ではそれを発声し、その力を同時振動によって君自身の存在に取り込む——神秘的かつ現実の合一だ。ただ、心して正確に発声しなければいけない。不正確に発音することは、それを不完全な形で生命と形態のうちに呼び込み——歪《ゆが》め、傷つけることになる——君自身も傷つけるのだ。それを真ではないものに——嘘偽《いつわり》にするのだ」

二人は夕闇の垂れ込めた図書室の窓辺に立ち、夜の帷《とばり》がゆっくりと丘々を覆うのをながめていた。

星々は共に焔《ほのお》と速度の思いをささやき合っていた。風になびく荒野《ムーア》の地平線は暗闇に滑り込んで消えていた。部屋のうしろの方では、ミリアムが影の中に坐っていた——音楽家が呼び出すまで、彼の心のうちに漂っている旋律のように。お茶の時間が近づいていた。三人のうしろでは、モール夫人が忙しくランプと火の支度をしていた。スケール氏は家政婦の立てた物音にふり返って、秘書にそばへ来いと合図し、かがみ込むと、相手の耳元でささやいた。

「いろいろな名前に関して、私はひどく苦労したよ。たとえば、彼女の名前だ」と背後にいる家政婦を示して、「彼女の声の輪郭をひとわたり確かめるのに、五年間、不断の研究をつづけねばならなかった。それでも、初めのうちは名前のほんの一部を引き出しただけだった。私はそれを発声する際に省略と発音の誤りを犯したため、彼女の肉体は形を損われ、彼女は苦悶から脱した時、病にかかっていた。君も彼女に障碍があることには気づいているだろう。……しかし、あとになって、たどたどしい調子ではあったけれども、私は彼女に完全な名前で呼びかけた。以来、彼女はそれまで知らなかった安らかな幸福を知り、生《せい》の音楽に於ける自分の大きな価値を感じている」彼の顔は話しているうちに明るくなった。「なぜならその瞬間、自分自身を見つけたからだ。自分の真の名が、神の創造力を持つ音が、総身《そうみ》に轟き渡るのを聞いたからだ」

スピンロビンは聖職者の力が間近から潮《うしお》のように自分に流れ込むのを感じて、頭《こうべ》を垂れた。唇は乾き、ものを言うことも出来なかった。自分の名もいずれ「発声される」だろうが、その時、自分の魂と肉体にどんな影響があり得るだろうかと考えていた。彼はモール夫人の萎《な》えた腕と聞こえぬ耳のことを思い出した。また、家の中を静かに動きまわって優しく歌う、あのほっそりした幻のような姿のことを思った。最後に思い出したのは、この大きな建物の中、ことによると彼の部屋がある廊下に他の住人が、他の生命が、この世ならぬ規模の〝存在たち〟がいて、声に召び出されて現われる瞬間《とき》を待っているのだという奇妙な確信だった。

「これで理解してもらえるだろう。私がなぜ勇気のある人間に協力してもらわねばならないかを」スケールはすっくと立ち、声を大きくしてまた語りはじめた。「物理的生存に無頓着《むとんちゃく》で、俗事をまったく超越した信念を持つ人間が必要なのだ！」

「わかります」スピンロビンは何とか声を出してこたえたが、頭の中ではこう言っていた。「僕はやります。僕はとことん見とどけなきゃいけないんだ。挫《くじ》けません！」彼は忍び寄る恐怖の潮と全力で闘っていた。たとえ、あとで悲惨な結果が生じたとしても、このように壮大な構想の犠牲となるのは無駄ではない。

彼は興奮のあまり、浅く腰かけていた窓框《まどがまち》から滑り落ちてしまい、目の前にいたスケール氏が両手を取って、しゃんと立たせた。電流のようなショックが身体を走り抜けた。彼は大胆に勇気をつかみ出して、前からずっと気になっていた質問をした。

「それじゃ、あなたが——僕たちがもくろんでいるこの〝大実験〟は」と口ごもりながら言った。「偉大な諸力か〝天使たち〟の名前を正しく発声して——かれらの力を同化することと関係があるんですね——？」

スケール氏は傍《かたわ》らに巨人のごとく立ち上がった。「いや、ちがう。それよりももっと——はるかに大きな実験なのだ。ただの〝天使たち〟の名前ならば、私は誰の助けも借りずに独《ひと》りで呼ぶことができる。だが、私が発声したい名前は、冒頭の一音節を発声するだけでも、一つの和音を必要とするのだ。すでに言った通り、君はその和音のテノールの楽音だという測《はか》り知れぬ特権を持つのだよ。しかし、全音節を完全に——名前全体を発声するには——」彼は目を閉じ、大きな肩をすくめた——「世界中のオーケストラの半分を集めて、一国の人間全員に合唱させなければならないかもしれん——あるいはその代わりに、曠野《あれの》に叫ぶひそやかな、小さな、至純な声が必要なのかもしれん！　いずれ君にもすっかり教えよう——教え、見せ、聞かせよう。今は忍耐と勇気を持って、君の魂をしっかり支えていてくれ」

その言葉は部屋中に鳴り響いたので、ミリアムにも聞こえた。スピンロビンは身体の中を冷気が吹き抜けたように、ゾッとした。曖昧だが恐ろしい、途轍《とてつ》もない可能性を暗示されて、急に気が挫《くじ》けたのだ。その時、もしあの娘がそばへ来て腕に手をかけ、美しい蒼ざめた顔を肩の上に寄せなかったら、彼はこの一件から手を引きたいと即座に申し出たかもしれない。

「何が起こっても」ミリアムは彼の目を見つめて、ささやいた。「私たちは、あなたと私は、一緒に歌っていきましょうね」それから、スピンロビンが身をかがめて彼女の髪に接吻すると、スケール氏は二人を腕に抱いて、お茶のテーブルの方へ連れて行った。

「さあ、スピンロビン君」彼は愛嬌《あいきょう》のある微笑みを浮かべて言った。「恐れてはいけないよ。私を見捨てないでくれ。君は我々みんなにとって必要なのだ。それに〝実験〟がうまくゆけば、我々はみんな神々のようになるだろう。怯《ひる》んではいけない。思い出してくれたまえ、人生には己を滅するに勝ることはない。そして私はそのために誰よりも良い方法を見つけた——我々自身を〝声〟に溶け込ませるのだ。その〝声〟は——」

「スケールさんのお茶は十分以上置きっぱなしになっています」年老《と》った家政婦がうしろへ来て、口を挟んだ。「スピンロビンさんがこちらへ来させてくださるなら——」

まるでぐずぐずしているのはスピンロビンのせいだと言わんばかりだった。
茶碗とバタつきトーストの世界にいきなり戻って来た二人の男は、少々まごついて顔を見合わせた。スケール氏は朗《ほが》らかに笑った。ミリアムもお茶を啜《すす》りながら、面白そうに笑った。スピンロビンは安寧と正気の世界にいくぶん戻って来たような気がした。ただ二、三秒前の奇妙な心持ちは、今も目に見えずその場をたゆたっていた。「耳を澄ませ。そうすれば、じきに彼女の名前が聞こえるだろう」聖職者は茶碗ごしに相手を見上げてささやいたが、スピンロビンは音を立ててトーストをかじっていたため、その言葉の意味に良く注意を払わなかった。

二

大小を問わず、人生のあらゆる場面の裏に立っている〝舞台監督〟は、続いて起こる出来事のためにしっかり舞台を用意していた。人間には聞こえない音の世界についての言葉は、秘書の心に然《しか》るべき暗示を与えた。それでも、彼の心は一群の未消化な言葉や考えに混乱していて、そうしたものすべての背後にある真実の重みが念頭に生々しくとりついていた。その時、彼の内的存在全体が、期待と驚異《おどろき》に満ちた静寂の中で「聴け！」と叫んでいた。

この奇妙な人間の集まりは坐って、お茶を飲んでいた。スケール氏はゆったりした黒い自家用の三つ揃《ぞろ》いを着て、ふだんより大きく見え、音を立ててお茶をゴクゴクと飲んだ。スピンロビンは椅子に浅く腰かけ、熱いトーストのすべすべした欠片《かけら》を少しずつかじっていた。物静かで謎めいたミリアムはお気に入りの片隅にいた。帽子とエプロン姿のモール夫人は恭々《うやうや》しく茶瓶を預かり、ランプと炉火がこの情景をほのぼのと照らしていた――その時、驚くべき未知の出来事が起こったのだ。スピンロビンはこの話になると、いつもはっきりと言いきるのだが、それはまるで人を溺れさせる波のように襲いかかって来たという。彼は身に危害が及ぶと考えたからではなく、超絶的な未知の世界の果てしない空間で、頼りない迷子《まいご》になるという恐ろしい感覚に怯《おび》えたのだった。何物かが部屋に入って来て、彼の魂を根底から震え戦《おのの》かせた。

彼は最初、一つの音に注意を掻き立てられたが、風が丘から吹き下ろして隙間風《すきまかぜ》や突風になったのだと思っていた。そうした音は時々聞いたことがあった。ただ、彼はその風に何者かが乗っていて、壁のまわりで泣き叫ぶさまを想像した。その声のうしろには大きな流動する形態――流れる、色彩のあるものの存在が見透《すか》された。しかし、その音と共に、並大抵でない恐怖が彼の魂の奥処《おくが》に侵入した。それは〝未知なるもの〟の恐ろしさが凄まじくふくれあがったものだった。

素早く茶碗から視線を上げると、偶然ミリアムと目が合った。彼女は微笑みながら、こちらを見ていたのだ。してみると、この音には何か特別な意味があるにちがいない。同時に、音は部屋の外ではなく中で、自分のすぐそばでしていることに気づいた。実は、スケール氏が低く入念に抑揚をつけた声で、耳の聞こえぬ家政婦に話しかけていたのだ――しかし、彼女にその声が聞こえたはずはない。やがて、聖職者は話をしているのではなく、彼女の名前を繰り返しているのだとわかった。詠唱をしているのだ。その声は一種の歌唱、呪文となった。

「サラ・モール……サラ・モール……サラ・モール……」声は水のように部屋の中を流れた。そしてスケール氏の口の中では、スピンロビンの名前がそうだったように――違う響きがした。その名前は深い意味で――スピンロビンはいつもこのように表現するのである——堂々とした、重要な、威厳すら帯びたものとなった。現実となったのだ。その言葉は彼の耳を通常の意味から遠ざけ——外的な意味から内的な意味へ導いた。彼がSARAHMAWLEという単なる文字に抱いていた心象は消え、何かべつのものに——それ自身の振動によって脈打ち、動いている生きたものに融合した。外的な音につれて内部のべつの音が発生し、ついには別個のものとなったのだ。

自分の名前をずっと繰り返し唱えていると、自己催眠にかかることがあるのをスピンロビンは良く知っていた。また、ある対象の名前を繰り返していると、しまいにはその対象が念頭から消え去ることも知っていた。「辛子《マスタード》」という言葉も、果てしなく繰り返されると、まったく意味を持たなくなる。心は音という単なる象徴《しるし》の背後に、何か無意味ではないにしても理解出来ぬものの中に落ち込むのだ。しかし、ここで起こっていたのはそれとは別のことで、スピンロビンが用いる激流のような言葉と直喩《たとえ》から察するに、彼が目《ま》のあたりにしたのは——鮮烈さと混乱が奇妙に入り混じっているけれども——次のようなことだったらしい。

聖職者の声が静かにその名を唱えつづけていると、母親のような老いた家政婦の様子に、何かそれまではたしかになかったもの、少なくとも秘書の目には見えなかったものが、だんだんと入り込んで来たのだ。肉体の被《おお》いの裏に、皮膚や骨そのもののうちに、一定の輝きと共にある効力《ちから》が流れ込み、新たな生気を吹き込むようだった。その活力は彼女の顔や身体から、溢れる生命の白熱と共に迸《ほとばし》り出るという風だった。彼女の日常の自己の控え目で家庭的な外面を通して、雄勁《ゆうけい》な崇高さが顕《あら》われはじめていた。初めのうちは、彼女のうしろに誰かもっと偉大な人物が影のごとく聳え立っているようだったが、やがてそれが彼女自身であり、別人ではないことがはっきりして来た。二人は、もし二人だったとすれば、融合したのだ。

夫人の物腰《ものごし》は初め驚くほど柔和になったが、やがてしっかりして来て、信じられないほど美しい威厳を帯びた。彼女の顔にはいつも安心と喜びの色があったが、これは何かそれ以上の、堂々たる気高いものだった。滑稽なものが崇高なものといとも危うく調和していたので、秘書は「家政婦」という言葉がスケール氏の新世界では「天使」も意味するのだろうかと無言のうちに思った。声を出して笑いたいような気もしたが、その光景の気高さは同時に涙をそそるものでもあった。彼の目にはまさしく崇拝の涙が浮かんで来たのである。

「サラモール……サラモール……」その名は高くも低くもならず、一定の小波《さざなみ》としてあたりに流れ出していたが、力強く皺《しわ》のない顔の両脇についている聾《し》いた老女の耳には聞こえていないはずだった。「若さ」という言葉では、家政婦の姿形から焔と燃え出ている烈々《れつれつ》たる強さを表現することは出来なかった。それは若さとも老いともまったく違う何物かだったからだ。それはまた、衰えて皺くちゃになった彼女の自我の単なる理想化でもなかった。物理的状態からは独立していると共に、時間と空間の制限からも独立していた。日の光のように素晴らしく、子供の頃、眠りの中でスピンロビンの魂に触れた栄光——全き変容の白い焔のごとく純一《じゅんいつ》だった。一言《ひとこと》で言えば、それはまるでスケール氏の唱えた名前が、肉体という見せかけの障壁を越えて、真の赤裸な霊魂を前面に呼び出したかのようだった。年老いることも死ぬこともない、目が人間の顔を見てもけして見ることの出来ない——魂そのものを！

スピンロビンはまごつき、震えながら、生まれて初めて人間の姿のうちにまぎれもなく崇高なもの——一点の汚《けが》れもなく、清らかで完全なものを凝視していた。それを見ただけで、彼のうちにはいまだ経験したことのない霊魂の高揚が起こり……初めの恐怖を嚥《の》み込んでしまった。彼は胸の奥で祈ったと断言している。祈りという言葉こそ、彼のうちに湧き上がった感情の大きさと強さを自然に表わすものだったからである……

彼はどのくらいそこに坐って見つめていたか、さだかではない。数分間かもしれないし、ほんの数秒のことだったかもしれない。時間の経過の感覚は、一時消滅していた。ことによれば千年だったかもしれない。その光景は、なぜか彼を永遠のうちに運び去ったからだ……山中にあるスケールの寂しい家の茶の間で、地上の火の温《ぬく》もりを背に受け、地上の燈油ランプの光を目に見、いとも地上的な指でバターつきトーストを持ちながら、彼はこの地上のものではない荘厳な、霊的な、永遠なもの、尊《たっと》き変容と「地が天になる」ことの目に見える証拠に相対《あいたい》していたのだった……

スピンロビンは茶碗を落とし、茶碗はテーブルの脚にぶつかって、ガチャンと音を立てて割れてしまった。これはもちろん彼の粗忽《そこつ》だったが、無理もなかった。彼は驚きに我を忘れ、震える指の筋肉が制御出来なくなっていたようだから……そのあとの変化は徐々に起こったのだが、あっという間のことのような気がした。聖職者の声が小さくなり、音の潮が引いてゆくにつれて、家政婦の顔つきも次第に変わって行った。一瞬前にはあれほど白熱して燃えていた焔が揺らめき、消えた。栄光は薄れ、輝きは去った。彼女は大きさまで縮んだように見えた……ふだんの外見に戻ったのだ。スケールの声が熄《や》んだ。

それは数秒の出来事だったらしい。というのも、モール夫人は皿を取りあつめ、物を一杯載《の》せた茶盆の空《あ》いたところに、苦労して押し込んでいたからだ——聖職者は夫人がそれをやり始めた時、名前を呼びはじめたのだった。

夫人は何か変わったことが起きたとは思っていない様子だった。次の瞬間には、いつも通り、膝《ひざ》を曲げてお辞儀をして部屋から出て行き、スピンロビンは奇妙な衝動に駆られ、テーブルのわきに突っ立っていた。彼はキョロキョロとまわりを見、乱れた髪の毛を撫で上げ、荷物を負いすぎた魂から、栄光と謎の重荷を下ろしてくれるような言葉を何か言おうとしていたが、無駄だった。

深く探るような痛みが、彼の胸をつらぬいた。彼はたった今目にした光輝《かがやき》を思い、大きな奇蹟が去ったあとも夫人の面《おも》ざしに残っている喜びと安らぎを思った。スケールの顔つきにある力を思い、ミリアムの顔にある輝くばかりの美しさを思った。それから、自分自身の卑小さを——自分の人格の俗っぽさ、冴《さ》えない容貌をつくづくと感じて、苦い失望を味わった。なぜ、ああ一体なぜ、すべての顔から魂が輝き出さないのだろう? 万人が自分の永遠不滅の部分を自分自身と認めて、幸福と喜びを知ることが出来ないのは、なぜだろう? 生は空《むな》しい苦しみだという感覚に襲われた彼は、ふたたびスケール氏の途方もない構想と、彼方に差し招く大いなる〝実験〟のことを情熱をこめて思った。ただ、その実験が引き起こすかもしれぬ災いへの恐怖が、またしても彼にのしかかり、恐怖の小さな黒蛇たちが、警告するように希望の明るい背景をチロチロと過《よぎ》った。

やがて、ミリアムがこちらへ来て、そばに立っていることに気づいた。彼女の馨《かぐわ》しい自然な香りがしたので、ふり向いて見なくともわかったのである。彼女の優しい目は輝き、抗し難《がた》い力で何事かを訴えていた。いつも通り、彼女と共に安心感が訪れた。その時、彼を慰められるのはミリアムだけで、スピンロビンは両腕を広げ、彼女が身をすり寄せて来るのを受けとめた。彼女の両手は彼の上着の襟《えり》元をまさぐって頸《くび》に伸び、目には無邪気な子供さながらの信頼しきった表情が浮かんでいた。彼女の髪は花のように彼の唇と顔をおおったが、彼は接吻もしなかったし、言う言葉も見つからなかった。そうして抱いていれば十分だった。彼女と触れただけで癒《いや》され、祝福されたからだ。

「それじゃ、あの人の本当の姿を見たのね」ミリアムの声が肩ごしに言うのが聞こえた。「あなたはあの人の本当の名前を聞いて、形と色を少しだけ見たのね!」

「思ってもみなかった。この世に——」スピンロビンは口ごもった。それから、最後まで言うかわりに彼女をもっと強く抱きしめ、髪の毛に深く顔を埋《うず》めた。

「ええ、そう」と彼女はこたえ、臆せぬ眼差《まなざ》しで彼の目を見上げた。「なぜなら、私にもあなたがそんな風に見えるんですもの——輝いていて素晴らしい、永遠のものに」

「ミリアム!」それは幽霊が出たくらいに意外で、信じ難いことだった。「僕が……?」

「もちろんよ! 私はあなたの本当の名前を知っているのよ。あなたの内なる姿が見えるの」

呆然とした彼の頭を鎮《しず》めるために何かがやって来たが、彼は努力の末、ようやくそれがスケール氏の話し声だとわかった。それから、ミリアムをそっと離し、スケール氏の方を向いて耳を澄ましているうちに、少しずつ気がついた。たった今目にしたことは、一種の「試験」の性格を持つものだったのだ——やがて行われると警告された試験の一つ——そして、聖職者は彼の態度を良しとしたのだった。

「たぶん、君が思っているよりも微妙な試験だったのだよ、スピンロビン君」とスケール氏は言った。「君の心にああいう感情が引き起こされたことは、君が合格したことを十分に証明している。きっとうまく行くと思っていた」彼は満足げに言い添えた。「君自身の適性も、我々の——その——君を受け入れた判断も、大いに信用できることになる」

奇妙な感情の波が部屋のうちを過《よぎ》り、一人からもう一人へ伝わるようだった。息もつけぬ秘書はその潮の中にとらえられ、自分は験《ため》されたが、適格者と認められたのだという誇らしい気持ちで一杯になった。それから急に反動が来て、熱はすっかり冷めた。スケール氏が次に言った言葉の意味が、いささか遅れて理解されたからだった。

第五章

「さて、それでは君自身の名前を呼んで聞かせよう」聖職者は熱中し、鳴り響く声で言った。「そして、生の音楽に於ける君の楽音の美しさと大事さを認識してもらおう」

スピンロビンは頭から爪先《つまさき》まで震えていたが、スケール氏はのしかかるようにして、彼の肩に手を置いた。スピンロビンは聖職者の光る目を見上げた。視線は次に堂々たる鼻梁《びりょう》を伝い下りて、撚《よ》り糸がからみ合ったようなもじゃもじゃの顎鬚《あごひげ》の中に迷い込んだ。その時、もしもスケール氏の大きな顔が消えて、顔という形をとった〝音〟が耳に唸《うな》りを上げてとび込んで来たとしても、スピンロビンは驚かなかっただろう。

しかし、彼は未知なるものの漠然たる恐怖と共に、もっと小さく個人的な苦しみを感じていた。人は他の形態を羨《うらや》むことはあっても、自分自身の形態が失われたり、変わったりすることは強く憎むからである。彼は萎《な》えた腕と聾《し》いた耳のことを思い出した。

「でも」彼はたじろいだが、自分に勇気がないことを恥ずかしく思っていた。「僕は現在の形を失いたくないんです——戻って来たいんです——無事に——」

「心配するな」相手はきっぱりと言った。「ミリアムと私はこの三週間、無駄に実験していたわけではない。私たちは君の名前を見つけた。それを正確に知っている。なぜなら、我々みんなは一つの和音だからだ。約束した通り、危険はないのだ」彼は声をひそめて語りやめると、父親のような遠慮のない仕草で秘書の腕をとり、「スピンロビン君」とおごそかにささやいた。「宇宙の旋律に於ける——あの迸《ほとばし》る神聖な音楽に於ける君の〝自我〟の価値と輝きを教えよう！ 君が私やモール夫人と、誰よりもミリアムといかに結びついているかをわからせてあげよう。ミリアム自身に君の名を呼ばせて、それを聞かせてあげよう！」

それでは可愛いミリアムが彼の死刑執行人に、あるいは贖《あがな》い主《ぬし》になるわけだ。そうなると話は違って来る。ふり返って、もう一人の試験官の訴えるような切ない表情を見ると、スケール氏の実験が彼に吹き込んだ畏怖《いふ》は大方消えて行った。彼は獅子のごとく勇敢な、しかし兎《うさぎ》のごとく臆病《おくびょう》な気持ちになった。もう本気で抗《あらが》うつもりはなかった。

「それなら、いつでもかまいません」スピンロビンは弱々しい声で言った。ミリアムはそっとそばへ来て、熱心さと喜びを隠そうともしない無邪気な目で、彼の顔を探し求めた。彼女は喜んでその義務《つとめ》を引きうけ、その重要さを誇らしく思っていた。

「我は汝《なんじ》の名を知る。汝は我が物なり」ミリアムは彼の手を取って、つぶやいた。

「僕は幸せだけど、怖いんだ」スピンロビンは手を握り返し、耳元で言った。その時、ヴァイオリンを取りに行った聖職者が突然部屋に戻って来たので、二人はハッとした――そんなことは初めてだった。ミリアムは知ることに伴う羞《は》じらいのしるし――スピンロビンがそれを彼女のうちに認めたのも、自分で意識したのも初めてだった――を見せて、ほんの少しうしろへさがり、青白い肌を素晴らしい薔薇色《ばらいろ》に染めて、すぐに離れて行った。

「いかなる危険もないと安心してもらうために」スケール氏は微笑《ほほえ》んで言った。「ヴァイオリンの力を借りよう。そうすれば、音程とリズムを確実にすることができる。何も恐れることはない」

ミリアムも自信ありげに微笑みながら、友を導いた――わけのわからぬ夢のような謎に困惑している男を、今まで自分が坐っていた肘掛け椅子に坐らせると、自分は彼の足元にある高い足台に腰かけた。そして優しく抗し難い、まっすぐな眼差しで、彼の目を覗き込んだ。彼は困惑と自信がどちらも深まるのを感じた。「まず私の名前を言ってちょうだい」ミリアムは穏《おだ》やかに、だが、権威ある調子で言った。「そうすれば、あなたの声の楽音《おと》を私自身の中に取り込めるから。一度か二度で十分よ」

彼は言う通りにした。「ミリアム……ミリアム……ミリアム」そう言って、彼女の目、彼女の「夜の目」に小さく映っている自分の顔を見た。そのとたんに、気が遠くなって来た。ミリアムの唇が動いていた。彼女は彼の声を取り上げ、自分の声を溶け込ませたので、スピンロビンが黙っても、彼女の声調は楽音を拾い続けていた。切れ目はなかった。彼女はスピンロビンが発した音を続けていた。

と同時に、ヴァイオリンがケースから出され、聖職者の顎鬚《あごひげ》の下にあてられたのを、スピンロビンは目の隅で見た。弓が銀色の蛇のように波打ち、長く低い楽音が部屋の中を流れて、空気をリズミカルに振動させた。その振動も同じ音を放っていた。スピンロビンは思わずビクッと跳び上がった。彼は自分の死刑執行令状を出してしまい、この楽器が刑を宣告したような気がしたのだ。やがて、スケール氏の声がヴァイオリンの音と混じって、低音の二弦で奏でる音と絶妙に響き合うのを聞いているうちに、恐怖感は薄らいでいった。その音楽はいわば「彼の中を通り過ぎ」、力の戦慄が魂の未知なる深みへとび込んで、心の中が拡がるという快感と共に、恐怖と喜びが渾然《こんぜん》となる境地へ彼を引き上げたからである。

息がかかるほど彼のすぐそばでつぶやいていたミリアムの声は、数分間、ヴァイオリンと低音《バス》の大きな響きに掻き消されていた。やがて、スケールの声とヴァイオリンの音はどちらも突然熄《や》み、彼女の声だけが浮かび上がった。その声は焔が歌っているような小さなはずみをつけて、彼の名前——彼の醜く笑うべき、外的な、通常の名前の上に落ちた。

「ロバートスピンロビン……ロバートスピンロビン……」というのが聞こえた。その音は夏野を渡る小川のせせらぎのように耳元を流れた。それとほとんど同時に、深い安心感が訪れた。彼はまた、すぐに音自体を失った——あまりに大きく、包容するものとなったため、音として聞こえなくなったのだ。ミリアムの顔も消えてしまった。対象として見るには近づきすぎたのだ。聴覚も視覚も溶け合い、そのいずれよりも親密な何かになった。彼とミリアムは一緒だった——一つの意識、しかし、一つの意識の二つの側面となっていた。

かれらは同じ和音の中で歌う二つの楽音であり、彼は己の小さな人格を失ったが、それはもっと大きな存在のうちに広がり、贖《あがな》われていたのだった。

スピンロビンには——というのも、この話は彼の限られた語彙《ごい》の中から聞き出すしかないからだが——彼女の歌声の呪文が彼の肉体の微分子の間に挟《はさ》まって、それらを分離し、彼の血と共にめぐり、彼の肌を天鵞絨《びろうど》で覆い、彼の精神と思考の織地《おりじ》そのものの中を流れて、低い音を立てているように思われた。彼の中の何かが泳ぎ、溶け、融解した。彼の内なる王国はいとも輝かしく広がった……

魂は弛緩《しかん》し、やがて舞い上がった。一方、胸の中にこれまで凝固《かたま》っていたものが今は流動体となり、生気を帯びた。彼は空気のように軽く、火のように素早かった。思考も変化を来《きた》した。新しい命の大きなリズムに乗って、起伏したのだ。風が木の葉を掻き立て、波になって随《つ》いて来いと深海《ふかうみ》の表面《おもて》に呼びかける——そのように、あの音は彼の心に働きかけた。恐怖はどこにも感じられなかったが、音の潮《うしお》が、目醒めかけた高次の意識の深みを力強く動くにつれて、驚異と美と歓喜が一つの波から次の波へ、互いに呼び交わしながら駆けめぐった。大洋のごとき力を持ち、無限の光輝を放つ大量の音に耳傾けていると、日常生活の小さな反応は彼から飛び離れて、虚空に消えた。それは、神が最初に彼を形態と存在に呼び込んだ時に発した、創造力を持つ音――彼の魂の内なる真の名だった。

……しかし、彼はもう意識して耳を澄ましてはいなかった……おそらく、もう意識して聞いてすらいなかった。魂の名前は、魂のうちにしか響くことが出来ない。そこには言葉はなく、そのようなたどたどしい象徴は必要とされない。スピンロビンは初めて己の真の名前を知った。それだけで十分だった。

娘の声が目醒めさせたこの妙《たえ》なる感覚の奔流を、正確な言語に翻訳することは不可能である。スピンロビンは想像力の秘密の部屋に、たぶん〝思想〟を見つけたのだ。それは自分にだけは理解出来る表現をこの体験にまとわせたが、他人《ひと》に語ろうとすると、ただもう半分ヒステリックになり、まったく意味をなさぬ出鱈目《でたらめ》をしゃべるのだった。おそらく、詩と音楽だけが神秘的な啓示の幾分かを伝えることが出来、それ以外の方法ではとても伝達不能だというのが、本当のところなのだろう。外的な名前が、彼方にある内なる名前への導線として働いた。その名前は部屋を満たし、部屋の上に、家のまわりに、大地の上に開けているはるかに広漠たる空間を満たしていたが、同時に、彼の自我の内部の奥深いところにあった。彼は世界の境界を越えて、智天使《ケルビム》や熾天使《セラフィム》たち——測り知れぬ〝諸力〟——が不断に歌いつづけるあの美しい魅せられた園に分け入った。上げ潮が岸辺の小さな水たまりに手を伸ばして、自らの偉大さのうちに浮かべるように、内なる名前は彼を足元から掬《すく》い取って浮かべた。彼はこの大波の穏やかな胸の上で、恍惚というには冷静すぎるが、ただの狂喜というにはあまりにも輝かしい状態に昇った。

そして彼個人の熱望の小さな楽音が、それが属するより巨大な音楽と共に翱翔《こうしょう》するにつれて、彼は自分自身のうちから脱け出し、自分がついに生きた、完全な、素晴らしく重要なものとなるのを感じた。自分はつまらない人間だという感覚は消え去った。ふだんのちっぽけな、値打ちのない自我は鱗《うろこ》が一つひとつ剝《む》けるように剝《は》がれ落ちて、己の真の〝存在〟の本質的な荘厳さの幾分かが、永遠なる素晴らしき〝全体〟の一部分であることを悟った。彼自身の限られた人格の苦痛に満ちた小さな鼓動は、普遍的振動の巨大な律動の中に滑り込んだ。

もちろん、日常生活に於いては彼はこの〝全体〟を見失って、目先の些事《さじ》に心を昏《くら》まされ、小さな人格を自分のすべてと思い違えていたのである。しかし今、この途方もない音楽の中に立ち上がって、旋回し、翱翔し、歌っていると、筆舌に尽くし難い栄光に照らされて理解した。自分はこの大いなる和音――スケール氏とモール夫人とミリアムもまた各々の諧和《かいわ》する存在を歌っている、この和音の一部なのだ――そして、この和音ももっと巨きな音楽の一部であり、詮《せん》じつめれば、すべてが神の聖なる〝発声〟のうちの一つの楽音なのだ、と。

すなわち、小柄な秘書は生まれて初めて生《せい》の全体を見、素晴らしく甘美で純一なこの幻視を、偉大なスケール氏が彼の識閾下《しきいきか》の心に伝えた音の類比によって解釈したのだった。だが原因は何であれ、素晴らしいのは彼が見、聞き、知ったことだった。彼は万有の体系のうちに価値を有している。これからは絶望せず、自分の小さな歌を奏でることが出来るだろう。

その上、幻視の容赦ない明晰さによって、彼は真実のもっと深い側面を認識し、一時的な不協和音が必要なのは、いわゆる悪が〝全体〟をさらに偉大に、最終的に完成させるために必要なのと同じであることを理解した。なぜなら、彼は子供の見る幻視のようにはっきりと気づいたのだ――自己の存在を正しい楽音に調律する過程は、必然的に受苦と痛みを伴うものであることに。それはすなわち弦の恐ろしい緊張、高まる振動の圧迫、他のすべての音と諧和《かいわ》して響くために初めのうち感ずる苦しみ、そのために自分の小さな楽音が失われるかのような錯覚である……

彼はここまで到達し、悟得したらしい。だが、そのあとに没入した状態で聞いたもののことは、いかなる人間も語ることが出来ない。なぜなら、いかなる言語も超越的な事物に触れると、それを制限するか破壊せずにはいないからである。そうしたものを説明しようとしても、何を言っているのかわからなくなる。だが、スピンロビンがその話をしようとすると、思い出しただけで青い眼に涙が溢《あふ》れ、ミリアムが――彼女はもちろん、彼の一番大切な腹心の友となった――接吻して、無益な試みをやめさせるのだった。

ついに音の潮は引きはじめ、音量が減り、遠ざかった。スピンロビンは名残《なご》り惜しいが突然に、あの音と較べれば雑音にすぎぬ世界へ戻ってゆくのを感じた。第一に、自分が耳を澄まし――聞き――見ていることを意識した。それから、ミリアムの声が今も優しく彼の名を唱えていること、しかし、それは通常の外的な名前、ロバートスピンロビンであること、彼女のつぶらな灰色の目が自分の目をじっと覗き込み、彼女の唇が音節を発するために動いていること、そして最後に、自分が肘掛椅子に腰かけてブルブル震えていることを意識した。喜びと安息と驚異は、なおも焰のように身内を駆けめぐっていたが、しかし、それは消えゆく焰だった。

次いで、スケール氏の声が部屋の向こうから聞こえて来た。暖炉が見え、自分のピカピカ光る尖った運動靴、お茶を飲んだ茶卓が見え、それから、聖職者は絨毯《じゅうたん》の上をこちらへ大股に歩いて来たので、畏怖すべき興奮が去ってぼんやりしたスピンロビンが面を上げると、そこに聖職者の顔があった。今し方の体験の大いなる熱情が、今も溶鉱炉のごとく彼のうちに光り輝いていた。

あの威厳のある鬚を生やした顔には何とも優しい、心を魅《ひ》く、理解のある表情があったので、スピンロビンはすっくと立ち上がり、ミリアムの手を取ってスケール氏に歩み寄った。三人はそこに、炉端の前の敷物の上に立っていた。スピンロビンはこのような素晴らしいものを見せてくれた人物に、否応《いやおう》なく引きつけられた。このような知識が常住普遍ではなく、個々の知覚者の心が見る天国的な夢でしかないことが、彼には残念でならなかった。それまでは知らなかった感謝の念と愛情が、魂のうちに湧き上がった。スピンロビンは胸に焰が燃えさかるような気持ちで、声に出して叫んだ。「あなたは僕の名を呼んでくださった。そして僕は自由になった！　……あなたは僕に正しい名をつけてくださり、僕は贖われた！……」そのあと、半ば霊感を受けたような言葉が山程、口をついて出ようとしたが、スケール氏が突然一方に寄って、片腕を上げた。彼は鏡を指差した。

スピンロビンは背が低かったが、鏡に映った自分の顔はなんとか見えた。だがそれを見たとたん爪先立ちになって、もっと見ようとした。というのも、彼の丸い小さな顔は、乱れた羽根のような髪の毛の下で赫《あか》らんでいたが、文字通り――変容していたからだ。その晩、家政婦の顔に見た栄光と同じような栄光が今も目と額のまわりに輝き、明滅していた。浄《きよ》らかに輝く魂の署名がそこにあり、顔立ちのつまらなさを、自らの力の雄大さと気高さで変えているのだった。

「僕、光栄です――あまりにも輝かしく、光栄です！」未知なるものの感情を言い表わそうと無駄に試みている彼の唇から出たのは、こんな奇妙な叫びだった。「太陽のように光栄です……そして星のように……！」

鏡を見て湧き上がった感情の潮はいとも激しく、真の〝自分〟があのように偉大な栄光を持ち得ることを教えてくれた男と娘への感謝の念はあまりにも強かったので、彼は何か理解出来ぬ幸福を失って途方に暮れた子供のような泣き声を上げながら、ふり返った——ふり返って、まずは大柄な聖職者の胸にとび込み、それから、光り輝くミリアムが広げた両腕の中にとび込んだ。彼は驚異に打たれて嗚咽《おえつ》し、涙を流した。どうしてもそれを抑えることが出来なかった。

第六章

一

驚くべき冒険のこの時点に於ける状況を一口に言えば、最後の〝実験〟の性質についてスピンロビンが感じた恐れと、それに関する熱烈な好奇心とが対峙《たいじ》し、拮抗していたということだったらしい。これら二つの力だけが働いているのであれば、どちらかの方向にほんのわずかな圧力が加われば、彼は決断したことだろう。挑戦を受けてここに残るか、逡巡《ためら》い、臆《おく》して、去るかしただろう。

しかし、初めは計算に入れなかったもう一つの力が、今強い作用を及ぼし、余裕をもって彼の決断を支配した。彼はミリアムを愛していたのだ。たとえ愛していなくとも、彼女の冷静な勇気を見て自分が恥ずかしくなり、「逃げを打た」なかったということもあり得る。彼は自分を見捨てられないように、彼女を見捨てられなかった。賽《さい》は投げられたのだ。

それに、スケール氏が危険で不法な知識を扱う手際がスピンロビンを怖がらせるほど恐るべきものだったとしても、少なくともミリアムにとっては、何も警戒すべきものはなかったのだ。彼女には何の不安も、懸念もなかった。ふつうの善男善女が死の彼方にある天国を待ち望むように、彼女は冷静に喜びさえ抱いて終局を待ち望んでいた。それ以外の理想をまったく知らなかったからだ。スケール氏は彼女にとって父であり、母であり、神だった。彼女をこの寂しい山の中で二十年間も育て上げ、彼女が読む本を選び、話相手となり、壮大な、天上の火を盗むごとき目的を果たすために訓練した。

彼女は他の目的など夢にも考えたことはなく、この人生は来《きた》るべき素晴らしい状態のための退屈な訓練場にすぎぬという考えを叩き込まれていた。だから、自信と安堵感を持って、自分を解放してくれる偉大な〝実験〟を楽しみにしていたのも無理はない。恐るべき危険があるのを漠然と知ってはいたが、スケール氏が失敗《しくじ》るなどとは片瞬《かたとき》も思わなかった。スピンロビンも今のところ、自分の恐怖心を洩《も》らしはしなかったし、実験が失敗して、肉体も魂も永久に滅ぼすような無慈悲な破壊力がふりかかるかもしれないことを、彼女の穏やかな心に吹き込んだりはしなかった。というのも、はっきり言うと、実験のことを考える時に彼を襲う恐怖はそういうものだったのである。スケール氏はオリンポスの神々の怒りを招くような真似をしていたのだ。しかしながら、前章に述べた些細な出来事からもわかるように、この頃、かれら二人の関係には変化が起こりはじめ、最初は感じられなかったが、やがてはっきりと目に見えて来た。スピンロビンはこの家へ来て三週間過ごしていた——疑いなく、他の志願者の誰よりもずっと長かった。あとは最後の大きな試験がいくつか残っているだけだ。予備試験には合格した。留《とど》まるか——去るかを決める時がもうじき来ることを、ミリアムは知っていた。おそらく、こうした考えも与《あずか》って、初めはまったく理解出来なかった自分の気持ちに多少気がついたのかもしれない。

だが、スピンロビンは完全に理解していた。彼自身の心がそれを直感で教えていた。最初の徴候は彼を不思議に戦慄させ、感動させた。そのことを語る彼の話はいかなる恋物語にも似ていなかった。というのも、第一にこの風変わりな娘は、俗世界の現実感をほとんど発散していなかったからである。彼女が知っているのは、この丘の窪地《くぼち》での素朴な生活と、聖職者が啓示した夢の領域に棲《す》む怪異な概念だけだった。第二に、彼女は自分の直感以外に判断する物差しを持たなかった。モール夫人はミリアムを熱愛していたけれども、重い障碍を負っているため母親役は出来なかったし、スケール氏は壮大な思索に没頭していて、二、三の大まかな事柄以外では彼女を指導出来なかった。また、彼女のことには自信を持っていたので、細かい指導が必要かもしれないと考えたこともなかった。それでも、ごく自然で健康な育ち方と、生まれついての純粋さと良識のおかげで、彼女はまずまっとうに振舞った。一方、スピンロビンは慎《つつし》み深く志を持っている上に「小紳士」だったから、道に外れた誘惑をしたり、彼女の無知につけ込んで良からぬ圧迫を加えたりする気遣いはなかった。

二

彼の名前を呼ぶ試験が終わって間もない、ある日の午後、二人は山から下りて来たところだった。聖職者は何か神秘的な仕事のため一日中姿を見せなかったので、二人は水入らずだった。あまり話はしなかったが一緒にいるのが楽しく、スピンロビンは楽しいという以上だった。足元の地面が許せば、かれらはたいがい子供のように手を取り合って歩くのだった。

「ミリアム」スピンロビンは荒野《ムーア》の一番高いところでたずねた。「ウィンキーの話をしたことがあったっけ——僕の小さな友達ウィンキーのことを」彼女はニッコリして見上げ、首を横に振った。「でも、その名前は好きよ」と言い添えた。「聞きたいわ。どうぞ、聞かせて」彼はそこで、子供の頃、妹を揶揄《からか》うためにいろいろな人物を召《よ》び出したけれども、ウィンキーが一番だったことを話した。しかし、なぜかこの小さな人物をいつも名前で呼び、男か女かはっきりさせなかった。それから、ウィンキーを来させないため、妹の窓の外の芝生に一晩中坐っていたことも話した。

「ウィンキーは」彼女は少し低い声で言った。「もちろん、本当の名前ね。あなたは本当にウィンキーを創造《つく》ったんだわ——ウィンキーを存在に呼び込んだんだわ」今、この名前は彼女にとって、十歳のスピンロビンが思っていたのと同じくらい真実の、あり得る存在に思われたのである。

「だって、僕は本当にウィンキーが好きだったんだもの」スピンロビンは夢中になってこたえたが、その時彼女が手を引き離したのに驚いた。「ウィンキーは何年間も、僕の心に生きていたんだ」

二人の間に短い沈黙が訪れ、やがてすすり泣きが聞こえて来て、彼女はそれを抑えようとしなかった。スピンロビンはすぐさまそばに寄って、ミリアムの両手を握った。泣いているわけを一瞬にして悟ったからだ。

「君は素敵な赤ちゃんだね」と彼は言った。「でも、ウィンキーは男の子だったんだ。女の子じゃなかったんだよ！」

ミリアムは涙に濡れた顔を上げると――ああ、しかし、涙に濡れた灰色の眼は何と素晴らしかったことだろう！――彼を目の前に立ちどまらせて、同じ言葉を繰り返させた。そして言った。「それが本当なのはわかるけど、あなたが言うのを聞きたいの。だから、繰り返して言ってもらったのよ」

「ミリアム」スピンロビンは足元のヒースの上に跪《ひざまず》いて、ささやいた。「僕の心の中にはたった一つの名前しかない。それはたしかだ。この家に入った瞬間、暗い廊下で初めて君に会ったとたん、その名前が歌うのを聞いたよ。僕はもうずっと昔からわかっていた――いつか君の名前を持つ女の子が歌いながら僕の人生に現われて、僕を完全なものに、幸せにしてくれることを。でも、その女の子が君みたいに美しいとは考えたこともなかった」彼は握っている二つの手に接吻した。「あるいは、彼女が――君みたいに――僕を思ってくれるとは」彼は夢中で口ごもった。

ミリアムはうつ向いて涙ながらに微笑み、かがみ込んで彼の羽根のような髪の毛に接吻した。と思うと、彼の前でヒースの生えている地面に跪いた。

「あなたは私のもの」ミリアムはこともなげに言った。「私はあなたの名前を知っているし、あなたは私の名前を知っている。どんなことがあっても――」だが、スピンロビンは幸福《しあわせ》すぎてもう何も聞いておらず、彼女の首に両腕をまわして接吻を浴びせ、その先を言わせなかった。

この時、娘は穏やかに、しかし断固として彼を押しのけた。繊細なスピンロビンは悟った。彼女の埋もれた奇妙な人生に於いて初めて原始の本能が目醒め、自分が女であることを、しかも恋する女であることを知ったのだと。

このように好奇心と、恐怖と、驚異と――愛の――厄介な網の目にとらえられて、スピンロビンはここに留まり、聖職者が認めてくれるなら去るまいと決心した。しかし、ミリアムとの親密な関係は事実を知ることを容易にするどころか、難しくした。

なぜなら、ミリアムの愛情につけ込んで、スケール氏がまだ教えてくれない秘密を聞き出すことなどは出来なかったからだ。スケール氏を裏切るのも嫌だった。だが、それでも、彼女に訊いてみたい誘惑は強かった。最後の実験とはいかなるものなのか、「空っぽの」部屋に何がいるのか、そして何より、最終的に人間の和音によって発声する大いなる名前とは何なのかを。

しかし、この時彼のまわりに戯《たわむ》れていた感情はあまりにも複雑で激しかったため、この件について適切な判断を下すことは出来なかった。実際、そうした冷静な判決は、けして彼のもとを訪れなかったのである。今でも聖職者の名前を出しただけで、スピンロビンの丸い頬には、あらゆる冷静な分別の敵である熱狂と驚異の赤みがさす。スケール氏は今も彼の人生の偉大な突破力なのである。その力は彼を宙に舞い上がらせて星空へ運び去り、それによって彼の想像力は焔の翼を羽ばたき、未知なるものの世界を突き抜けて、到達すれば、かれら四人を神々のようにする目標へ向かったのだ。

第七章

一

こうして、事は終局に近づいて行った。音によって形態を造るという理論と実践が、彼の心にある次の刺激だった——聖職者のいとも雄弁な口調で語られ、もうじき証拠を見せてもらえるはずの理論は、これまで、ともかくそこに立っていられるほどに確実と思われた可視世界の礎《いしずえ》を混乱させるかに思われた。

それが単にスケール氏の話だけだったなら、秘書はどう考えるべきかわかっただろう。彼の判断をひどく歪めたのは、実際の証拠がそこに挾まっていることだった。夢想的な説明の間に示される明瞭な、五感で認知出来る結果は、彼を途方に暮れさせた。すべてを催眠術として片づけることは出来なかった。彼はただ神秘的な方向に心が傾いた凡人として、一つの結論に達するしかなかった。それはすなわち、この圧倒的な威厳を持つ祭司のような人物は、空恐《そらおそ》ろしい力の貯水池と実際に接触を持っていて、その力は、彼のこれまでの理解によれば——生《せい》を危険にさらすほどのものだということである。楽観的な情熱に駆られている聖職者にとっては、それらの力がより大いなる生に導くと語ることは容易だった。しかし、もし実験が失敗し、こうした途轍もなく巨大な力が暴れ狂って世界に——そして召換者に襲いかかって来たら、どうなる？

それに——一番不安なのは、ここだった——実験の対象はいかなる名前なのだ？スケールが召《よ》び出そうとしているこの力——かれらを「神々のように」するほど強大で、その桁外《けたはず》れな音節の最初の一つを唱えるにも和音を以てしなければならないほど恐るべきこの力は、一体いかなる性質の物なのか？

しかも彼はだだっ広い屋敷の一部分を、他の「存在たち」が占有しているという感覚に今もつきまとわれていて、このところ一再ならず夜中に目を醒ました。あるいは夢の続きだったのかもしれないが、寝室の外の廊下で何かが動き、歩く者の気配がしたのだ。「夢の続きだったのかもしれない」——なぜなら、戸口へ行って、震えながら、半開きになった扉の狭い隙間から覗いてみたが、何も変わったものは見えなかったからだ。また、ある時——その瞬間は間違いなく目醒めていた。二時まで本を読んで、蠟燭《ろうそく》を消したばかりだったのだから——一つの音を聞いた。それは何とも言いようのない音だったが、聞いたとたん、心臓のあたりから血がどっと引いた。風ではなかった。木材が霜で罅《ひび》割れたのではなかった。雪が外の屋根瓦から滑ったのではなかった。何かが建物全体を同時に満たしたのだが、彼の部屋のすぐ外で、特に大きな音を立てたのだ。それは爆発音のように突然聞こえた。まるで部屋部屋や広間や廊下の空気全部が、途方もない吸引力で吸い取られたかと思われた。真空をつくり出すため、巨大なドームが建物の上に押しかぶさったかのようだった。そのすぐあと、間違いなくスケール氏が大股な足取りで部屋の戸口をこっそりと通り過ぎ、廊下をずっと先まで行くのが聞こえた――足音は忍びやかでじつに早く、その沈黙と素速さには不安か警戒心から来る忙《せわ》しさがあった。

しかも、こんなことが二度重なったので、想像力のせいにするのは無理だろうと思った。どちらの場合にも、聖職者は翌日の晩まで姿を見せなかった。晩になってふたたび現われた時は、ふだんのように物静かだったが、身体のどこかに巨大な振動力の余韻があり、顔と目は赤らんでいて、それが時によるとはっきりわかった。

しかし、こうした前兆についての説明はいまだになく、スピンロビンは忍耐力をふり絞って、やがて体験するはずである最後の試験を待っていた。彼の日記帳は、言葉というものが役に立たないため、通常空白になっていたのだが、彼はそこに記憶に残っているオイノーネーの叫びの一節を書き込んでいた。その詩句は彼が感じたことをいくらか表現していた――

…というのも、焔と燃える思考が
ますます私のうちに自らを形造り、
私はそのほとばしりをとらえるからです、
夜、死せる音が内奥の丘々から
羊毛を踏む足音の如く聞こえて来る時に。……[15]

15 アルフレッド・テニスンの詩「オイノーネー Oenone」からの引用。オイノーネーはイーデー山のニンフで、パリスと愛し合ったが、捨てられる。

二

スピンロビンが聖職者と次のような会話をしたのは、試験期間が終わる三日ほど前のことだった。その話し合いが、やがて行われるもっと大きな試験への準備であることは良くわかっていた。彼は可能な限りその内容を記録しているが、話はその時はもっともらしく、かつ馬鹿げたものに思われた。信じ難い冒険の他の部分と同じだった。

お茶と晩餐の間にあたりが薄暗くなった頃、スケール氏は雪の降る荒野《ムーア》を歩きながら、音の振動によって得られる実際の結果（それについて彼がすでに知っていること）を語り、ある楽音をヴァイオリンで十分長く奏《ひ》けば、橋を落としたり、真二つに割ったりすることが可能だという話をしていた。さらに話題を転じて、物質の窮極の分子は不断《ふだん》に飛びまわっているのみならず、実際には互いに触れ合っていないという話をした。例えば、ピンの先を形成している原子は絶え間なく移動し、変化していて——その間には空間があるのだ。

それから、やにわにスピンロビンの腕を取ると、そばに寄って、鳴り響く声をひそめた。

「物の形態を変えることは」と相手の耳元で言った。「踊る分子の配列を変え、振動率を変えることにすぎない」その目は夕闇の中でも、焔のように相手の顔をよぎった。

「音によってですか?」スピンロビンは早くも薄気味悪さを感じながら、たずねた。

聖職者は大きな頭を振ってうなずくと、やや間をおいて、言った。

「熱波の振動が金属を溶かし、形態を変えることができるように、音の振動は回転する分子の間に割り込み、分子の速度と配列を変えることによって、物の形態を変える——すなわち、輪郭を変えることができるのだ」

小柄な秘書はこの説に面喰らったが、スケール氏がそばにいるのに気圧《けお》され、はっきりと物を考えることが出来なかった。自分が何か言うことを期待されているのを感じ、頭に浮かんだ明白な反論をやっとのことで叫んだ。

「しかし、その——そんな結果を引き起こすほど、微妙で速い振動を生み出せる音があるんですか?」

スケール氏はそれを聞くと、嬉しさのあまり跳び上がりそうだった。だが実際には、背筋を正しただけだった。

「それこそ」彼は大声を出して連れをさらに驚かせ、不安さえ抱かせた。「私の発見のもう一つの部分──その本質的な点なのだ。すなわち、物の形を変えられるほど微妙で速い音の振動を生み出すということだ! これから話すから、よく聴きたまえ!」彼はふたたび声をひそめた。「私は何であれ、物の真の内なる名前を唱えることによって、ある倍音を始動させられることを発見した──いいかね、倍音だよ。波長が半分で周波数が二倍の音だ──その倍音は繊細かつ迅速なので、何であれ手頃な物体の──というのは、分子があまりに近接あるいは密着していない物体だ──回転する分子の間に割り込むことができる。さすれば、私の声を高めたり低めたりすることによって、物体の規模や大きさや形をほとんど際限なく変えることができ、しかもその物体の各部分は正常な相対的比率を保っているのだ。分子を際限なく引き離すことによって、物体を途方もない大きさに分散させることもできれば、見えないほど小さくなるように、うんと密集させることもできる!」

「まったく、世界を創造し直すんですね！」スピンロビンは自分の知っていた大地が足の下を滑り去ってゆくのを感じて、息を呑んだ。

スケール氏はこちらをふり返り、一瞬立ち止まった。雪の下で青白く夢幻のように光っている広大な荒地《ムーア》は、二人の前を過ぎて、空まで続いていった——あああいう沈黙せる形態がいかなる足鍵板の楽音に対応するのかを、誰が知ろう？　風がため息をついた——それがいかなる偉大な形の音響的表現であるかを、誰が語ってくれよう？

……音の熱情の幾分かが、神秘《なぞ》と輝きと共に風のため息に乗って彼の胸へ入って来た。一体、この世に何か現実のものはあるのだろうか？　永劫不滅のものはあるのだろうか？　……〝音〟と〝形態〟は、それよりももっと深く分類されざる〝実在〟の交換可能な象徴にすぎないのだろうか？　そして物が凝集《ぎょうしゅう》しているように見えるのは、突きつめれば幻惑《まやかし》にすぎないのだろうか？

「全宇宙を新しく鋳造《かたど》るんだよ！」スケール氏は暗闇で恐るべき大声を出したので、スピンロビンはミリアムが手を触れて自分を落ち着かせてくれれば良いのにと思った。

「私はね、スピンロビン君、君を巨大にすることも、小さくすることも、見えなくすることも、あるいは名前を部分的に発声することによって、一生歪んだ形にすることもできる。君自身の振動を呑み込んで、真空が物を吸いつけるようにその力を引き出し、君自身を私の存在のうちに吸収することもできる。この古き大地の名前をもし知っていたら、それを唱えることによって地表を一変し、森林を緑の塵《ちり》のように海へ投げ込んだり、海岸の小石を月ほど大きくすることもできる！　あるいは、太陽の真の名を知っていたら、その名をあるやり方で唱えて、私自身をその存在と同化し、有限な個人的生存の哀れむべき恐怖から逃れることもできる！」

彼は連れの腕をつかみ、山腹を恐ろしい速さでズンズン下りはじめたので、スピンロビンは足が宙に浮くほどだった。ゼエゼエと息を切らした秘書の耳元を、奔放な言葉が弾丸のように飛び過ぎ、聞いたこともない恐ろしい音楽のように鳴った。

「いいかね、君」スケール氏は闇の中で叫んだ。「信実な人間が〝力の言葉〟を唱えれば、国々《くにぐに》は戦をはじめることも、永遠の平和に至ることもあるだろう。山は動いて海にとび込み、死者は蘇《よみがえ》るだろう。自然現象の背後にある諸々の音を、機械的な〝力〟と心霊的な〝力〟の名を、ユダヤ教の天使たちやキリスト教の力天使《りきてんし》たちの名を知ることは、君が意のままに召《よ》び出して——使える〝諸力〟を知ることに他ならない。それらを真の振動法で発声すれば、君は自らのうちにかれらの分身を目醒めさせ、大いなる霊力を〝魂〟のうちで活動させることになる」

彼は大嵐のごとく、相手の頭上に雨霰《あめあられ》と言葉を浴びせた。

「エリコの壁[16]が一つの〝音〟の前に崩れ去ったことや、荒れ狂う海の波が、その名を呼ぶ〝声〟の前に静まったことに、何の不思議があるかね？ 私の発見はね、スピンロビン君、浄化する焔のように世界を駆け抜けるだろう。なぜなら、個人や家族や、部族や民族の真の名を唱えることは、かれらを呼び出して至高の〝自我〟を知らしめ、かれらを引き上げて、〝神の声〟の音楽と調和させることだからだ」

二人は玄関の戸口に着いた。ガラス窓から射すランプの明かりが和《なご》やかに迎えた。聖職者は連れの腕を放した。それから、相手の方に身をかがめて一言《ひとこと》言い添えたが、その声には初めて死の重々しさが籠《こ》もっていた。

「ただ、憶えていてくれたまえ——間違った発声をすること、不正確に発音すること、不完全に名を呼ぶことは、あらゆる悪の初まりなのだ。なぜなら、それは魂そのものに嘘をつくことだからだ。それはまた諸力を召び出しておきながら、それらをつつん

16 「ヨシュア記」第六章参照。

で制御する適切な形を与えないことであって、〝力〟の破壊作用を君自身に引きつける——君自身が完全に崩壊し、滅びるのだ」

スピンロビンは冷たく恐ろしい畏怖の感覚に満たされて家に入ったが、その感覚は他のすべての感情を足し合わせたよりも大きかった。恐怖と破滅の風が、彼の赤裸の魂のまわりに甲高《かんだか》い音を立てて吹き荒れていた。それでも彼の決意は揺るがなかった。自分は祝福するために留まるのだ。スケール氏の精神は激烈で、不安定で、ことによると狂っているかもしれない。しかし、彼の狂気は天の入口に雷の如く轟いているのであり、その轟きが彼をすっかり感服させたのだった。最後にはきっと大いなる扉が開くだろうと、彼は本当に信じていた。そして、この考えは彼の心に一種の原初的な恐怖を、この世のものではない——しかし、素晴らしく魅力的な恐怖を目醒めさせたのである。

三

その夜、奇妙な、何かが飛び過ぎるような音がふたたび彼を悩ました。音は前と同じように建物全体を通り過ぎるようだったが、今度はもっと広い空間に作用していた。家の外でも聞こえて、暗い山々の奥へはるかに上って行くような気がしたのだ。途方もない大風が吹き渡るように、それは廊下を伝わって空へ流れ込み、聖職者の言ったことを思い出させた。ある種の音は数インチではなく百マイルもの波長を必要とし、巨大すぎて音として聞こえないという話である。そして音が止むとまもなく、スケール氏自身が大股に滑るように廊下を歩いて行った。それだけは、少なくとも間違えようがなかった。

しかも、翌《あく》る日、スケール氏は姿を見せなかった。スピンロビンはもちろん家の中を探しまわったりはしなかったし、自分の部屋と同じ廊下に面している部屋部屋を調べてみることもしなかった。彼はミリアムがどのあたりで眠るのかも知らなかった。しかし、この長い不在の期間、聖職者はむやみと大きい建物のどこか離れた場所にいるのだと確信していた。そこには、隠し部屋とまでは行かなくとも、母家から離れた部屋があって、聖職者はそこで何か危険で大胆な崇拝の儀式を行っているに違いない。そして、夜に聞こえて来る人を脅《おびや》かす謎めいた音は、もちろん、彼が呼び出す力と関係があるのだ……

その日はひっそりとして風もなく、家は墓場のように静まり返っていた。午後、スピンロビンは丘を歩きながら、学校生徒が学課のおさらいをするように、ヘブライ語の「名前」や「言葉」を練習していた。あたりのいたるところで山の斜面が彼を見守り、聴き耳を立てていた。冬の日射しに輝く一面の雪もそうだった。聖職者はすべての音をポケットに入れて、持って行ってしまったかのようだった。物音と言えるほどの音がまったくしないことは、息苦しいばかりだった。それは何かに備えている沈黙だった。スピンロビンは爪先立ちでそこいらを歩きまわり、ヒソヒソ声でミリアムに話しかけ、ひそやかな、何かを待ち望むような調子で〝名前たち〟を練習した。彼は荒野《ムーア》や山々が深い脇腹をさらけ出し、かれらがその目に見える形であるところの

〝音〟を、恐るべき姿で解き放つのではないかとほとんど期待していた……

こうした孤独な一時《ひととき》には、スケール氏が話して聞かせたことすべてが――それにも増して彼自身の見抜いたことが、不安な現実味を帯びて、心につきまとった。空恐ろしい音量の不可聴音が、怪物的性格を持つ不可視の形態が、両者の混じり合ったものさえもが、あらゆる場所で彼の間近に迫っていた。彼はスケール氏がそうしたように、かれらを解放する楽音を誤って発してしまい、その結果、かれらは吠えたけり跳びはねながら、耳元に押し寄せるのではないかと不安になった。そこで、出来るだけ小さくなろうとした。足音も声も人格も押し殺した。もし可能なら、完全に消えてしまっただろう。

彼はスケール氏が戻って来るのを心待ちにしていたが、日が暮れてもやはり独りきりで、初めてミリアムと差し向かいで晩餐をとった。彼女もいつもと違って静かだった。二人はほとんどモール夫人の世界へ、耳の聞こえぬ人間の沈黙の領域へ入ってしまったかのようだった。しかし、こういう奇妙な印象を受けたのは、大体のところ、スピンロビンの想像力が異常な状態にあったせいかもしれない。彼は今夜がここで過ごす最後の晩であることを――聖職者が雇ってくれれば別だが――知っていたし、また次のことも知っていた――スケール氏が隠れているのは何か目的があってであり、その目的は〝音による形態の変化〟の試験と関係がある。その試験は、必ずや陽が昇る前に彼に課されるはずだ。従って、彼の神経に多少過剰な負担がかかっていたのも無理からぬことだった。

それでも、ミリアムとモール夫人がいることは大きな慰めだった。実際、モール夫人は二人を可笑《おか》しなくらい子供扱いした。始終ニコニコ微笑みながら、皿を持って静かに動きまわり、たっぷり四人分の食べ物を食べさせようとするのだった。料理と料理の間には部屋の端に坐って、ミリアムが手招きするまで暗影の中に待っていた。一度か二度、保護者のようにスピンロビンの肩に手を置いたりした。

しかし、彼自身の心は、この間ずっと魅力的な幻影に満たされていた。過ぎ去ったこの一カ月と、それが自分の思想に与えた驚くほどの変化について考えていた。またスケール氏がいない今、この人物の孤独で天晴《あっぱれ》な勇気がいくらか理解出来た。スケール氏は来る日も来る日も二十年以上にわたって、恐ろしい、おそらく狂った理想を追いつづけ、その信念はけして弱まらず、確信はけして揺るがなかったのだ。また同情の波が初めてスピンロビンの胸のうちへ入って来た――それは他の世界を知らずに育てられた素直な娘への同情、すでに身体の一部分が損われている、耳の聞こえぬ老家政婦への同情だった。二人共、天に攀《よ》じ登ろうとするこの独り者の熱狂家がとり憑かれた観念の犠牲となったのだ。最後に彼は自分自身に同情した。彼は良く考える暇もないうちに、乱暴でわがままな超人の不敵なもくろみの中へ、真《ま》っ逆様《さかさま》に放り込まれてしまったのだ。

ありとあらゆる感情が、この最後の晩、混乱した胸の中で動き出した。だが、全体の紛乱の中からくっきりと現われ出たのは――自分はとうとう真に大きなものの中で重要な役割を果たしているのだという誇らしい意識だった。真実をいとも不可解に覆い隠す思考と感情の帷《とばり》の向こうに、彼は生まれて初めて黄金の赫々《かくかく》たる輝きを見た。それを怖いとも思ったのは、臆病さにすぎなかった……行きずりに見た花を今まで見たどんな花よりも素晴らしいと思って、それを取るため、滝の真上のナイアガラ河に飛び込む――彼が今しているのは、それくらい素晴らしいことなのだ。しかし――「ミリアム、明日は僕の最後の日だ」彼は奇妙な物思いのさなかに、彼女の灰色の目がこちらを見ているのに気づいて、唐突に言った。「今夜は、この家で君と過ごす最後の夜になるかもしれない」

娘は答えず、ただ面を上げて、微笑みながら彼を見ていた。しかし、彼女の眼差しには、いつもの歌うような感じはなかった。

「今のはすごく――不協和音に近かったわ」ミリアムはやがて彼の言葉について言った。「調子が外れていたわ！」彼は相手の言いたいことを悟って、少し恥ずかしくなった。これが最後の晩だというのは、本当ではなかったからだ。彼は自分がここに残り、スケール氏が採用してくれることを知っていた。ただ同情か愛のしるしを見せてもらいたくて、ああ言っただけだということを、彼女は単純な直感ですぐに見抜いたのだ。しかし、誘いには乗らなかった。自分は彼をつかまえており、自分たちの運命は何があろうと一緒だということを良く知っていたからである。

彼は優しく咎められて、また黙り込んだ。二人は坐って、テーブルごしに微笑み合っていた。年老いたモール夫人は部屋の向こうの暗がりに坐っていた。両手を前に組んで、忍耐強い顔の上には白い帽子が聖者の光輪のように輝き、その顔はやはり微笑みながら二人を見守っていた。そのあとは会話もなく、奇妙な食事は終わった。昼間ずっと丘々を覆っていた大いなる沈黙が家の中へも入り込んで、あらゆる部屋に魔力を投げかけていたからである。聴き耳を立てて何かを待ち望むような深い静けさが、建物とかれら自身のまわりにますます深まった。

晩餐のあと、二人は図書室の暖炉の前に、炉格子に爪先をつけて二十分ばかり一緒に坐っていた。ふだんとちがって、ミリアムはすぐに自室へ退《さが》らなかったのである。「ここにいるのは僕らだけじゃない」やがてスピンロビンは小声でそう言い、ミリアムはうなずいて同意を示した。スケール氏の存在感は、傍《かたわ》らに立って大きな声でしゃべっている時よりも、家の中にいながら姿を見せない時の方が、しばしばいっそう現実的で恐るべきものだった。彼のある部分が、彼の人格から発せられる何らかの流出物、強力な心霊的使者がすぐそばにいるのだったが、秘書は今夜それをじつに生々《なまなま》しく感じた。あんなことを言ったのも、じつは、頭の中でもミリアムとしっかり触れ合っていようとしただけなのだ。どこに行っても迫って来る沈黙の海の中で、彼は今まで以上に彼女を必要としていた。沈黙は淵の上に淵を重ねて、彼の上に覆いかかった。不安は刻一刻と強まり、忌まわしい恐怖の黒い蛇はあまり遠くにはいなかった。彼の霊的生命の礎《いしずえ》を揺るがすであろう試煉が、ゆっくりと容赦なく迫っていることを、彼は存在のひとすじひとすじで確信していた。

思いきって、ミリアムに彼女の知っていることを訊《き》きたかった。ことに聖職者の隠れ場所を教えてもらいたかったし、その準備としてこれほどの恐怖と押し黙った空気を必要とするのは、いかなる重大事なのかを教わりたかった。だが、彼は口に封をした。そんなことをたずねるのは義理からして許されないし、ミリアムの軽蔑を知ることは、真実を知るよりもなお悪いと悟ったからだ。

彼女はやがて席を立った。廊下へ出してやるために扉を開けると、一瞬立ちどまって、こちらをふり返った。その目が自分の顔を見た時、ふいに説明し難い戦慄が彼の身内を走り抜けた。初め、ミリアムは何かを言おうとしていると思ったのである。スピンロビンはその時の情景をけして忘れたことがない。ミリアムはすぐそばに立ち、ランプの光が、白い絹のブラウスに小綺麗な黒のスカートを穿《は》いたほっそりした姿を照らしている。光のあたらぬ廊下と向こうの階段の暗がり——彼女はほんの一瞬そこに立って、それから彼の頸《くび》に両腕をまわし、引き寄せて頬にやさしく接吻した。二度接吻して、闇の中に入って行った。歩き方はいとも静かで、足音も聞こえないほどだった。スピンロビンは影と明かりの間に立ち、ミリアムの馨《かぐわ》しい香りと共に、彼女が与えた優しい魔法のような祝福があたりにまだ残っていた。その愛撫は二人が初めて会った頃の無邪気な子供のような愛撫であり、愛する小さな魂のすべての力がこもっていて、彼女は彼が欲しがっていた言伝《ことづて》をくれたのだ――

「頑張《がんば》って！　そして勇敢な心を失わないでね、いとしいスピニー、今夜は！」

第八章

一

スピンロビンはミリアムが行ったあとも、しばらく図書室に残っていた。やがて、彼女のいなくなった部屋にいるのが少しつまらなくなって来たので、明かりを消し、窓をしっかり閉めると、寝るために廊下へ出た。

玄関の扉を見て、鎖がかかっているかどうかを試し、上下のかんぬきが差してあるのを確かめた。どうしてこんな特別の用心をしたかは、さほど難しい問題ではなかったが、その時の彼にはたぶん説明出来なかっただろう。防禦の欲求が彼のうちに目覚めていて、それがいわば自動的に自己を表現しようとしたため、こうした守りの措置を取ったのだ。スピンロビンは怖かったのだ。

彼は灯《とも》した蠟燭《ろうそく》を持って、大きな玄関広間を背後に、広い階段をそっと上がって行った。広間には影が溢れていた——蠢《うごめ》き、物の形をとる影たちが。彼自身の頭と肩も怪物めいた影となって壁と上の踊り場へ流れ込み、そこから頭上の天窓に向かって跳ねた。階段の曲がり角を通る時、階下《した》の広間に満ちていた暗い内容物が一塊《ひとかたまり》になって、巨大な翼を広げたようにサッと掠《かす》め飛び、いきなり彼の背後に止まると、そこから踊り場まで随《つ》いて来た。

彼は一旦《いったん》そこへ来ると足を速め、爪先《つまさき》立ちで歩きながら、階段を半ば下りたところにある自室に着いた。その途中、部屋を二つ通り過ぎた。向こう側にも部屋が二つあった。四室すべて、扉には常時鍵がかかっているはずだった。スピンロビンの想像をいつも駆り立ててやまないのは、この四つの部屋だった。なぜなら、証拠は少しもないが、彼はこれらの部屋に何者かが住んでいると思っていたからである。スケール氏は午前二時に、例の怪しい飛び掠めるような音――彼はベッドでそれを聞くとゾッとした――あの音が止《や》んだすぐあとに、こっそりと急ぎ足で廊下を通って行ったが、その時、彼は奥の二つの部屋のどちらかから出て来たとスピンロビンは信じていた。

だが自分の部屋に入って、通常の生活を思い出させる見慣れた個人的な物に囲まれると、ややくつろいだ気分になった。蠟燭を全部点《つ》けて服を手早く脱ぎ、それから暖炉の前の肘掛椅子に坐って、寝る前に少し本を読もうとした。

彼はとくにヘブライ語を――ヘブライ語の詩を好んで読んだ。この時読んだのは「ヨブ記」と「エゼキエル書」だった。こうした朗々たる詩行の壮大だが素朴な形象ほど彼を慰め、心を鎮《しず》めてくれるものはなかったのである。これらの書物は彼を必ず「自分の外に」連れ出し、少なくとも小さな個人的不安の領域から連れ出した。嬉しいことに、こうして空想を逍遥《しょうよう》させていると、昼も晩も彼を支配していた恐怖はしだいに消えて行くようだった。彼は詩と共に、あの高邁《こうまい》な冒険の領域へ乗り込んだ。それは、現実生活では彼の性格故に実現出来なかったものだった。それらの詩は心を高揚させ、近頃の自分の臆病さはただ一時《いっとき》の気分にすぎないか、少なくとも取るに足らぬもののように思われた。彼の記憶は、一つのものがべつのものを呼び起こすといった具合に、忘れていたものを思い出して、最近ロンドンで見て感銘を受けたブレイクの素描の幾枚かが、心の眼の前を鮮《あざ》やかに通り過ぎた。

読んでいた書物の象徴的表現が、その記憶を喚起したことは疑いない。彼は永遠に世界を掠《かす》め過ぎる目に見えない驚異の大綱にとらわれてしまったような気がした。魂の不変不滅の事物を求めた古《いにしえ》の深遠な精神と較べて、現代生活がいかに卑小なものか――そんなことが妙にしつこく念頭にこびりついた。彼は自分の軽少さを痛切に意識したが、己を幻視の領域にある窮極の〝自我〟と同化することが出来れば、至高の物になり得るのだという認識がそこに幾分か混じっていた。それらの書物を読み……思いに耽《ふけ》り……大いなる光や、素晴らしき〝輪〟や、霊の〝翼〟と〝顔〟といった、古きヘブライ世界の想像力が呼び出した力強い象徴を、心の中である程度形にしてゆくと、彼の魂は搔き乱されたり、有頂天になったりするのだった。

だから一時間後、気が安らいで眠くなり、寝床に入ろうとした時、この詩は彼の心に顕著な効果を残していたようである——そこには当然、スケール氏についての考えも混じっていた。というのも、火除け衝立《ついたて》の位置を直して歩いて来る途中に、こんなことを考えたのをはっきり思い出したのである。ブレイクが〝神格〟を描いた絵のモデルにあの聖職者を使ったなら、どんなに素晴らしい「習作」が出来ただろうか——あの流れる顎鬚《あごひげ》、雄大な鼻、堂々たる頭と肩、大股に歩くあの巨きな姿のまわりに、彼が始終話している音の諸力を暗示する画像を配したら……

これは眠る前、最後に考えたことで、そこにはいかなる恐怖感もなかった。ただ想像力が刺激されただけだったと彼は言う。それに、その内容からして、ある意味で完全に説明がつくものだと。

こうして、彼は素早くベッドにとび込んだ。傍《かたわ》らの小卓には蠟燭とさっきまで読んでいたヘブライ語の本――二カ国語で二段に分けて印刷されたもの――が置いてあった。イェーガーのスリッパは椅子の下にあり、服は丁寧《ていねい》にたたんでソファーの上に置いてあり、付け襟やカフスボタンやネクタイはマホガニーの整理簞子《せいりだんす》の上に一列に並べてあった。炉棚には、その日ミリアムがヒースを活《い》けたガラスの花瓶が立っていた。彼は蠟燭を吹き消す瞬間にそれを見たので、ミリアムは最後の幻影となって、夢と甘美な忘却の国へ彼と共に旅立ったのだった。

その夜はまったく静かだった。黒々とした厳しい冬が、家のまわりに鉄壁のごとく横たわっていた。そよとの風も吹かなかった。雪が戸外の山と荒野の世界を覆い、沈黙は真夜中にいとも深くなって、古い建物とその住人に優しい力のすべてを注ぎかけた。スピンロビンは大きな四柱式寝台の真ん中に丸くなり、疲れた赤ん坊のように眠った。

二

大きな沈黙の中のどこからか微《かす》かな音が聞こえて来たのは、それから大分あとのことだった。音は初め家の土台のあたりで用心深く動いていたが、やがて少しずつ上がって来て、広間を抜け、階段を上がり、廊下を伝い、秘書が安らかに眠っている二階に達して、ついに彼の部屋へ入って来た。その押しつつまれた流れはいともひそやかに、あらゆるものの上に降り注いだ。初めのうちは、ただこのつぶやきだけが――「羊毛を踏む足音」のような、風か舞い飛ぶ雪の音のような、あるかなきかの音が聞こえただけだった。しかし、だんだんと大きくなり、それでもまだ静かな低い音だったが、やがて天井から床までの空間を満たして、水が水槽に滴《したた》り、水嵩《みずかさ》が増すといっそう深い響きを立てるように、じわりと浸み込んで来るのだった。大きな鐘楼《しょうろう》で鐘が鳴ったあとの余韻とでも言えば一番上手《うま》い表現になるだろうが、ただ、こちらはもう少し硬質で――もっと鋭く、生き生きした音だった。

しかし、それ以上のものもあった――何か銅鑼《どら》の音に似て金属的な、しかも妙に人間的なものが。その音にはまた太鼓の小刻みな音のように、なぜか「恐慌の感覚」を目醒めさせる性格があった――不安と警戒心という眠れる前哨部隊を揺り動かす、鋭い感情的な素質が。一方、音は一定していて高くも低くもならず、普通ならいかなる感情も掻き立てるはずはなく――ましてや驚きの感情など起こるはずがなかった。しかし、そこには安全と生命の根幹を脅やかすものがあった。それは革命的な音だった。音はあらゆる物を振動の衣で覆い、部屋を占領するにつれて、無防備に眠るスピロビンの、いわば隙間に滑り込んで、彼の夢を――罪のない夢を――悪夢のような恐怖の暗示に染めた。もちろん、彼は深い眠りにつつまれていたから、目醒めた者が分析してあれこれ言うようなことはちっとも感じなかった。さもなければ、あるいは恐怖を意識したかもしれない――遠い先祖が大津波や日蝕の不可思議な恐怖に襲われて、既知の宇宙全体が変わってしまうかと考えた時に感じたような、原始的な恐怖を。

大きな四柱式寝台に眠っている男は、音の流れが戯れかけるにつれて、あちらこちらへモゾモゾと動いた。毬《まり》のように丸まっていたのが、ほどけて長くなり、まっすぐ伸びた。折り重なったシーツと枕カバーに半分隠れていた頭があらわれた。

スピンロビンは身体を伸ばすと、やがて目を開け、まごついて、暗闇の中で目を凝《こ》らした。

「そこにいるのは誰だ？　君かい——誰かいるのかい？」彼はまだ寝呆《ねぼ》けたまま、ヒソヒソ声で言った。

その声はもう一つの音に打ち消されたかのように、嗄《か》れていた。彼はその瞬間ハッキリと目醒め、寝室がブン、ブン、唸っ、ているのに気づいた。

「あれは何だ？　どうしたんだ？」その音を訝《いぶか》しんで、また小声で言った。

返事はなかった。漠然たる恐れは、夢の中の意識から、今はすっかり醒めた精神《こころ》に巧く転移した。何かが変だという気がして来た。暖炉は消えており、部屋は暗く重苦しかった。彼はぼんやりと時間の経過を——かなりの時間だ——悟り、数時間眠っていたに違いないことを知った。自分はどこにいるんだろう？　自分は誰、な、のだ、ろう？　神秘と夜の名に於いて、眠っている間に一体何が起こったのだろう？　全身がブルブルと震えはじめた——熱病にでもかかったように。暗闇の中のあらゆる物を震わせている、この音はどこから来たのだろう？

慌《あわ》てててマッチ箱を手探りでさがしていると、指が枕カバーとシーツの襞《ひだ》に引っかかったので、力まかせに抜こうとした。そうしているうちに、部屋が前とは違うという印象を初めて受けた。眠っているうちに変わってしまったのだ。暗闇の中でもそのことがわかって、ブルッと身震いしながら、毛布を頭と肩の上に引っ被《かぶ》った。部屋が変貌したというこの考えは、恐怖が今にも襲いかかろうと待ちかまえている胸の奥にぐっとつかみかかったからだ。

五分ほど経《た》った後にマッチ箱を見つけて、マッチを擂《す》った。例の音の奔流《ほんりゅう》は、その間もずっと耳元に溢れていたので、彼はうろたえて、何をしているのかもわからなかった。自分もこの部屋と共に変わるのではないかという奇妙な恐怖が、心に流れ込んだ。しまいにマッチは燃え上がり、彼は震える指で蠟燭に火を点《つ》けながら、夢中でキョロキョロとあたりを見まわした。とたんに、音が四方八方からとびかかって来て、いわば雨のように降りそそぐ激しい空気の振動に彼を埋《うず》めた。……たしかに部屋は変わっていた。実際に変わっていた……しかし、どこが違うのかを見定める前に、蠟燭の火はただの火花となり、芯《しん》が脂《あぶら》を吸うまでそのままだった。黄色い焔がふたたび燃え上がって、物がはっきり見えるようになるまでには、半時間もかかったような気がした。

しかし――何が見えたのか？　寝ている間に、部屋が恐ろしく変わったのが見えたのだ！　しかし、どう変わったのか？　八百万《やおよろず》の神々の名にかけて、どこに問題があるのだ？　音の奔流はますます大きくなり、彼は最初ひどく混乱した。蠟燭が投じる光と影の踊りも彼の狼狽《ろうばい》をつのらせたので、正確な観察が出来るように気を鎮めようとしたが、数分間はどうにもならなかった。

「わが父祖の神よ！」スピンロビンはしまいに小声で言ったが、自分が何を言っているのかもわからなかった。「これは動いているじゃないか！」

実際、蠟燭がしっかりと燃えて、変わり果てた部屋を照らした時に見たものは、それだったのだ。

最初のうちは、ショックのために自然と印象が誇張されて、部屋全体が動いていると思ったのだが、目がだんだん慣れて来ると、動いているのは部屋の中のいくつかの物だけであることがわかった。天井が流体となり、床に触れようとして降りそそぐ。床は前の方へどこまでも途方もなく滑って行く――初めはそのように見えたのだが、違った。じつは天井と床の間のいくつかの物体が――ここに一つ、あそこに一つ――

見慣れぬ輪郭を取り、そのために部屋全体が動いているように見え、様相が一変したのだった。そのような物体は――彼は両手でベッドカバーにひしとつかまりながら、まじまじと見て気づいたのだが――二つあった。左手にある黒ずんだ古風な食器棚と、右手の窓に掛かっているフラシ天のカーテンである。彼自身もベッドもその他の家具も不動だった。部屋全体は静止していたが、二つの平凡な見慣れた家具が、これまで食器棚やカーテンとして知っていたものとは全く異質な形態と表情をまとったのだ。その輪郭、その表情は不吉とはいわないまでも、不吉というに近いほどグロテスクで――怪物的だった。

　正確な観察をさらに難しくしたのは、部屋の同じ側にすらない二つの物品を観察しなければならぬ厄介《やっかい》さだった。しかし、それらの輪郭は非常にゆっくりと変化し、流水に映る乱れた影のように揺れて、なおも部屋に響き渡るあの音の高さと音量に、何らかの形で従っていたことは確かだとスピンロビンは断言する。音が形を操っていて、両者の関係は明らかだった。少なくとも、それだけはわかった。家のどこかに隠れている誰か――もちろん、秘密の部屋にいるスケール氏に違いない――が、二つの「ありきたりな物品」の「真の名」で実験をし、それらの窮極の分子の間に音の振動を差し挟むことによって、通常の形態を変えているのだ。

ただ、次第にハッキリして来た彼の精神《こころ》はこの単純な事実に気づいたものの、この現象に伴う恐怖の魅惑には説明がつかなかった。というのも、彼はそれを恐怖の悦《よろこ》びと感じ、苦悶《くるしみ》とだけ感じたわけではないのである。彼の血はあたりを満たすブンブンという振動のリズムに合わせて、勢い良く流れた。彼の恐怖、狼狽、奇妙な高揚感は、もっとはるかに恐るべき諸感覚の先触れであって、窮極の本質に於いては美しい〝未知なるもの〟の諸相が有する、驀進《ばくしん》する驚異をおぼろに伝えているような気がした。

しかし、そんなことを考えたのは、実験が終わり、次の日一日考える時間《ひま》が出来てからのことだった。今、子供の頃から知っている物の釣り合いが変わってゆくのを目の前に見ることは、信じられぬほど恐ろしかった。仮にあなたの友達が、その人とわかるほどには元のままでありながら、本質に於いてグロテスクに変容するのを見たなら、それはあなたにとってこの上ない苦悩と恐怖であろう。かくも見慣れた二つの物がそれ自体とは違うものに変わることは、死よりも恐ろしい破壊の観念をもたらした。なぜなら、それは頭の中の観念が、もはや目の前に見える物品に対応しないことを意味したからである。対応はもはや真の対応ではなかった。その結果、嘘《うそ》が生まれた。

変容し揺らぐこれらの物体が現実にどんな形態《かたち》をとったかを表現することは、不可能である。スピンロビンが詳しく語ると、聞く者には、それが食器棚ともカーテンとも思えなくなるのだ。ふだんは壁際の暗がりに立っている黒いどっしりした食器棚が、突然前や上に突き出し、曲がり、捻《ねじ》れ、形の悪い腕のように、部屋のこちら側までニュッと伸びて来たと言ってみても、丘に囲まれたスケールの家の怪しい部屋で、それを実際に見た小柄な秘書が感じた新奇な感覚の世界は、いささかも伝わるまい。また、窓に掛かっている色褪せたフラシ天のカーテンが、たった一つの襞《ひだ》の中にウエールズ全体を包《くる》み込み、しかも部屋の壁の外には縁《へり》を伸ばしていない——その光景を見た時のスピンロビンをゾッとさせたような、異常な驚《おどろき》異の感覚で人を戦慄させることは出来まい。なぜなら、彼が見たものは明らかに言葉の矛盾を来《きた》し、それを描写することはまったく不可能であるからだ。

「あれを聴け！　何とまあ！」彼は興奮に圧《お》しつぶされそうになって、ベッドから這《は》い出しながら叫んだ。音はその間も、床から湧き上がって来た。まるで家の地下室や地下道に貯まっていたものが滲《にじ》み出て来たようだった。音は彼のまわりで歌い、戦《おのの》き、強烈な威嚇《いかく》を与えた。スピンロビンは用心深く部屋の中央に動いた。音の影響を受けている物品にはあまり近づかないようにしたが、一体いかなる作用が働いているのか、知りたくてならなかった。というのも、彼はこの現象が起こっている間、異常に「闘志に満ちて」おり、終始自制していたからである。おそらく、興奮のあまり通常の恐怖を感じなかったのだろう。気が動転して、それどころではなかったのだ。蠟燭の熱い脂が裸の足にポツリと垂れた痛みにさえ、気づかなかった。

勇敢な小さなスピニーは、そこにしっかりと立っていた――この変化する世界のただ中に、崩壊の中で己《おの》が魂を支配して。髪は羽毛を掻き乱したように逆立ち、青い眼は大きく開いて、言語を絶した驚異を浮かべていた。顔色はチョークのように蒼ざめ、口は開き、顎は心持ち垂れ下がり、片方の手は部屋着のポケットに入れ、もう片方の手は蠟燭を持っていたが、その蠟燭は傾いて、フィリップ・スケール師の絨毯《じゅうたん》と彼の足首にポタポタ滴《したた》っていた。スピンロビンはそこに立っていた――見慣れた物の輪郭が歪《ゆが》められるグロテスクな恐怖に対峙《たいじ》し、知っていた世界の全景が変貌し、音と形態の奇妙な混乱の中を動きまわるのに面と向かって。自分は音の変容力の驚くべき実例を――音が〝形態〟の不確かさと錯覚を弄《もてあそ》ぶさまを見せられているのだなと、彼は悟った。スケール氏が自分の言葉を証明しているのだ。

彼はこうした光景の背後に儀式の主催者の姿を透《すか》し見て、完《まった》き感嘆の念に震えた。その姿はなぜか並外れて巨大になっており、眠る直前に考えていたスケールの身の丈と同じだった――フィリップ・スケールがこの建物の秘密の場所に隠れて、革命的な〝発見〟の恐ろしい働きを操作しているのだ……しかし、そう考えたあとには、いくらかの慰めが残った。なぜなら、今はスピンロビン自身も大いなる計画に携《たずさわ》っているのではないか？ ……彼は心の中で、この巨人スケールを見た。大きな手肢《てあし》と肩、流れるもじゃもじゃの顎鬚《あごひげ》、雷のような声と奇怪な理論――そんな姿を見ながら、自分自身がより大きな世界に溶け込んでいるのを感じた。そこでは自分のちっぽけな恐怖や不安など、どうでも良いことだった。自分はつまらない人間だという感覚はふたたび消えて、今までずっと望んで来た脱出の道を開く冒険のさなかに、とうとう立っているのだと悟った。

すると、思いは必然的にミリアムへ向かい、つい数時間前、階下《した》の広間で彼女が最後に言った言葉を思い出すと、「試験」の始まりに恐怖を感じたことが恥ずかしくなって来た。彼はたちまち、この現象の驚異と力に没入しているのを感じた。心は今も震え戦いてはいたけれども、冷静を取り戻した。すなわち、〝和音〟のより大きな力に近づいたのだった。

興味深いのは、そのとたん、部屋に変化が起こりはじめたことだ。震動の流れが異常な速さで小さくなり、音は引いて行った。ブンブンという低い唸りは、ふたたび家の底へ沈んで行くようだった。それと共に、さいぜん恐怖と共に感じた戦慄と喜びも消え去った。空気は次第に震え戦くのをやめた。家具は、クルクル回っていた硬貨がパタリと倒れようとする時のように、最後にひとつブルッと震えて、正常な形に戻った。部屋は、そしてこの世界は、ふたたび平凡で退屈なものになった。明らかに試験は終わった。彼はそれを受けて合格したのだった。

スピンロビンは初めて蠟燭をまっすぐに持ち、ベッドの方へ戻った。その時、鏡に映った自分の姿をチラリと見た――彼はその時の自分の様子を、青白くて散り散りになったようだったと形容する……彼はまたベッドに上がり、蠟燭を吹き消し、マッチ箱を枕の下の、手がすぐとどくところに入れると、もう一度丸くなって眠ろうとした。

第九章

一

しかし、寝床に落ち着いたと思う間もなく——シーツがふたたび暖まる暇《ひま》もなかった——試験は終わったどころか始まったばかりであることに気づいた。この嬉しからざる事実を伝えた事柄は、それ自体は小さなことだったが、新たな不安の種を満載していた。それは階段を上がって来る足音で、彼の部屋に近づいて来た。

彼は「もぐり込む」と俗に言う、あのゴソゴソした過程を終えてベッドに静かに横たわったとたん、その音を聞いた。広間の大時計がまごついた耳に力を貸してくれたおかげで、それが近づいて来たことを知ったのだ。というのも広間の大時計は——深い音のする堂々たる家具だったが——ちょうどその時、午前二時を告げるところで、二つの音はかなりの間《ま》を置いて鳴った。彼は最初、足音がずっと下の方で、石敷きの広間から階段を上がろうとするのを聞いた。その時、時計が最初の音を打って、足音を掻き消した。それから十二秒ほどあとに時計の第二の音が弱まって消えると、足音はまた聞こえて来て、階段の天辺《てっぺん》から磨き上げた踊り場の床板へ移って来た。足音の主はその間に階段を昇りきり、今は踊り場を通って、一直線に彼の寝室の戸口へ向かっている。

「あれはたしかに足音だな」彼は毛布の上に頭を少し出して、耳を澄ましながら、そうつぶやいたらしい。「足音だ。たぶん、そうだ……」というのも、その音は実際の足音というより、小さな鉄槌《かなづち》でコツコツと叩く音に似ていたからだ——何か硬い物質が床を自動的に叩いているが、次第に前進して来るという風だった。しかし、その動きの背後には知性があることを彼は認めた。音が方向感覚を示しており、階段の急な曲がり角を曲がって来たからである。しかし彼の心には——なぜかは天のみぞ知る——あれは何かの機械仕掛けで、誰かが広間で操縦しているのかもしれないという考えが、一瞬かすかに浮かんだ。その音は人間の足音にしては軽すぎたが、機械的に鳴る夜の物音にしては「意識的」すぎたからだ。動物の足音にも似ていなかった——すなわち、彼が思いつく動物という意味である。四つ足の生き物が心に浮かんだが、そうではないと思った。

そんなわけで、彼はこの音の矛盾した不可解な特徴に当惑し、怯えるべきか、興味を感ずるべきか、それともただ好奇心を持っていれば良いのかさえ決めかねていた。

しかし、不確かさはほんの一、二秒しか続かなかった。音は彼の部屋の前でいったん確かに熄《や》んだと思うと、今度は人間か獣が羽目板を引っ掻くような物音がして、それから何か生き物が平《ひら》たくなって、ドアと床の間の、割合に大きな隙間《すきま》から身体をねじ込み、部屋にもぐり込もうとするような音がした。

スピンロビンはそれを聞くと、今度はゾッとする恐怖に襲われて石のように硬くなり、初めのうちは、枕の下のマッチを探すために身動きすることも出来なかった。

その一時《いっとき》は恐ろしかった。まぶしい光が部屋中を等しく露《あら》わに照らしてくれるか、さもなければ濃い闇が自分をあらゆるものから隠してくれれば良いのに、と彼は思った。そのどちらでもなく、たった一本の蠟燭の頼りない揺らめきが惨めに戯れているというのは、およそ有難くないことだった。

そのあとはいろいろな事が目紛《めまぐる》しく起こったので、千々《ちぢ》に乱れた心をせわしく出入りする感情の焰の中から、どれか一つの感情を選《え》り分けて認識することは出来なかった。恐怖は感じたが、驚異と喜びも感じた――向こう見ずな勇気――そして――

聖職者の力と知識と権勢への熱い崇拝の念が心をよぎった。彼はその小さな寝室でスピンロビンのために、〝未知なるもの〟を人間から隠している巨大な〝透明なる帷〟を掲げたのである。

それについてはやがて語ることになろう。一瞬、静寂が訪れ、次いで彼は侵入者が入り込んだことを知った。そんなに狭い隙間から入って来られる生き物の、蛇のような薄っぺらさを怪しんでいる時間《ひま》はなかった。驚いたことに、壁際の板張りの床を素早く走って来るパタパタという足音が聞こえ、それが絨毯まで来ると、沈黙が足音を押し殺した。

と、ほとんど同時に何かがベッドに跳び乗り、彼の身体の上を一つの生き物が、軽いしっかりした足取りで素早く通り抜けた――その生き物は、彼が感じた限りでは、兎《うさぎ》か猫ほどの大きさだった。そいつの足がシーツと毛布ごしに身体を踏《ふ》んだ。小さい足だった。足が何本かということは、その段階では見当もつかなかった。やがて、反対側の床にストンと物の落ちる音が聞こえた。

暗闇の中で、そいつが自分の剝《む》きだしの顔の上を走りはしないかという恐怖は、これで過ぎ去った。心からホッとしたその瞬間、スピンロビンはいわば両手で自分の魂をがっちりとつかみ、必死に力をふり絞った。こうなったら、何がなんでも明かりを点けなければいけない。たとえ一本のみすぼらしい蠟燭の光であっても。その時、彼が思ったのは、今すぐ部屋の隅々までを輝く日光に照らし出すことが出来るならば、来世の希望《のぞみ》を捨てても良いということだった。あの生き物がまたベッドに跳び乗り、こちらが見つける前に触って来るかもしれないと考えると、行動する元気が出て来た。

恐怖が氷の槍のように身内を貫くのを堪《こら》えながら、彼はマッチ箱をひっつかみ、ふたたびシーツや枕カバーと気も狂わんばかりに格闘してから、マッチを摺《す》ろうとして、四本も立てつづけに折った。その音はまるでピストルを撃ったように聞こえたので、闇の中で待ちかまえているあの生き物が、音のする方向に跳びかかって来るだろうと、半分覚悟していた。五本目のマッチにはやっと火が点《つ》き、次の瞬間、蠟燭はかすかに燃えはじめたが、例によって苛々《いらいら》するほどの悠長《ゆうちょう》さだった。焰が小さくなって、また次第に大きく燃え立つと、彼は身体中に目があれば良いと思いながら、ざっと部屋を見渡した。明かりは微かだった。初めのうちは何も見えず、何も聞こえなかった――生きている物は何も見えなかったという意味である。

「行動しなければいけない！　何かしなければいけない――今すぐ！」彼はそう思っ

たのを憶えていた。なぜなら、じっとしていれば、相手に攻撃の隙を与えることになるからだ……

そこで、用心深くベッドの端へゆっくりと身を動かし、スルリと床に降り、足でスリッパを探したが見つからなかった。それでも、下を見る勇気はなかった。それから急にすっくと立ち上がり、片手で蠟燭の光を目から遮り、その片手ごしに向こうを見た。

通常、強い感情に圧倒されている時、目は無我夢中でものを探すために、まともには見えないものだ。しかし、スピンロビンの場合は違ったらしい。影は水のように駆けめぐり、揺らめく蠟燭の焔は目を眩《くら》ませたが、向こうの、火の消えた炉の暗がりの上に、恐怖の直接の原因である黒い小さな物体をすぐに認めた。その物の形は暗い背景と混じり合っていたので、しかと確かめられなかったが、天辺《てっぺん》の方の頭とおぼしき場所に、蠟燭の焔の反射で二つの輝く光点が見えた。その光る点はまっすぐ彼の顔を向いていた。自分が見ているのは生き物の眼であって、そいつはけっして守勢に立ってはいないことを彼は知った。攻撃的で恐れを持たぬ生き物だった。

おそらく二、三分間——それとも数秒間だけだったろうか？　——生命の息吹きを持つ二つの存在は睨《にら》み合っていた。やがて、スピンロビンが用心深く一歩踏み出した。蠟燭を下げて生き物の方へ近づいた。そうしたのは、一つにはもっと良く見るため、一つには裸の脚を守るためだった。しかし、防禦《ぼうぎょ》をしようというのは本能的な反応にすぎなかったらしい。それがとびかかって来るかもしれないという考えは、たちまち、不可解にも湧き上がった、もっとずっと大きな感情に溶け込んでしまったからである。自分と向かい合っているこの「生き物」は身体こそ小さいけれども、威厳があり、堂々としていることに気づいたのだ。その物の放つ雰囲気にある何物か、暗い隅の床にいる謎めいた様子の何物か、おそらくは、輝く恐ろしいような眼から閃く何物かが、普通の動物にはない尊大さと意味をまとっていることを彼に伝えた。そいつにはある種の「気《け》ぶり」があった。力と、価値と、ほとんど誇りを持つかのように振舞《ふるま》っていた。

このチグハグな印象は通常の恐怖心を除《のぞ》き去る一方、混乱の種を増した。しかし、それには説得力があった。彼は自分が本当の意味で——霊的に——侮《あなど》れない何らかの生命形態と対峙していることを知った。そのものは彼に説明のつかぬ、信じ難い魅惑を投げかけた。

その上、彼が動くと、小さな黒い物体も動いた——真近から見られることを嫌っているかのように、彼から離れた。素早く、かつ計算した動作で――この点もスピンロビンが思いつくいかなる動物とも似ておらず、本質的に威厳のある仕草だった――後ろのカーテンに向かって走った。その物の堂々とした様子は言うに言い難く、何よりも印象的だった。一体全体、こんなに小さい物と細かい動きが、どうして偉大な感じを伝えられるのだろう? それにスピンロビンには、そいつがどうやって動くのか――四つ足で動くのか二足で動くのかも判別することが出来なかった。

その物はつねに二つの光点をスピンロビンに向けながら床を突っ切り、椅子に軽々《かるがる》と跳び上がって、そこから壁際のテーブルへ敏捷《びんしょう》に跳びはねて移動したが、いまだ暗がりにいるため姿は良く見えなかった。驚いた秘書がその動きをもっと良く追おうとして、用心深くそばに寄ると、そいつはテーブルの端へ向かって行き、その時初めて、揺らめく蠟燭の光がうっすらと照《あ》たっているところを、まともに通り過ぎた。

スピンロビンはその一刹那《いっせつな》、なびく髪の毛をチラリと目にとめた。それが人間か――二本脚の鳥のように動くのを見た。

同時に、そいつは高いテーブルから炉棚へ巧みに跳び移って、クルリとふり向き、まっすぐに立って、蠟燭の明かりをまともに顔に受けながら彼を見た。スピンロビンは明瞭な感覚をことごとく失い、それが——人間であるのを見て、何ともいえぬ嫌な気持ちになった。そいつの動作に威厳があるので、すでに漠然たる畏怖は感じていたが、今それが小さな男の形をしているのを疑いなく認めると、妙に生々しい恐怖が加わった。あるいは、この二つの感情が合わさったことによるのかもしれないが、その時、最初に意識したのは二つの顕著な衝動だった。その第一は殴り殺したいという狂おしい欲求であり、第二は、何か礼拝に類する行為をして、目を隠さなければならないという差し迫った感覚だった！

彼はその時、男が——フィリップ・スケールであることに気づいたのだ！

スケール氏は身の丈一フィートに満たず、ふだん通り黒服を着て、流れる顎鬚、鉤《かぎ》鼻《ばな》、柔らかな光をたたえた大きな目もふだんのままに、秘書の顔と同じ高さの炉棚に立って、三フィートと離れてはいないところから——微笑みかけた。タナグラ人形[17]のように小さかったが、身体の均整は完全だった。

何とも言えず恐ろしい光景だった。

二

「もちろん――これは夢なんだ」スピンロビンは半分声に出し、半分は目の前にいる人物に向かって言った。しっかりした支えを求め、片手で背後《うしろ》を探った。「あなたは夢なんだ。これは何かおそろしいからくりなんだ――神が僕を守ってくださるだろう――!」

スケール氏の小さな唇が動いた。「いや、ちがう」と言ったその声は、遥《はる》か遠くでしゃべっているように聞こえた。「夢などではない。君はちゃんと目醒めている。私を良く見たまえ。君の知っている男――フィリップ・スケールだ。私の目をまっすぐ見て、納得したまえ」彼はふたたびいつものように優しく、愛想良く微笑んだ。「君

17 古代ギリシアでつくられた粘土の人形。多くが十センチから二十センチの背丈である。

が今見ているのは、私の真の名前をあるやり方で——うんと柔らかに——発音して、肉体の分子の結合度を増し、私の目に見える表われを縮めた結果にすぎない。よく聴け、そして見ていたまえ！」

スピンロビンは半分呆然としながら言うことに従ったが、力の抜けた膝《ひざ》が今にもガックリ折れて、床に突っ伏《つぷ》してしまいそうだった。彼は完全に度を失っていた。恐怖と驚きの猛襲は圧倒的だった。この男の姿には何か言語を絶する恐ろしいものがあったからだ。彼はふだん巨人のように大柄なこの人物を慕っていたのに、ここでは小人のような背丈に縮まっている。しかも、こんなに小さくなっても、いつも通り有《う》無《む》を言わせない恐るべき人物なのだ。そして、良く知っている雷のような声が、細くてほとんど泣くような声音《こわね》に押し込められているのを聞くことは、これもまた感情として感じたり、理解可能な言葉や仕草に翻訳したりすることの出来る限界を越えていた。

そんなわけで秘書は、言われた通り、畏怖に満ちた驚きを感じて立っていたが、それは他に何も出来なかったからだ。その間に、聖職者の姿は小さな足で炉棚の端まで歩いて行き、次の瞬間にはこちらの肩か腕の中へ跳び込んで来そうだった。しかし、炉棚の端で立ちどまった――彼にとって、そこは断崖の縁《ふち》だ！　――その時、スピンロビンは人形に似ていながら鬚の生えた唇の動きから、彼が音量と力を次第に高めつつ声を発していることに気づいた。

急速に深さと波長を増してゆく振動がまわりの空気に広がり、床から天井まで部屋を一杯に満たした。発声されている音節が何なのかは、わからなかった。少しも精神《こころ》を集中することが出来なかったからだ。わかったのはただ、声がいつもの支配的な調子まで上がるにつれて、フィリップ・スケール氏の姿も、疼《うず》く目の前で大きくなったことだ。それは筆舌に尽くし難い変化だった。彼の姿は刻々とふくらみ、伸び上がり、上と外に向かって広がったが、部分部分はつねに一定の相互関係を保ち、ゆっくりと動いていたのである。彼は終始完全な均整を保って拡大された。しかも、その姿は発声者自身と部屋全体を音の洪水に沈める朗々たる振動の増大に、ぴったりと、見事に歩調を合わせていた。

スピンロビンにはかろうじていくらかの自制心が残っていたので、この音は眠っていた彼を起こし、家具の輪郭を変えた音と質が似ていることに気づいたらしい。だがそのうち、目の前の、手を伸ばせばとどくところで恐ろしく変化するスケール氏の姿に耐えられなくなった……

正確に言って何が起こったのか、彼にはわからずじまいだった。音は初め彼をおおいつつみ、それから、何か途方もない反撥力を用いたように、うしろへ押した。彼はあたかも抗し難い力に突きのけられたかのごとく、二、三フィートうしろのソファーの上にくずおれた。彼を押しつけた力は小さな部屋中に漲《みなぎ》り、しまいには壁が二つに張り裂けるかと思われた。一方、音はたいそうな音量に達し、彼は自分が大西洋の嵐の波に溺れるごとく、大いなる振動に呑み込まれるのを想像した。彼はそれを音として認識出来なくなる直前、動く空気の波として意識したらしい……その次に彼が見たのは、音が聞こえなくなったあとの沈黙の荒野のさなかで、フィリップ・スケールの姿が天井に向かって高々と伸びあがり、しまいには部屋の空間をすべて占領しそうだったことである。

もしソファーの上ではなく床に倒れていたら、スピンロビンはたぶんこの時点で意識を失っただろう――少なくとも、一時《いっとき》は。だが幸い、すぐうしろにあったソファーが彼に鋭く活《かつ》を入れて、自制力をいくらか回復させた。強力なバネが利いていたので、ソファーは彼を宙に放り上げ、彼は数回小さく弾《はず》んで、ふだん坐る位置に戻った。小さな秘書は火の点いた蠟燭を必死で持ちながら、テニスボールのようにソファーの上で跳ねた。この激しい動きが彼を揺すって正気に返したのだ。ぐらつく宇宙はふたたび形を取り戻した。これはみな自分の勇気と適性を試す試験なのだということを、ぼんやりと思い出した。この考えは、冒険の甘美で狂った恐怖を彼に歓迎させた気性とも相俟《あいま》って、挫《くじ》けかかった勇気を奮い立たせた。

彼はふたたび跳びはねて立ち上がった——剝き出しの足には蠟燭の脂がこびりついていた——頭《こうべ》をめぐらすと、聖職者が信じられぬほどの背丈になりながら、しかもなお大きくなりそうな気配で、もう戸口に近づいていた。彼は——何と恐ろしいことだ——スピンロビンの胸倉ほどもある手で鍵を回していた。次の瞬間、巨大なかがみ込んだ身体が入口をふさぎ、両側の壁全体を覆い隠して、それから部屋の外へ出た。

スピンロビンは燭台《しょくだい》をソファーの上に置いて、好奇心の恐るべき恍惚に胸を燃やしながら、床を駆け抜けて追いかけた。しかし、スケール氏は彼が半分も行かないうちに、無言のまま、川の流れのような速さで、もう階段を下りていた。

スピンロビンはドアの枠の向こうに、このような光景を見た——

スケール氏は奇怪なキュクロプス[18]さながら、二十フィートほど下の広間の床に立っていたが、建物の吹き抜けを突き通して恐ろしくそそり立ち、頭と肩だけでも天窓の下の空間全部を一杯にしそうだった。両足は間違いなく床についていたが、空の惑星のように大きな顔は二階の手摺りの上にぬっと突き出て、半面を明かりに照らされていた。からみ合った巻毛は天井を掃《は》き、顎鬚は黒い髪の毛の川のように、闇の中を流れ落ちていた。雲のごとく広がったこの顔が、揺れる蠟燭のかすかな光の中でゆっくりとこちらを向いて、自分の顔をまっすぐ見下ろし、ニッコリと微笑むのをスピンロビンは見た。大きな口と目は間違いなく微笑んでいた。その微笑みは途方もない恐ろしさにもかかわらず、筆舌に尽くし難いほど魅惑的だった——夏の景色が笑いこぼれたように。

巨大な顔の広がりのさなかで——その顔は奇妙なことに、子供の頃〝造物主〟に対して抱いていた観念を思い出させた——スピンロビンは我を失い、前後不覚の、だが快い眩暈《めまい》をおぼえた。あの巨きな微笑の偉大な優しさ、同情、光輝が彼を圧倒し、呑み込んだ。

ほんの一秒間、恐るべき沈黙のさなかで、彼は凝視した。そして立ち上がり、試験に敢然と立ち向かおうとした。その大胆さは彼の卑小な人格を破壊こそしないまでも、何らかの形で変えるかもしれなかったが、彼にこの上ない闘志があることを証《あか》してもいたのだった。彼は微笑み返そうとした。……自分の顔に対するこの奇妙な哀れむべき試みは、薄暗くて、たぶん見えなかっただろう。スピンロビンが憶えているのはこれだけだ――彼はどうにか力を出して前へ這い進み、音を立てて扉を閉めたが、鍵を回して錠をさす力はなかった。それから二秒後には、蠟燭を蹴り倒して消してしまい、ベッドにとび込んで乱れたシーツと毛布の山にもぐり込み、暗闇の中で咽《むせ》び泣いていた。まるで、これまで目にしたものの不思議さと恐ろしさに、心臓が破裂するかのようなありさまだった。

というのも、心の素直な者には、感情の重圧と緊張が去ったあとに、一切を覆う安堵の涙が慈悲深く訪れるからである……

それから――この時はもうすっかり参っていて、それを自分に確かめることさえ出来なかったが――夜具を引っ被《かぶ》って寝ている間に、何かびっくりするほど甘美で快いものを意識したのは、大事なことだった。それはまったく突然にやって来た反動で、

18　ギリシア神話に登場する一つ目の巨人。

素晴らしいものだったと彼は言う。それと共に絶対的な安心感が戻って来たからである。暗闇でおびえていた子供が、ベッドのそばに頼もしい母親がいることを突然知ったように、誰かが部屋に入って来て、自分のすぐそばにおり、彼の枕を整え、よじれた夜具を直そうとさえしていることを彼は確信した。

彼は夜具を顔から除《の》けて見ようとはしなかった。いまだにスケール氏の恐ろしい顔の記憶に支配されていたからだ。だが彼の耳が聞いたことは容易に空耳《そらみみ》とは片づけられなかったし、一つの声が、子供の頃に聞いた優しい子守歌の冒頭《でだし》のように、自分の名前を呼ぶのを聞いたとたしかに思ったのである。身体のどこかに繊細《かよわ》く冷たい両手が触り、馨《かぐわ》しい夏風のような香りを運んで来たようだった。そして有難い無意識のうちに沈んで行く前、彼が最後に感じたのは、大理石のように汚れなく青白い優しい顔の、儚《はかな》く夢のような印象で、その顔は枕の上にかがみ込み、歌を歌いながら、忘却と平和に誘《いざな》ったのだった。

三

数時間後、安らかな眠りから醒めると、モール夫人が湯気の立つコーヒーの盆を持って、微笑みながら見下ろしていた。スピンロビンは前夜の出来事を生々しく思い出した。その現実感は昨夜《ゆうべ》のことが事実だったという確信をいっそう深めたが、恐怖や狼狽の兆候《しるし》は少しも見られなかった。なぜなら、彼を慰め、眠らせた存在の祝福が、今も身を護る衣のように、彼を覆っていたからである。試験は行われたが、完全に失敗《しくじ》ったわけではなかった。

家政婦は床の真ん中から蠟燭を拾い上げて、食器棚のそばと暖炉のそばに離ればなれに落ちていたイェーガーのスリッパを椅子の下に置き直した。スピンロビンはそれを何だか愉快な気持ちで見ていた。

「スケールさんがよろしくといっておられます。スピンロビンさんは、お急ぎになららなくても結構です」モール夫人はそう言いながら、茶盆をベッドのそばに置いて、部屋から出て行った。時計を見ると、十時を過ぎていた。

三十分後に服を着替えて階下《した》へ下りたが、ただもうスケール氏に会いたくてたまらなかった。といっても、それはふだんの父親のような彼に会いたかったのだ。スピンロビンの貪るような好奇心には一抹の崇拝の念が奇妙に混じっていて、今はこの先の冒険が待ち遠しくてならず、例の〝発見〟をあらゆる意味で完全に教えてもらいたかったのである。広間にいる聖職者を見たとたん、彼は自分が何を言いたいのかも、したいのかもわからずに走り寄った。スケール氏は両手を広げて迎えた。顔は悦びに輝いていた。

だが、その時ドアが開き、ミリアムが二人の間に滑り込んで来た。彼女も晴れ晴れした様子で、両手をいっぱいに広げていた。

「私が先よ！　ねえ、私が先よ！」嬉しそうに笑いながらそう言って、あっという間に両腕を彼の頸にまわして接吻していた。「あなたは素晴らしかったわ！」とミリアムは彼の耳元にささやいた。「私はあなたが誇らしいわ――本当に誇らしいわ！」

次の瞬間には、スケール氏が彼の両手を握っていた。

「よくやった！　よくやった！」スケール氏は朗々たる声を響かせながら、手放しで賞《ほ》め讃《たた》えるといった様子で、スピンロビンの顔を覗き込んだ。「まったく見事だった。親愛なるスピンロビン君、君は一人の神の心をつかんだ。君も今に神のようになれるだろう！　君にはその値打ちがあるからだ！」彼は握った両手を激しく揺さぶり、一方、ミリアムはつぶらな灰色の眼に感嘆の色を浮かべて、スピンロビンを見つめていた。

「嬉しいです――すごく嬉しいです」秘書は生々しい恐怖に駆られた瞬間を思い出して恥ずかしくなりながら、たどたどしくこたえた。自分が何を言っているのかもわからなかった。

「物の特質は」聖職者は雷の轟くような声で言った。「君にもうわかったろうが、『それをつくった〝音〟の圧《お》し消された発声』にすぎない。物自体がその名前なんだ」

　彼は熱心に、畏敬の念を持って、早口にまくし立てた。「君は自分の目で、私の〝発見〟の科学的な証拠を――もっともつつましいレヴェルでだが――見たのだ。あのように物体の物理的特性は、それらの真の名前を顫動発声することによって操れる――拡大したり、縮小したり、光り輝かせたりすることができる。次に学ぶのは、霊的な性質を――存在のもっと高い状態の属性を――同様のやり方で扱い、制御《せいぎょ》できる――高揚させたり、強化したり、呼び出したりできるということ――そして、偉大な〝名前たち〟を正確に発声すれば、それらの特殊な性質を自分の魂に呼び込み、かれらのように偉大な不滅の存在となり得ること――そして、〝大いなる名前〟に呼びかけるというのは、ただの空虚な言いまわしではないということだ……その時が来たら、スピンロビン君、怯《ひる》んではいけない。怯んではいけないよ……」彼は両腕をぐっと伸ばして、大きな喜びの仕草をした。

「はい」とスピンロビンは繰り返したが、その時のことを思うと、心が千々に乱れるのを感じていた。「僕は怯みません。思うに――今は――何とかできるような気がします――どんなことでも！」

それから彼は、ミリアムが笑いながら階段を上がって行くのを目で追いながら、スケール氏のあとに随《つ》いて図書室へ入った。頭の中ではいろいろな思いがあちこちへ飛びまわり、歓喜と誇りにふくらみ、この先への期待に震えていた。図書室で、聖職者はごく言葉少なに言った――君を採用するから、今後良からぬ事態が生じた場合のために、財産を君に遺譲するという約束を果たしたい、と。彼はまた「試験期間」の給料を現金でスピンロビンに渡し、最初の四半期の給料を小切手で前払いした。本当にふさわしい協力者をようやく見つけて、満足至極な様子だった。手続きが終わって握手する時、スピンロビンは相手の顔を覗き込んだ。つい二、三時間前に見た、この驚嘆すべき人物のべつの面を考えていたのだ――極微な姿、雲突く巨大な姿、二人のスケール氏の間の変化を……

「僕、頑張ります、スケールさん」彼は今までに感じた疑惑と恐怖をすっかり忘れて、きっぱりと言いきった。

「それはわかっていた」と聖職者はこたえた。「初めからわかっていたよ」

第十章

一

二階へ駆け上がって机に金をしまっている時、スピンロビンが最初に気づいたのは、彼の全身全霊が、べつにそう意識してはいないのに、恐ろしく重要な一つの問いを発していることだった。彼は自分の潜在意識がこう問いかけているのに気づいた。

「フィリップ・スケールがつねに求めているのは
如何なる名前なのか？」

それを問うているのはもはやただの好奇心ではなく、節操と徳義のある人間すべての行動と生活の基本にある責任感だった。スピンロビンは小さくて弱かったけれども、節操と徳義のある男だった。彼はもう他人の導くところへ盲目的に随《つ》いては行けない一点に達したのだ――たとえ、導く者がフィリップ・スケールのように偉大な人間であっても。人間はこの一点へ、道徳的温度計のさまざまな度数で到達するが、ミリアムが彼の心に愛を目醒めさせなかったなら、彼の意志の水銀はこんなに早く高いところへ上がらなかったかもしれない。彼は今二人分の責任を感じており、風変わりな混乱した小さな精神《こころ》の奥に、自分が求めていた大いなる冒険とは結局、素晴らしい〝愛〟の至高の冒険にすぎないのではないかという考えが生まれていた。

彼はこの時点でこうした二つの問いがあったことを記しているが、それをここに述べるのは、彼自身のために他ならない。いずれの問いにも、答はまだなかった。

数日間、この奇妙な所帯の日課はいつもと変わりなく続き、ただ一つ変わったのは、秘書がヘブライ語の名前を練習し、音と色彩、形態その他の関係を研究する時、以前よりも自制していたことだった。なぜなら、〝愛〟は人を人らしくする偉大な教師であり、高慢の鼻を挫《くじ》いて、健全で実際的な生活の価値観に目醒めさせるからだ。いわば、彼は顧《かえりみ》て、この一件に正面から向き合おうとした。冒険の全体を見よう、その全周を見渡して判断しようとしていた。しかし、あまりにもこの問題に深入りしていたため、細部を正しい釣合いに置く鳥瞰的《ちょうかんてき》な視点に立つことは不可能だった。スケール氏の人格があまりにも近くにあって、彼の心をあまりにも激しく満たしていた。スピンロビンはいまだに混乱し、まごついていたが、同時に信じられないほど幸福だった。

「無事、窮地を脱する」彼は金箔の縁取りのある日記に、震える字で記している。「自分がなぜこの世に生まれたのか、わかって来た。自分も他の人間と同じくらい重要なのだ――本当に。これ以上は説明出来ず」彼の記述は電報に良く似ており、そこでは人間が明確な速記で、実際の言葉では言い尽くせないあらゆる事柄を表現しようとしている。しかし、人生そのものも、沈黙と饒舌という両極端の間《はざま》で、魂が言いたいことを表現しようと空《むな》しく試みる大いなる電報に似ていなくもない……

「スケールは行きすぎている」という記述が、日々につのる懸念《けねん》の重みをたぶん、もっとも良く言い表わしている。「彼がやろうとしていることは僕をたじろがせる――何か完全に正当とは言えないことなのだ。僕たち二人を焼き尽くすかもしれないオリュムポスの火を弄《もてあそ》んでいるのだ」彼の電報はそこで終わっている。というのも、その火が同時にミリアムも焼き尽くすかもしれないと考えた時の苦痛と懊悩を、言葉でどうして言い表わすことが出来よう？　そのことは彼の魂のうちにある畏怖の恐ろしい深処《ふかみ》に触れた。彼の心臓を震わせた。ミリアムはもう彼の自我の一部となっていた。

強烈な反動と、同じように強烈な情熱がかわるがわる彼を襲った。聖職者の詩的な話がいかに霊感に満ちているかはわかったが、しばらくすると、現実の結果が彼をふたたびよろめかせ、確信に立ち帰らせるのだった。というのも、詩は判断を曇《くも》らせ、想像力を燃え立たせたので、冷静について行けなくなったのである。スケールの話は不合理なだけでなく狂気を宿しているという感覚が、彼を悩ました。しかし、物理的な結果は彼を真っ向から見据えていたのであって、物理的な結果と議論をしても時間の無駄である。行動しなければならない。

だが、どのように「行動する」かだ。彼は示された唯一の道を受け入れた。子供の頃の習慣に戻り、聖書を読み、夜になるとつつましく跪《ひざまず》いて祈った。

「我を心正しく、汚れなく、素直に保ちたまえ。そして……ミリアムを祝福したまえ。彼女を愛し、力づけることを許したまえ。……わが愛が彼女に平和と……喜びをもたらすことを許したまえ……そして御身《おんみ》に願いまつる。この恐怖を乗り越え、〝真理〟に達するよう導きたまえ……」

無私の愛の美しさ故に、彼はそれが愛だということさえ認めなかったのだった。ただいとも高いものを感じていただけで、その優しく高揚した情熱を、〝世間〟が愛と呼ぶものの平凡な規準と結びつけることが出来なかった。大きな愛の慎ましさは常に驚くべきものである。

そのあと、彼の祈りのうちでは、スケール氏の大胆な行為が引き起こすかもしれぬ結果から身を守って欲しいという、もっと臆病な呼びかけが続いた。彼は〝神の愛〟を理解することは出来たが、〝神の怒り〟という概念を畏《おそ》れずにいられるほど自由な心は持っていなかった。スケールが神の怒りに触れるのではあるまいか、自分もその巻きぞえとなって、恐ろしい災厄《さいやく》に引きずり込まれるのではないかという暗い不吉な恐怖が、昼も夜も彼を追いかけた。スケール氏がやろうとしていることは、そんなにも無法で、不敬な、冒瀆的なものに思われた……

「……そして御身に願い奉る。我らが炎に焼かれることのなきよう、我らを心と頭脳の空しき高ぶりから守りたまえ、……おお、神よ、我らの意志の傲慢さを……そして我らの魂の無知なる大胆さを赦したまえ……罪深き者のために無辜《むこ》なる者が苦しむことを許したまわざれ……とりわけ……ミリアムを祝福したまえ……」

しかし、この間も、自分の真の名前を呼ばれた時のえも言われぬ記憶が、彼の魂の中を駆けめぐっていた。遠い手のとどかぬものども美が、星のように彼の頭上に浮かんでいたので、家のまわりを歩いていても、胸には飽くことを知らぬ憧憬があり、顔にはたえず驚異の微笑が浮かび、眼には時によって恐怖だったり喜悦だったりする光があった。

山々の上から大きな声が彼に呼びかけ、この小男は心の中でつねに「今行く！ 今行く！」と答えているが、やがて途中でわざと道に迷うか藪蔭《やぶかげ》に隠れるかして、大いなる見えない〝召換者〟に対面するのを恐れている――まるでそんな風であった。

二

その間、家は彼にとって、いわば〝音の神殿〟のようなものになった。それはまわりを取り巻く丘々と荒涼たる土地によって、冒瀆から守られている。明け方から晩まで、広間や廊下には歌うヴァイオリンの音、スケールの鳴り響く声、ミリアムの優しい音色、そして彼自身の物悲しいが昂《たか》ぶった楽音が反響《ひび》き渡った。一方、古い灰色の壁の外では、風の歌声と流れ落ちる水の小止《おや》みないつぶやきが、あたりにいつも生気を与えていた。この場所は夜ですら静謐《せいひつ》ではなかった。彼は聖職者が言ったことをようやく理解した――完全な静寂というものは存在しない。宇宙はその最小の細部に至るまで、一瞬の途切れもなく歌っているのだ。

自然の音が、特に心から離れなかった。今では風の音を聞くたびに、神の声のささやきを思わずにいられなかった。そのささやきは地上にさまよい下りて、人々の心を和らげるが、まごつかせる――それを理解出来る素直な聴き手を探している。また散歩をして海まで足をのばした時は、波の挽歌《ばんか》が存在の奥底を苦しめるような悩ましい高揚感で彼の魂を騒立《さわだ》たせた。外的自然の主音はへ音だというスケール氏の言葉の意味を彼はあらためて理解した――この雇い主は自身、心霊的な絶対音感を持っていたのだ――そして街の喧噪《けんそう》も、森の樹の間を吹く風も、汽車の叫びも、川や引潮の激流も、ナイアガラの滝それ自身も、すべてこの唯一の音を発しているのだ。彼は荒野《ムーア》で、笑うミリアムのそばにいながらその音を歌うことが――そしてこの世界が文字通り、自分たちと共に笑っていることを感じるのが大好きだった。

あらゆる音の背後に、彼は初めて戦慄すべき荘厳さを見た。スケール氏に讃められた彼の想像力は、それらが具現する形態を即座につくってみせた。戸外ではパンの笛が踊れと呼びかけた。屋内では、さらに大いなる音楽の谺《こだま》が、彼の霊魂の内部に声を上げよとささやきかけた。彼はフィリップ・スケールが開示したこの異様な新世界で、きりきり舞いをするばかりだった。

聖職者がそばにいて護ってくれる時や、熱狂の興奮に支えられている時は良かったが、一人になって、臆病だが冒険心に富むふだんの精神状態に戻ると、こうした新らしい物事のあまりにも鮮烈な感覚が彼を戦慄させた。スケールの構想の恐るべき美しさ。まわりの世界のあらゆる形態が声を立てずに歌っており、いつ何時《なんどき》消滅して、巨大な実体を原初の音の中に解き放つかもしれないこと。路上の石も、丘々の峰も、大地それ自身も、目の前で形を変えるかもしれないこと。一方、姿なき生命と死の諸力が、それらの名を呼ぶことによって、いきなり目に見える形態をまとうかもしれないこと。彼自身も、スケールも、モール夫人も、あの青ざめた妖精のような娘の姿も、草木や、虫や、獣や、惑星と同じ秩序の中にからめとられていること。そして神の声がいたるところに、我々のすぐそばにあること――こうしたことを冷静に認識すると、日常生活には馴染む余地のない、あまりにも親密で偉大なものの気配が、独りでいる時の彼を圧迫するのだった。

そういう時――今では、それがほとんどひっきりなしに続くのだったが――彼は退屈かもしれないが平凡な生活の安心を好んだ。今までそこから逃げ出したいと思っていた限りある人格が素晴らしく甘美で、心慰めるものに思われた。彼は真近に迫る大いなる名前の〝実験〟の恐怖に怯《おび》えていた。

このように魂のうちでせめぎ合う諸勢力は、時と共にますます矛盾し、混乱したものとなった。自分の身がどうなるかは、こちらかあちらへ、ほんの一押《ひとお》ししただけで――それもおそらく最後のギリギリの瞬間に――決まってしまうように思われた。待ちかまえる山場が彼をどちらの方向に引っ張るかは、判じ難い問題だった。

三

それから突然、この恐ろしい冒険は隠された山場へ急に一段階近づいた。ある日の午後、スケール氏が思いがけず後ろからやって来て、大きな手を肩にかけたので、スピンロビンは思わず跳び上がった。

「スピンロビン」スケール氏は彼の小心と怯懦《きょうだ》を恥ずかしく思わせるような、堂々と響く声で言った。「用意は良いかね？」

「何でも、どんなことでも大丈夫です」彼は聖職者の力が魂に流れ込んで高揚させるのを感じたとたん、ほとんど自動的に即答していた。

「いくつかのことを」スケール氏は彼の腕をつかみ、深い革張りのソファーに引っ張って行きながら、語り続けた。「君に知らせる時が来た。君自身と私たちの安全のために、今までは隠しておかねばならなかったのだ――その第一は、この家が君の思っていたような空家ではないという事実だ」

スピンロビンは何か驚くべきことを聞かされるのを覚悟していたが、それでもギョッとした。ひどく唐突だったからだ。

「空家ではない、ですって！」と彼は鸚鵡《おうむ》返しに言った。その先を聞きたかったが、震えていた。自分の部屋の前の廊下で夜中に聞こえた物音と足音をけして忘れたことはなかった。

「君の部屋の向こうの部屋には」スケール氏は敬虔《けいけん》といえるほど厳そかな調子で言った。「住人がいる――」

「でも、誰が――」秘書は喘《あえ》いだ。

「〝囚《とら》われた音たち〟がいるんだ――巨大な音たちが」というのが、ささやくような返事だった。

二人の男は数秒間、じっと見つめ合っていた。スピンロビンの胸は生死《しょうじ》の瀬戸際に迫る切実な問いで一杯になっていたが、スケールの方は、どこまで打ち明けて良いものかと思案している様子だった。

「スピンロビン君」彼はやがて相手をしっかりと見据えて、言った。「もうわかっていると思うが、私が求めているのは、ある種の名前を正確に発音することだ——いや、ある名前をと言っておこう。この名前の性質はまことに複雑なので、単一の声では発声することができない。私には和音が必要なのだ。四つの声から成る人間の和音が」

スピンロビンはうなずいた。

「長年にわたる研究と実験の末に」と聖職者は語り続けた。「私は最初の三つの楽音を見つけた。そして今、他ならぬ君自身のうちに第四の楽音を見出すという、またとない幸福が訪れたのだ。君に今知ってもらいたいのは——といっても、初めから全部を理解してもらおうとは思っていないが——私の求めている名前は四つの大きな音域に分かれており、個々の音域に対して、私たちの和音を構成する四つの楽音が導入経路をつくるということだ。その時が来たら、我々めいめいが、巨大な恐るべき音域の一つに強力な反応を呼び起こす音節や音を発して、名前全体を完全に諧和して歌われる一つの和音として振動せしめるのだ」

スケール氏は語りやめて、深く息を吸った。偉大な実験に近づくことは、口に出して言うだけでもひどく疲れるので、心の底に眠っている力の貯えに頼らねばならないようだった。その態度全体が——死の厳粛と畏怖、敬意と興奮をあらわしていた。

そして単純な真実を言えば、その時スピンロビンには、この恐ろしい桁外《けたはず》れな名前が何なのかを問う勇気がなかったのである。あの四つの部屋について、普通の質問をすることさえ出来なかった。心臓が金槌《かなづち》のように肋骨を打ちつけ、その不吉な太鼓の音が両の顳顬《こめかみ》を通じて聞こえて来たからである。

「君の廊下の部屋それぞれには、私がつかまえて虜《とりこ》にした音たち、ないしは声たちがいて、呼べばいつでも跳び出して来る。部屋は個々に覆いをかけ、特別な処理が施してあって――まさしく蓄音機のシリンダーに似た巨きな蠟《ろう》の容《い》れ物《もの》なのだ。そこに今、かれらは自らに属する形態や模様や色彩と共に押し黙り、目に見えぬ形でひそんでいる。あたかも神の言葉によって客観的存在に呼び込まれる前の宇宙が、押し黙り、不可視の状態にあったように。だが――私はかれらを知っているので、かれらは私のものなのだ」

「この何週間か――僕のそんなにすぐ近くに」とスピンロビンはささやいたが、声が低くて、スケール氏は気づかなかった。

それから、聖職者は彼の方に身を乗り出した。「囚われた音たちは、まだけっして完全とは言えない」彼はそれを認めるのを憚《はばか》るかのように、顎鬚の中でもぐもぐと言った。「私がつかまえているのはかれらの最初の一文字だけで、その形態はうっすらした輪郭をとらえているだけだし、色彩もごく微《かす》かにしかわからない。だから我々は気をつけねばならないし、くれぐれも賢明に振舞わなければならない。かれらを正しく発声することは、我々に神々の性質を転移させることを意味するが、間違って発声すれば、この地上に諸々の力を解き放つことになる。その力は——」彼は大きな肩をすくめ、額から唇まで顔が灰のように青ざめた。言いかけた言葉は最後まで言わず、そのことがスピンロビンを、いまだ経験したことのない不安に悶々とさせた。

「だから、君の用意さえ良ければ、次の一歩として、君に自分の音がいる部屋を見せたいのだ」スケール氏は長い間《ま》を置いて、言い添えた。「それは、その時が来たら君が発声する特権を持つ和音の中の一《いち》音だ。というのも、我々はめいめい自分の文字を発声し、四つが一体となって、私の求める名前の第一音節をつくり上げるのだから」

スケール氏は相手の大きく見開いた青い目をじっと見下ろし、二人共しばらくしゃべらなかった。

「僕が発声する文字というのは」秘書はやがて言った。「何か偉大な名前の一文字なんですね?」

スケール氏はプロメテウスのごとき思想の偉大な勝利感を目に浮かべて、微笑んだ。「あの部屋で」彼は深く優しい声でつぶやいた。「その文字は君が要求する時を待っている……君はあそこでその色を学び、その強大な振動に調子を合わせ、その形態を見、その力を君自身のうちで知るだろう」

かれらはふたたび長いこと見つめ合った。

「僕、頑張ります」スピンロビンは聞こえないほど小さな声でささやいた。「僕、頑張ります、スケールさん」だがそう言った時、丸い頭の中で何かが目眩《めまい》をおぼえ、彼の思いはミリアムと、聖職者がついさっき言った意味深長な言葉に向かった――「気をつけねばならない。くれぐれも賢明に振舞わなければならない」

四

聖職者がするように言った準備は――細かく、徹底して、厳格な準備だった――スピンロビンの目から見ると、迫り来る苦患《くげん》の重さを減じるものでは到底なかった。かれらは二日二晩かけて、「天使たち」のヘブライ語の名前を几帳面に学び、発声した――「天使たち」というのはすなわち力であって、その性質が安全を守るために不可欠なのである。

同時に、かれらは断食をした。

しかし、あの閉め切った部屋を正式に訪れた時は――錠をさした扉はさながら神殿の帷《とばり》のようだった――何かおごそかな行列が、地下堂かピラミッドの年古《としふ》りた通路を通って、測り知れぬ秘密が眠る隠された場所へ行くようだったとスピンロビンは語る。それはたしかに戦慄を催すような、印象的な光景だった。先に立って行ったのはスケール氏で、ゆっくりと大股に歩を進めた。その姿は死のごとく厳粛で、二人の使命がいかに重大かを確信していたから、威厳と荘重とも言うべき暗い冒険の気配が漂っていた。寒々しい十二月の朝、長い廊下は影の世界へ向かって伸びていた。そこをおよそ半分ほど行ったところで、スケール氏はスピンロビンの部屋から二つ目の戸口に立ちどまると、連れの方をふり返った。

スピンロビンはもうどんなものでも見てやる覚悟だったが、それでもいわば「藪《やぶ》蔭《かげ》」に隠れようとして、少し距離を取って歩いていた。だが、スケール氏は彼の腕をつかみ、傍らへ引き寄せた。おもむろにかがみ込んで、顎鬚だらけの大きな口がスピンロビンの耳のあたりへ来ると、おごそかにささやいた。

「心の清らかなる者は幸いなるかな。かれらは神を見――聞くであろう」

それから鍵をまわし、部屋の中へ案内した。

だが、そこは二重扉になっているらしかった。最初に入ったところは納戸《なんど》のような、小さな控えの間だったからである。ここにはわずかな明かりしか射していなかったので、聖職者が壁の釘から、法衣に似た裾長《すそなが》の衣を二着取るのが見えただけだった。その色は濃い赤と濃い菫色《すみれいろ》のようだった。

「我々の身を守るためだ」スケール氏はそう言って赤い衣をまとい、もう一つを連れに渡して、着るのを手伝った。「部屋から出るまで、身体にぴったりと着ていなさい」

司祭平服に似たその衣は、小柄な秘書には何フィートも丈《たけ》が余ったので、彼はその襞《ひだ》の中でしばらくもがいていたが、聖職者はふざけた気持ちの割り入る隙《すき》もないほど重々しい口調で、言い足した。

「なぜなら音と色彩は密接に関連しており、両者のある組み合わせによって、霊体が安全を保ちつつ、ものを感知する状態になれる。さもなければ、我々は大いなる〝存在たち〟が目の前にいても何も見えず、聞こえないだろう」

些細なことが真に劇的な瞬間、前面にあらわれて、不思議なほど適切な印象を心に刻むことがある。まさにこの瞬間、スピンロビンの目は、壁と扉の隅にちっぽけな蜘《く》蛛《も》の巣がかかっているのをみとめた。小さな網の真ん中には蜘蛛自身がいて――震えていた。彼はけしてそのことを忘れなかった。それは彼自身が感じたことをそのまま表わしていた。彼もまた宙空に震えているような――蜘蛛の巣の真ん中にいて、その糸は他ならぬ空の星々から張られているような感じがしたのだった。

そして、あのゆっくりした深いささやき声で語られる言葉は、二人の男がいる狭い空間を満たし、スピンロビンはそれを聞いていると、途方もないものに然《しか》るべきやり方で近づいているのだと感じた。

スケール氏はやがて外の扉を閉めて微《かす》かな日の光を閉め出し、内側の扉の取っ手をまわした。二人は暗闇の中へ入ったが、スピンロビンは躓《つまず》かないように片手で菫色の衣の裾をからげ、片手で前にいる人の流れる衣の端をつかんでいた。一、二秒間、彼は息もしなかった。

五

部屋の敷居際で、美しい仄《ほの》かなつぶやきがかれらを迎えた。そして、あたかも暗闇が煌々《こうこう》たる光に変わったかのように、秘書は自分がこの世で知っていたいかなるものよりも偉大なものの前にいることを、即座に悟った。彼は聖職者の大きな手を探りあてて、だぶだぶの袖《そで》のよじれた隅を通してきつく握りしめた。次いで、内側の扉が背後に閉まった。スケール氏が暗闇の中でふたたび耳元までかがみ込んでいた。

「君に音を――楽音を与えよう」スケール氏はそうささやいた。「心の中で――思念《あたま》の中だけで唱えなさい。その振動は色に対応していて、我々を護ってくれるだろう」

「我々を護る？」スピンロビンは乾いた唇で、あえぐように言った。

「粉々《こなごな》になって死ぬことから護るのだ――振動の強烈な活動が我々の窮極の物理的原子に伝わるのを防ぐのだ」というのが、ささやき声の答だった。聖職者はそれから彼に小声で一音節の音を聞かせたが、それは彼が知っているいかなる言葉にも似ていなかったし、それ以来、同じ音を発することはどんなに試みても出来なかった。

スケール氏はまた姿勢を正し、スピンロビンの目には、普通の倍の背丈になっているように映った。それは前にも見たような巨大で印象的な姿だったが、今はその上に不思議な知識の威厳を帯びていた。それから二人はゆっくりと部屋の中央へ進み、そこで立ちどまった。めいめいが頭の中で、かれらの内的存在を制し、安全を守る音節を唱えていた。

それから数秒と経たないうちに、秘書は部屋が力強い、しかし規則的な動きで揺れ出したのに気づいた。まわり中が生気を帯びていた。山の頂《いただき》に登る若者のような活力が二人のまわりで脈動し、旋転して、源から直接《じか》に発する、混じり気《け》のない輝かしい生命の奔流を二人に注ぎ込んだ。彼は小さな身体のうちに、鋭利な鋼鉄の鋭さと大海の計り知れぬ勢いの両方を感じた、とそんな風に表現している。そして、指導者が与えた音を頭の中で明瞭に唱えれば唱えるほど、胸の中に押し寄せる力と栄光は大きくなるようだった。

一方、暗闇は霽《は》れて来た。闇は螺旋《らせん》状に渦巻いてブンブン唸り、歌を歌いながら上方へ立ちのぼった。スピンロビンが着ている衣と同じような菫色《すみれいろ》のほのかな光が、空気の中にかすかに見えて来た。その部屋は彼の寝室と同じくらいの広さで、家具は一つもなく、壁と床と天井は、彼の肩にかかっているのと同じ菫色に被われていた。彼が唱え、考えた音がその色を呼び出して、見えるようにしたのだ。蠟引きされた壁と天井がいわば巨人のような唇《くち》を開けたのだった。

スケール氏がある仕草をして、彼をそばに引き寄せた。スケール氏は片腕を宙に差し上げ、スピンロビンはその動きを目で追った。微かに明滅する巨きな丸い顔のようなものが頭上にいくつも見え、やがて菫色の空気を背に暗い輪郭を現わした。スケール氏は恐ろしい大胆さで手を伸ばし、それに触れた。すると、低い仄《ほの》かな金属音が唸《うな》りながら調べを奏でて、耳に快く響いた。やがて、秘書はそれが金属の円盤であることに気づいた――途方もなく巨きな銅鑼《どら》が何かの方法で天井から吊り下げられ、宙に揺れているのだ。スケールが触れるたびにそれぞれが美しい楽音を発し、しまいにそれがすべて合わさって単一の和音になった。

そしてこの和音は――スピンロビンはそれを描写しようとして、何ページも語りつづけているが――彼方から何か大波と轟きを引き連れて来たようだった。絶妙な倍音の遠い甘美な響き――何千何万と重なり、ここかしこに他よりも深い楽音の撚《よ》り糸が編み込まれていて、桁外れに大きな振動を周囲に伝えて鳴っている。そして、音楽に明るい人には理解出来るであろうやり方で、そのうちの穏やかな楽音が、スピンロビンが心の中で唱えている音を巻き込み、つかまえた。それらの音は融合した。背後に莫大《ばくだい》な音の集まりを暗示する――それはちょうど、颪のつぶやきが大嵐の咆哮《ほうこう》を暗示するようだった――異様な音が部屋中に湧き起こっては鎮まり、スピンロビンたちを持ち上げ、遠くへ連れ去り、頭上で、足下で、他ならぬ心の中で歌った。かれら自身の原子の振動が、一種の感応的共鳴によって、こうした霊的活動と調子を合わせた。

力と単純さの組み合わせが、スピンロビンにもっとも感銘を与えたらしい。それは魂の深い憧憬《しょうけい》を掻《か》き立てると同時に満足させる、ベートーベンの偉大な霊的単純さに――ただそれだけに――似ていたからである。それは彼を素早く引きさらって、まったき至福のうちへ、何か少なくともその時だけは完全なもののうちへ運び入れた。スピンロビンは栄光に満たされながら震え戦《おのの》く小さな胸の奥で、ぼんやりと理解した――彼の唱えている音、そして聞いている音が、何か神々しく恐ろしい〝名前〟の現前と直接結びついていることを……

六

突然、彼はスケール氏が傍らで身を硬《こわ》ばらせているのに気づいた。スピンロビンは彼の身体の温《ぬく》もりに護ってもらいたくてそばに寄ったのだが、スケール氏の仕草から、何か新しいことが起きようとしているのを知った。そして何かが起こったのである。もっとも、それは人間の街や市場で物事が起こるのとは、少し意味合いが違っていたが。それはおそらく、彼の精神の領域で起こったのだが、だからといって真実であることに変わりはなかった。

というのも、部屋に入った瞬間からそこにいるのを感じた〝存在〟が、その時突然、ほとんど有形の物となったのである。そいつはこちらへ近寄って来た——測り知れぬ驚異につつまれて。空気を満たしている音たちの形態と実体が進み出て、一部分目に見える姿になった。と同時に、スピンロビンは内なる視力が増すのをぼんやりと感じた。山のように、一つの山脈のように巨大で、星のように、星空全体のように美しく——しかし、野の花のように飾らず、彼がその和音の内奥の言伝《ことづて》だと感じた、純粋な栄光と歓喜の小さな歌をうたいながら——部屋にいるこの〝存在〟は前面に押し出て、客観的現実になろうとしていた。その背後には、ある力の驚嘆すべき駆動力と推進力があった。その力は大洋が小魚の群れを容《い》れるように楽々と、全宇宙をその脈動のうちに包容しているのだった……

しかし、彼はほとんど認識能力の限界に達していた。スピンロビンは目をつぶりたかったが、そうすることが出来なかった。目醒まされた音の波に押しやられて、見るべきものを見ることを強《し》いられた。今度は身を隠す藪蔭はなかった。そこには、沸き返る菫色の晦冥《かいめい》がリズミカルに振動する中から、ぼんやりと形をなして、驚くべき荘厳な〝輪郭〟が立ち現われた。それは、可視化された音の衣を身にまとっていた。〝未知なるもの〟が、信じ難い数多《あまた》の次元を暗示しながら彼のすぐそばに立ち、その姿は音楽と色彩との朦朧《もうろう》たるおびただしい襞に途方もなく覆われていた——いとも恐ろしく、いとも蠱惑的《こわくてき》な姿だったが、同時にこの上なく単純素朴で、幼い子供でも恐れずに理解出来ようと思われた。

しかし、それは一部分だけがそこに顕《あら》われているのだった。言葉に言い難き栄光は、けして語り尽くされることはなかった。スピンロビンはのちに奔流のような言葉でこの体験を記述しようとしたけれども、たった一つ、理解出来る言葉をたどたどしく口にすることが出来ただけだった——「僕はまるで酔っ払って、愛する名前の最初の一文字を口ごもりながら言っているような感じだった——その名前を恍惚《うっとり》するほど——そのためには生命《いのち》を捧げても良いほど愛していたんだ」

この間、彼は息を呑んで震えながらスケールにしがみつき、心の中ではなおも魔法の音節をつぶやいていたが、栄光に満ちたある領域に連れて行かれて、そこにはもはや苦しみも喜びもなく、恐怖と快楽は愛のまったく単純な形に溶け込んで、彼は一瞬のうちにまったく新しい解放されたスピンロビンとなり、宇宙の——神の——窮極の音と秘密に向かって、全速力で突き進んだ。

どうやって部屋を出たのかははっきり思い出せなかったが、彼はいつもそのことを思い返すと、どこか恐ろしく高いところから凄まじい勢いで墜落したような気がするのだった。音は熄《や》んだ。銅鑼《どら》は鳴りひそまった。菫色は薄れて消えた。震える蠟は静かになった。……スケール氏が傍らを動いていて、次の瞬間、二人は扉と扉にはさまれた狭い控えの間におり、平凡な色の法衣を平凡な鉄釘に掛けていた。

スピンロビンはよろめいた。スケール氏が彼をつかまえた。二人はふたたび廊下に出――そこは寒々として寂しく、十二月の暗闇と影に満ちていた――秘書はまるで一マイルも走ったかのように息を切らし、ブルブル震えて、聖職者の肩によりかかっていた。

第十一章

一

「それで、私の音の色は薄緑《うすみどり》なの」弱音器をつけたヴァイオリンの弦のように甘美な声が、背後でそう言うのが聞こえた。「そして私の楽音の形は、あなたのそれに手袋のようにぴったり嵌《は》まるのよ。スピニー、そんなに震えないで。いいこと、私たちはいつまでも一緒よ、あなたと私は……」

ふり返ると、ミリアムが傍《かたわ》らにいて、輝くような小さな歓迎の笑《え》みを浮かべていた。スピンロビンはそれを見ると心からホッとしたので、彼女を腕に抱いて放そうとしなかった。ミリアムは彼を優しく階下《した》へ連れて行った。聖職者はまだ部屋の中ですることがあるため、二人を置いて行ったからである。

「私にはわかってる」ミリアムはひそやかな声でそう言いながら、ソファーの自分の隣に彼を坐らせた。「あの実験をする時、どんなに苦痛と幸福が押し寄せるか知っているわ。生命《いのち》の調子がすっかり変わってしまうでしょう？　初めて私の〝部屋〟へ入って、〝名前〟の中の私が発声する文字を学んだ時は、もう二度と平凡な物事の世界に戻って来られないような気がしたもの――」

「何の名前だって？」スピンロビンはいきなり彼女から身を離して、たずねた。と同時に、恐れていたただ一つの質問をしてしまった無暴さにびっくりした。

避《さ》け難《がた》い反動が起こったのだ。彼はこの時初めて、もう一つの選択肢があることに気づいた。戦いの熱情が彼をとらえた。スケール氏の大望の恐るべき輝きは他ならぬ彼の魂の窓を開けたが、同時に尋常な人間生活の甘美な楽しみが、心のうちから探るように呼びかけた。彼は幾日もこの相闘を避けて通っていたが、それがついに思いがけぬ形で迫って来たのだ。自分はスケールの途方もない天空へ、スケールの非道な〝天国〟へ攀《よ》じ登ることも出来る……この恐ろしい経験の翼によって。さもなくば――健全で平凡な生活に戻ることも出来るのだ。そこでは、人間の素晴らしいささやかな愛が共に歳月を送ってくれ、生まれた時から教え育《はぐく》むことの出来る、幼い魂の汚れない愛を享《う》けられる。ミリアムは自分のそばにいて、やさしく、温柔《おとなし》く、どちらの道へでも進む覚悟をしている。

「何の名前だい？」彼は同じ言葉を言ったとたん、息を詰めた。

「あの名前よ、もちろん」ミリアムは微笑んで彼の目を見上げながら、穏やかにこたえた。「私はそれを知るために生きて来たし、あなたはそれを学ぶためにここへ来た、その名前よ。私たちの声が一緒に和音になって、それを歌って唱える時、私たちは二人共――」

スピンロビンは彼女の口に口をつけて、黙らせた。彼女は小さい身体を彼にまかせた。その目は人間らしい歓迎の意を微笑にこめて、彼の目を間近から覗き込んだ。

「二人共――今の僕たちとは違うものになるんだ」スピンロビンは乱暴にそう叫ぶと、顔を引いたが、ミリアムの身体をいっそうひしと抱きしめた。「お互いを失うんだ、そうじゃないか？　わからないかい？」

「違うわ」と彼女はかすかな声で言った。「お互いを見つけるのよ――あなたの言う意味は――」

「そう――もしも、すべてがうまくゆけばの話だ！」彼はうんと低い声で言った。

というのも、おそらく三十秒ほどの間、二人は少し身を離して、互いの目を探るように見つめ合っていたのだ。

「もし——すべてがうまくいったら」ミリアムは怯《おび》えて、繰り返した。それから少し間を置いて、言い足した。「あなたが言いたいのは——彼が間違いを犯すかもしれないということ？ ——それとも——」

　スピンロビンは彼女の唇からその言葉をそっと運んだ甘い息を吸い込みながら、こたえた——自分の言葉を、まるで一語一語が生か死の宣告をするかのように、厳しく、慎重に選びながら。「もし——すべてがうまく——ゆけば」

　ミリアムはあの離れ難い母親の愛情を目に浮かべて、彼を見守っていた。その愛は、愛《いと》し子を失うよりは、いかなる苦しみにもすすんで耐えようとする——喪失よりは惨《みじ》めさを喜んで受け入れるものなのだ。彼女も、もう一つの選択肢に気づいていた。

　それから、彼女はスピンロビンの頰と目と唇に接吻すると、頸《くび》から相手の両腕をほどき、頰を真っ赤に染めて部屋から走って出た。そして彼女と共に初めて疑いが——偉大な実験の成功への疑い——〝指導者〟の力に対する疑いが去った。

二

スピンロビンがなおもそこに坐って、魂を真二つに裂く二つの情熱に——スケールと禁断の天空へ登りたいという情熱と、ミリアムと幸せな人間の愛を知りたいという情熱に——震えていると、雷のような音を立てて部屋へ入って来たのは、誰あろう巨漢の聖職者その人だった。あの取り憑かれた部屋部屋からまっすぐにこちらへ来たのだ。その顔はどことなく青ざめていたが、顔を透《すか》してある光が——強く輝く白光が——滲《にじ》み出ていたので、秘書は子供の頃に見たユダヤの預言者の絵を思い出した。預言者はシナイ山から下りて来るところで、内なる天の栄光がいまだ肌と目に照り映えていた。彼が二階に残ってやり終えたことは、明らかに上手《うま》く行ったとおぼしい。

実験は一つ先の段階へ——ほとんど最終段階へ——進み、完成に近づいていた。

反動はまことに凄まじかった。スピンロビンは救われぬ遠い彼方へ引き攫《さら》われるのを感じた。ミリアムと楽しい人間生活はふたたび小さな、取るに足らぬものとなり果てた。永遠の焔の名に於《お》いて、スケールの輝かしい壮挙が約束するオリュムポス的な偉業の可能性に較べれば、若い娘の唇と愛情など何程《なにほど》のものであろう？　天の光の前に地上は色褪《いろあ》せた。未知なる星の海から来るこの畏るべき塩水の一滴に較べれば、人間的な感情の大波など無に等しかった。……いつも通り、スケールの人格が彼をとらえ、高翔する想像力の第七天へ連れ去った。

「スピンロビン、わが冒険の輝かしき仲間よ」聖職者は雷の轟くような声で言った。「君の楽音は完璧に和音と調和する！　私は言葉に言い尽くせないほど嬉しいよ。君は名前を正しく発音するのに必要な、複雑な支配音に、驚くほどぴったりと調子の合う音を奏でる！　君がここへ来たことは、〝彼〟が認め、許したもうたことなのだ」彼の興奮した様子は深く心を打った。この男は本当に真剣なのだ。「我々は成功するぞ！」彼はそう言って、秘書を両腕に抱いた。「なぜなら、〝名前〟はそれが表現する〝存在〟の根本的属性を明らかにし、それを唱えることによって、我々はそのものとの神秘的な合一を知るからだ……我々は神々のようになるのだ！」

「素晴らしい！　素敵です！」スピンロビンは霊的熱狂にすっかり我を忘れて、叫んだ。「あなたに最後まで随《つ》いて行きます！」

三

その言葉が彼の口から出るとほとんど同時に、ミリアムが繊細な魔女のように魅惑的な姿で戸口にふたたび現われ、部屋の中へ静かに進み出た。彼女の小さい繊細な口は、決意を浮かべて硬ばっていた。話を聞いていたのは明らかだったが、その間、彼女が真剣に考えていたことも明らかだった。

「私たち、まさか――い、い、しくじることなんかあり得ないんでしょう？」彼女は怯《おび》えた子鹿のように聖職者の傍らにすり寄って、言った。

聖職者は厳粛《げんしゅく》な怖いような面持《おもも》ちで、ミリアムの方をふり返った。その刹那の顔つきはいとも冷酷で、目的のためには情容赦《なさけようしゃ》ないように思われたので、スピンロビンは飛んで行って彼女を助けたい衝動に駆られた。だが、たちまち彼の大きな顔は笑《え》みくずれた。雷雲から不意に陽が射し、またすぐに隠れてしまう時の、雲の微笑のようだった。

「いかなる場所でも真《まこと》なものは偉大で、清らかだ……信念を持ちたまえ……信念を持ちたまえ……」彼はそう大声で言うと、二人を見た。その目はあたかも二人のちっぽけな魂から、恐れを抱《いだ》く未熟なものの残滓《ざんし》を一掃しようとしているかのようだった。

「我々はみな――純粋だ……我々はみな真だ……めいめいが素直な心で己《おのれ》の楽音を発する……失敗するはずがない！」

　まさしくこの時、スピンロビンは――興奮して、常にない勇気が少し湧いたのだろう――部屋を小走りに横切って巨漢の指導者の傍らに寄ると、その顔を仰ぎ見た。爪先立ちになり、頸《くび》を伸ばして、それからうんと低い声で言った。

「僕には権利があります、僕たちには権利があります――僕はそれだけのことをしたからです――今は秘密をすっかり打ち明けてもらって、すべてを知る権利が――すべてをです」というのが、彼の言った言葉だった。そして、あのもじゃもじゃに伸びた鬚の中から即座に返って来た答は、単刀直入なものだった。

「その通りだ。では、良く聴きなさい――」スケール氏はそう言って、子供のように手をあてて二人をソファーに連れて行くと、立ったまま語りはじめた。

四

「私が求めているのは」彼はゆっくりと厳《おごそ》かに言った。「ある偉大な、口に言うべからざる名前を正確に発声することだ。あの四つの部屋それぞれに、その第一音節の文字が一つずつ収めてある。長年研究に打ち込んで来たが」——ここで急に声をひそめた——「到達したのはやっとそこまで——第一音節までだった。そして、名前そのものは四音節から成り、あとに行けば行くほど偉大な音節となるのだ」

激しい震えが、二人の聴き手の身体を走った。スピンロビンは冷たい小さな手を握りしめて、いまだ語られぬ言葉を恐れていた。単なる文字だけでもあれほど巨きな言《こと》伝《づて》を記せるのだとしたら、音節全体の意味はどんなものなのだろう？　そして、完全なる名前そのものの凄まじい内容は、どんなものなのだろう？

「そうだ」スケール氏は深い畏《おそ》れから生まれる恭々《うやうや》しさを持って、語りつづけた。「私がとらえている音たちは、この途轍《とてつ》もない名前の冒頭の振動にすぎない。そして、我々の企てはあまりにも大きなものなので、絶対の勇気と絶対の信念とが必要不可欠なのだ。というのも、あの音たちはそれ自体創造力を持つ音なので、誤った発声をした場合、結果は考えただけでも恐ろしいことになる――」

「創造力を持つ、ですって！」ソファーに坐った小柄な男は、その可能性に慄然《りつぜん》として言った。しかし、彼の唇まで出かかって震えている重大な質問は、言葉にならなかった。スケール氏の顔や態度には、それを尋ねることをまだ許さない何物かがあったからである。名前の正体を明かしてもらうには、もう少し待たねばならない。

「君たちも見た通り、かれらの力は単独でも凄まじい」彼は悲痛な叫びを無視して語りつづけた。「だが、合体すれば――我々はかれらを合体させるのだ。一人一人が自分の文字を発声し、和音によって音節全体を喚《よ》び出すのだから――かれらは〝力の言葉〟を構成する。それは正しく発声されれば、我々を神々と等しいものにするだろう。しかし、もし不正確に発声したら、それはこの家から溢《あふ》れ出し、誤《あやま》てる発音と嘘がもたらす破壊の大嵐《おおあらし》によって地上を焼き尽くし、変容させるだろう」

ミリアムがスピンロビンのそばにすり寄った。ソファーに坐った二人の小さな姿から湧き上がる感情を外的に示すしるしは、それ以外になかった。

「それで今――あなたはもう、その第一音節を完全にお持ちなんですね？」高く震えるテノールの声が弱々しく言った。

「残りの三音節をつかまえるまで、あれが黙って安全に待っていられる居場所へ、あれを移さなければならん」スケール氏は進み出て、二人の耳に口を近寄せた。「もうわかったと思うが、四つの文字を歌唱することによって、あれを移動させるのだ。我々の生ける和音は彼《か》の第一音節を呼び出し、目に見える姿形をとらせるだろう。訓練され、清められた我々の声は、それぞれが一つの大いなる文字を歌って、彼《か》の名前の第一音節の驚倒《きょうとう》すべき模様を創り出すだろう――」

「でも、その居場所は？」スピンロビンが口ごもって言った。「それが他の三つを待つ居場所は？」

「部屋には文字だけしか容《い》れることができない。音節全体を容《い》れるには、もっと広い空間が必要だ。この家の下の納骨堂のような地下室に必要な空間をととのえ、用意してある。そこに第一音節を封じ込めておいて、その間に第二音節に取りかかるとしよう。さあ、来たまえ。見せてあげよう！」

一同は玄関広間を横切り、食堂の向こうの長い石の廊下を通って行った。廊下の突きあたりにはベーズの自在扉があり、地下へ下りる暗い階段があった。スケール氏が先頭に立ってズンズン進み、スピンロビンは胸を高鳴らせてあとに続いた。彼はミリアムの手を握っていた。足取りはしっかりしていたけれども、少年の頃、深い水の中から固い地面へ上がろうとして、懸命に水を渡った時のことを思い出した。

五

ひんやりした空気がかれらを迎えたが、日の光を知らない空気が普通そうであるように湿っていて不愉快ではなかった。そこには一抹《いちまつ》の生気があることが、はっきりと認められた。ミリアムが身をすり寄せて来た。愛し合うこの二人の子供たちは、かれらを山場に近づける些事《さじ》の一つひとつ、小さな出来事の一つひとつが、自分たちにとって結局別離《わかれ》を意味するかもしれないと思っていた。だが、どちらも直接《じか》にはそれを言わなかった。窮極の選択の苦痛が心の深いところを占めていたからである。

「そら、ここだ」聖職者は蠟燭《ろうそく》に火をつけて、高く掲げながら言った。ささやき声だったが、それでもあたり四面に谺《こだま》が目醒めた。

「この地下室には、いつでも偉大な第一音節を入れられる。それは、我々が和音を用いれば、二階の部屋から跳んで下りて来るだろう。名前の第一音節の模様はここに住まわせておいて、その間に他の三つを組み立ててしまうのだ」

影が腕や肩に悪戯《いたずら》をして、スケール氏の輪郭を壁や天井に溶かし込み、その姿は倍も大きくなって、何か禁断の儀式を行う厳粛な祭司のようだった。彼はそうした姿で立ち、まわりを見まわした。

そこは大聖堂の地下納骨堂のように、どちらの側にも空間が遠く広がっていて、四つの部屋それぞれの色──すなわち赤、黄、菫、緑の掛布が、美しく釣り合いも良く掛けまわしてあった。巨大な銅鑼《どら》がいくつも、光る針金の入り組んだ網の目に結ばれて、穹窿《きゅうりゅう》をなす天井の下に吊ってあった。床からは、途方もなく大きな音叉《おんさ》が何本も無言のうちに直立し、その真後ろには、個々の楽音をつかまえた際にそれを増幅するための人工的な空洞が、ポッカリと口を開《あ》けていた。聖職者は薄暗い背景にあるものを指差したが、その一つは空気の温度を急変させるための複雑な装置で、もう一つは炭酸ガスを急激に発生させる装置だった。なぜなら、音は炭酸ガスのレンズによって光のように屈折させることが出来るし、伝導する空気の温度を変えることによって、やはり光線のごとく、望みのままにどんな方向へでも曲げることが出来るからだ。この地下室全体がある意味で四つの部屋の特徴を要約し、統合しているようだった。頭上には、音を受容する生きた蠟《ろう》が天井と壁を被っていた。巨大な金属の円盤の様子も妙に暗示的だった。まるで生命のない暗い顔が青銅の唇を開き、叫ぶ合図を待っているかのようで、いつでも〝音〟がやって来れば生まれ出《い》で、力を得て大いなる秘密を開示するかのように思われた。スピンロビンは魅せられたように無言で見つめていたが、かれらが今にも恐ろしい驚くべき音楽を奏ではじめはしないかと思った。

しかし、この場所は間違いなく空虚だった。豪華な掛布を動かすコソリとの音も立たなかった。大きな円盤や音叉や針金からは微かに金属的なささやきが聞こえて来たが——というのは、スケール氏の声が、低く抑えてはいたけれども、そうしたものに響いて穏やかに振動していたからだ——それ以外、何の音もしなかった。何も動かず、何も語らず、何も生きていなかった——今のところは。

「見ての通り、今は何もいない」聖職者は片方の巨きな手を蠟燭の火にかざしながら、ささやいた。「だが、もうじき我々がつかまえた偉大なる音節をここに移せば、そいつは生きて、千の雷鳴で歌うだろう。私は〝文字たち〟を逃《の》がしはしない。あの銅鑼と色彩は正確に対応している。あれらが音と輪郭をこの場に留めるだろう。……そして、あの蠟は子供の心のように感じやすいのだ」そう言うと、彼の大きな顔はいとも恐ろしく輝いた。華麗な夢の実現が近づいて、思いを燃え立たせているからだった。だが、ようやく引き返して石段をゆっくり上がり、淡い十二月の陽光《ひかり》の中へ出た時、スピンロビンはホッとした。針金や掛布や蠟や銅鑼を備えつけて大いなる住人を待つ暗い地下室は、彼の心をあまりにも桁外れな驚異と期待の感覚に満たし、不安にさせたからだ。

「続く音節についていえば」図書室に戻ると、スケール氏は語りつづけた。「もっと大きな空間が必要になる。丘には大きな穴が空いているし」——と片腕を伸ばし、家の上の山々を示して言った——「向こうへ行けば、鳴り響く海辺の崖に洞穴がある。遠いが、距離は問題ではない。あれも我々の役に立つだろう。私はあの洞穴を知っている。下見をしておいた。いつでも使うことができる」

彼は片手で顎鬚《あごひげ》をしごいた。スピンロビンは、それらの穴や洞穴が早くも音と色彩に溢れているような気がした。

「それで——名前全体が完成したら——どこに入れるんです?」彼はそう尋ねたが、この質問は、訊《き》きたいが口にする勇気のないもう一つの質問の貧弱な代用品であることはわかっていた。スケール氏はふり返ってこちらを見ると、両手を高く上げた。その声はふたたび以前のように轟き渡った。

「空だ!」彼は熱中して叫んだ。「大空そのものだ! なぜといって、この世に存在するいかなる構造物も、あの古い丘々の横腹でさえも、その力には耐えられないからだ。あの——あの永遠なる恐るべき——」

スピンロビンは思わず跳び上がった。あの質問がついに焔のごとく唇から迸り出た。ミリアムは止めようとして彼の腕にしがみついたが、無駄だった。

「それでは、教えて下さい」彼は大声で叫んだ。「教えてください、偉大なる冒瀆者《ぼうとくしゃ》よ、あなたが天《そら》の下で発声しようとしているのは、誰の名前なんです? ……教えてください。僕の魂が絶え入り、こんなにひどく怯えているのはなぜなんです?」

スケール氏は一瞬、彼を見た。自分には不可解だが、興味を惹《ひ》くちっぽけな生命現象を見る人のような目つきだった。だが、その目には愛があった——愛と偉大な魂の赦《ゆる》しが。スピンロビンは自分の大胆さを恐れつつ、思いきって彼の目を見据《みす》えた。ミリアムは困って物問いたげに、二人の顔をかわるがわる覗き込んでいた。

「スピンロビン」聖職者はやがて、同情をこめた優しい物柔らかな声で言った。「私が求めている名前は——我々がいずれみんなで、完全な形で唱える名前は——もう二千年近く何人《なんぴと》も口にしたことのない名前なのだ。もっとも、それぞれの時代に、世界のあらゆる国で、わずかな人間が研究を続けて来た。少数の人間は、人が語るところによると——ああ、そうだ、〝人が語るところによると〟だ——それを発見したが、たちまち忘れてしまった。というのも、この名前は一度《ひとたび》発音すると、記憶することができず、すぐさま完全に忘れてしまうからなのだ。我々に知り得る限りでは、ただ一度だけ」——彼は声をひそめ、敬虔なささやき声で語ったが、その声は弦の脈動のようにまわりの空気の中で震えた。——「それが保存されたことがある。〝ナザレの預言者〟は他のいかなる人間よりも純潔で素直だったので、最初の二音節の正確な発声を思い出し、即座に——うんと素早く——また当然のことながら表音記号で——素晴らしい記憶が薄れてしまわないうちに書き留めた。そして、その羊皮紙の切《き》れ端《はし》を自分の太腿《ふともも》に縫い込んだので、一生涯『力を持って』いたのだ」

「それは」彼は声をいつもの雷のような声に近づけて語りつづけた。「多くの水の声のごとく響く名前だ。大洋《おおうみ》を山のように積み重ね、丘々を小羊のように跳ねまわらせる名前だ。それは古代のヘブライ人が〝四文字語《テトラグラマトン》〟として、無数の策略によって隠した名前だ。かれらが言うには『宇宙を駆け抜ける』名前であり、これに呼びかけることは――すなわち正確に発声することは――名づけ得る他の一切のものよりも、はるかに尊い名前に呼びかけることなのだ――」

彼は熱をおびた言葉が流れ出るのを途中で止《や》め、スピンロビンをソファーから立たせた。しっかりと立ち上がらせ、両手を握って相手の目を深く覗き込んだ――己《おのれ》の卑小さから逃れるために恐るべき冒険を求めている小男の、まごついてはいるが怯《ひる》まない目を――

「――それを知ることは」彼は突然、畏敬をこめたささやき声で言い足した。「生死《しょうじ》の窮極の秘密を知ることであり、世界と魂の謎を読み解くこと――その名前自体と同じようなものに――神々になることなのだ」

彼はふと口を閉ざした。ふたたびあの荘厳な燃える微笑みが顔の上を走り、烈々たる途轍《とてつ》もない信念の力で、顎の先から額まで、その顔を光り輝かせた。

スピンロビンは声こそ立てなかったが、すでに心の中で泣いていた。これからどうなるか、ついにはっきりと悟ったのだ。スケールの表情には、神を畏《おそ》れぬ霊的発見の放埒《ほうらつ》な栄光が、不敬《ふけい》な大胆さが現われていた。その目には焔が燃えていた。彼はさらに低くかがみ込んで、両腕を大きく包み込むように広げた。次の瞬間、スピンロビンとミリアムと、いつのまにか背後《うしろ》からやって来たモール夫人は、みな一緒になって彼の胸に抱きとめられていた。スケールの声はやがて急に、ひどく嬉しそうなささやきに変わった。それは何か偉大すぎて十分には知らせられない言伝《ことづて》のように口から忍び出て、顎鬚の撚《よ》り糸の中に半ば消えてゆくようだった。

「私の素晴らしい、贖《あがな》われた子供たちよ、私の人間和音の楽音たちよ」彼はみんなの頭の上でささやいた。「それは我々を神のようにする〝名前〟なのだ。なぜなら、それは宇宙を駆けめぐる〝名前〟に他ならぬからだ」――彼は一瞬、何とも妙な具合に息を詰まらせた――「〝全能者〟の名前なのだよ！」

第十二章

一

スピンロビンがこの一件を書きとめた記録には、いまだ習得していない言語で過激な思想を表現しようとする人間のような、苦悶の跡がにじむ支離滅裂《しりめつれつ》さがたしかにある。例えば――これは儀式に於ける音の効用と、「真の命名」に存する力の「魔術的な」効用に通じた少数の人にはおわかりになると思うが――彼は明らかにスケールが意図した和音の使い方も、複雑な「名前」を発声するのにこの複合音がなぜ必要なのかも、ついに十分理解しなかった。

その上、単なる文字に隠された諸力は彼の想像力をとらえたけれども、理解力には十分達しなかった。擬人化された自己の延長という形以外の神性を考えることは、ごくわずかな精神にしか出来ないらしい。その観念《かんがえ》はあまりにも目を昏《くら》ますものなので、人間の思考にはそれをうっすらと構想することさえ覚束《おぼつか》ないからである。冒頭の音節の文字が被《おお》い隠している諸力の真の途方もない性質を、スピンロビンはけして把握出来なかったに違いない。ありのままの汚《けが》れない直感を持つミリアムは、生まれた時から俗事にまったく無知だったため、スピンロビンよりは真実に近づいていた。だが、ミリアムも今では甘美で有無を言わせない人間愛の渦に日々深く巻き込まれており、愛情が深まるに比例して、〝喪失〟を――スピンロビンはそう仄めかしたのだ――意味するかもしれない偉大な実験を恐れるようになって来た。畏懼《いく》が次第次第に、恐ろしくも天国に通ずる霊の並木道を閉ざし、その代わり、スピニーと共に地上にある、懐《なつ》かしいが茨《いばら》の生えた小径が見えて来た。

当惑し、愛し合うこの二人の子供たちは、もう音と音楽の遠まわしな言葉遣《ことばづか》いで相手を呼ぶのをやめた。スピンロビンはもう彼女を自分の「輝く小さな音」とは呼ばなかったし、彼女も「非の打ちどころのない谺《こだま》さん」と言って応えはしなかった。二人は――これは人間的な物事に次第に譲歩してゆくしるしだが――こんな言い方が許されるなら、ウィンキーのもっと穏やかな言葉遣いに戻った。二人はウィンキーを共有していた……といっても、ウィンキーがかれらの始まったばかりの生活に於いて何を意味するのかは、二人共まだ気づいていなかった。

「ウィンキーはあなたのものよ」とミリアムは言うのだった。「あなたが彼をつくったんだから。でも、私のものでもあるのよ。私がいなければ彼は生きられないんだから」

「僕だってそうだよ。小さな魔法さん」スピンロビンは優しく笑いながら、ささやいた。「だから、僕らは三人で一つなんだ」

彼の顔は少し曇《くも》った。

「でも、ウィンキーは時々僕のところへ来るだけだ。君が隠してるんじゃないか、僕のところへ来るなと言ってるんじゃないかって、思うことがあるよ」すると、彼女の深い灰色の眼の奥に、こみ上げて来る涙の陰翳《かげ》が泳いだ。「そうなの？　素敵なスピニー」

「僕は時々、彼を忘れるのかもしれない」スピンロビンは真面目にこたえた。「でも、それはこの先のことを考える時だけだ――実験がもし成功したら――」

「成功したらですって！」ミリアムは叫んだ。「失敗したら、じゃなくて？」彼女は本能的に声を落とし、二人は肩ごしにふり返って、他に誰もいないのを確かめた。

スピンロビンはミリアムのすぐそばへ来て、小さな桃色の耳にささやいた。「成功したら、僕たちは天国へ行くんだろう。失敗したら、地上に残る」それから、うしろへ退《さ》がって、彼女の両手をつかんだまま腕を伸ばし、じっと見つめた。「君は天国へ行きたいかい？」と落ち着いてたずねた。「それとも、僕やウィンキーと一緒にこの地上に残りたい――？」

ミリアムはその瞬間、彼の腕にとび込んで、説明の出来ない新しい感情の奇妙な葛《かっ》藤《とう》に泣き笑いしていた。

「あなたとここにいたい、いつまでも。今は天国がおそろしい。でも――ねえ、スピニー、私を守ってくれる愛しい人、私は――それだけじゃなくて――」彼女は急に口を閉ざした。顔をスピンロビンの肩に埋《うず》めているので、笑っているのか泣いているのかわからなかった。ただ、彼女の胸のうちにある命そのもののように深い何かが――それを隠せと教えられたことが一度もない何かが、理解と充足を求めて叫んでいることだけは察せられた。

「ミリアム、はっきりと言ってくれ。僕はきっと理解できると思う――」

「私はウィンキーに、いつも一緒にいてもらいたいの――時々じゃなくて――ちょっと訪ねて来るだけじゃなくて――」乱れた息遣いをしながら、そう言うのが聞こえた。

「彼に言ってやるよ――」

「でも、彼に言ったって駄目だわ」ミリアムは乱暴なほどの勢いで、相手の言葉をさえぎった。「私に言わなきゃいけないのよ……」

スピンロビンは気が滅入った。ミリアムは苦しんでいるのに、わかってやることが出来ない。彼は黙ったまま、相手の手を自分の身体に押しつけた。

ミリアムはやがて、彼の上着を見ていた顔を上げた。その目には苦痛と幸福の入り混じった涙が浮かんでいた――この初心《うぶ》な娘は、世間一般の醜い道徳観念を知らないのだ。それを教える女性がいなかったからである。

「いいこと、ウィンキーは本当に私のものではないのよ――彼をつくるのに、私も何かしなければ」彼女はうんと小さな声で言った。「私も一緒になって彼をつくれば、その時は、いつまでも私たちと一緒にいてくれると思うの」

やっと彼女の言うことがわかって来たスピンロビンは、勝ち誇る愛の不思議な歓喜《よろこび》を知った。それは純な男が、自分の最初の子供の母親となる相手と出会った時に感ずるものである。彼はかがみ込んで、いともうやうやしく顔を彼女の顔に近づけ、頬と目に接吻した――何も言わず、心の中ではぼんやりとこんなことを思っていた――スケール氏があれほどの雷鳴と稲妻で追い求めている恐るべき名前が、今この瞬間、若い二人の唇、自分とミリアムの唇が触れ合っている時に、素晴らしい言伝《ことづて》を優しく歌っているのではないか、と。

二

一方、フィリップ・スケールは光輝《こうき》赫奕《かくやく》としてあらゆる卑俗な障碍《しょうがい》から独立し、嵐のように荒れ狂う道を雷鳴と共に進んで、離反の兆候には目もくれず、そんなものがあることも知らなかった。その週の残りは――心に憑《つ》いて離れない驚異《おどろき》と美の一週間だったが――奇妙なプログラムの遂行に費やされた。それぞれの部屋で体験したことを詳細に述べることは不可能である。スピンロビンはそれを語ろうとするのだが、同じ話を繰り返すことしか出来ない。そしてこれまで見た通り、あの最初の恐ろしい部屋でさえ、彼の力は役に立たなかったのだ。この世のいかなる言語をもってしても、通常の経験からこれほど懸け離れた冒険を表現しようとすれば、精神は無理を強いられ、何を言っているのかわからなくなる。しかし、それぞれの部屋が、色と楽音と形態を有していたようだった。それらは後に流れ出て、すべてを包含する巨きな模様と、和音と輪郭の中で結合するはずだった。

そのことを考えるだけでも、信じる能力《ちから》の可能性と想像力のありったけをふり絞らねばならなかった……彼の魂はわななき、怯《ひる》んだ。

実験の時が近づくと、スケール氏は祈りと断食の一連の過程を行うように指示し、それを今も続けていた。そして、それぞれの部屋に属する「言葉」を慎重に顫動発声したが、その振動はかれらの内なる自我を安全に――あるいは比較的安全に――感受性の鋭い状態に置くのだった。だが、スピンロビンはもう祈禱《きとう》をしなかった。自分はもうすぐ現実に神的な偉大な名前に呼びかけるのだと思うと、昔、子供の頃にしたようなやり方で――形ばかり祈ることが出来なかったのである。応《いら》えが返って来はしないかと恐れたのだ。

スピンロビンは文字通り、世界の果てを越えて落ちて行く断崖絶壁の目の昏《くら》むような縁《ふち》を歩いていた。音や名前との交渉が呈する支離滅裂さは、つねに彼を五里霧中になるほど戸惑わせて来たが、今はそれだけでなく、奇怪な恐ろしい意味を匂わせて彼を戦慄させせた。しかし、起こり得る結果を直視しようとすれば恐怖に心が弱り、自分が何か新しい状態の中に入って（たとえ栄光に満ちた状態であるとしても）、そこではミリアムはもう今のミリアムではないかもしれないと考えると、熱に浮かされたようになる——その一方、野蛮な好奇心を感じていたがために、きっぱりと決意して、この一件から手を引くとスケール氏に言うことが出来なかった。

やがて、彼の心にこんな考えが芽生えた。聖職者は何か邪《よこしま》な霊力に、人をたぶらかす「悪魔」に取り憑かれているのであって、彼が発音しようとしている名前は結局、善良なものではなく——神ではないのではあるまいか。彼の考えや危惧《おそれ》や希望は、すべてどうしようもなくこんぐらがってしまい、ただ一つのことだけが終始明瞭で揺るぎなかった——それは、ミリアムを今のままにしておきたい、いつまでも彼女と一緒にいたいという熱烈な願望だった。彼の精神も彼に悪戯《いたずら》をしかけた。家には昼となく夜となく新しい音が谺した。壁自体が共鳴した。寂しい丘々の中に埋もれている建物全体が震え、まるで何か怪物じみた巨大なヴァイオリンの胴の中に閉じ込められているかのようだった。

スケール氏も変わりはじめたような気がした。肉体的に見ると、燃える情熱の力で大きくなり、顎鬚《あごひげ》はますます伸びてもじゃもじゃになり、両眼はいっそう輝き、声はほとんど風のように空気を震わして通り過ぎた。その一方で、彼の人格は妙にこちらから遠ざかり、現実離れしたような不思議な感じを帯びた。スピンロビンは一度か二度、こんな風に考えたことがあった――あのスケールという男は結局、伝説の英雄か異教の神なのではあるまいか。夢か物語に出て来る力強い登場人物であって、そのうち自分は、スピンロビンは夢から醒《さ》め、この世にまたとない素晴らしい幻想を書き留《と》めるのではあるまいか。やがておわかりになるだろうが、彼の想像力はいくつもの点で影響を受けていた……

聖職者は恐ろしく真剣に建物のまわりを動きまわっていた。長く暗い廊下を歩き、広間を横切り、大股でしなやかな足取りで素早くどこへでも行くのだった。彼がただそこにいるだけで、その場の空気は強い力を帯びた。その力は彼の眼の中の焔や頰の紅潮に顕《あら》われていた。

スピンロビンは彼のことを、空の扉を叩く不敵な冒瀆者だと思った。扉を叩く音は宇宙のいたるところに響き渡っている。そして扉が開く時、天空は巨大な薄べったいカーテンのように引き開けられるだろう……

「その日は」スケール氏は微笑みながら彼にささやいた。「いつ何時《なんどき》やって来るかわからん。しっかり心構えをして――調子をととのえていたまえ」

寝耳に水の驚きを予期しながら、それでもつねに元気の良いスピンロビンは、高《たか》調子《ちょうし》な声で答えた。「いつでも用意はできています、フィリップ・スケールさん！僕だって闘志はあるんです！」だが、本当のことを言うと、彼はそのいずれでもなかったのである。

彼は夜中、些細な物音に驚かされてハッと目醒めた。家のまわりを吹く十二月の疾風の唸り声は予兆の声となって、言葉にならぬただの風音よりもずっと多くのものを伝えた……

「その時が来たら――もう間近だが――我々は必ず気づくはずだ」スケール氏は興奮に蒼ざめて言った。「〝文字たち〟は外に出て、我々に向かって来るだろう。かれらは生きるだろう！　だが、我々――ちっぽけな、限られた感覚しか持たぬ肉体が生《せい》として知っているものをはるかに超えた、横溢《おういつ》した強い生命を持って生きるのだ！」彼の声に滲《にじ》んでいた軽蔑の念は心底《しんそこ》からのものだった。「なぜなら、我々に音として聞こえるのはほんの一部分にすぎないからだ。かれらの存在の形である音の振動の――ほんの一部分にすぎないのだ」

「知っています。我々の耳にとらえられる振動はまことにわずかですからね」スピンロビンは冷《さ》めきった気持ちで、言葉を挟んだ。一方、ミリアムは手軽に身を護ってくれる椅子とテーブルの蔭に隠れ、不安と自信が相半ばする気持ちで様子を見ていた。最後の最後になったら、尊敬すべき「素晴らしいスピニー」が自分を正しく導いてくれることを知っていた。愛が彼女の心を満たし、もう一つの恐ろしい天国を追い出していたのだ！

三

やがてスケール氏は下稽古をする時が来たと告げた。

「和音の練習をしよう。その時は昼夜を問わず瞬く間に訪れるだろうが、練習しておけば慌《あわ》てずに、めいめいが所定の場所へとんで行って、受け持ちの楽音を発することができるだろう」

彼はそうした一定の配置をととのえる理由を、説明しようともしなかった。それは頑《かたくな》に自分だけの秘密にしている発見の一部分に属していたからだ。スピンロビンとミリアムは廊下から自分の楽音を呼びかける。一方、スケールは仕掛けを施した地下室で大いなる低音《バス》を鳴り響かせ、モール夫人はその中間の玄関広間でアルトの声で歌い、一種の接続経路の役割を果たす。しかし、そうする理由ははっきりと教えてもらえなかったらしい。スピンロビンの想像では、それは楽譜に書かれた和音を形にあらわしたもののように思われた。楽音は低音部記号から高いソプラノへ上がってゆく――いわば地下室から屋根裏へ。しかし、裏にどんな意味があったにせよ、スケールはよく注意をして各人に所定の持場を教えた。

「〝文字たち〟がひとりでに動き出して、最初のしるしを見せたら」と彼は繰り返した。「我々はそれを疑いの余地なく、明々白々に知るだろう。昼か夜、いつ何時《なんどき》起こるかもしれない。その時はめいめいが持場に急いで、私が地下室で低音《バス》の音を発するのを待つんだ。それについては間違えようはない。私の声は建物を通じて湧き上がって来るだろう。その声が聞こえたら、今度は君たちめいめいが声を上げて、自分の楽音を発するのだ。こうして建物中に湧き上がった和音は、逃げようとする〝文字たち〟を内に集め、結合させるだろう。かれらを召喚して、私が地下室で発する根本の基音まで引きおろすだろう。それぞれの声に召喚された〝文字〟が地下室に達したら、その声はただちに発声をやめなければならない。こうやって一つ一つ、四つの偉大な〝文字たち〟は地下に安らうのだ。銅鑼《どら》が共振し、色彩が震えて反応するだろう。精密に張りめぐらした針金が両者を結んで、ガスのレンズがかれらを蠟《ろう》に伝え、荘厳にして恐ろしい音節の記録は鎖で完全に縛られるだろう。そうすれば、いつ何時《なんどき》でも、私はそれをふたたび目醒めさせることができる。その音声による発語、正確な発音は、こうして空気とエーテル、音と光という二つの媒体の中にとらえられ、いつでも使える私の安全な所有物となるのだ」

「しかし」――彼はそう言うとうつ向いて、恐ろしく厳粛な顔を聴き手に向けたが、そこには考えただけで嬉しくてたまらぬといった様子が見え隠れしていた。――「忘れないでくれ。一度《ひとたび》楽音を発声したら、君たちは〝文字〟から恐るべき生命と力の一部を吸い込み、それはたちどころに君たち自身の中へ入って来るのだ。君たちはそれを瞬時に吸収する。なんとなれば、君たちは大いなる名前に——もっとも偉大なる名前に——呼びかけたからだ——君たちの祈りは答えられるだろう」彼はかがみ込み、熱心に祈る時のようにささやいた。「我々は神々のように、な、る、の、だ！」

彼が話している間に、恐ろしく心を乱す冷たい輝きの幾分かが聞く者に迫って来た。これは空疎《くうそ》な文句ではなかったからだ。その裏には容赦ない現実の迫力があり、恋する二人の胸のうちに刻一刻と強まる恐怖の大元《おおもと》を突いた。二人は神々のようになりたくないのだ。おとなしい人間のまま、愛し合いたいのだ！

しかし、二人に何か言う勇気があったとしても、その言葉が口から出ないうちに、恐るべき聖職者は言葉を継《つ》いだ。実験の恐るべき責任と起こり得る失敗の結果を何よりも生々しく痛感させたのは、彼の結びの二言《ふたこと》三言《みこと》だった。

「そして誤って発音すること、誤った発声をすること、不正確に呼びかけることは——この世界に——そして発声者の心に——不完全なもの、神ではないものを呼び入れて生動させることになる——それは悪魔たちだ！　——破壊に他ならぬ微妙な〝改変〟の悪魔たち——〝嘘偽《いつわり》〟の悪魔たちだ」

そんなわけで一同は和音の響きを一度に数時間も練習したが、ごく小さな声しか出さなかった。音が湧き上がって四つの部屋にとどき、ひそんでいる〝文字たち〟が、その時が来ないのに逃げ出しては困るからだ。

モール夫人は、するべきことの指示がはっきりと書いてある紙切れを持って、この家の主に負けぬくらい熱心に練習をした。彼女が発声しなければならない楽音は、実際上、今の彼女の声域に残されている唯一の楽音だったので、耳が聞こえないことはほとんど妨《さまた》げとならなかった。

「しかし、文字たちが生命に目醒め、声を上げる時は」スケール氏は林檎《りんご》のような皺の寄った夫人のなつかしい顔に、ニコニコと微笑みかけて言った。「それは聾者《ろうしゃ》にも聞こえる声調になるだろう。なぜなら、それは幾分の贖《あがな》いをもたらすので、一瞬にして、ありとあらゆる肉体的障碍を滅し去るだろうから……」

あたかもこの瞬間、スピンロビンは数日来唇《くち》に出かかっていた質問をしたのだった。彼は真面目に、ためらいながら尋ねた。その間、ミリアムは彼に劣らず大きな不安を抱えて、答を待っていた。

「それで、もし僕らのうちの誰かが失敗《しくじ》って誤った発音をしたら、その結果は僕ら全員に影響しますか？　それとも発声した当人にだけですか？」

「発声者にだけだ」と聖職者はこたえた。「なぜなら、発声した音に呼び出された力を吸収しなければならないのは、自分の霊魂だけだからだ」

彼はこの質問をあまり意に介していないようだった。失敗の可能性など実際には無に等しいと思っていたからである。

第十三章

一

しかしスピンロビンには、突然の終局への心構えはほとんど出来ていなかった。準備期間はもっと長くつづいて、それ相当の麗々《れいれい》しい儀式が一通りあるものと思っていた。ところが、告知は唐突にやって来たので、彼はひどく驚いてショックを受けた。まったく不意を突かれたのだ。

「私が案じている唯一のことは」とスケール氏はあらかじめ打ち明けていた。「我々の和音の振動がすでに部屋へ昇っていて、〝文字たち〟が実験をする前に逃げ出してしまうことだ。しかし、たとえそんなことが起こったとしても、前知らせになるものが十分あるだろう。というのも、耳の聾《し》いた者は地上の粗野な音から護られているため、天から来るごく微かなささやきも素早く聞きつけるものなのだ。モール夫人が気づくはずだ。モール夫人はただちに警告してくれる……」

そして実際、こうしたことが起こったらしいのだが、スケール氏が思っていたのとは少し違い、また彼が期待したほど準備をする余裕もなかった。いとも慌《あわただ》しく、短時間の目がまわるような出来事だったため、スピンロビンの話を聞いていると、こんなことを連想するのである――花火の山に火が燃えうつり、空に焰を上げて暴発する。予定通り順番に点火すれば得られたはずの効果が台無しになる、といったことを。

恐るべき興奮と緊張のさなかで、スピンロビンが精神の意識下の領域に従って行動したことは疑いない。その領域は、行為が精神の上層へ達する前にそれを吟味考察して、肉体的表現に翻訳し、己《おのれ》をすべての責任者と考える。彼が取った行動はそういう本能的なものだったし、彼には判断する閑《ひま》がなかったのだから、非難すべき点はなかった。

彼もミリアムも、自分の心が潜在意識に於いてはもう決まっているなどと思いもしなかった。その朝もスピンロビンは彼女と話していたのだった。いつものように肝腎《かんじん》の話題は避け、成功を疑う気持ちを恥ずかしく思い、自分たちの義務は指導者に最後まで盲目的に随《つ》いて行くことだと、彼女を、そして自分自身を説き伏せようとしていた。

彼はミリアムが階段の上の方にいるのを見て、素早く追いついた。彼女を引き寄せ、二人して柔らかい絨毯《じゅうたん》を敷いた階段に子供のように坐り込んだ。

「もうじき始まるんだ」と彼は唐突に言った。「その時が、すぐそこまで来ている」

彼は小さな戦慄がミリアムの身体を駆け抜け、自分に伝わって来るのを感じた。彼女はこちらに顔を向けたが、ふだんは青白い頰の真ん中が紅潮していた。何か異国の優美で珍《めず》らかな花が、寒々とした十二月の昼間、二人が坐っている階段の板から突如咲き開いたかのようだった。

「そうしたら、僕らは神々のようになるんだ」と彼は言い足した。「あの凄まじい〝文字たち〟の途方もない力に満たされて。それも、ただ始まりにすぎない」心の中で、彼は消えゆく情熱をなだめすかし、彼女にそれを吹き込もうとしていた。彼女の小さな手が彼の手の中に滑り込んだ。「僕らは一緒に天使みたいなものになるんだと思う。考えてもごらん……！」その声は本人の意図を裏切り、人を興奮させるようなものではなかった。心の底の抑え込もうとしている部分で、いとも人間的な楽音が振動していたからである。彼はミリアムの両頰から赤みが消え、蒼ざめてゆくのを見た。

「君と僕は、ミリアム――一緒に何か物凄いものに、世界中のどんな男や女よりも偉大なものになるんだ。可愛い君、そのことを考えてごらん。ちょっと考えてごらんよ……！」

彼女の額に小さな皺が寄り、灰色の瞳に影がさした。

「でも――私たちのウィンキーを失うのよ！」彼女は彼の上着に身をすりつけて言った。その声は異様に弱々しく、指は彼の掌を柔《やさ》しく搔いていた。

「しっ、しっ！」スピンロビンはそう答え、接吻して黙らせた。「もっと信念を持たなけりゃいけないよ。僕は何もかも上手《うま》くゆくと思う。それに、僕らのウィンキーを失わなければならない理由はないよ」彼は疑念を出来るだけ揉み消そうとしながら、優しく言い足した。「もっとも、彼の名前は変わるかもしれないけどね。僕らと同じように、彼も『新しい名前』を手に入れるんだと思う」

「それなら、もう私たちのウィンキーではなくなってしまうわ」ミリアムは何ともいえず可愛らしい、ほんの少しの片意地さを見せて、異を唱えた。「私たち、みんな違ったものになるのよ。たぶん、素晴らしすぎて、もうお互いを必要としなくなるかもしれない……ねえ、スピニー、私の生命《いのち》が求めている大事な人、それを考えて！私たち、素晴らしいものになって、お互いを好きでなくなるかもしれないわ！」

スピンロビンはふり向いて、相手に面と向かった。権威と確信を持って語ろうとしたが、演技はいつも苦手だった。彼女のしめやかな灰色の目はすでに潤《うる》んで、信じられないほどの愛の優しさに光っていたが、彼は精一杯《せいいっぱい》断固たる顔でその目を覗き込んだ。

「ミリアム」とおごそかに言った。「僕らが神々のようになることを、君が望まないなんてことがあり得るのかい？」

答は今度は躊躇なく返って来た。彼が厳しさを装っていることは、彼女を喜ばせただけだった。なぜなら、目醒めかけた魂が初めて知ったこの妙《たえ》なる恋は、何物も、少しも脅《おびや》かすことが出来なかったからである。

「いつかは、そうなるのも良いかもしれないわ。素敵な御主人様」彼女は唇を震わせてささやいた。「でも、今はだめ。まず地上であなたと一緒にいたいの――それに私たちのウィンキーと一緒に」

あの大切な可愛い声に「素敵な御主人様」と呼ばれるのは、スピンロビンにはたまらなかった。彼はそれでも、スケール氏への「義務」という空疎な考えを押し通そうとしたが、むろん、あらゆるものが彼を裏切った――目や、声や、仕草が。

「でも、僕らはスケールさんへの義理からいっても、神々のようにならなきゃいけない」彼は口ごもりながら、声の大きさで自信のなさを補おうとした。

その時だった。ミリアムが言った単純な言葉が彼を完全にまごつかせて、自分たちとウィンキーがすでに住んでいる新しい天国と新しい大地を見せたのである。

「私は今でも神のようよ」彼女はこともなげに言った。清らかな強い小さな魂の情熱すべてが、その言葉の背後にあった。「あなたが私をそうしてくれたの！　私を愛してくださるから！」

二

その瞬間、かれらが何か言ったり、したりする暇もないうちに、スケール氏がうしろから大声を出してやって来た。

「素晴らしい楽音を一緒に練習しているんだな！」彼は鳴り響く声を立てて、階段を三段ひと跨《また》ぎに駆け下り、二人の横を通り過ぎた。流れるような緋《ひ》の衣を今初めてまとっていたが、それはふだんは彼自身の「楽音」がいる部屋でしか着ないものだった。

「じつに良い！　胸と魂と精神《こころ》の中で、一緒に歌うんだ。歌えば歌うほど良い！」

彼は嵐のように通り過ぎ、生きた火焰のように下の広間を突っ切って、姿を消した。

二人は悟った――あの衣をまとっているのは身を守るためであり、従って、閉じ込められた〝文字たち〟の迫り来る力の先触れが、すでに家中に生動しているのだと。彼の足音は、建物の底で反響《こだま》した。彼は刻々と近づく凄絶な実験の完成のために、何かをするべく地下室へ下りて行ったのだ。

二人はふり返り、少し息を切らして見つめ合った。二人の眼には愛情と恐怖がはっきりと輝いていたが、もともと無能な小男で、性格のどこをとっても「御主人様」といわれるようなところはまったくないスピンロビンには、言う言葉が見つからなかった。恐るべき聖職者が二人の親密な世界にいきなり飛び込んで来たことは、劇的で計り知れぬ権威を感じさせた。一吹《ひとふ》きの送風が溶鉱炉をあらためて熱し、金属を白熱させるように、スピンロビンの心は今突然、はっきりと物事を見た。しかし、この出来事の効果はあまりにも爆発的で、彼には表現のしようがなかった。行動する力は多少あったが、言葉は見つからなかった。彼はミリアムをひしと両腕に抱き、二人はそこに、この取り憑かれた恐ろしい建物の、夕闇が深まる階段に立っていた。最初に物を言ったのはミリアムだった。二人はそれきり身を離し、めいめいが魂のために必要とする孤独の中へ静かに引き退《さが》った。

「神々なんか放っておきましょうよ」ミリアムは穏やかな決意を持って言ったが、自分よりも強く賢い男に決めて欲しい、と訴えるようだった。「私はあなた以外に何も要らない――あなたとウィンキー以外に。それに、あなたが本当に必要としているのは私なのよ」

しかし、自室に入っても、聖職者の声の振動は床や壁を通じて上って来た。聖職者は地下室で、古《いにしえ》のヘブライ人がそれによって〝四文字語《テトラグラマトン》〟を隠した音を練習しているのだ。ヨド――へー――ヴァウ――へー。イエホーヴァー――ヤーウェ――しかし、真近に迫った大実験はその最初の文字――ヨドの振動だけに関わりがある……

それを聴いているうちに、スピンロビンはまたも迷った……ミリアムの言うことは果たして正しいのだろうかと思って。

三

まさしくその夜、短い無言の晩餐が終わろうとする時のことだった──無言だったのは、みんなが耳を澄まして聴いていたからである──スピンロビンは妙な微かな音を聞きつけた。初めは風の立つ音かと思った。風は時々、周囲の荒野《ムーア》の高台から奇妙な呑み込むような音を立てて、吹き下ろして来たからである。だが、その音には、丘々が生むあの勢いとため息がなかった。それは地の彎曲《わんきょく》を渡って下りて来るのではなく、中心から上がって来るのだった。

彼はとっさに上を見上げ、そしてすぐに気づいた。音は外でしているのではなく、中で──他でもない、彼がスケールやミリアムと向かい合って坐っている部屋の中でしているのだった。やがて、彼の魂のうちの何かがそれを認識した。それは途方もなく巨大な振動の第一波だった。

盛り上がった大西洋の大波の弾力のある横腹に浮かんだ水泡《みなわ》が伸びるように、何かが彼の心の中で伸び、後退し、第二の巨大な波頭を立てて、ふたたび押し寄せた。巨大な音のリズムが彼をつかまえたのだ。彼の内なる生命がおそろしく拡張し、遠く彼方の山頂まで伸び上がり、底知れぬ深みへ落ちた。まるで力の翼《つばさ》が心を途轍もない浮揚力で持ち上げるかのように、高まる歓喜の感覚が全身を駆け抜けた。魂のいとも大きな情熱が動き出した——かつて味わったことのない甘美な夢が、憧れが、大望が煽《あお》られて、熱病のように燃え立った。何よりも、ミリアムへの思いが嵐のように激昂して彼を虜《とりこ》にした。

スケール氏は果物ナイフを取り落として叫び声を上げたが、じつに奇妙な叫び声だったので、スピンロビンは一瞬、彼が歌を歌い出すのではないかと思った。スケール氏は即座に立ち上がり、椅子がドタンと大きな音を立てて、うしろの床へ倒れた。スピンロビンも立ち上がった。彼は持ち上げられたのだと、いつも言っている——自分から立とうとした憶えはない、と。それにこの時、ミリアムがリンネルのように青ざめた顔で、しかし声も立てず冷静に席を立って、恋人を護ろうと、素早くテーブルのこちら側へまわって来た。

彼女はそばへ寄って言った。「スピニー、来たわ！」

こうして三人は晩餐のテーブルのまわりに立ち、今にも果断な行動に出ようとしていたが、どうすれば良いのかはまだわからなかった。ちょうど火が出たという叫びを聞いて警戒し、身構えている人々のようだった。すると、ドアが廊下の方からやかましい音を立てて開き、モール夫人が駆け込んで来た。夫人は、暗い鋳造場で溶鉱炉の扉をふいに大きく開けた時に出て来るような、一種の光暈《こううん》につつまれていた。しかし、その光はじっとしておらず、渦巻いていた。

夫人はまるで踊るように――子供が踊るように――走って、床を横切った。何かの抗し難い推進力に背後から押されているように見えた。一方、開いたドアからは、夫人と共に轟々《ごうごう》たる音が聞こえて来た。それはナイアガラの滝のように凄まじかったと同時に、小鳥か子供が歌っているように何とも優しい響きでもあった。スピンロビンはこの話をする時、いつもこの二つの相矛盾した性質を強調する。

「耳の聾《し》いた者も聞くであろう――！」という言葉が聖職者の唇から鋭く放たれたが、その言葉は途中で終わった。家政婦が遮《さえぎ》ったからだ。

「かれらは外に出ました！」彼女は半ば脅《おび》えたような、歓喜に酔う高声で叫んだ。

「スケールさんの虜《とりこ》たちが、家のまわりをとびまわっています。そして、そのうちの一つは」彼女は喜びと恐怖が混じった悲鳴を上げた。「私の喉《のど》の中にいるんです……！」

夫人の奇妙な言いまわしはスピンロビンの記憶に鮮やかに残ったが、彼女の様子はそれ以上に強い印象を与えた。その顔は光り輝き、数週間前、スケール氏が彼女の真の名前を呼んだ時のように目眩《まばゆ》かったからだ。焔のような美しさが眼と口元に輝いて、彼女は十八歳に見えた——永遠の十八歳に——恒久不変の若さを持っているように見えた。しかも、聴力が戻ったのみならず、もう何年も萎《な》えていた左腕に筋肉の活力がみなぎり、天井を指差していたのである。彼女の全存在が輝かしく、強烈で——贖《あがな》われていた。

「耳の聾いた者が聞くのだ！」スケールは大声でそう繰り返し、弾丸《たま》の飛ぶような勢いで部屋を横切った。「〝文字たち〟が外に出て、生きている！　持場につけ！　あの音節が我々をとらえている！　急げ、急げ！　自分の魂と真実を愛するなら……早く行け！」

耳を聾する轟音が部屋中を突進し、衝突し、吹きまわったが、同時に、スピンロビンが最初に気づいた、あの心にしみる甘美さがいたるところに浸透していた。生命が自由にふんだんに駆けめぐっているという感覚が際立っていた。その瞬間、彼は手をつかまれ、突き進む聖職者に引きずられて、玄関広間へ連れて行かれた。背後では、モール夫人が「踊りを踊っていた」。帽子は曲がり、エプロンはひらめき、ゴム入りの長靴は若々しく軽やかな踊りのステップを踏んでいた。素早い滑るような足取りで、ミリアムが何も言わずスピンロビンに随《つ》いて来た。この慌《あわただ》しい信じ難い混乱の中で、彼女の妙なる不思議な香りが匂って来たことを彼は憶えている。

広間へ行くと、轟音が恐ろしく高まった。スケールは思いきり響き渡る声で、ユダヤ教の「天使たち」の名前を発声していた――助けを借りるために諸力を召喚していたのだ――うしろではモール夫人が歌っていた――彼女が発声しなければならない「楽音」の断片を歌っているようだったが、それと共に、魔術的に回復された彼女自身の「真の名前」の断片も歌っていた。元通りになった腕は狂おしく旋回《せんかい》し、溢れんばかりの若さは魔術を使ったかのようだった。だが、この狂った有様を見て、スピンロビンは凍《こお》るような恐怖の風を感じた。そこには無法で向こう見ずな瀆聖《とくせい》があり、必ずや恐ろしい罰を受けるにちがいなかったからだ……

だが、すぐには何も起こらなかった――少なくとも破壊的なことは。スケール氏と家政婦は大急ぎで、広間の鉤にかかっている赤と黄の法衣を身にまとった。彼はそれを見て思わず笑いたくなったが、これらの色はそれぞれの「部屋」で安全のために用いるのであることを思い出すと、可笑《おか》しさは失《う》せてしまった……混乱し、右も左もわからなくなったこの場面を思い出そうとしても、記憶は支離滅裂である。彼自身の喉の中にも、すでに一つの音が迫《せ》り上がって来ようとしていた。それは彼が発声しなければならない「楽音」であって、空気の中で恐ろしく振動している〝文字たち〟によって自動的に呼び出され、逃げ出そうとしているのだった。滝のように流れる音が建物を満たし、土台まで揺るがすように思われた。

しかし、広間は「音楽」によって生命を帯びただけでなく、まばゆい光に照らされていた――白く燦爛《さんらん》たる栄光で、初めのうちは一時《いっとき》何も見えなくなったほどだった。

その瞬間、スケール氏の声が騒乱の中から何とか高く抜きん出て、彼の耳にとどいた。

「二階の部屋へ行くんだ、スピンロビン！　ミリアムと一緒に廊下へ！　そして私の声が地下室から聞こえて来たら――発声する、のだ！　まだ〝文字たち〟を統合する時間があるかもしれん……！」

彼は秘書の手を投げつけるようにして放すと、逃げ出した獣のように跳びはねて、地下室へ下りる石の通廊に向かって行った。スピンロビンはまったく無我夢中で、独《こ》楽《ま》のようにクルクル舞いしながら、廊下の角を曲がろうとするスケール氏の大きな声を聞いた。

「あれは夜盗のように私を襲って来た。まだ十分用意ができないうちに、私を呼んだ。〝名前〟の諸力が私の魂に慈悲をかけて下さいますように……！」そう言って、彼は去った。スピンロビンがフィリップ・スケール氏の雲突くような姿を地上で見たのは、これが最後だった。

四

そのあと、初めのうちは以前の情熱が彼をとらえ、それ故にミリアムもとらえたようだ。知りたいという野蛮で支配的な好奇心が彼をしっかりとつかまえ、彼をしたたかに打ちのめした恐怖の急襲さえも圧倒したのだ。渾沌と乱れた心の中で、彼は熱に浮かされたように発声すべき「楽音」を探したが、見つからなかった。あまりに混乱していたからだった。ヴァイオリン、砂の模様、色つきの衣、銅鑼《どら》、巨大な音叉《おんさ》、蠟《ろう》を引いた壁、若返った老人の顔、海辺の洞窟——こうしたものが記憶の中で滅茶苦茶に錯綜し、押し合いへし合いした。

次いで、彼はスケールへの義務感に駆られて、傍《かたわ》らにいる娘の方をふり返った。

「君、できるかい?」と彼は言った。

騒然たる音の中で、相手に聞こえる声を出せないミリアムは素早くうなずき、従う意を示した。スピンロビンは彼女の小さい口が固く硬ばっているのに気づいたが、彼女の目と表情にはある輝きがあって、愛らしく美しく見えた。ミリアムの美しさと勇気のおかげで、けちくさい躊躇《ためら》いを捨てることが出来たのを彼は記憶している。彼女の伸ばした手をつかむと、二人は大階段を飛ぶように駆け上がり、一分と経たぬうちに例の部屋部屋がある長い廊下の入口に着いた。

しかし、二人はここでハッと息を呑んで立ちどまった。流れる空気のハリケーンが、どこか途方もなく大きな溶鉱炉から吹きつける風のように、顔を打ったからである。

ふたたび巨大な音響振動の波頭が二人をとらえた。かれらはよろめきながら壁を背にして、音と光の大嵐に正面から向き合おうとしたが、目の前の空間は広間と同じ妖しい光に照らされていて、取り憑かれた廊下の長い喉《のど》から、強烈な音楽とけざやかな色彩が溢れ出して来た。その集中攻撃に遭《あ》っては、物理的粒子のいかなる集合体も——貧弱な人間の肉体は言うまでもなく——ほんの一瞬たりと密着していることは不可能に思われた。

だがスピンロビンは小さな人格の奥底まで闘志に満ちていたし、ミリアムが勇気と忠誠心の証しを見せてくれたおかげで、ふだんよりもずっと意気が上がっていたから、力の限り奮闘し、己《おの》が存在の隅々《すみずみ》をめぐって、自分が発声すべき楽音を探し求めた。偉大な実験を前にした今、失敗することの屈辱は——しかもミリアムの目の前で失敗するのだ——考えるだけで耐え難かった。しかし、あらゆる努力にもかかわらず、あの大事な楽音の記憶はまったく戻って来なかった。あまりにも偉大な光輝に間近から襲われて、彼の魂はなすすべもなく取り乱し、もがいていたからである。乾いた震える唇から実際に発することが出来た音は、何とも言えず哀れっぽく弱々しかった。

一方、生ける廊下の奥を見ると、四つの部屋の扉が塵紙《ちりがみ》のように燃え尽きて、消えていた。そして狭い戸口から、長い間不活化《ふかつか》され、閉じ込められていた〝文字たち〟の個々の輪郭が、えも言われぬ霊光を浴びて、荒々しく出て来るのが見えた。かれらが現われたとたん、物音はピタリと熄《や》んだ。人間の耳に聞こえる範囲を越えてしまったからだ。まったき沈黙の唐突な衝撃と共に、大いなる静けさがあたりにおりた。というのも、それはすべてを粉砕する——沈黙の「衝撃」だったのだ。

やがて、とらえがたく顕現せざるものの中から「何か」が現われ、二人の方へ迫って来た。二人はぐったりして震えながら壁に凭《もた》れかかっていたが、四つの〝文字〟が生きて渦巻きながら、走り寄ってただ一つの恐るべき〝形態〟らしきものに溶け合う、何とも形容し難い作用を目のあたりにした。……その光景はスピンロビンの胸に入って、人間の魂がいまだかつて知らなかった崇高な恐怖と愛慕の喜びで、その胸を真二つに引き裂くかと思われた。

そして、スケールの壮図の大いなる栄光が大嵐のごとく彼を襲った。スケールが遮《しゃ》二無二《にむに》天国を求める堂々たる鉄面皮が、またも彼を魅惑した。反動は驚くほど速かった。まるで時間が止まったかと思われるほど素早く、彼の気分は恐怖から感激に変わった——スケールの超越的な実験の恐るべき喜悦と驚異を共にするためならば、いかなることでもやってのけようという、奔放な、恍惚たる感激だった。そうして自分自身を忘れ、恐怖し怯《ひる》んだ自分の小さな無能さを忘れて、彼はふたたび発声すべき和音の楽音を探した。そして今度はそれを見つけたのだった。

五

その音はごく微かに、しかし深い静寂の中ではっきりと聞こえて来た。彼の存在の深処《ふかみ》のはるか底の方で鳴っているのだった。胸のうちに輝かしい霊的喜悦が駆けめぐり、ふくらむのを感じながら、彼はただちに勝ち誇った顔で傍らにいるミリアムの方を向いた。

「君の楽音《おと》も発声するんだ！」と彼は叫んだ。「僕の楽音《おと》と一緒に発声するんだ。もういつ何時《なんどき》、地下室から指令が聞こえてくるかわからない……準備をするんだ……！」

一方、読み解くことの出来ぬ、少なくとも翻訳不可能な、不思議な幾何学模様を描いている〝形態〟は、スペクトルの色帯を越えた見出し得ぬ色彩の中に坐して、沈黙のうちに唸り声をあげながら、二人の方へ向かって来た。

同時に、ミリアムが彼に答えた。彼女の美しい小さな顔は岩のように硬くなり、大理石のように青白い頰は、近づいて来る光輝《かがやき》に染まっていた。成功の瞬間が迫ったまさにその時、飛び駆ける〝文字たち〟が外に出た時、困難な数週間の準備が完成を迎えた時、そして今にもスケールの鳴り響く低音《バス》が建物の腹部から湧き上がって、大いなる和音を発声し、神聖な第一音節の欠片を統合せよと指図を送らんとする時、スピンロビンがついに己の弱さに打ち克《か》ち、自分の楽音を思い出した時――その時、この決定的な至高の瞬間に、ミリアムは己を主張し、命令の手綱《たづな》を取った。

「だめ！」彼女は突然威《い》を持って、彼の目をまっすぐ見つめて言った。「だめ！　私は発声しない。あなたの楽音《おと》も発声させない！」そう言うと、小さな手で彼の口をきつくふさいだ。

何とも言いようのないその驚きの瞬間、彼の人生と人格を貫く二つの大きな力が、まったく制御できない爆発的な激しさでぶつかった。一方にはスケールの天国とそれが予示するものすべての強烈な誘惑があり、他方にはミリアムへの愛という、一時的に隠れてはいたが深くて人間的な情熱があった。ミリアムの突然の行動は、いかなる議論にも勝って彼に真実を示した。彼は一瞬にして悟った――彼女はもう心を決めており、この念を入れた実験とそれがもたらすものすべてに、完全に、決定的に反旗を翻《ひるがえ》したのだということを。スピニーを失うかもしれない危険が――あるいは彼が贖いの状態に於いて変わってしまい、自分が愛する小さい人間的存在ではなくなるという危険が、彼女に素早くこの最終的な決断を下させたのだ。

彼女の手に口をふさがれ、決意をたたえた蒼白な顔を目の前に見て、スピンロビンは納得した。彼女は大きな灰色の目で、フィリップ・スケールと共に神々のようになれるかもしれない不遜な天国の高みへではなく、楽しく平凡な生活へ彼を呼んだのだ。彼女は人間にしがみついた。そしてスピンロビンは、ついに霊的な目を大きく開けて彼女を見、彼女が正しいことをはっきりと知ったのだった。

「ああ、でもね」彼はその話になると、いつも声を大きくして言うのである。「僕はその瞬間、人生のうちで一番恐るべき選択をした。というのも、それは生と死の選択ではなくて、二つの生の間の選択であり、それぞれの生が無限の驚異を約束されていたからだ。そして僕の心を決したのは――スケールの壮大な夢よりも、小さなミリアムとの健全でつつましい生活を選ばせたのは、何だと思う？　ねえ、君は何だと思う？」彼の顔は、答を言うのをためらってこちらに訊いているうちに、いつも桃色になり、やがて焔の色になるのだ。「教えてあげよう。君には金輪際《こんりんざい》言い当てられないだろうからね」それから、声を落としてこう言うのだ。「それは、僕の口をふさいだ彼女の指が、何とも言えず素敵な甘い香りがしたからなんだ……！」

その繊細な微かな香りは人間的幸福の象徴であり、あたりを疾風のように駆けめぐる音と色彩のさなかで、娘のひたむきな愛が伝えようとする痛切な言伝《ことづて》を、彼の心に直接《じか》に伝えた。奇妙なことだが、圧倒的な体験のさなかに、ほんの些細なことが人生という河の流れをあちらかこちらへ決めてしまうことがある。それは時としてかくも不釣り合いな、つまらないことなのだ……

スピンロビンは魂のうちで耳には聞こえぬ荒々しい叫びを一声《ひとこえ》上げると、勝ち目のない闘いを放棄した。ふり返ってミリアムと共に廊下を駆け抜け、迫り来る〝巨大なもの〟から――逃げ出した〝文字たち〟から離れたのだった。

六

スピンロビンが音に襲われた家からの逃げ道をどうやって見つけたのかは、いまだに解けぬ謎である。彼自身にもついに理解出来なかった。彼が憶えているのはただ、一階へ下りた時、スケールの冒頭の低音《バス》の振動がすでに始まっていたことである。その効果も、たちどころにあらわれた。逃げ出した〝文字たち〟の唸《うな》り声は、二階ではあまりに途方もない音量になったため、沈黙という形でしか認識出来なくなっていたが、それに突然、幾分かの歯止めがかけられたのである。かれらの振動は減じ――人間に聞こえる限界である十六フィートの波長に近づいた。かれらは召喚する基音に縛《ばく》されつつあった。ふたたび聞こえるようになったのだった。

湧き上がる音の渦に乗って、二人は二枚の木の葉が嵐に吹かれるように廊下を押し流され、広間を横切った。そして死に物狂いの努力の末――スピンロビンはドアや壁にぶつかって無数の痣《あざ》をこしらえたが――やっとのことで屋外に出、恐怖の家からかなり離れたところへ辿《たど》り着いた。頭上には星が輝いていた。丘の輪郭が見えた。冷たい風が燃えるように熱い肌と目にあたった。

だが彼にはふり返ったり、耳を澄ましたりする勇気はなかった。地下室から建物を通じて湧き上がって来る、あの冒頭の楽音の調べが彼をとらえ、連れ戻すかもしれなかったからだ。彼自身とミリアムが所定の音調を発声するはずだった和音は、半分しか唱えられなくとも、大いなる力を持っていた。それが〝文字たち〟自体に及ぼした影響はすみやかだった。

スケールを裏切ってしまった――自分には偉大な実験をする資格がなかった、この恐ろしい神々の音楽に合わせてゆけなかったという思いは、ミリアムとの平凡で安呑《あんのん》な暮らしに逃げ込みたいという強い願いに圧倒されて、忘れられた。彼は丘の上へ向かって一散《いっさん》に走りつづけた。しまいにすっかり息切れがして、力尽きたため、立ちどまった。その時、ミリアムがずっと腕の中にいたことに初めて気づいた。彼女を抱いて走っていたのだ。

ミリアムを地面に下ろすと、暗闇の中で彼女の目をチラリと見た。その目には、ただ一つの貪欲な情熱がまだ宿っていた。彼女はその情熱故にスケールを犠牲にし、生まれてからずっと受けて来た訓練を犠牲にせざるを得なかったのだ。初めて愛を知ったために潤《うる》んで光っている灰色の目は、新たに昇った星のように輝いていた。「さあ、おいで！」スピンロビンはしゃがれ声でささやいた。「できるだけ遠くへ逃げなきゃいけない――あいつから遠ざかるんだ。丘を越えれば安全だろう。あの光に追いつかれたら、僕らはおしまいだ……」

彼女の手をつかんで、また先へ進んだ。音の大海《おおうみ》は背後から、足元から湧き上がって、雷鳴のように轟いた。

彼が知らず知らず歩いていたのは、数週間前ここへ初めてやって来た日に、聖職者が連れて来た道だった。記憶は夢の記憶のように混乱していたが、彼はそのことに気づいた。地面は枯葉で滑り、その枯葉の匂いが夜の空気に強く浸透していた。時々小さな開《ひら》けた場所に立ちどまったが、まわりには樹々がみっしりと迫っていた。ついさっき後にした谷間からは、あたかも海鳴りが地面に空《あ》いた扉から聞こえるかのように、音の上げ潮が湧き上がり、追いかけて来た。

この時でさえも、その響きの素晴らしい魅惑的な驚異《おどろき》は一度ならず彼をとらえ、ためらわせた。自分が何を諦めようとしているかという思いが、ふいに大きな未練となって彼の胸をふさいだ。あの慕《した》わしい偉大な指導者は、たった一人、恐れを知らずに音の権天使や諸力と渡り合い、他の「楽音たち」の協力を信じて、あてにしている――このことが心の琴線を掻《か》き鳴らした。その風は、傍らで息を切らしている灰色の眼の娘に気づいた瞬間に、吹き過ぎた。娘は彼への美しい愛情と人間世界への健康な野心に満ち溢れていた。

「ああ！　でも、僕らが失おうとしている天国は……」彼は黙っていられなくなり、大声で一度《ひとたび》叫んだ。「ああ、ミリアム……それに僕はつまらない人間になってしまった……ちっぽけな人間に……！」

「小さいから、私といつまでも一緒にいられるのよ……この地上で」ミリアムは熱っぽくこたえて彼の手をつかみ、丘の上へ引っ張った。それから急に立ちどまると、枯葉や、苔や、小枝や土を片手一杯につかんだ。それをスピンロビンの顔の前にかざすと、嗅ぎ慣れた芳《かぐわ》しい香りが、奇妙な説得力を持って彼の心に染みた。

「私たちはこれを失うのよ」と彼女は叫んだ。「こういうものはないのよ……天国には！　地上、地上、恋しい美しい地上に、あなたと一緒にいること……そしてウィンキーと……それが私の望みなのよ！」

彼はミリアムがいとも風変わりなやり方で表現した深い真理を悟り、接吻して彼女を黙らせた。その時、彼女の髪の毛は樹々と山々の香りがした。彼女の馨しさには、二人が立っている古き大地の馨しさが混じっていた。

七

その瞬間、二人は湧き上がる音の洪水に追われて、前に突き進んだ。音がどっと襲いかかって来たように思われたからだ。樹々と大岩の間を散々《さんざん》こけつ転《まろ》びつした末、やっと森の向こうの開けた場所に出た。実際にはおそらく二十分も走ったのだろうが、まるで何日間も走りつづけたように感じられた。二人は立ちどまって、あたりを見まわした。

「あなたにけして後悔はさせないわ、けして、けして」ミリアムが早口にささやいた。「私はあんなものよりももっと、あなたを幸せにしてあげられる」そう言って、腕を眼下の家の方に伸ばした。「わかってるでしょう、わたしの小さな御主人様」

しかし、彼が答える間《ま》もないうちに——ちょうど、ミリアムの腰に腕をまわして支えようとしたとたんに何かが起こり、不思議な確かさで、二人の魂に言伝《ことづて》を伝えた。あるいは遠ざかったために音をいっそう良く識別出来たのかもしれない。あるいは、かれらの存在はいまだにスケール氏と密接に結びついていたため、心霊的な警告が夜の闇を越えて伝わったのかもしれない。いずれにしても、その時突然、周囲の音の大嵐に鮮明な変化が起こり、この上なく劇的な瞬間が訪れたことを告げたのである。突進し、飛び翔《かけ》る振動の性質が変わった。二人は互いの目を見ながら、それが何なのかを理解した。

「彼が始めた……」スピンロビンは絶えだえの声で、口ごもりながら、「スケールが発、声、を始めた……！」と小声で言った。

あの恐ろしい家の地下室で、大男の聖職者はたった一人、うろたえもせず、生ける和音の冒頭《でだし》の振動を発しはじめたのだ。それは逃げようとする〝文字たち〟の奔流を取り込み、仕掛けを施した地下の窖《あなぐら》に一時まとめておくだろう。過去千八百年来、初めて「宇宙を駆け抜ける名前」の最初の音が——冒頭の音節の初めの音が——測り知れぬ言伝《ことづて》を地上に轟かせようとしているのだ。

二人は身を寄せ合い、かがみ込むようにして森の外れに立っていた。夜はあたりに暗く覆いかかり、ひっそりした空を背に遠く横たわる草木のない丘々は、長いこと畏れていたクライマックスを——偉大なる第一音節が発声されるのを待っていた。

「あの男は……神のようになるだろう」この考えがスピンロビンの脳裡を駆け抜け、彼はいまだかつて感じたことのない痛切な後悔を味わった。「僕らの二つの楽音がなくとも、あの力は至上のものだろう……」

だが、ミリアムはいっそうひしと身を押しつけて来た。心臓のドキドキ鳴る胸から伝わって来た思いはこうだった——「私はあなたの本当の名前を知っている……だから、あなたは私のもの。天国だろうと地上だろうと、それ以外に大切なことがあって……?」

第十四章

一

まさしくスケールは発声を始めたのだ。愛を胸に抱き、二人きりで山の上に立っている当惑した子供たちには、世界中がそれを知っているように思われた。

星空の下に波のごとくはるかに連なる寂しい丘々、まわりにささやく森、悲しみの調べを永遠《とわ》に歌いつづける遠い海、足元の大岩、夜のさなかに聴き耳を立てる、他ならぬ星々――それらすべてが何らかの形で気づいていた。自分たちに最初の存在を与えた大いなる〝名前〟の一部が、世々にわたる眠りから醒め、今ふたたび顕現《けんげん》しようとしていることに……それはかれらにもっと巨《おお》きな生命を吹き込もうとしているのかもしれない。かれらの形態を変えようとしているのかもしれない。かれらを原初の創造の「言葉」の深淵に、ふたたび溶け込ませようとしているのかもしれない……溶解する宇宙の咆哮《ほうこう》と共に……

土の下に隠れた桜草《さくらそう》の根から地上の広大な荒野《ムーア》の中心に至るまで、ありとあらゆるものの中を命の戦慄が素早く走った。かれらがその目に見える表現であるところの音たちが、偉大なる音節の冒頭の振動に共鳴して、震えたからだ。

フィリップ・スケールは発声を始めた。あの大嵐に襲われた家の地下室にたった一人で、和音のうちの高音二つが自分を見捨てたことにおそらくもう気づきながら、彼はついに宇宙を駆け抜ける名前に呼びかけようとしている……その名前の音節の力は彼自身の存在の中に流れ込み、彼を神々のようにするはずだ……

まず初めに、耳を澄まして震えている二人の恋人が驚いたのは、あたり一帯で咆《ほ》え猛《たけ》っていた雷鳴が次第に弱く小さくなり、やがてほんのチョロチョロとした音に変わって、あの家がある暗い谷間に素早く戻って行ったことだ。まるで巨大な目に見えぬ革紐《かわひも》が、かれらをうむを言わせず引き戻したかのようだった。〝文字たち〟は一つひとつ飛び去り、丘々に信じられないほど甘美な谺《こだま》のつぶやきだけを残した。恐れを知らぬ大胆な男の発した基音がかれらを集めて、地下室の所定の場所に押し込めたのだ。

しかし、もしスピンロビンたちがそのあとに途方もないことが起こるのを期待していたとすれば、最初は妙に拍子抜けした。なぜなら、悲嘆と恐怖のかわりに、可視宇宙が崩壊するかわりに、耳を澄ました世界の上に想像も出来ぬほど優しい、かつてなく深い沈黙の被いが下りたからだ。〝名前〟はつむじ風の中にはいなかった。死んだような静けさの奥から聞こえて来たのは——小さな優しい声、その恐るべき雷鳴のような響きを削《そ》ぎ落としたフィリップ・スケールの声に違いなかった。またそれと共に、かすかな倍音のごとく、べつのもっと穏やかな歌声が聞こえて来た。低音《バス》とアルトがそれぞれの定められた楽音を、諧和《かいわ》して、落ち着き払って発声しているのだった。

その音は遠く闇夜を渡って、いたるところに湧き上がったが、同時に何とも切ないほど優しく、二人のすぐ耳元に流れて来た。実際、それは魔法のように心に馴染む音で、最初は微かに始まったけれども、潜在的にいとも巨大で、スピンロビンはこう断言するのである——自分が聞いたのはたぶん実際の声ではなく、それらの高い解放された倍音にすぎなかったのだろうと。

しかも、その音は通常の子音や母音として聞き分けることが出来ず、スピンロビンは今でも真似することが出来ない。それは「言葉」とか「音節」ではなく、何か測り知れぬほど素晴らしい言伝として聞こえた。あまりにも偉大で理解することは出来ないが、想像し得るいかなる音楽よりも甘美で、「調べ正しく甘やかに歌われた」[19] 小さな歌のように素朴で、さざめく枝の間を吹き抜ける風のように無邪気だった。

その上、この小さな甘美な声が丘々と森の暗闇の中で、まわり中いたるところで歌っている間に、スピンロビンは身内を走る驚きと共に気づいた。その音は穏やかだが、風景の表面に激しく働きかけ、堅固な地面の模様を変えていたのだ。ちょうど数週間前、彼自身の声の響きで砂が皺を寄せ、輪郭をつくりあげたのと同様であり、聖職者の姿が試験の夜の振動で変じたのと同様だった。

神々しい魔術的な名前の第一音節の最初の文字たちが、世界中を通り過ぎて……世界を構成する無数の分子を巨大な倍音の圧力と攪拌《かくはん》によって動かし……模様を変えていたのだ。

しかし、今度の変化は恐ろしいものではなかった。新しい輪郭は、彼が実際に感知する前から、既知のいかなる美しい形態よりも美しかった。古き大地の外貌《すがた》は溶けて消え、その内奥の核でつねに燃えている清澄な眩《まばゆ》いばかりの驚異の中心をさらけ出

19　ロバート・バーンズの詩「赤い、赤い薔薇」からの不正確な引用。

した――時の初まりからこの方、詩人と神秘家たちが見た赤裸の霊魂を。新しい天国と新しい大地が、スピンロビンたちの足下で、この小さな優しい声の至上権に応えて脈打っていた。眠りから急に醒めて情熱的に歌いだした鳥たちから、深い海で動きだした魚や、冬の隠れ場で素早く跳《は》ね起きた野生の鹿に至るまで、森羅万象が永遠の春の匂いを嗅ぎつけた。なぜなら、大地が巻き物のようにクルクルと巻き上がり、数世紀の間に使い古した皮膚を顔からふるい落とし、その岩だらけの構造が剝落《はくらく》し、現実の存在――いとも優しく優雅に生きている存在の、柔らかく輝かしい美しさを開示するにまかせたからだ。スピンロビンたち自身の心の中で、霊的な幻視が始まったのだ。名前がかれらを自由にした。盲《めし》いた者が――神の一部を見たのだった……

二

すると、スピンロビンの心の中で、しまったという気持ちが――自分は持場について偉大なる指導者に星空まで随《つ》いて行かなかったという気持ちが、傍《かたわ》らで震えおののくほっそりした娘への、深く素朴な愛の輝きとぶつかり合った。

神が名前を呼んだのに、自分は走り出て答えなかったという思いが、彼の臆病な悩める魂を溢れる激情で圧倒した。もう一度あの家まで山腹を駆け下り、自分の役目を果たしたい――遅くはなったが、和音の中で自分の楽音《おと》を発声したいという輝かしい誘惑と闘わねばならなかった。なぜなら、すべての儚《はかな》い地上的な事物の核心にある本質的な苦痛が――「生《せい》」と呼ばれる儚い在《あ》り方《かた》を損《そこな》う不完全さと虚しさとの痛烈な感覚が、ほんの一瞬垣間《かいま》見えた実在と――輝かしい名前が魂の醒めた目の前に荘厳に照らし出した、永却の無条件の実在と向き合い――彼を今にも押しつぶそうとしていたからである。

彼は次の瞬間には、耐えられずに去《い》ってしまったかもしれない。ミリアムと、途中まで計画を立てた彼女との甘い生活さえも忘れて。だがその時、突然何かが起こり、彼の意志とあらゆる小さな打算を暗い渾沌とした驚愕の中に投げ込んだ。彼はその渾沌の中で、電光のように素早い一種の反動によって、自分にとってただ一つ真実で可能で正しいことは、自分が投げ捨てようとしているこの愛に他ならないことを悟った。

自分の至上の運命は変わらぬ古い大地の上に……ミリアムと……ウィンキーと共にある……

ミリアムはふり返って、まるで口には出さぬ彼の迷いを見抜いたかのように、涙ながらに彼の首に両腕で抱きついた……そのとたん、恐ろしいことが二人に新たに襲いかかった。それは大嵐のように二人をとらえた。不調和が——不協和音が——嘘偽《いつわり》の音が、はるか下方の二つの声から宙に放たれたのだ。

「私を本当の名前で呼んで」ミリアムは恐怖に悶《もだ》えて、口早に言った。「私の魂は恐れているの……ああ、私を愛して。一心に、一心に、一心に……そして私を救って！」

スピンロビンは狼狽し、木の葉のように震えながら、彼女を胸に押しつけた。「僕は君の名前を知っている。だから、君は僕のものだ」そう言おうとしたが、言葉にはならなかった。苦しめられた胸のうちに湧き上がる愛だけが、彼の正気を保ち、他ならぬ彼の存在と彼女の存在の崩壊を——その恐ろしい瞬間、彼にはそう思われた——防いだのだ。

というのも、フィリップ・スケールは、どこかで発声を間違ったのだ。

変わりゆく世界を洪水のように覆った振動の巨大な組織に、稲光のような、素早いジグザグの裂け目が走った……つづいて、いかなる人間もそれを聞けば死んでしまう音たちが、突如恐ろしい存在を得た。破局の唐突さと巨大さが、耳を澄ます二人の子供たちの魂を昏《くら》ました。畏敬と恐怖が他のあらゆる感情を奪い去った……ただ一つの感情を除いては。かれらの愛は霊から生まれ、至高なものに高められて、いわば、かれらをあらゆる災いの侵入から隔離していた。

フィリップ・スケールは〝名前〟の発音に於いて、誤りを犯した。

結果は恐ろしく迅速なもので、目醒めつつある世界のあらゆる表面から、苦悩の声が立ちのぼった。スピンロビンはハッとして立ち上がり、ミリアムを両腕に抱き上げた。彼は一瞬、大岩と樹々の間でフラフラとよろけ、大きな泣き声を上げた。もし誰かが聞いていたら、それはこの世のものとは思われぬ声だったろう。それから、彼は深い闇の中を夢中で走り出した。耳元で――ミリアムは頭をすぐそばに寄せていたので――彼女の愛《いと》しい声が、泣きじゃくりながら、彼の内なる名前をいとも優しく呼ぶのが聞こえた。その声が、彼の持っている最善の男らしいものをすべて前面に呼び出した。

「私の素敵な御主人様、私の素敵な御主人様！」

だが、彼は遠くまで走らなかった。まわり四方どちらを見ても、突如昼間になったかのように、夜の闇が晴れ上がった。谷間から押し寄せる大いなる光の反映で、荒涼たる山々の頂《いただき》が明るんでいるのが見えた。寂しい景色全体が、新旧の模様の間に浮かぶ大海のごとくためらいながら、荒漠たる冬空に宙吊りになっているようだった。森の骨組み自体が共に震えおののいた。丘々は揺らいだ。そして頭上では、どこか虚空の信じ難いほどの深みで轟く音がした。まるで天がばらばらに裂け、星座を天の穹窿のまわりに投げつけ、崩れかけた世界の凄まじい雷鳴をさらに大きくするようだった。

あの恐るべき荘厳な〝名前〟の〝文字たち〟が宇宙の面《おもて》を通り過ぎた——誤った発音をされたために歪んで——不完全に不正確に発声されたため、掻き乱された怪物的な創造力を持つ音となって。

「私を下ろして」腕の中で息が詰まりそうになったミリアムが叫んだ。「そうすれば、私たち、一緒にあらゆるものに立ち向かって、安全でいられるわ。私たちの愛はあれよりも大きくて、私たちを守ってくれるわ……」

「なぜなら、完全だからだ」スピンロビンは彼女の考えが正しいことに気づき、夢中でこたえて、彼女を地面に下ろした。「僕たちの愛はこれさえも包含する。それはあの〝名前〟の……一部なんだ……正確に発声された……なぜなら、真実で純粋だからだ」

ミリアムが自分の内なる名前を呼んでいるのを聞いて、彼はすぐに彼女自身の真の名を呼びはじめた。二人は互いにすがりつきながらそこに立ち、夢中で腕も髪の毛も唇もからめ合っていた。外の世界の激動も、自分たちの胸の動揺に較べれば小さなことのように思われた。二人の心は、かれらを一つの存在に溶け込ませようとする神聖な愛の流入によって、変革を起こしていた。

取り乱した二人は、自分たちの喉《のど》から息を盗み、筋肉から力を盗んだ強大な力に逆らえず、足元の谷間を見下ろした。すると、かれらの愛が目醒めて熟した〝畏怖の家〟が滅び去り、完全に燃え尽くされるさまが白日のごとくはっきりと見えた。

舌のような形をして一面をおおう白熱した焔《ほのお》に黒い溝《みぞ》が入って、いとも恐ろしく唸り声を上げている。家はその中で、壁も屋根も盛んにパチパチと音を立てながら、空に向かってそそり立っている。色のついた大量の煙が、まるで丘が動くように、家と共に消えて行った。そして家と共に消えて行ったのは、フィリップ・スケールの、モール夫人の、さらには銅鑼《どら》、掛布、針金、布を掛けた壁、砂の模様、そして四半世紀にわたる労苦と大胆不敵な研究によってなされた諸々の仕掛けの形態――少なくともそれらの形態の実体、解放された「音」の実体――だった。というのも、そのような炎熱の中では、いかなるものも生き残れなかったからだ。その熱は高い丘の上に立っているかれらの顔にさえとどき、巻き起こる風の流れがミリアムの髪を彼の目に吹きつけ、彼自身の羽のような髪の毛を動かした。跳びはねる火焔の音は雷鳴のようだった。

「あれを見て！」ミリアムが叫んだ。しかし、彼は実際にその言葉を聞いたというより、彼女の空《あ》いた手の仕草から察したのだった。

その時、わななく身体を背後の大岩に凭《もた》せて、二人は大火のさなかに、あるいはむしろその上に、ぼんやりと浮かんでいる巨大な輪郭を見た。それは囚われの音たち――〝文字たち〟――が、驚嘆すべき勇気によってそこから呼び出された永遠の沈黙の母胎へ逃げ帰る姿だった。かれらは目眩《まばゆ》いほどの黒い形態で、焔の馬車に乗って空高く上って行ったが、同時に自身の軸の上で何か驚くべき螺旋《らせん》運動をしながら、内側へ向かって行き、信じられないほど速く、そして美しく、それ自身の内部深くへ消えて行き……消え失せた。

二人は長いこと忘れていた子供の頃のような気持ちで、エホヴァの怒りの恐ろしい森厳《しんげん》さを実感したが、素晴らしい愛に輝かしく没入していたので、内心では落ち着いていた。ミリアムとスピンロビンの身体は本能的に跪《ひざまず》き、お互いの両腕にしっかりと抱かれたまま地面に額《ぬか》ずいて、土と木の葉に触れた。

しかし、どのくらいの間、そうして古き大地の胸に触れて安らっていたのか、それとも眠っていたのか、それとも、過去数時間にわたる過度の緊張の避けがたい反動でしばらく意識を失っていたのかは、二人共よくわからなかった。それに、かれらにはたぶん知るよしもなかったに違いない――この荒涼たる丘々に舌のように食い入って〝畏怖の家〟を擁《よう》していた寂しい谷間には、地震がいくばくかの衝撃で丸い地球のその部分を眠りから揺り醒ますと、共振して少し震えるという好ましからぬ評判があったことを。かれらは疑いなくそのことも知らなければ、考量し物差しで測ることの可能な客観的経験と、主観的であって――納得させる権威を持ってはいるが――精神の領域だけで起こる経験との間の、定め難い分界線のことも知らなかったのだ……

かれらが知っているのはただ——スピンロビンは輝く丸い顔に無上の幸福の表情を浮かべて、そのことを語る——横たわったまま身を動かし、目を開け、ふり返って互いを見つめ合ったこと、そして立ち上がったことだけだ。ミリアムの髪と睫毛《まつげ》には露の言伝《ことづて》があり、澄んだ目には、二人を見守っていた星々のほのかな美しさがあった。だが、星々それ自体は消えていた。丘陵の上を薔薇色の暁《あかつき》の足が素早く走り、何マイルも広がるヒースの野を、近づく日の出の色に染めていた。

葉のない樹々の梢《こずえ》は、遠い海からひそかに吹き上がって来た風のささやきに触れて、穏やかにそよいでいた。鳥たちが歌っていた。古き大地の表面《おもて》を、生命の魔法の戦《おのの》きが走った。それは二人の子供に似た恋人たちをとらえ、かれらは翼が生えたように互いの腕の中にとび込んだ。

それまでの驚くべき嵐のような経験から、深く素朴な愛の輝きが次第に現われ出た。かれらが選んだ優しい大地が谷間へ差し招いた。かれらが拒んだ恐ろしい天は満足げに微笑みかけた。その時、古き太陽が丘の上に昇って、光り輝く目でかれらを覗《のぞ》き込んだ。

「さあ、おいで、ミリアム」スピンロビンは彼女の小さな耳にそっとささやいた。

「べつの谷へ下りて行こう……そして末長く幸せに暮らすんだ……」

「ええ」彼女は頬を、その美しい冬の暁と同じ薔薇色に赫《あか》らめてつぶやいた……「あなたとわたしと……そして……そして……」

だが、スピンロビンは接吻をして、いまだ生まれざる名前を言わせなかった。

「しっ!」とささやいた。「黙って!」

というのも、この二人の間の小さな「言葉」はまだ肉体を持っていなかったからだ。だが、暁の風がその「しっ」を取り上げ、樹々とそのまわりの下生えに運び、それから千の足を生やして二人の前を走り、かれらが向かって行く谷間にささやいた。

ミリアムはスピンロビンの優しい愛撫のうちに、崇拝の念と護りぬく意志をみとめて、彼の顔を見上げ、微笑んだ――その灰色の目のうちにある微笑みは、生命《いのち》と共に時を閲《けみ》した古《いにしえ》の母の微笑みだった。なぜなら、創造の言葉がこの二つの胸に火と燃えて、ただ発声されるのを待つばかりだったからである。

解説

南條竹則

怪奇小説の巨匠として我が国でも知られるアルジャノン・ブラックウッドですが、その作家としての名声は、主に出世作〝ジョン・サイレンス〟シリーズの諸篇や「ウェンディゴ」「柳」などの中短篇小説によって築かれたと言って良いでしょう。

そもそも怪奇小説というのは短篇という形式に適しているので、それは「恐怖」という長続きさせることが難しい感情を喚起するものであるが故です。エドガー・アラン・ポー流に言えば、長い恐怖小説というのは長い抒情詩と同様、形容の矛盾でありますす。けれども、ブラックウッドは怪奇作家であったと同時に幻視の人――狭い現実世界を越えて、その背後にひろがる神秘的な領域を見、それを人に伝えようとした人間でした。そのような壮大な幻想を表現するためには、長篇という大きな器がなくてはならないものだったはずです。じじつ、彼は十二篇の長篇を書いており、それらは芸術的完成度はともかくとして、この作家を理解するには是非とも読む必要があります。しかし、その半分以上はまだ日本語に訳されていません。
そこで、今回『人間和声』をお読みになるブラックウッド・ファンのみなさんのために、また初めてこの作家を読む人々のためにも、各長篇を簡単に御紹介してみようと思います。十二篇を便宜的に二つのグループに分けてみると、まずファンタジーとでも呼ぶべき作品群があります。子供や動物が活躍する話で、次の六篇です（未訳の書物の題名は、筆者がかりそめに訳をつけておきました）。

『ジンボー Jimbo』（1909）
『ポール伯父さんの教育 The Education of Uncle Paul』（1909）
『妖精郷の囚れ人 A Prisoner in Fairyland』（1913）
『番外の日 The Extra Day』（1915）
『ダッドリーとギルドロイ、一つのノンセンス Dudley and Gilderoy : A Nonsense』（1929）
『果物の種の男たち Fruit Stoners』（1934）

では、一つずつ御説明いたしましょう。

『ジンボー』

この作品はかつて月刊ペン社「妖精文庫」の一冊として北村太郎訳が上梓され、筆者などもその刊行を楽しみに待った読者の一人です。

ジンボーは退役軍人の父と母、大勢の兄弟と一緒に暮らす子供で、人一倍夢見がちな性格でした。そのことを心配した父親は女の家庭教師を雇い、少年の頭から空想をたたき出してほしいと頼みます。

やって来た家庭教師エセル・レークは若い牧師の娘でした。

ジンボーの家の庭のはずれに、一軒の空家がありました。子供たちはそこにお化けが住んでいると思っていました。空家のことをエセルに話すと、不注意な家庭教師は、そこには悪い物が住んでいるかもしれないと言い、ジンボーの頭を恐ろしい妄想で一杯にしてしまいます。家庭教師はそれでお払い箱になってしまいました。

ある日、ジンボーは雄牛の角に突かれて、大けがをします。肉体が生死の境をさまよっている間、彼の意識は高い塀に囲まれた家の中で、とらわれの身となっていました。そこにエセルが現われ、この家は例の「空家」で、ジンボーはここから逃げなければいけないと言います。彼女はジンボーの心に恐怖を植えつけた罪を償うため、脱出を助けに来たのでした。やがてジンボーの背中には翼が生え、エセルに励まされて空を飛ぶ練習をします。そして家路につくのですが、気がつくとそこはベッドで、エセルは家庭教師をやめてから間もなく亡くなっていたのでした。

『ポール伯父さんの教育』

この作品は子供の心を持った大人——いわば「大人子供」と子供たちの物語です。主人公ポール・リヴァースはアメリカで森林の調査係をしていましたが、伯母の遺産を相続したので、二十年ぶりに英国へ帰って来ます。そして旧友と結婚した妹の家を訪ね、イングランド南部にやって来る。

ポールはつねづね深く自然を愛し、自然との交感をよりどころとして世界の本質を知りたがっている夢想家ないし一種の神秘家であります。しかし、他人にそんな話をすることも出来ず、かといって詩人のようにペンを通じて心を表現するすべを持ちません。文筆家になる前のブラックウッド自身は、こうもあったろうかと思わせる人物です。彼は美しい森に囲まれた妹の家にしばらく滞在することにしましたが、ここでも自分の本性《ほんしょう》を隠し、分別臭い大人として子供たちに接しようとします。ところが子供たち、とくに長女のニクシーという少女はすぐに彼の本質を見抜き、自分たちの仲間と知って、空想と冒険の世界に誘います。こうしてポール伯父さんは日々子供たちに「教育」され、言葉によって自己表現をする可能性に目覚めてゆくのです。

『妖精郷の囚れ人』

高橋邦彦訳があるこの作品は、「ポール伯父さんが書いた本」という副題がついていることからもわかるように、前作の姉妹編です。

主人公ヘンリー・ロジャーズは四十歳になる男ですが、事業に成功し、財産を築きました。今は実業から引退して、自分がやりたかったことを始めようと思っています。彼は他人《ひと》のためになることをしようと慈善事業の計画を立てはじめましたが、そのうち、ふと子供の頃を思い出し、ケント州の村にある生家を訪れます。その家の庭には、昔父親がクリスマスの贈り物に買ってくれた三等車輌が残っていました。幼い彼はこれを「星影急行《スターライト・エクスプレス》」と呼び、空想の仲間たちと一緒に乗って妖精郷へ旅をしたのでした。思い出はますます生き生きと蘇り、ヘンリーは幼馴染みの従兄弟に会いたくなって、従兄弟が住むジュラ山地の村ラ・シタデルへ行きます。

従兄弟は売れない作家で、働き者の妻と共にかつかつの生計を営み、三人の子供を養っていました。子供たちは毎夜眠ると身体から抜け出して、大人の知らない冒険をしています。ヘンリーはポール伯父さんのように子供たちとすぐ友達になってしまい、一緒に冒険をします。みんなは迷子になった星の光が集まっている「星の洞窟」を見つけました。そこにある星の光は、人々に他人への同情と思いやりを与える力を持っていて、ヘンリーと子供たちは眠っている村の住人たちに星影の塵をふりかけ、人々を幸せにする。

これは少し長いけれども、まことに美しいファンタジーです。


『番外の日』

この小説もまた〝大人子供〟と子供たちの話ですが、『ポール伯父さんの教育』とは対照的に、主として子供の視点から書かれています。

丘と森に囲まれたミル・ハウスという家に、ジュディー、ティム、マリアという三人の子供が住んでいます。父親は公務員で、毎日地下鉄でロンドンに通っている。家には両親の他に躾《しつけ》のやかましいエミリー叔母さんと使用人たちがおり、近所には父の従兄弟で退役軍人のウィリアムという人が住んでいます。

子供たちは父親やウィリアムおじさんに物語をせがみますが、この人たちの物語には満足出来ません。ところが、父の弟で作家のフェリックス叔父さんが家に一緒に住むようになります。フェリックスはポール伯父さんのように想像力豊かな〝大人子供〟で、子供たちの生活は俄然《がぜん》面白くなります。そしてある日、土曜日と日曜日の間に時計が止まり、暦に載っていない「番外の日」がやって来る。子供たちもまわりの大人も、めいめいが「不思議な見知らぬ人」を探し求めて、彼が隠れている「しるし」を見つけるのですが、それは一種の神秘体験――見性《けんしょう》であり、悟りであり、牧神の祝福であり、キリストの降臨でもあるような体験で、みんなは世界の本源、自然と一体になったような心持ちになるのです。

『ダッドリーとギルドロイ』

これは『王様オウムと野良ネコの大冒険』という題名で相沢次子訳が出ています。

ラテン語の格言を始終口にする哲学者肌の灰色オウム、ダッドリーと赤毛の猫ギルドロイはケント州のお屋敷に飼われていましたが、ある日冒険がしたくなり、汽車に乗ってロンドンの街へ行きます。二匹は社交好きな老婦人ド・マンデル夫人の家に居候をして、ロンドン生活を楽しむのですが、やがて夫人は迷い鳥を預かっていると新聞広告を出したため、ケントのお屋敷から執事が迎えに来ます。二匹は一時屋根の上に逃げるけれども、結局オウムは連れ戻され、猫はしばらくしてから自力でケントの屋敷へ帰ります。

ダッドリーは雄だか雌だか自分でもわからなくなった年寄りでしたが、ロンドンで盛りのついた猫たちの声を聞いて、自分の生涯の仕事は「卵」を生むことだと悟ります。そして屋敷で卵を産んで生涯を全うします。

物語の筋には大冒険というほどの起伏はなく、ダッドリーの目を通した人間社会の観察と瞑想が、作品の大部分を占めています。

『果物の種の男たち』

みなさんは御存知でしょうか。昔、イギリスの子供たちが果物の種などを数える時に歌った、こんな数え歌があります。

Tinker, Tailor, 鋳掛屋、洋服屋
Soldier, Sailor, 兵隊、船乗、
Gentleman, Apothecary, 紳士、薬屋
Plough-boy, Thief. 農夫、泥棒。

大きな家に住んでいる少女マリアは、ある晩、お茶のあとでこの歌を歌いながら干し李《すもも》の種を数えていましたが、父親がスリッパに履きかえていないのを見て、スリッパを取りに行きます。「五分もしないうちに取って来るわ」といって父親の部屋へ向かうのですが、その途中、「時計のねじを巻いた男」と出会います。男は彼女の飼猫が、家のふだんは使わない翼《よく》で待っているといいます。マリアは男に案内されてその翼へ行き、男は「君に与えられた時間は五分だけだ」といって、姿を消します。向こうの翼は不思議な世界で、マリアは現実の世界に帰れなくなってしまいますが、そこで八人の男たちに出会います。かれらは例の歌に出て来る鋳掛屋や洋服屋たち、

「果物の種の男 Fruit Stoners」たちなのでした。マリアは自分が何を探していたのか忘れてしまい、けれども何かしなければならないことだけは憶えていて、男たちに助けを求めます。男たちは快く応じてはくれるけれども、ちっとも役に立ちません。向こうの翼の部屋部屋や納屋で、いつまでも堂々めぐりがつづきます。男たちと戯れている間、時間は経ちませんが、時々チクタクという時計の音が聞こえて来て、マリアを不安にさせます。

これは「時間」と人生についての寓意と象徴が盛り込まれている作品ですが、どうにも展開がまだるっこく、正直いって、いささか退屈の感を免れません。

＊

以上の六篇を除く長篇はそれぞれ性格が異なりますが、大人が主人公だという点が共通しています。それは以下の六篇です。

『人間和声 The Human Chord』（1910）

『ケンタウロス The Centaur』（1911）
『ジュリアス・ルヴァロン――一つのエピソード Julius Le Vallon : An Episode』（1916）
『波――エジプトの後日談 The Wave : An Egyptian Aftermath』（1916）
『空の約束 The Promise of Air』（1918）
『輝く使者 The Bright Messenger』（1921）

『ケンタウロス』

八十島薫訳があるこの作品は、ブラックウッドの傑作の一つに数えられましょう。主人公テレンス・オマリーは新聞の通信員で、コーカサス地方の事情を記事にしているのですが、心のうちに何か原始的なものを抱えていて、現代世界を自分の住む世界ではないと感じています。

ある時、彼はコーカサスに向かう途中、船で一人の少年を連れたロシア人と出会います。会った瞬間から、実際の体軀《たいく》以上の「巨大さ」を感じさせる彼は、じつは「原人《ウアメンシェン》」と呼ばれる不思議な感化力を持った人間でした。知り合いの医師シュタール博士はあの男に近づくなと警告しますが、オマリーはそれを無視してロシア人に近づき、同族として認められます。やがて船はバツーミへ着き、オマリーは通信員の仕事をしつつ、コーカサスの各地を踏破する。そして山中で例のロシア人と再会し、ケンタウロス族の住む太古の地球の花園を訪れます。じつは、くだんのロシア人もオマリー自身も、かれらの仲間なのでした――

この作品はブラックウッドが傾倒したドイツの哲学者グスタフ・テオドール・フェヒナー（一八〇一～八七）の思想に基づくもので、フェヒナーやその学説を継承したウィリアム・ジェイムズの著作からの抜粋・摘録が随所にちりばめられています。その説によれば、地球は、そして地球のみならず全宇宙が、意識を持つ生命体であるというのです。ブラックウッドの「原人」はその地球生命体の意識の投影であって、古《いにしえ》の神々や半神の仲間であり、世間的には目立たない存在だけれども、その心は宇宙意識と一体化して、「黄金時代」に帰還することが出来る。けれども、その世界に永続的に入るためには、肉体の死によって、もう一人の自分を解放しなければならない――物語は幻視者の陶酔と恐れを鮮かに描いています。

『ジュリアス・ルヴァロン――一つのエピソード』

これは輪廻転生を大きなテーマにした小説です。

語り手はジョン・メイソンという人物ですが、彼は遠い過去世《かこせ》で仲間だったジュリアスと寄宿学校で出会い、不思議な霊的体験に巻き込まれてゆきます。

メイソンは忘れていますが、彼とジュリアスともう一人の「女」は、かつて遠い別の世界の住人でした。かれらは利己的な目的から火と風の自然力を用いて禁断の実験を行い、世界の秩序を乱しました。ジュリアスはその償いをするため、メイソンをジュラ山地の山小屋に呼びよせ、例の「女」――今はルヴァロン夫人となっている――と三人で大いなる秘儀を行おうとします。それは秋分の日、自らの肉体を経路として四大《しだい》の力を集めようというものです。しかし実験は失敗し、ジュリアスはまた肉体を離れて、遠い輪廻の旅に出ます。

この作品は全体に神智学的色彩が濃厚で、プロパガンダ小説的な側面もあるのですが、いささかの怪奇味も有しています。またケント州の私立学校、エディンバラ、スイスのジュラ山地と作者が若い頃実際に行った場所を舞台としていて、自伝的要素も多分に含んでいます。

『波――エジプトの後日談』

これはエジプトを舞台とした一種の前生譚です。主人公トム・ケルヴァードンは幼い頃から、たびたび波の夢を見ます。焦茶色の大波が背後から押し寄せ、今にも頭上に砕けようとする。波の下の空気は微かに香水のような甘い香りがしますが、その波は水ではない。そして、波の向こうに二人の人間の目が見えるのです。ある日、トムは父の書斎の戸棚にこの匂いを嗅ぎつける。戸棚の抽斗には、神経科医である父親のケルヴァードン博士が昔エジプトで手に入れた香やパピルスが入っていました。紀元前三千年のパピルスには、テーベの将軍とシリア人の奴隷、それに将軍の妻の物語が記してありました。奴隷の若者と妻が愛し合い、奴隷は殺され、妻は河に身を投げる。かれらと将軍の死体はミイラにされて、たまたま同じ墓に葬られるといった内容です。

やがてトムはレティスという少女に恋をしますが、レティスはポーランドの貴族と結婚する。土木技師となったトムは、のちにスイスのホテルでレティスと再会し、二人は母親と少年のような不思議な愛情によって結ばれます。かれらはエジプトへ行き、そこにトムの従兄弟トニーが加わったことで、一種の三角関係が生まれます。トムはレティスをあきらめようとしますが、最後にどんでん返しがやって来る。

この物語では、生まれ変わった人間たちが前世と似たような状況に置かれますが、前とまったく同じことをするのではなく、ほんの少し高いところから状況を見つめることが出来る。そこに進歩の可能性が生じるという、いわば「螺旋的上昇」ともいうべき霊魂観をあらわしています。しかし、同時にブラックウッドにしては異色の恋愛小説でもあるのです。

終生独身を通したブラックウッドでしたが、彼には愛する女性がいました。マーヤ・ステュアート・キングというインド駐留軍人の娘で、年老《としと》ったロシアの貴族ヨハン・デコープ男爵と結婚しました。ブラックウッドはこの作品をはじめ、『ケンタウロス』『ジュリアス・ルヴァロン』『牧神の園』など多くの著書を彼女に捧げています。それらの献辞を見るにつけても彼が恋していたことは明白で、実際の男女関係はどうだったにせよ、二人は深い精神的な絆を持っていました。ブラックウッドは晩年まで、愛されるお客としてマーヤの家に迎え入れられました。

デコープ男爵はカイロの南のヘルワンに別荘を持っていて、一九一二年、ブラックウッドはここに夫婦と滞在しました。このエジプト旅行の記憶は、本作や中篇「砂」など一連のエジプト物に結実しています。

『空の約束』

この作品の主人公ジョーゼフ・ウィンブルはケンブリッジを出た若者ですが、茫洋《ぼうよう》として浮世離れた男で、鳥が好きでたまらず、いつも空に憧れています。彼はある日、鳥を追っているうちに雑貨商の娘ジョーンと知り合い、結婚します。彼にはジョーンが鳥のような魅力を持つ女性に思えたのでした。二人はアルジェリアで幸福な二年間を過ごし、女の子ジョーンと弟トムが生まれます。

しかし、生活のためロンドンに戻って暮らしているうちに、妻の鳥のような魅力は失せて、通俗な奥さん族に成り下がってしまいました。ウィンブルは心のうちにまだ空への憧れを残しているけれども、良き夫として平凡に生きている。息子のトムは妻に似た実際家です。しかし、娘のジョーンは「鳥」たちと心がつながっていて、父親はこの少女を通じ、世界中の鳥の集合意識と心を交わすようになります。やがて親戚の遺産が入ると、一家は田舎の家に引っ越します。すると、父と娘はもとより、現実の殻に閉ざされていた母親の心にも、失われた「空」が戻って来ます。
この作品は第一次大戦前後のヨーロッパの時代精神をよくあらわしています。当時は世界文明の大転換期で、電信、飛行機、自動車、映画といった新技術が溢れかえり、エーテル説やテレパシーが話題となりました。ありとあらゆる新宗教が生まれ、さまざまな芸術運動が勃興する――そういった時代に人間の精神が変容し、鳥のように世界を俯瞰《ふかん》出来る「空の時代」が来つつある、というのが本書のメッセージです。H・G・ウエルズが書いたような一種のプロパガンダ小説ですが、一面で、「生活の欠片《かけら》」のブラックウッド版と言っても良いような所帯染みた話でもある。一家が映画を観に行く場面など、風俗描写にも興味深いものがあります。

〈『永生の園』
これは長さからいうと中篇なのですが、単行本として刊行されたので、便宜的にここに解説を加えておきます。双子の弟に宛てた手紙という体裁の書簡体小説ですが、弟はじつは故人なのです。
語り手である主人公は結婚後一ヶ月で、交通事故のため妻マリオンを失います。彼はマリオンを心から愛してはいませんでしたが、同情から結婚したのでした。マリオンはそれを知っており、死ぬ間際に、「もう一度ためしてみるわ」と言い残します。

語り手は軍人ですが、その後、やることなすことすべてが上手く行って、出世します。彼には何か目に見えない「導き手」がついており、大事な選択を迫られる時、必ず正しい道を教えてくれるからです。その教えは不思議な美の戦慄と「誰かが喜んでいる」という感覚と共に訪れるので、彼はそれを待ち望み、見えざる導き手を愛するようになります。やがて彼は功成り名遂げて英国に帰りますが、英国人の即物的な国民性に幻滅をおぼえる。しかし、ある日の夕暮れ、自宅の庭を散策中に、ふたたび「美の戦慄」が訪れます。それはマリオンの無私の愛がもたらすものであることを彼は知る。そして死者は「美」を通じて永遠に生きており、そのことを知るためには、霊魂の出現などといった特別の証拠は必要ないのだと確信します。

この作品は肺炎で死んだ弟スティーヴンスンへのオマージュであり、愛する者を失ったブラックウッドが書かずにいられなかった信条告白なので、小説としてとくに優れているとは思えません。ただ、〝自然〟と〝美〟を経由して「他者」ないし「全一者」との交感が達せられるというブラックウッドの考えがよく示されているのは興味深い点です。）

『輝く使者』

これは『ジュリアス・ルヴァロン』の続篇です。

ジュラ山地でルヴァロン夫人はジュリアスの息子を身ごもりました。その子供ジュリアンはメイソンに育てられますが、メイソンの死後、もう青年となった彼は精神科医フィラリー博士の療養所に引き取られます。

ジュリアンは自分が人間ではないという妄想を抱いており、博士たちは彼に「N《ノン》・H《ヒューマン》」というあだ名をつけます。すなわち「人にあらず」ということです。博士と助手のデヴォナムは青年の症状を一種の二重人格と見て、治療を試みます。ところが、ジュリアンは外見は人間ですが、その内部には四大の精霊が封じ込められていて、それが外に出ようとしているのでした。フィラリー博士は次第に若者の世界に引き込まれ、精神の平衡を失ってゆきます。

本作は『ジュリアス・ルヴァロン』と較べると相当散漫で、後半はとくに弛《たる》み、結末も尻すぼみの感は否めません。しかし、読後、現実が異次元に侵食される不思議な光景を目のあたりに見たような印象が、強く残ります。また二十世紀初頭の精神的雰囲気を活写した部分もあり、ことにフィラリー博士がオカルティズムにかぶれた有閑人士の集まり「Promethians」の集会にジュリアンを連れてゆき、満場の人々の前で超自然現象を起こすくだりなどは圧巻です。

*

このように、彼の長篇はいずれも作者が抱いていた世界観を一側面から伝えようとするものであり、読んでけして損のない作品であります。しかしながら共通した欠点、それも小さくはない欠点がある。これらはおおむね本書『人間和声』と同じくらい長い作品ですが、分量が多いだけではなく冗長なのです。

原因の一つは文体です。ブラックウッドは畢竟《ひっきょう》、「異次元」を描こうとした人です。それは本来言葉を以てしては語り得ない世界なのですが、だからといって黙っていては始まりません。がむしゃらに言葉を並べ立てて、何とか暗示し、想像させようと試みる。そのために形容詞は過剰になり、表現がくどくなる。しかし、まあこれはやむを得ない瑕瑾《かきん》と申せましょう。それよりも不可《いけ》ないのは反復癖です。ブラックウッドは老婆心からでしょうか、同じことを何度も何度も繰り返して、読者をうんざりさせる傾向がある。言いたいことを筋の運びによらず、語り手の言葉で長々と説教してしまう悪癖もある。『空の約束』『輝く使者』などはその典型で、文学作品としての価値がいたく損なわれています。筆者はこの解説を書くために以前読んだ作品は読み返し、未読のものは初めて繙《ひもと》きましたが、その間の気持ちというものは、いわば善意に満ちたじれったい人の長話を聞いているようで、「もしもし、おっしゃりたいことはよくわかりましたから、どうぞお話を三分の一の長さで切り上げて下さいましな」と何度も言いたくなったことを告白します。

ところが、この作家の良いところは、読んでいる間はそんな苦痛を感じても、読み終えたあと心にくっきりと残るものがあり、それはしばしば美しく深いものなのです。『妖精郷の囚れ人』然り。『輝く使者』然り。これはつまり、ブラックウッドが本当に伝えたいことを持っていた「使者」だった証拠で、重要なたよりは、たとえ使者の口上がまだるっこくとも、たよりとしての大切さに変わりはないのです。

ここに訳した『人間和声』は、そんな冗長さを免れている作品の一つで、荘厳な神秘主義とお化け屋敷を訪れるような怪奇趣味とが適度に混ざり合い、読み物としてもたいへん面白く仕上がった傑作だと思います。

『ケンタウロス』では地球霊との合一を、『ジュリアス・ルヴァロン』では四大と輪廻転生を扱ったブラックウッドですが、ここでは音楽とカバラを題材に用いました。主人公のスピンロビンは作者の分身です。ブラックウッドはヴァイオリンが得意で、若い頃、カナダに渡った時は、アルバイトでヴァイオリンを教えたこともあるほどでした。一方、彼はその頃からユダヤ教の神秘主義に興味を持ち、「黄金の暁」というオカルティズムの団体に入って、とくにくわしく研究したようです。同団体の幹部だったA・E・ウェイトは、碩学《せきがく》ゲルショム・ショーレムも評価したユダヤ教神秘主義の研究家でした。

ヘブライ語の名前や文字が霊力を持つという思想は、作中にも言及されている『光輝の書』などに見られるもので、これは「力の言葉」という概念に集約されます。ブラックウッドはこの概念に音楽の和音という要素を取り入れ、趣向にひとひねりを加えました。物語はいわば〝マッド・サイエンティスト〟ならぬ〝マッド・オカルティスト〟小説として、お決まりの大いなる失敗に向かって突き進んでゆきます。その過程で、「名前」の霊力によって天国の扉を無理矢理こじ開け、「父」なる神になりかわろうとするスケール氏と、地上の小さな愛を求める恋人たちの葛藤が生じますが、これはただ話を面白くするための小手先の工夫ではありません。

御存知の通り、恋愛は、イスラム神秘主義でもキリスト教神秘主義でも神との合一の譬喩《ひゆ》として用いられます。これは故なきことではありません。なぜなら、特別な修行によって接神体験などをしなくとも、わたしたち凡俗の徒もふだんのちっぽけな自我を抜け出すことがあって、それは恋をした時だからです。

ミリアムが「わたしは神と同じようなものになった」と言うのは言葉の綾《あや》ではなく、一面の真理であります。そこにはいわば人間キリストの道に相通ずる点もありますが、小我の自覚によって大我に帰一するというインド的な発想を根底に据えているあたりが、いかにもこの作家らしいと申せましょう。

ブラックウッド年譜

※この年譜の作成には、マイク・アシュレーの労作『アルジャノン・ブラックウッド、伝記と書誌』を参考にした。

一八六九年

アルジャノン・ヘンリー・ブラックウッドは、三月一四日、ケント州シューターズ・ヒルに生まれる。父親はスティーヴンスン・アーサー・ブラックウッド。母親はハリエット（旧姓ドッブズ）。

一八八三年　一四歳

九月、バークシャーのウェリントン・コレッジに入学。

一八八五年　一六歳

ドイツのケーニヒスフェルトにあるモラヴィア兄弟団の学校に入学。

一八八七年　一八歳

父と共にカナダとアメリカ北東部を旅行。

一八八八年　一九歳

エディンバラ大学に入り、農業を学ぶ。

一八九〇年　二一歳

四月、カナダに渡る。生命保険会社の雑用係、フランス語やヴァイオリンの家庭教師、「メソジスト・マガジン」の編集助手などをしたのち、一二月に酪農業の会社をつくる。

一八九一年　二二歳
神智学協会トロント支部の創立委員となる。酪農会社の経営が破綻。その後、友人と「ハブ・ホテル」を経営。

一八九二年　二三歳
「ハブ・ホテル」の会社は解散。一〇月、ニューヨークへ行き、「ニューヨーク・サン」紙の仕事をする。

一八九三年　二四歳
一〇月九日、父死去。

一八九四年　二五歳
金鉱発見のニュースを知り、レイニー・リヴァーに赴く。

一八九五年　二六歳
オーデコロンの会社経営に携わるが、失敗。「ニューヨーク・タイムズ」紙の記者になる。

一八九七年　二八歳
年俸二千ドルで、億万長者ジェイムズ・スペアーの個人秘書となる。

一八九九年　三〇歳
三月、英国に戻る。短篇「幽霊島」が「ペルメル・マガジン」に掲載される。

一九〇〇年　三一歳
ドナウ川をカヌーで下る。「黄金《ゴールデン》の暁《ドーン》」教団に入団。

一九〇一年　三二歳
ふたたびドナウ川流域を旅行。

一九〇三年　三四歳
粉ミルク会社の経営に携わる。

一九〇六年　三七歳
イヴリー・ナッシュ社から初めての短

篇集『空家』を出版。
一九〇七年　　　　　　　　三八歳
五月三〇日、母死去。『耳を澄ます者、その他の物語集』短篇集。
一九〇八年　　　　　　　　三九歳
『ジョン・サイレンス、異能の医師』連作短篇集。この本の成功により、専業作家として立つ。
一九〇九年　　　　　　　　四〇歳
『ジンボー』長篇。『ポール伯父さんの教育』長篇。
一九一〇年　　　　　　　　四一歳
コーカサス旅行。『迷いの谷、その他の物語』短篇集。『人間和声』長篇。
一九一一年　　　　　　　　四二歳
『ケンタウロス』長篇。
一九一二年　　　　　　　　四三歳
初めてのエジプト旅行。ヴェネチアでライナー・マリア・リルケと会う。『牧神の園、自然の物語集』短篇集。
一九一三年　　　　　　　　四四歳
『妖精郷の囚れ人』長篇。
一九一四年　　　　　　　　四五歳
『十分《じっぷん》物語』短篇集。『信じがたき冒険』中篇集。
一九一五年　　　　　　　　四六歳
『番外の日』長篇。オペラ「星影《スターライト・》急行《エクスプレス》」キングズウェイ劇場で初演。
一九一六年　　　　　　　　四七歳
英国秘密情報部に招集される。『ジュリアス・ルヴァロン――一つのエピソード』長篇。『波』長篇。